Natur – Heimat – Wandern

Schwäbische Alb
**Wanderungen auf dem Nordrand-
und Südrand-Weg (HW1+2)**

Schwäbische Alb
Wanderungen auf dem Nordrand- und Südrand-Weg (HW1+2)
– Strecken- und Rundwanderungen –

von Willi Siehler

mit Beiträgen von Theo Müller

Schwäbischer Albverein e.V., Stuttgart

Herausgegeben vom Schwäbischen Albverein e.V., Stuttgart
Schriftleitung: Prof. a. D. Dr. Theo Müller

Text- und Bildnachweis:
Soweit die Texte und Abbildungen nicht namentlich gekennzeichnet sind, stammen diese von Willi Siehler.

Abbildung Seite 2: Der überwältigende Tiefblick von der mächtigsten Felswand des Oberen Donautals, dem Schaufelsen; im Tal Unterneidingen.

Ein Titelsatz für diese Publikation ist bei der Deutschen Bibliothek erhältlich

Kartengrundlagen:
Topographische Karte 1:100 000 Baden-Württemberg
© Landesvermessungsamt Baden-Württemberg (www.lv-bw.de), vom 22.03.2007, AZ: 2851.2-D/5688.
Topographische Karte 1:100 000; © Landesamt für Vermessung und Geoinformation Bayern, Nr. 2383/07.
Umschlag: Blick vom Nordrandweg beim Backofenfelsen auf den Hohenzollern.
     Aufn.: Willi Siehler
© Schwäbischer Albverein e.V., Stuttgart 2008
Kommissionsverlag: Konrad Theiss Verlag GmbH, Stuttgart
Das Werk einschließlich aller seiner Teile ist urheberrechtlich geschützt. Jede Verwendung außerhalb der engen Grenzen des Urheberrechtsgesetzes ist ohne Zustimmung des Herausgebers unzulässig und strafbar. Das gilt insbesondere für Vervielfältigungen, Übersetzungen, Mikroverfilmung und die Einspeicherung und Verarbeitung in elektrischen Systemen.
Umschlag, Layout + Satz: Jürgen Rothfuß, 74382 Neckarwestheim
Druck: Medien Druck Unterland GmbH, 74183 Weinsberg
Printed in Germany
ISBN 978-3-8062-2203-6

Geleitwort

Der Schwäbische Alb-Nordrand-Weg (HW1) und der Schwäbische Alb-Südrand-Weg (HW2) sind die ältesten Hauptwanderwege des Schwäbischen Albvereins. Sie gehören nicht nur zu den schönsten Weitwanderwegen der Schwäbischen Alb sondern auch zu denen Deutschlands. Beide gehen von dem rund 400 m über NN hoch gelegenen Donauwörth im unteren Teil des Wörnitztals aus und sind durchgehend mit dem roten Dreieck bezeichnet, dessen Spitze zum gemeinsamen Ziel Tuttlingen weist.
Sie vermitteln großartige Einblicke in unterschiedliche Landschaftsteile der Schwäbischen Alb. Wegen seiner Schönheit wird zunächst der Nordrand-Weg vom Deutschen Wanderverband zertifiziert, womit er als Qualitätsweg „Wanderbares Deutschland" ausgewiesen wird.
Der Nordrand-Weg, früher als Neckarlinie bezeichnet, führt entlang des nördlichen Steilabfalls der Schwäbischen Alb, des „Albtraufs", über 365 km nach Tuttlingen im Oberen Donautal. Während er auf der Ostalb etwas über 600 m über NN erreicht, steigt er auf der Westalb bis über l000 m über NN an.
Er gewährt so vor allem von den hoch aufragenden Felsen wie auch von manchen markanten, oft von Burgen und Ruinen gekrönten Bergen großartige Tiefblicke in Täler oder über das weite Albvorland, über Schurwald und Schwäbisch-Fränkischen Wald bis hin zum Odenwald mit dem auffallenden Katzenbuckel und zum Schwarzwald.
Etwas anders gestaltet ist der Südrand-Weg, früher als Donaulinie bezeichnet, der nach 256 km ebenfalls in Tuttlingen endet. Mit geringeren Höhenunterschieden als beim Nordrand-Weg quert er die reizvollen Täler der Kessel, Brenz, Lone, Blau, Schmiech Lauter, Lauchert und Schmeie, und berührt dabei manche malerische Städte, ehe er durch das imposante Durchbruchstal der Oberen Donau, der grandiosesten Felslandschaft Baden-Württembergs, Tuttlingen erreicht. An klaren, oft föhnigen Tagen, hat man von manchen Punkten des Wegs eine eindrucksvolle Alpensicht.
Es ist deshalb kaum verwunderlich, dass einzelne Bereiche der beiden Wege an manchen Wochenenden und in Ferienzeiten überlaufen und damit Natur und Landschaft gefährdet sind. Diese Situation erfordert eine besondere Rücksichtnahme der Wanderer und Touristen auf Natur und Landschaft. Tragen Sie als Wanderer, der sich in Natur und Landschaft erholen und sie genießen will, durch ihr richtiges Verhalten dazu bei, dass diese mit ihren vielen Kleinodien nicht beeinträchtigt, gestört oder sogar vernichtet werden, sondern dass sie in voller Reichhaltigkeit und Schönheit erhalten bleiben und weitergegeben werden können.
Beide Hauptwanderwege sind jetzt 100 Jahre alt geworden. Aus Anlass dieses Jubiläums hat der Schwäbische Albverein beschlossen, diese in einem Wanderbuch einer breiten Öffentlichkeit vorzuführen. Mit einer großzügigen Ausstattung an Abbildungen sollen alle Liebhaber der Schwäbischen Alb und alle, die es noch werden wollen, auf deren einmalige Vielfalt und Schönheit hingewiesen werden.
Ein herzlicher Dank gilt deshalb Willi Siehler, ehemaliger Hauptwanderwart und Ehrenmitglied im Schwäbischen Albverein, der einleitende Kapitel verfasst und vor allem den Hauptteil des Buches, die Wanderbeschreibungen, bearbeitet hat. Einge-

schlossen in diesen Dank sei auch seine Frau Renate die ihn bei vielen Wegerkundungen begleitet und ihn auch sonst unterstützt hat.
Ein besonderer Dank gilt auch dem Ehrenmitglied Prof. a. D. Dr. Theo Müller, der nicht nur einleitende Beiträge beigesteuert, sondern auch als Schriftleiter die gesamte Herstellung des Buchs begleitet hat. In diesen Dank ist auch seine Frau Hanna einzubeziehen, die ihn in vielfältiger Weise unterstützt hat. Zu danken ist Herrn Johannes Kiefer, der die Wanderkärtchen bearbeitet hat und Frau Rosemarie Müller vom Landesvermessungsamt Baden-Württemberg, die großzügig auf alle Kartenwünsche eingegangen ist. Genau so sei dem Landesamt für Vermessung und Geoinformation Bayern gedankt für die Zuverfügungstellung von Kartenunterlagen. Nicht unerwähnt sollen bleiben Herr Jürgen Rothfuß, der das Buch ansprechend gestaltete, und Herr Peter Dierolf von Medien Druck Unterland GmbH, der in bewährter Weise für die einwandfreie Herstellung des Buchs gesorgt hat. Schließlich sei auch dem Konrad Theiss Verlag GmbH gedankt, der als Kommissionsverlag den Vertrieb des Wanderbuchs übernommen hat.
Möge das Buch bei allen Wanderfreudigen eine weite Verbreitung finden. Es will aber nicht nur ein zuverlässiger Führer sein, sondern mit den einleitenden Kapiteln und den bei den Wanderbeschreibungen eingefügten Hinweisen die Wanderer auf Landschaft, Natur, Kultur und Geschichte der Schwäbischen Alb aufmerksam machen, und damit zu einem vertieften Erlebnis beim Wandern beitragen. Daneben bleibt aber selbstverständlich immer noch genügend Platz für eigene Entdeckungen.

Viel Freude beim Erwandern der beiden Hauptwanderwege
wünscht Ihnen Ihr

Dr.med.Hans-Ulrich Rauchfuß
Präsident des Schwäbischen Albvereins
Stuttgart, im März 2008

Inhalt

Geleitwort	5
Inhalt	7
Einleitung	11
Erdgeschichte	13
Klima und Böden	23
Naturschutz	28
Pflanzenwelt	32
Tierleben	69

Kulturgeschichte
Vor- und Frühgeschichte – Besiedlung durch die Alamannen – Das Albdorf – 74
Die Burgen – Kirchen und Klöster – Die Albwasserversorgung - Landwirtschaft –
Die Industrie

Wanderungen
    Hinweise   95
    Abkürzungen für Besonderheiten   95

Alb-Nordrand-Weg HW 1

W 1.1	Donauwörth – Wörnitzstein – Obere Riedmühle – Harburg	17 km	97
W 1.1R	Ebermergen – Morschbachtal – Reismühle – Ebermergen	10 km	101
W 1.2	Harburg – Bockberg – Eisbrunn – Mönchsdeggingen	12 km	102
W 1.2R	Harburg – Bockberg – Schloss Harburg – Harburg	8 km	104
W 1.3	Mönchsdeggingen – Christgarten – Schweindorf	15 km	105
W 1.3R	Ederheim – Allbuck – Ruine Niederhaus – Christgarten – Ederheim	14 km	109
W 1.4	Schweindorf – Ohrengipfel – Schloßberg – Bopfingen	12 km	111
W 1.4R	Utzmemmingen – Ofnethöhlen – Altenbürg – Utzmemmingen	11 km	114
W 1.5	Bopfingen – Tierstein – Lauchheim (Hülen)	11 km	116
W 1.5R	Lauchheim – Gromberg – Röttinger Tunnel – Kapfenburg – Lauchheim	15 km	120
W 1.6	Lauchheim (Hülen) – Grünenberg – Kocherursprung – Unterkochen	17 km	122
W 1.6R	Aalen – Tiefer Stollen – Braunenberg – Aalen	12 km	126
W 1.7	Unterkochen – Albäumle – Volkmarsberg – Rosenstein – Heubach	22 km	128

W 1.7a	Unterkochen – Volkmarsberg – Weiherwiesen – Essingen		17 km	135
W 1.7b	Essingen – Rosenstein – Heubach		11 km	135
W 1.7R	Aalen – Albäumle – Volkmarsberg – Weiherwiesen – Essingen		15 km	135
W 1.8	Heubach – Bargauer Kreuz – Lützelalb – Weißenstein		15 km	137
W 1.8R	Heubach – Bargauer Kreuz – Rosenstein – Heubach		14 km	141
W 1.9	Weißenstein – Messelstein – Kuchalb (Donzdorf)		12 km	142
W 1.9R	Donzdorf – Messelstein – Kuchalb – Donzdorf		14 km	144
W 1.10	Kuchalb – Gingen – Burren – Wasserberg		11 km	146
W 1.10R	Hausen – Hausener Felsen – Wasserberg – Weigoldsberg – Hausen		18 km	150
W 1.11	Wasserberg – Kornberg – Fuchseck – Gruibingen		12,5 km	152
W 1.11R	Schlat – Wasserberg – Fuchseck – Schlat		10 km	155
W 1.12	Gruibingen – Boßler – Eckhöfe – Wiesensteig		14 km	157
W 1.12R	Gruibingen – Wiesenberg – Boßler – Winkelbachtal – Gruibingen		11,5 km	159
W 1.13	Wiesensteig – Reußenstein – Randecker Maar – Breitenstein – Rauber – Teck		21 km	160
W 1.13a	Wiesensteig – Reußenstein – Bahnhöfle – Schopfloch		10 km	165
W 1.13b	Schopfloch – Randecker Maar – Rauber – Teck		15 km	166
W 1.13R	Hepsisau – Neidlingen – Reußenstein – Randecker Maar – Hepsisau		14 km	168
W 1.14	Burg Teck – Owen – Erkenbrechtsweiler – Hohenneuffen – Neuffen		16 km	170
W 1.14R	Beuren – Bassgeige – Erkenbrechtsweiler – Hohenneuffen – Beuren		14 km	175
W 1.15	Neuffen – Burrenhof – Hülben – Bad Urach		13 km	176
W 1.15R	Neuffen – Heidengraben – Kienbein – Dettinger Hörnle – Neuffen		15 km	181
W 1.16	Bad Urach – Rutschenfelden – Hohe Warte – Eninger Weide		11 km	183
W 1.16R	Bad Urach – Wasserfall – Gestütshof Güterstein – Bad Urach		14 km	187
W 1.17	Eninger Weide – Stahleck – Holzelfingen		13 km	189
W 1.17R	Unterhausen – Übersberg – Holzelfingen – Unterhausen		15 km	192
W 1.18	Holzelfingen – Lichtenstein – Nebelhöhle – Genkingen – Rossberg		19 km	193
W 1.18R	Gönningen – Pfullinger Berg – Rossfeld – Gönningen		17 km	198
W 1.19	Rossberg – Bolberg – Riedernberg – Talheim		12 km	200
W 1.19R	Öschingen – Rossberg – Bolberg – Filsenberg – Öschingen		12 km	203
W 1.20	Talheim – Hirschberg – Dreifürstenstein – Jungingen		18 km	204
W 1.20R	Belsen – Farrenberg – Hirschberg – Dreifürstenstein - Belsen		13 km	207
W 1.21	Jungingen – Hoher Stein – Hangender Stein – Raichberg		9 km	209
W 1.21R	Boll – Raichberg – Zeller Horn – Boll		13 km	211
W 1.22	Raichberg – Stich – Böllat – Burgfelden – Schalksburg – Laufen		19 km	213
W 1.22R	Onstmettingen – Raichberg – Stich – Onstmettingen		13 km	218

W 1.23	Laufen – Lochenhörnle – Lochenstein – Plettenberg – Ratshausen	17 km	219
W 1.23R	Tieringen – Lochenhörnle – Lochenstein – Schafberg – Hausen – Tieringen	15 km	224
W 1.24	Ratshausen – Oberhohenberg – Lemberg – Gosheim – Klippeneck	17 km	226
W 1.24 R	Gosheim – Oberhohenberg – Lemberg – Gosheim	10 km	230
W 1.25	Klippeneck – Dreifaltigkeitsberg – Russberg – Tuttlingen	19 km	232
W 1.25R	Spaichingen – Klippeneck – Dreifaltigkeitsberg – Spaichingen	13 km	236

Alb-Südrand-Weg HW 2

W 2.1	Donauwörth – Oppertshofen – Bissingen	15 km	238
W 2.1R	Bissingen – Buggenhofen – Oppertshofen – Bissingen	12 km	240
W 2.2	Bissingen – Oberliezheim – Unterliezheim – Unterfinningen	15 km	242
W 2.3	Unterfinningen – Demmingen – Schloss Taxis – Dischingen	16 km	244
W 2.3R	Dischingen – Ballmertshofen – Trugenhofen – Dischingen	14 km	247
W 2.4	Dischingen – Zöschingen – Wahlberg – Oggenhausen – Giengen	19 km	249
W 2.4R	Giengen – Hölle – Kirnberg – Giengen	11 km	252
W 2.5	Giengen – Charlottenhöhle – Stetten o. L. – Öllingen – Langenau	22 km	253
W 2.5R	Giengen – Charlottenhöhle – Hermaringen – Güssenburg – Giengen	13 km	258
W 2.6	Langenau – Oberelchingen – Thalfingen – Ulm	16 km	260
W 2.6R	Thalfingen – Donautal – Oberelchingen – Thalfingen	13 km	266
W 2.7	Ulm – Allewind – Beiningen – Blaubeuren	16 km	267
W 2.7R	Ulm – Kuhberg – Ermingen – Klingensteiner Wald – Ulm	16 km	271
W 2.8	Blaubeuren – Ruine Günzelburg – Tiefental – Schelklingen	10 km	273
W 2.8R	Blaubeuren – Günzelburg – Tiefental – Weiler – Blaubeuren	11 km	276
W 2.9	Schelklingen – Ursprung – Muschenwang – Teuringshofen – Hütten	12 km	277
W 2.9R	Hütten – Bärental – Justingen – Muschenwang – Hütten	16 km	279
W 2.10	Hütten – Heutal – Granheim – Erbstetten	16 km	281
W 2.10R	Hütten – Hoftäle – Frankenhofen – Schmiechtal – Hütten	17 km	283
W 2.11	Erbstetten – Ruine Wartstein – Maisenburg – Hayingen – Glastal – Zwiefalten	19 km	285
W 2.11R	Zwiefalten – Sonderbuch – Hayingen – Wimsener Höhle – Zwiefalten	15 km	290
W 2.12	Zwiefalten – Upflamör – Große Heuneburg – Friedingen – Warmtal	16 km	291
W 2.12R	Upflamör – Waldstetter Tal – Muttenbühl – Geisinger Tal – Upflamör	13 km	294
W 2.13	Warmtal – Billafingen – Ruine Schatzberg – Bingen – Sigmaringen	17 km	296

W 2.13R	Bingen – Mosteltal – Ruine Schatzberg – Bingen	12 km	300
W 2.14	Sigmaringen – Inzigkofen – Teufelslochfelsen – Rabenfelsen – Thiergarten	17 km	301
W 2.14R	Inzigkofen – Ruine Gebrochen Gutenstein – Dietfurt – Inzigkofen	10,5 km	306
W 2.15	Thiergarten – Schaufelsen – Hausen	9 km	308
W 2.15a	Thiergarten – Schaufelsen – Schloss Hausen – Werenwag – Rauher Stein	19 km	310
W 2.15R	Thiergarten – Ruine Falkenstein – Schaufelsen – Neidingen – Thiergarten	13 km	310
W 2.16	Hausen – Schloss Hausen – Werenwag – Eichfelsen – Rauher Stein	12 km	311
W 2.16 R	Hausen – Schloss Hausen – Werenwag – Langenbrunn – Hausen	12 km	313
W 2.17	Rauher Stein – Beuron – Ziegelhütte – Fridingen		
	Talweg über das Jägerhaus	14 km	314
	Höhenweg über Schloss Bronnen	18 km	317
W 2.17R	Fridingen – Stiegelesfels – Jägerhaus – Schloss Bronnen – Fridingen	18 km	319
W 2.18	Fridingen – Bergsteig – Wirtenbühl – Rottweiler Tal – Tuttlingen	12 km	321
W 2.18R	Fridingen – Bergsteig – Wirtenbühl – Mühlheim – Fridingen	13 km	323

Hauptwanderwege der Schwäbischen Alb 325
Wanderheime mit Übernachtungsmöglichkeit und Aussichtstürme 327
Weiterführende Literatur 328
Register 331

Kloster Urspring bei Schelklingen.

Einleitung
von Theo Müller

Schon in der ersten Satzung von 1889 des vor einem Jahr vorher gegründeten Schwäbischen Albvereins wurden dessen Ziele bestimmt, u. a. dass durch Herstellen, Unterhaltung und Markierung von Wegen, durch Aufstellen von Wegweisern und Hinweistafeln auf Sehenswürdigkeiten das Wandern gefördert werden soll. Diese Ziele gelten heute noch, auch wenn sie inzwischen dem heutigen Sprachgebrauch angepasst worden sind.

Da eine einheitliche Anleitung zu diesen Zielen fehlte, entstand in den ersten Jahren des Schwäbischen Albvereins geradezu ein Wildwuchs an mehr oder weniger lokalen Wanderwegen und deren Bezeichnung. Bereits 1901 wurde deshalb gefordert, die Wegbezeichnung einheitlich zu regeln und ein klares Netz durchzuführen. Zu diesem Zweck wurde ein aus wenigen Personen bestehender Wegausschuss ernannt. Dieser wurde schon bald aktiv und sein Mitglied, Kanzleirat Gustav Ströhmfeld, entwickelte ein Programm für eine »Einheitliche Wegbezeichnung«.

Vor allem griff der Wegausschuss den von Gauobmann Dr. med. Franz Keller geäußerten Gedanken auf, eine bezeichnete Längslinie durch die Alb zu schaffen. So wurden 1902 in den Blättern des Schwäbischen Albvereins die Grundsätze für die Hauptwegmarkierung veröffentlicht. Danach soll es zwei Hauptlängslinien geben, die beide von Donauwörth ausgehen und Tuttlingen als Endziel haben: Die Nord- oder Neckarrandlinie und die Süd- oder Donaurandlinie. Diese beiden Linien sollen das Rückgrat der Wanderwege auf der Schwäbischen Alb bilden, auf die alle anderen Wege orientiert sein sollen. Als Markierungszeichen wurden das Dreieck, der Dreiblock (heute als Gabel bezeichnet), die Raute und die Pfeilspitze in den Farben Rot, Gelb und Blau vorgesehen, die auch heute noch verwendet werden. Das rote Dreieck ist den beiden Hauptweglinien (HW 1 und 2) vorbehalten, wobei dessen Spitze nach Tuttlingen gerichtet ist.

Der Wegausschuss machte sich schon 1902 daran, die Wegführung und die „Generalmarkierung" der beiden Hauptwege (Nord- und Südrandlinie) zu erarbeiten. Dabei waren nicht nur umfangreiche Geländebegehungen sondern auch Besprechungen mit Gauobmännern und Gauwegmeistern sowie vielerlei, manchmal zähe Verhandlungen mit Behörden und Grundeigentümern erforderlich. Immer wieder drohte die Jagdfrage zu einem Hindernis zu werden. Nach Gründung der Ortsgruppe Donauwörth im Jahre 1906 wurden in den Jahren 1907/1908 die beiden Hauptwanderwege (Nord- und Südrandlinie) fertig gestellt und markiert. Als Krönung der beiden Wege wurde 1910 an den Endpunkten in Donauwörth und Tuttlingen an den beiden Rathäusern Hauptwegtafeln mit Teilstrecken und Kilometerangaben sowie einer Übersichtskarte angebracht.

Die Nord- und Südrandlinie, heute als Nord- und Südrand-Weg (Hauptwanderwege 1 und 2) bezeichnet, haben bis heute nichts von ihrer Attraktivität eingebüßt. Mit wenigen Ausnahmen – z.B. Verlegung weg von Verkehrsstraßen auf nicht dem öffentlichen Verkehr dienende Wege – ist die Wegführung der beiden Hauptwanderwege gleich geblieben, ein Zeichen dafür wie gründlich und vorbildlich vor über 100 Jahren der Wegausschuss gearbeitet hat.

Die Wanderungen auf den beiden Hauptwanderwegen sind in diesem Buch so konzipiert, dass die Ausgangspunkte der Tagesstrecken möglichst mit öffentlichen Verkehrsmitteln zu erreichen sind. In manchen Fällen kann man vom Endpunkt der einzelnen Tagesstrecken mit öffentlichen Verkehrsmitteln zum Ausgangspunkt zurückfahren (es empfiehlt sich, die jeweiligen Fahrpläne vor Beginn der Wanderung zu prüfen – Internet unter www.efa-bw.de –, da manche Linien an Wochenenden nicht oder nur an diesen verkehren). Soweit das nicht möglich ist, wird auf Übernachtungsmöglichkeiten an den Endpunkten hingewiesen. Dafür bieten sich die Wanderheime des Schwäbischen Albvereins aber auch andere Gastronomiebetriebe an, die zur Einkehr einladen. Für diejenigen, die keine Streckenwanderung durchführen, aber dennoch die Höhepunkte der beiden Hauptwanderwege erleben wollen, wird zu den Tagesstrecken eine lohnende Rundwanderung angeboten.

Seit seiner Gründung im Jahre 1888 legt der Schwäbische Albverein darauf Wert, dass die Wanderer nicht nur eine Strecke zurücklegen, sondern auch die durchwanderte Landschaft bewusst erleben, dass sie diese kennen lernen und verstehen. Denn nur das, was man kennt oder worauf man hingewiesen wird, nimmt man wahr, erlebt es und schätzt es. Dazu gehören zunächst einmal ihr Gesteinsaufbau und ihr landschaftsgeschichtliches Werden sowie die sich daraus ergebenden vielfältigen Landschaftsformen. Es sind dann die vielen Pflanzen- und Tierarten, die einem bei einer Wanderung begegnen. Die Schwäbische Alb ist mit kleinflächigen Ausnahmen wie Schluchten und Felsen, keine Naturlandschaft mehr, sondern eine über Jahrtausende hinweg vom Menschen geprägte Kulturlandschaft. In ihr fällt zunächst die Verteilung von Acker, Wiese, Weide und Wald auf, die bedingt ist durch die menschliche Nutzung, aber auch abhängig ist von den natürlichen Voraussetzungen. Wir finden in ihr vom Menschen verursachte Formen wie Grabhügel, Wälle und Gräben, Schanzen, Gruben und Steinriegel. Weiter geht es mit kulturellen Erscheinungen, die Burgen und Schlösser, die Dörfer und Städte, ihre Menschen und deren Schaffen, ihre Geschichte, Kultur und Kunst. Diesem Zweck dienen die einleitenden allgemeinen Kapitel des Buches über Natur und Kultur. Dazu kommen bei den einzelnen Wanderungen Erläuterungen zu ganz bestimmten Stellen.

Neben der auf die Gesundheit positiven Wirkung des Wanderns sowie dem Kennenlernen und Verstehen der Landschaft ist das Erleben mit allen Sinnen von großer Bedeutung. Insofern ist eigentlich der Weg das Ziel. Man muss einfach einmal die gleiche Landschaft zu verschiedenen Tages- und Jahreszeiten sowie Wetterlagen erleben. Wie unterschiedlich empfinden wir diese dann! Vielseitig sind die optischen Eindrücke, die Farben der Landschaft, die Farbsymphonien blühender Blumenwiesen und des Herbstes. Vielfältig sind die akustischen Reize, die bei einer Wanderung aufgenommen werden, sei es das Vogelkonzert im Frühjahr, das Zirpen der Grillen und Heuschrecken im Sommer, das Verstummen aller Tiere bei brütender Hitze, oder das Wispern der Blätter bei einem leichten Luftzug, oder das Rauschen des Waldes bei stärkerem Wind. Bei Sturm sollte man aber wegen der Astbruchgefahr den Wald meiden. Nicht weniger eindrucksvoll sind die geruchlichen Empfindungen, der Geruch von feuchter Erde oder eines frisch gepflügten Ackers, von reifendem Getreide, von blühenden Schlehen und Weißdornen, von Rosen und blühenden Wiesen, von Thymian und Wacholder auf einer Heide.

Erdgeschichte

Es dürfte wohl wenige Landschaften geben, in denen der kundige Beobachter die wichtigsten Kapitel der Erdgeschichte auf Schritt und Tritt derart deutlich vor Augen hat wie auf der Schwäbischen Alb. Sie ist aus Ablagerungen des Jurameeres entstanden, das vor etwa 200 Millionen Jahren in den südwestdeutschen Raum eindrang und ihn rund 50 Millionen Jahre lang bedeckte. Abgelagert wurde dabei weniger der überschüssige Kalk aus dem Meerwasser selbst als derjenige von Algen, Einzellern und anderen Lebewesen, deren Überreste man teilweise noch als Versteinerungen findet. Die klassische Gliederung der Schichten in **Schwarzen, Braunen und Weißen Jura** (Lias, Dogger, Malm) – von unten nach oben – von Quenstedt (1809–1889) beruht auf den Farbtönungen, welche durch unterschiedliche Wassertiefen, Temperaturen und Festlandnähe verursacht wurden. Jede dieser drei Schichten ist nach dem griechischen Alphabet in die Stufen Alpha, Beta, Gamma, Delta, Epsilon, Zeta unterteilt.

Dieser lithostratigraphischen – anhand der Gesteinseigenschaften – vorgenommenen Gliederung wurden später wichtige Leitfossilien zugeordnet. Da sie streng genommen nur in ihrem Entstehungsgebiet, der Mittleren Schwäbischen Alb, uneingeschränkt anwendbar ist, wurde 1972 die international übliche Gliederung auf biostratigraphischer – auf Fossilien beruhender – Grundlage eingeführt. Diese wurde 1995 durch den Symbolschlüssel Geologie ersetzt bzw. modifiziert. Die Änderungen betreffen auch die drei Hauptstufen, der Schwarze Jura wurde in Unterjura, der Braune in Mitteljura, der Weiße in Oberjura umbenannt. Die Gliederungen nach Quenstedt und dem Symbolschlüssel Geologie sind auf Seite 16 dargestellt.

Der **Unterjura,** eine vorwiegend tonig mergelige Schichtstufe von meist dunkler Gesteinsfarbe – daher der frühere Name – baut das Vorland vom Fuß der Alb bis zum Neckar und zur Fils, die Fildern und die Höhen des Schurwalds auf. Seine Mächtigkeit schwankt zwischen 40 und 100 Metern. Erwähnt seien hier die Posidonienschiefer,

Die Wohlgeschichteten Kalke des Oberjuras (ox2, Weißjura Beta).

tc1, wegen ihres Bitumengehalts auch als „Ölschiefer" bezeichnet, die durch ihre wohlerhaltene Fisch- und Reptilfauna – und dank der Leistung schwäbischer Präparatoren – weltbekannt wurden.

An ihrem Nordrand bildet die unterste **Mitteljura**-Stufe den Anfang der Alb. Die ausgedehnten fruchtbaren Flächen des Mitteljuras wurden vom Mittelalter an gerodet und besiedelt. Sie sind ziemlich wasserundurchlässig, oft haben Bäche tiefe Schluchten in die weichen Tone gegraben. Die beiden unteren Schichten des Mitteljuras, al1 und al2, bilden die Stufe Aalenium, deren Bezeichnung auf Aalen zurückgeht, wo zwei Eisenerzflöze im al2 für die Region von großer wirtschaftlicher Bedeutung waren, wie auch bei Geislingen/Steige. Die Mächtigkeit des Mitteljuras beträgt 140–200 Meter.

Dort, wo am Albanstieg der Wald beginnt, geht der Mitteljura im allgemeinen in den **Oberjura** über. Dieser weist mit 400–600 m eine größere Mächtigkeit auf als die Mittel- und Unterjura-Ablagerungen. Seine oberen Stufen, ki3–ki5 und ti1 stehen nur noch am Südrand der Alb großflächig an, während sie am Nordrand weitgehend der durch die größere Höhe verursachten stärkeren Erosion zum Opfer fielen. Besonders auffallend sind die **Wohlgeschichteten Kalke**, ox2, regelmäßig geschichtete Kalksteinbänke mit Mergellagen, die den ersten Steilanstieg zum Albtrauf und in der Westalb oft steile Felswände bilden, hinter denen sich ausgedehnte, ebene Hochflächen anschließen.

Eine besondere Zierde unserer Alblandschaft, Höhe- und Aussichtspunkte zahlreicher Wanderungen, Standort besonderer Pflanzengesellschaften und Tiere, sind die weit ins Land hinausgrüßenden Oberjurafelsen. Sie sind am Meeresgrund als Riffe aus kalkabscheidenden Algen und Schwämmen entstanden, in den oberen Bereichen finden sich auch Korallen. Diese Schwamm-Algen-Fazies ist an den Talrändern und am Trauf in Form von mächtigen, widerstandsfähigen **Schwammstotzen** aus **Massenkalk** herausgewittert, auf der Hochfläche bildet sie Kuppen, **Härtlinge** genannt, mit oft spärlicher Bodendecke und entsprechend angepasster Vegetation. Durch chemische Umwandlung des Kalkgesteins entstanden teilweise bizarr geformte Blöcke aus **Dolomit**, die aus dem gleichnamigen Mineral und Kalkspat bestehen.

Der Stiegelesfels im Oberen Donautal bei Fridingen, ein Schwammstotzen aus Oberjura-Massenkalk.

Erdgeschichte 15

Blick von der Klifflinie bei Altheim/ Alb über die Flächenalb. Im Hintergrund das AKW Gundremmingen.

Die **Kreidezeit**, welche der Jurazeit folgte und etwa 70 Millionen Jahre dauerte, hat in unserem Gebiet keine Spuren hinterlassen, wenn man vom indirekten Einfluss der Entstehung der Alpen absieht, die gegen Ende der Kreidezeit begann. Die Kreidezeit ging, wie man heute weiß, mit einer globalen Katastrophe zu Ende, wahrscheinlich einem Meteoriteneinschlag, dem viele Pflanzenarten und ein Großteil der damaligen Tierwelt zum Opfer fielen.
Erst das mittlere **Tertiär** brachte für die weitere Entwicklung der Alb wieder bedeutsame Ereignisse, die ihr Gesicht noch heute prägen. Der Oberrheingraben brach ein, die Alpen falteten sich auf und verursachten zwischen ihrem Nordrand und dem Albkörper eine Senke. In diese Tröge drangen Meere ein oder es bildeten sich Süßwasserseen, die mächtige Sedimentschichten hinterließen. Die gewaltigen Kräfte der Hebungs- und Senkungsvorgänge verschonten auch den Albkörper nicht. Er wurde von Nord nach Süd fallend schräg gestellt und zerbarst in einzelne Schollen, die sich teilweise vertikal gegeneinander verschoben. Größere **Verwerfungen** und **Grabenbrüche** sind im Gelände erkennbar, wie der Hohenzollerngraben mit seiner Tiefe von rund 100 Metern. Die hier gelegentlich auftretenden Erdbeben zeigen, dass diese Vorgänge noch keineswegs abgeschlossen sind. In tektonischen Gräben ist die Abtragung geringer als in den umliegenden höheren Schichten, deshalb haben sich in ihnen die oberen Gesteinsschichten erhalten, die in der Umgebung bereits fehlen, ein Vorgang, der als **Reliefumkehr** bezeichnet wird.
Die erwähnten tertiären Süßwasserseen und Meere des südlichen Albvorlands bedeckten auch den südöstlichen Rand der Alb. Die Untere Meeresmolasse, Ablagerungen des frühesten Meeres im Oligozän, steht auf der Schwäbischen Alb nicht an. Dagegen hinterließ der folgende Süßwassersee auf der Ehinger und Ulmer Alb sowie hauptsächlich auf dem Hochsträß die **Untere Süßwassermolasse**. Von besonderer Bedeutung ist das Meer, das vor rund 25 Millionen Jahren, im **Miozän,** als letztes unser Gebiet überflutete und die **Obere Meeresmolasse** ablagerte. Seine nordwestliche Küste ist als **Klifflinie,** die von Tuttlingen über Winterlingen, Suppingen, Holzelfingen, Dischingen nach Donauwörth verläuft, in der Landschaft teilweise deutlich zu erkennen als Geländestufe, z.B. bei Laichingen mit einer Höhe von 30–50 Metern. Sie trennt

Stufen		Formationen					Mächtigkeit (ca.)
seit 1995			vor 1972				(Mittlere Alb)
Oberjura	Tithonium	ti1	Hangende Bankkalke	ς3	Hangende Bankkalke	Weißer Jura (Malm)	Massenkalk	0–70 m
	Kimmeridgium	ki5	Zementmergel	ς2	Zementmergel			0–90 m
		ki4	Liegende Bankkalke	ς1	Liegende Bankkalke			30–70 m
		ki3	Obere Felsenkalke	ε	Obere Felsenkalke			25–40 m
		ki2	Untere Felsenkalke	δ	Untere Felsenkalke			ca. 30 m
		ki1	Lacunosamergel	γ	Mittlere Weißjuramergel		30–60 m	
	Oxfordium	ox2	Wohlgeschichtete Kalke	β	Wohlgeschichtete Kalke		25–30 m	
		ox1	Impressamergel	α	Untere Weißjuramergel		80–115 m	
Mitteljura	Callovium	cl	Ornatenton	ς	Obere Braunjuratone	Brauner Jura (Dogger)	15–35 m	
	Bathonium	bt	Dentalienton	ε			bis 17 m	
	Bajocium	bj3	Hamitenton					
				δ	Oolithische Laibsteinsch.		25–40 m	
		bj2	Ostreenkalk					
		bj1	Wedelsandstein	γ	Kalksandige Braunjuratone		15–35 m	
	Aalenium	al2	Ludwigienton	β	Sandflasrige Braunjuratone		45–65 m	
		al1	Opalinuston	α	Opalinuston		90–110 m	
Unterjura	Toarcium	tc2	Jurensismergel	ς	Obere Schwarzjuramergel	Schwarzer Jura (Lias)	bis 10 m	
		tc1	Posidonienschiefer	ε	Posidonienschiefer		5–14 m	
	Pliensbachium	pb2	Amaltheenton	δ	Obere Schwarzjuratone		20–25 m	
		pb1	Numismalismergel	γ	Unt. Schwarzjuramergel		5–12 m	
	Sinemurium	si2	Turneriton	β	Unt. Schwarzjuratone		25–40 m	
		si1	Arietenkalk	α1	Arietenkalk		7 m	
	Hettangium	he2	Angulatensandstein	α2	Angulatensandstein		9 m	
		he1	Psilonenton	α3	Psilonenton		5 m	

Gliederung des Juras

Erdgeschichte

	Periode	Epoche	Alter	Gliederung	Ablagerungen Ereignisse
KÄNOZOIKUM (Erdneuzeit)	**Quartär**	Holozän	—11500 v.h.—	Nacheiszeit	Sinterkalk, Moorbildung, Erosion, Alluvion
		Pleistozän	—115 000 — —125 000 — —195 000 — —380 000 — —800 000 — —1,35 Mill.—	Würm-Eiszeit	Frostverwitterung, feinsplittriger Kalkschutt
				Riss-Würm-Interglazial	Bodenbildung.
				Riss-Eiszeit	Gletscherablagerungen im Klettgau, bis zum Randen, Bussen-Teutschbuch.
				Mindel-Riss-Interglazial	Bodenbildung.
				Mindel-Eiszeit	Erratische Blöcke Deckenschotter
				Günz-Mindel-Interglazial	
				Günz-Eiszeit	
				Donau-Günz-Interglazial	
				Donau-Kaltzeit	
				Biber-Donau-Warmzeit	
				Biber-Kaltzeit	
	Tertiär	Pliozän	— 2,5 Mill. — — 7 Mill. —		Älteste Donauschotter Hebung der Albtafel Obere Süßwassermolasse
		Miozän	— 25 Mill. —		Obere Meeresmolasse Unt. Süßwassermolasse
		Oligozän			Untere Meeresmolassse
		Eozän	— 37 Mill. —		Vulkanismus Verkarstung
		Paläozän	— 53 Mill. — — 65 Mill. —		Bohnerzlehm
MESOZOIKUM (Erdmittelalter)	**Kreide**		— 140 Mill. —		Aussterben der Dinosaurier
	Jura	Oberjura	— 155 Mill. —	Tithonium Kimmeridgium Oxfordium	Weiße Kalksteine und helle Mergelschichten („Weißer Jura", Malm)
		Mitteljura	— 180 Mill.—	Callovium, Bathonium, Bajocium, Aalenium	Sandsteinbänke und sandige Tone („Brauner Jura", Dogger)
		Unterjura	— 205 Mill. —	Toarcium, Pliensbachium, Sinemurium Hettangium	Vorwiegend dunkle Tone, Sandsteine und Schiefer („Schwarzer Jura", Lias)
	Trias	Keuper Muschelk. Buntsandstein			

Erdgeschichtliche Zeittafel

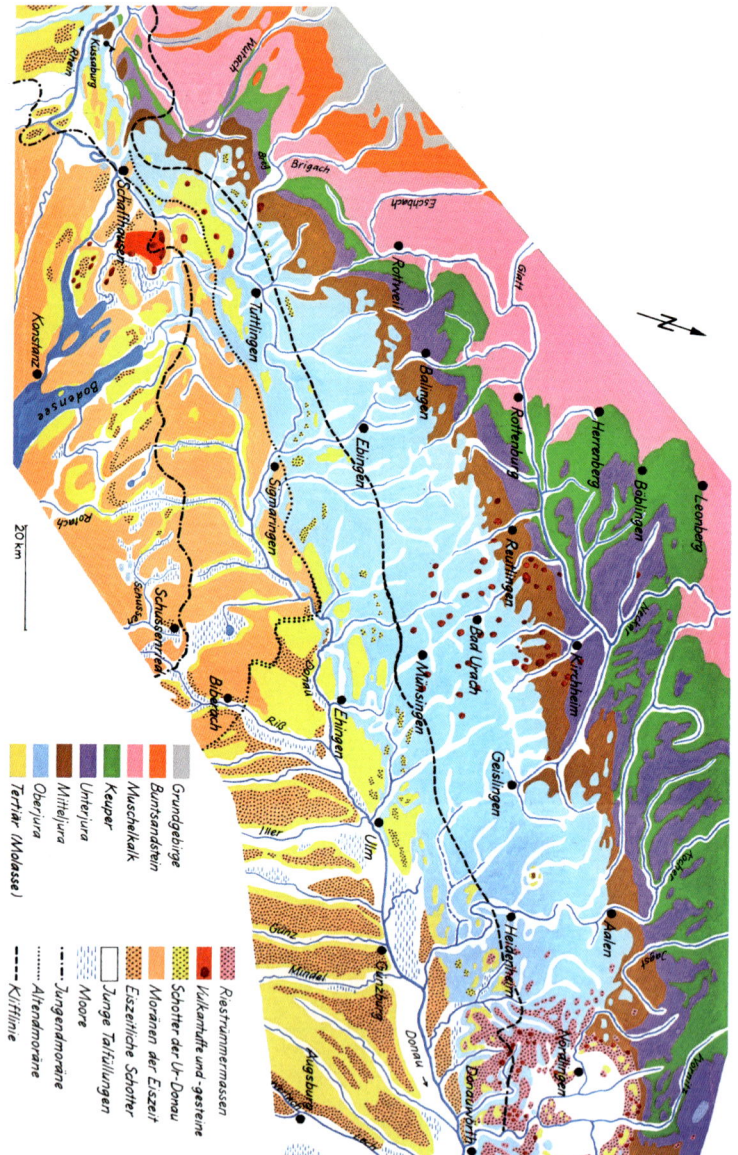

Vereinfachte Geologische Karte der Schwäbischen Alb
Entwurf Lutz-Erich Müller nach G. Wagner/A. Koch 1961: Raumbilder zur Erd- und Landschaftsgeschichte Südwestdeutschlands

Erdgeschichte

Blick aus dem Randecker Maar auf den Kraterrand.

die Albhochfläche in die nördliche Kuppenalb, die ihren hügeligen, urwüchsigen Charakter bewahrt hat, während die südliche Flächenalb von fruchtbarer Meeresmolasse bedeckt und eingeebnet wurde.
Nach dem Abzug des Meeres der Oberen Meeresmolasse lagerte sich in der „**Graupensandrinne**", einem 8–10 km breiten Streifen am Südrand der Alb zwischen Dillingen und Schaffhausen, die Süßbrackwassermolasse ab, hauptsächlich aus den Kirchberger Schichten und Grimmelfinger Sanden bestehend. Letztere wurden vor allem als Maurer- und Gipsersande verwendet. Gegen Ende des Miozäns lagerte ein weiterer See die **Obere Süßwassermolasse** ab, zum Teil über die Klifflinie hinaus.
Seit dem Rückzug des Jurameers hatte eine chemische Verwitterung der jüngsten Schichten des Oberjuras stattgefunden. Die tonigen, eisenreichen Lösungsrückstände wurden in die durch Verkarstung entstandenen Spalten und Hohlräume (→ S. 21) eingeschwemmt, und im warmen und wechselfeuchten Klima des Tertiärs bildeten sich die **Bohnerze**, die bis zu 47 % Eisen enthalten und schon in vorgeschichtlicher Zeit verhüttet wurden.
Um allochtone (umgelagerte) Rückstände handelt es sich auch bei den **Feuersteinlehmen**, die vor allem auf der Ostalb Wasser stauende, entkalkte, bis zu 30 m mächtige Schichten bilden. Sie sind im Tertiär unter tropischen Klimabedingungen durch Verwitterung von Kieselknollenkalken entstanden. Die darin enthaltene Kieselsäure stammt aus dem Skelett riffbildender Kieselschwämme. Die Vorkommen sind oft durch feuchte Stellen, wasserführende Dolinen und die Vegetation – mit Heidelbeere, Rotem Fingerhut, Bärlapp, Rotstängelmoos – zu erkennen.
Ins ausgehende Miozän fällt noch eine ganz besonders spektakuläre Phase in der sehr ereignisreichen Entstehungsgeschichte der Schwäbischen Alb. Im Gebiet zwischen dem Scheuerlesbach bei Reutlingen im W, Engstingen im S, dem Filstal im O und Scharnhausen im N – die Stelle lag damals noch auf der Alb – brachen zahlreiche **Vulkane** aus. Dieses sogenannte Urach-Kirchheimer Vulkangebiet weist eine Fläche von 1600 km^2 auf. Die Zahl der nachgewiesenen Schlote hat sich inzwischen durch geomagnetische Vermessung auf über 350 erhöht. Sie sind durch Gasausbrüche ent-

standen und größtenteils mit Tuff und Trümmern des durchschlagenen Deck- und Grundgebirges, „Explosionsbreccie", gefüllt. Flüssiges Magma drang nur in seltenen Fällen nach oben. Den größten Durchmesser mit rund einem Kilometer weisen der Jusi und das Randecker Maar auf. Mehrere Alborte wie Laichingen, Zainingen, Donnstetten, Böhringen liegen in solchen Schloten. Sicher wurden die frühen Siedler durch die geschützte Lage und den Wasser stauenden Untergrund angelockt. Ähnlich wie in den Maaren der Eifel bildeten sich auch in denen der Alb nach der Explosion zunächst Seen, die schließlich verlandeten und Hochmoore zurückließen, wofür das Schopflocher Torfmoor ein anschauliches Beispiel liefert. Die auffallende Häufung von kohlensäurehaltigen Mineralquellen dieses Gebiets in Beuren, Bad Boll, Bad Ditzenbach, Bad Überkingen und Bad Urach dürften mit dem Vulkanismus zusammenhängen.

Zwei Riesenkrater der Alb, das Steinheimer Becken mit 3,4 km und das Nördlinger Ries mit 23 km Durchmesser, wurden bis vor wenigen Jahrzehnten ebenfalls Vulkanausbrüchen zugeschrieben. Heute weiß man, dass es sich dabei um gewaltige Naturkatastrophen anderer Art, nämlich um Einschläge von **Meteoriten** handelt (→ S. 105).

Vulkanschlot an der Neuffener Steige. Der dunkle Vulkantuff grenzt an die glatte, kaum veränderte Wand des Oberjuras und zeigt, dass der Glutfluss stark abgekühlt war.

Die gespaltene Buche bei Ehingen-Altsteußlingen, eine Folge der Erosion. Trotz des schwachen Gefälles von etwa 10 % kam der Hang zum Rutschen und riss den Baum entzwei.

Erdgeschichte 21

Eine Doline oberhalb des Quelltops der Kleinen Lauter, der diesem das Oberflächenwasser zuführt.

Neben diesen spektakulären Ereignissen, welche die Landschaft innerhalb von Sekunden veränderten, sind aber auch Kräfte am Werk, die ihre Erscheinung über die Jahrmillionen hinweg langsam aber stetig umformen. Der Wechsel von Gefrieren und Auftauen nagt an den Felsen, indem er Splitter um Splitter absprengt, so dass sich allerorten am Fuß der Hänge große Geröllhalden bilden. Zum Teil werden auch ganze Felsmassive losgelöst und ins Tal gekippt. Das durch Spalten in die Ton- und Mergelschichten eindringende Wasser kann sogar ganze Berghänge ins Rutschen bringen. So hat die Schwäbische Alb durch diesen als **Erosion** bezeichneten Vorgang im Laufe von 15 Millionen Jahren rund 25 km ihres Nordrandes verloren. Dies beweisen zahlreiche isoliert im Vorland liegende **Zeugenberge** wie die Achalm und Teck, der Hohenzollern, Hohenstaufen, Rechberg und Stuifen, die der Abtragung entgingen. Weitere interessante Erscheinungen des Albnordrands sind **geköpfte Täler,** breite Flussrinnen mächtiger Ströme, die einst weit von Norden kommend zur Donau flossen, durch die rückschreitende Erosion ihren Oberlauf einbüßten und jetzt am Steilabfall jäh im Leeren enden.
Andere kennzeichnende Eigenschaften unserer Landschaft gehen auf innere Auflösungsvorgänge zurück. Sie werden nach ihren typischen Erscheinungsformen in Jugoslawien als **Verkarstung** bezeichnet. Sie setzte ab der Wende vom Miozän zum Pliozän ein, als Folge der sich eintiefenden Vorfluter. In dem von Haus aus undurchlässigen Kalkgestein können – hauptsächlich durch endogene, erdinnere Kräfte – Risse und Spalten entstehen, in die Wasser eindringt, das den Kalk durch komplexe chemische Vorgänge auflöst. In einem späteren Stadium kommen noch mechanische, erodierende Kräfte hinzu. So bildet sich ein unterirdisches Netz von Spalten und **Höhlen**, die größtenteils verborgen bleiben. Im Höhlenkataster der Schwäbischen Alb sind derzeit 2669 Höhlen registriert, darunter die Wulfbachhöhle (→ S. 323) mit über 7000 m gemessener Gesamtlänge und 19 weitere Großhöhlen mit Längen von 500–5000 m Länge. Nur wo diese Hohlräume einbrechen und an der Oberfläche trichterförmige Vertiefungen, Erdfälle oder **Dolinen** genannt, entstehen, und wo Höhlen an Hängen angeschnitten sind oder als Schachthöhlen das Eindringen ins Er-

Der Achtopf bei Schelklingen-Urspring, eine Quelle des Tiefen Karsts.

dinnere ermöglichen, offenbart sich das Phänomen der Verkarstung. Regen und Schmelzwasser werden von diesen Klüften schnell geschluckt und in die Tiefe abgeleitet, der Grund für die Wasserarmut der Albhochfläche. Am Albnordrand sammelt sich das Wasser hauptsächlich in der undurchlässigen Schicht zwischen ox1 und ox2 und tritt zur Neckarseite hin in relativ schwach schüttenden, manchmal ganz versiegenden Quellen aus. Der entwässernde Fluss, der Vorfluter, liegt hier tiefer als der Karstwasserspiegel, man spricht vom **Seichten Karst**. Anders auf der Donauseite. Hier handelt es sich um den **Tiefen Karst**. Das Wasser wird unter dem Vorfluter gestaut und drückt mit hoher Schüttung in Quelltöpfen an die Oberfläche. Dieses zum Teil sehr lange lagernde, reine Karstwasser ist für die Trinkwasserversorgung von größter Wichtigkeit. Seit dem Jahr 1871 wird es durch die Albwasserversorgung (→ S. 87) von den Tälern auf die Hochfläche gepumpt.

Um verhältnismäßig junge, eiszeitliche Erscheinungen handelt es sich beim **Bergkies**, ein Frostschutt aus scherbig zersprungenen Oberjurakalken von oft sehr einheitlicher Größe der Kalkscherben, die im Durchschnitt bei 3–6 cm Durchmesser liegt. Viele Hänge des Albtraufs und der Hochfläche sind mit Bergkies überzogen, der mehrere Meter mächtig sein kann. Sichtbar wird er nur, wenn er durch Kiesgruben angeschnitten ist, in denen das sehr beliebte Wegbaumaterial abgegraben wird.

In der Natur geht nichts verloren. So gibt auch das Wasser beim Austritt aus dem Gestein unter dem Einfluss von Druckverminderung und Wärme den überschüssigen Kalk wieder ab, den es vorher aufnahm. Er bildet in den Höhlen Tropfsteine, baut hinter den Quellen Barrieren aus **Sinterkalk** auf, über die, wie bei Gütersten, Neidlingen und Bad Urach, Wasserfälle zu Tal stürzen, oder er lagert sich im Grund der Täler ab. Dieser Kalksinter, auch Kalktuff genannt, war einst ein begehrter Baustein. Er ist leicht zu bearbeiten, vor allem in feuchtem Zustand, und wirkt dank seiner Porosität kälte- und schallisolierend.

So ist das Bild unserer Landschaft das Ergebnis steter innerer und äußerer Kräfte, die über unvorstellbar lange Zeiträume bis zum heutigen Tag gewirkt haben. Sie sind weiterhin am Werk. Stein um Stein fällt von den Felsen zu Tal, der Albtrauf weicht im Mittel jährlich um gut 1 mm zurück, Dolinen brechen ein, Bäche versiegen, die Tuffpolster wachsen und Täler werden aufgefüllt in einem unaufhörlichen Prozess des ständigen Werdens und Vergehens.

Klima und Böden
von Theo Müller

Die **Temperaturverhältnisse** auf der Schwäbischen Alb sind nicht extrem, wie die alte Bezeichnung „Raue Alb" vermuten lassen könnte. Die Temperaturabnahme mit der Höhe entspricht der anderer Mittelgebirge. Weithin liegt die mittlere Jahrestemperatur der Luft auf der Albhochfläche bei 6–7° C, auf den Höhen des Großen Heubergs und der Zollernalb sinkt sie unter 6° C, während sie entlang des Donautals abwärts von Sigmaringen, auf der Lonetal- Flächenalb, auf dem südlichen Härtsfeld und auf der Riesalb auf über 7°C ansteigt. Die höheren Jahresmitteltemperaturen im Südosten geben ein Mittel aus höheren Sommer- und tieferen Wintertemperaturen wieder, die kennzeichnend sind für ein subkontinental getöntes Klima.

Abweichen von diesen Werten kann allerdings das **Lokalklima**. Ausnahmen bezüglich höherer Temperatur finden sich beispielsweise an Hängen in Südlage, die sich besonders stark erwärmen. Ausgesprochene „Kältelöcher" bilden sich dagegen in Mulden, Karstwannen und Trockentälern, in denen sich die schwerere kalte Luft sammelt. Häufig treten in solchen Lagen Nebel, Spät- und Frühfröste auf. So zeichnen oftmals Nebel in Trockentälern das alte danubische Gewässersystem nach. Die Kälteabweichungen gegenüber der Umgebung können ohne weiteres bis zu 10° C und darüber betragen. So sind das NSG lrndorfer Hardt, das Degerfeld bei Albstadt-Ebingen oder der Salzwinkel bei Zainingen ausgedehnte Karstwannen mit Kaltluftan-

Im Donautal bei Burg Wildenstein sammelt sich Kaltluft, die Anlass gibt für die Nebelbildung. Diese zeichnet geradezu die Ur-Donau nach.

sammlung, auch in klaren Sommernächten nie sicher frostfrei. Dazu kommen am Albtrauf noch lokale Windsysteme, die entstehende Kaltluft vom Albfuß und den Albtälern ins weitere Albvorland hinaus blasen und so dort für milde Temperaturverhältnisse sorgen. Dies sind die wärmebegünstigten Hangfußlagen, an denen sich weithin ein Obstgürtel ausbreitet, darunter vielfach die spätfrostgefährdete Süßkirsche. Die höchsten **Niederschläge** stellen sich am Nordwestrand der Alb ein und erreichen hier Höhen von 900 bis etwas über 1000 mm im Jahr. Allerdings liegen der Große Heuberg und die Zollernalb im unmittelbaren Regenschatten des Schwarzwalds und erhalten deshalb weniger Niederschlag als es ihren Höhen entsprechen würde, nämlich unter 900 mm im Jahr; umgekehrt steigen sie am Trauf der mittleren Alb und des Albuchs bei deutlich geringeren Höhen aber größerem Abstand zum Schwarzwald auf etwas über 1000 mm im Jahr an. Vom Albtrauf zur Donau hin gehen die Niederschläge schnell zurück, im Westen auf 700–800 mm im Jahr, im Osten auf 600-700 mm im Jahr.

Insgesamt kann man vereinfachend festhalten, dass das Klima am Albtrauf einen mehr subatlantischen Einschlag aufweist, die Albhochfläche ein gemäßigt subkontinentales Klima zeigt, während das Donautal und die südöstlichen Teile der Alb schon durch einen deutlichen subkontinentalen Klimacharakter gekennzeichnet sind.

Vielgestaltig sind die **Bodenbildungen** auf der Schwäbischen Alb, wobei hier nur kurz auf die wichtigsten Bodentypen eingegangen werden kann. Sie sind in erster Linie abhängig vom Ausgangsgestein, das im Wandergebiet größtenteils Kalkgestein ist.

An den Felsen mit ihren Köpfen, Bändern und Spalten finden wir äußerst flachgründige **Anfangsbodenbildungen (Gesteinsrohböden, Syrosem)** aus vom Felsen physikalisch gelockerten (Frost- und Temperaturverwitterung) Mineralteilchen und zersetzten Pflanzenresten. Bei Verletzung der Vegetati- onsdecke werden diese Böden leicht vom Wind verweht oder von Niederschlägen abgeschwemmt. Dies geschieht oft durch Betreten der Felsen. In über- schaubaren Zeiträumen wird aber der Boden nicht wiederhergestellt, weshalb der Schutz der Felsenvegetation von größter Bedeutung ist.

Weit verbreitet an den Hängen über Kalkgestein, sowohl am Trauf als auch an den Kuppen- und Talhängen ist der **Humuskarbonatboden** (**Rendzina**, auf schwä-

Ein flachgründiger, schwärzlicher Humuskarbonatboden (Rendzina) auf Oberjura ki2. In den Karstspalten ockerbrauner Kalkverwitterungslehm (Terra fusca). Der Südhang ist bestockt mit einem Seggen-Buchenwald. Aufn.: F. Weller

Klima und Böden 25

Böden der Schwäbischen Alb: oben links Humuskarbonatboden (Rendzina); oben rechts Kalkverwitterungsboden (Terra fusca); unten links Parabraunerde; unten rechts Podsol. Aus: Südwestdeutsche Waldböden im Farbbild. Aufn.: K. Glatzel

Wird der Boden verletzt – im Bild durch einen Traktor –, dann wird sehr schnell die Feinerde der Rendzina abgeschwemmt und die „Steine wachsen dann aus dem Boden heraus". Aufn.: Theo Müller

bisch „**Fleinsboden**"). Der Name Rendzina ist ein polnischer Bauernname, der lautmalerisch das Rauschen der vielen Steine am Pflug aufnimmt. Der Boden kann wenige Zentimeter bis mehrere Dezimeter mächtig sein. Er besteht im Oberboden aus schwärzlichem bis schwarzbraunem Humus, der gut durchmischt ist mit Tonmineralien (Verwitterungsrückstand des Kalkgesteins), und weist wenig Steine auf. Nach unten nimmt der Steingehalt zu, der dann in lockeres Gestein und schließlich in festes Gestein übergeht. Der Boden ist nährstoffreich und hat eine günstige Krümelstruktur, verursacht durch die zahlreichen in ihm lebenden Kleintiere, vor allem Regenwürmer. Für die Fruchtbarkeit der Rendzinen ist aber deren Mächtigkeit maßgebend. Auf sehr flachgründigen Rendzinen in der Umgebung von Felsen wachsen Blaugras-Trockenrasen (→ S. 56), auf mittelgründigen in südlicher Auslage Seggen- → S. 38), in nördlicher Auslage Waldgersten-Buchenwälder (→ S. 37). Wenn durch menschlichen Einfluss die Feinerde durch Wasser und Wind abgetragen wird, dann. wachsen sozusagen die Steine aus dem Boden.
Über Jahrhunderte hinweg wurden die „herauswachsenden" Steine von den Äckern aufgelesen und am Ackerrand zu Steinriegeln angehäuft. Zahlreiche, teilweise mit Hecken bewachsene Steinriegel entlang von Äckern zeugen von diesem Vorgang. Dabei muss man bedenken, dass rund 20 cm Kalkgestein chemisch verwittern müssen, damit ungefähr 1 cm Boden entsteht, wofür mehrere Tausend Jahre erforderlich sind. Deshalb ist es dringend erforderlich, mit unseren Böden als Grundlage landwirtschaftlicher Produktion sorgsam umzugehen.

Klima und Böden

Ein anderer, mehr in ebenen Lagen, vor allem aber in Karsttaschenfüllungen vorkommender Bodentyp, der durch seine ockerbraune Farbe auffällt, ist der sehr tonreiche **Kalkverwitterungslehm (Terra fusca)**, ein auf der Hochfläche der Alb weit verbreiteter Bodentyp. Über dem oft steinigen Kalkverwitterungslehm befindet sich ein 5–20 cm mächtiger, meist gut gekrümelter, mehr oder weniger humoser Oberboden. Je nach Mächtigkeit des Kalkverwitterungsbodens und den dadurch geprägten Wasserhaushalt wachsen natürlicherweise auf flachgründigen Seggen- (→ S. 38) und auf mittel- bis tiefgründigen Böden Waldgersten-Buchenwälder (→ S. 37).

Vielfach weist der Kalkverwitterungslehm der Albhochfläche infolge Tonverlagerung oder geringmächtiger Lösslehmüberlagerung einen 20–60 cm mächtigen tonärmeren Oberboden (Schichtlehm) über dem tonreichen Kalkverwitterungslehm auf (Parabraunerde-Terra fusca). Dieser feinlehmige Oberboden wird leicht ab- und in Senken, Mulden und Trockentälern zusammengeschwemmt, wodurch sich tiefgründige Böden bilden, so auch im Bereich der südöstlichen Flächenalb auf der lehmigen Albüberdeckung. Es handelt sich hierbei um meist mehr oder weniger tiefgründige **Parabraunerden**. die zwar kalkarm, aber dennoch nährstoffreich sind und auf der Alb als „**Lixer**" bezeichnet werden. Wegen ihrer Tiefgründigkeit stellen sie sehr gute Ackerböden dar und sind deshalb bei den Landwirten sehr beliebt. Natürlicherweise sind diese Parabraunerden-Terra fusca und die Parabraunerden mit Waldmeister- (→ S. 35) und auch Hainsimsen-Buchenwäldern (→ S. 32) bestockt.

Im nördlichen Albuch und Härtsfeld trifft man alte, tertiäre Verwitterungsdecken an (**Feuersteinlehme**), die oft umgelagert worden sind. Es handelt sich dabei um nährstoffarme, saure Böden, weswegen es zu Rohhumusauflagen kommt. Die dort gebildeten Huminsäuren führen zu Ausbleichungserscheinungen im Boden, es entstehen **Podsole** (russischer Bauernname für „Asche-Böden"). Bezeichnend für diesen Bodentyp sind in Hainsimsen-Buchenwäldern (→ S. 32) üppige Heidelbeerdecken.

Naturschutz
von Theo Müller

Im Wandergebiet gibt es rund 200 **Naturschutzgebiete (NSG)** mit einer Gesamtfläche von fast 12 000 ha. Es ist ganz unmöglich, alle NSG auch nur kurz zu beschreiben. Soweit sie bei Wanderungen gestreift werden, sind sie dort behandelt.
NSG sind Landschaftsteile mit besonderen oder für die einzelnen Landschaften bezeichnenden Landschaftsformen oder Lebensgemeinschaften, mit einer reichen Pflanzen- und Tierwelt, mit historischen Nutzungsformen, mit Eigenart und Schönheit ihrer Naturausstattung oder mit wichtiger ökologischer Bedeutung, die durch Verordnungen besonders geschützt sind. Handelt es sich um Einzelschöpfungen der Natur, so sind diese als **Naturdenkmäler (ND)** ausgewiesen. NSG und ND sind in der Landschaft mit Schildern gekennzeichnet (grünes Dreieck mit schwarzem Seeadler auf weißem Grund). In diesen ist alles verboten, was diese Bereiche, ihre Pflanzen und Tiere sowie deren Lebensgemeinschaften in irgendeiner Weise beeinträchtigen oder schädigen könnte. In ihnen dürfen keine Pflanzen gepflückt werden, also auch nicht die ungeschützten Arten. Für den Wanderer ist es wichtig, dass die Wege nicht verlassen werden dürfen, auch nicht zum Fotografieren.
Große Teile der Alb wie der Albtrauf, aber auch das Donautal und andere Tallandschaften sowie etwas kleinere Landschaftsteile wie beispielsweise das Steinheimer Becken und zahlreiche Wacholderheiden sind durch Verordnungen als **Landschaftsschutzgebiete (LSG)** ausgewiesen. Der **Naturpark Obere Donau**, leider im Gegensatz zum Schwarzwald der bis jetzt einzige Naturpark auf der Alb, umfasst außer der Umgebung des Oberen Donautals große Teile der Zollernalb und des Großen Heubergs, reicht im Norden bis ins Lochengebiet bei Balingen und im Osten bis nach Mengen und Herbertingen östlich von Sigmaringen. Seine ursprüngliche Fläche von 85 710 ha wurde 2005 anlässlich des 25jährigen Jubiläums beträchtlich vergrößert, auf 135 019 ha.
Derzeit ist die Ausweisung eines **Biosphärengebiets Schwäbische Alb** im Gang.

Ein Beispiel eines NSG mit vielfältiger Biotopstruktur ist die Hausener Wand bei Bad Überkingen, Landkreis Göppingen, ein altes Bergsturzgebiet. Aufn.: Theo Müller

Naturschutz

Sein Schwerpunkt liegt auf der Mittleren Kuppenalb, wesentlicher Bestand ist das Gebiet des ehemaligen Truppenübungsplatzes Münsingen. Im Norden reicht es bis ins Albvorland, im Süden bis zur Donau. Sowohl der HW 1 als auch der HW 2 führen über längere Strecken durch das Gebiet. In Biosphärengebieten sollen nach dem Naturschutzgesetz durch Erhaltung und Förderung traditioneller extensiver Landnutzungsformen sowie durch die Entwicklung und Erprobung neuer besonders schonender Wirtschaftsweisen großräumige charakteristische Landschaften gesichert werden. Unter bestimmten Voraussetzungen können sie die Anerkennung als Biosphärenreservat der Unesco finden.

Die **Vogelschutzrichtlinie** und die FFH (Flora-Fauna-Habitat)-Richtlinie wurden von der EU 1993 und 1992 erlassen zur Erhaltung natürlicher Lebensräume. Eines ihrer wichtigsten Ziele ist ein zusammenhängendes Netz von Schutzgebieten. Es wird **Natura 2000** genannt, zu seinem Aufbau haben sich die Mitgliedstaaten verpflichtet. Bis Mitte 2007 wurden in Baden-Württemberg 73 Vogelschutz- und 260 FFH-Gebiete ausgewiesen mit einer Gesamtfläche von rund 610 000 ha.

Gesetzlich geschützt sind zusätzlich eine Reihe von wertvollen Biotopen (Lebensstätten), die den gleichen Schutzstatus genießen wie NSG oder ND. Dazu gehören auf der Schwäbischen Alb:

1. Moore, Sümpfe, naturnahe Bruch-, Sumpf- und Auwälder, Streuwiesen, Röhrichtbestände und Riede, seggen- und binsenreiche Nasswiesen; 2. naturnahe und unverbaute Bach- und Flussabschnitte, Altarme fließender Gewässer, Hülen und Tümpel, jeweils einschließlich der Ufervegetation, Quellbereiche, Verlandungsbereiche stehender Gewässer; 3. Zwergstrauch- und Wacholderheiden, Trocken- und Magerrasen, Gebüsche und naturnahe Wälder trockenwarmer Standorte einschließlich ihrer Staudensäume; 4. offene Felsbildungen, offene natürliche Block- und Geröllhalden; 5. Höhlen, Dolinen; 6. Feldhecken, Feldgehölze, Hohlwege, Trockenmauern und Steinriegel, jeweils in der freien Landschaft

Unter besonderem Schutz stehen neben anderen Pflanzenarten alle Schwertlilien-, Orchideen-, Nelken-, Eisenhut- und Enzianarten. Im Bild der Deutsche Enzian im NSG Halmberg, Landkreis Reutlingen. Aufn.: Theo Müller

Da viele freilebende Pflanzen- und Tierarten durch den Menschen (Siedlungen, Verkehr, Tourismus, Industrie, intensive Landnutzung) verdrängt werden und damit in ihrem Bestand gefährdet sind, wurden bedrohte **Arten unter besonderen Schutz** gestellt. Dazu gehören auf der Alb insbesondere alle Schwertlilien-, Orchideen- Nelken-, Eisenhut- und Enzianarten, Immergrünes Felsenblümchen,

Mittelspecht an der Nisthöhle..

Katzenpfötchen, Kleine Traubenhyazinthe (Baurabüble), Küchenschelle, Kugelblume, Leberblümchen, Märzenbecher, Reckhölderle (Heideröschen), Seidelbast, Silberdistel und die Steinbreche. Diese dürfen in der freien Natur in keiner Weise geschädigt und sollen vollkommen in Ruhe gelassen, vor allem nicht gepflückt werden. Unter den Tieren sind dies u. a. die vom Aussterben bedrohten Fledermäuse, alle nicht dem Jagdrecht unterliegenden Vögel, zusätzlich alle Greifvögel, alle Kriechtiere und Lurche, zahlreiche Insekten, darunter u. a. alle Libellen, manche Heuschrecken, Alpenbock, Hirschkäfer, Bienen und Hummeln, Hornissen, Waldameise, die meisten Tagfalter und Schwärmer.

Weit über 1 Million Menschen suchen pro Jahr die Schwäbische Alb auf, und dies mit steigender Tendenz. Die Nachfrage nach dieser Erholungslandschaft ist so stark geworden, dass einzelne Bereiche an manchen Wochenenden überlaufen und damit Natur und Landschaft gefährdet sind. Dennoch gibt es abseits der touristischen Anziehungspunkte immer noch weite Bereiche, in denen der Wanderer Ruhe und Erholung finden, ungestört Natur und Landschaft erleben kann. Bevorzugt solche Gegenden werden bei den in diesem Buch vorgeschlagenen Wanderungen berücksichtigt.

Diese Situation erfordert eine besondere Rücksichtnahme der Wanderer und Touristen auf Natur und Landschaft, um diese nicht zu schädigen, sondern auch für die Zukunft zu erhalten. Dazu gehört u. a., dass außer den erschlossenen Schauhöhlen die übrigen Höhlen, Grotten und Felsdächer nicht betreten und begangen werden, vor allem aber davor kein Feuer gemacht wird, denn es handelt sich dabei für die vom Aussterben bedrohten Fledermausarten um wichtige Überlebensbiotope. Genau so sollte es eigentlich Ehrensache sein, dass außer den als Aussichtspunkte ausgewiesenen Felsen die übrigen nicht betreten werden. Es ist wirklich nicht einzusehen, warum jeder Fels einer Tal- oder Hangflanke besucht werden muss, ein Aussichtsfelsen genügt doch. Die Felsen sind Wuchsorte einer trittempfindlichen Flora mit teilwesem Reliktcharakter; zugleich sind sie Brut- und Lebensraum mancher bedrohter Tierarten wie z.B. Wanderfalke, Uhu, Dohle und Kolkrabe, die bei Störungen und Beunruhigung Eier oder Brut verlassen.

Naturschutz

*Schachbrettfalter
auf Witwenblume.*

Schließlich ist es ein Gebot der Stunde, unserer Umwelt zuliebe die einzelnen Wandergebiete soweit wie möglich mit öffentlichen Verkehrsmitteln anzufahren. Hinweise dazu werden bei den einzelnen Wanderungen angegeben.
All die weitgehenden Vorschriften und Unterschutzstellungen dienen nicht dazu, dem Wanderer das Naturerlebnis zu vermiesen, das er bei Beachtung der Gebote auch in NSG und ND haben soll, sondern dazu, die Landschaft und Natur nicht zuletzt für ihn selbst in ihrer Eigenart und Vielfalt zu bewahren.
Tragen deshalb auch Sie als Wanderer, die sich in Natur und Landschaft erholen und sie genießen, durch ihr richtiges Verhalten dazu bei, dass diese mit ihren vielen Kleinoden nicht beeinträchtigt, gestört oder sogar vernichtet werden, sondern dass sie in voller Reichhaltigkeit und Schönheit erhalten bleiben und an die Nachwelt weitergegeben werden können.

Pflanzenwelt
von Theo Müller

Auf der Schwäbischen Alb treffen wir eine vielfältige Flora und Vegetation an, darunter manche Kostbarkeiten. Dies wird ohne weiteres verständlich, wenn man bedenkt, dass ganz unterschiedliche Höhenlagen vorliegen – 900–1000 m NN auf der Südwestalb und ungefähr 400 m an der Wörnitz – und dadurch bedingt auch recht verschiedene klimatische Verhältnisse. Bedingt durch die West-Ost-Erstreckung der Schwäbischen Alb macht sich deutlich ein Kontinentalitätsgefälle bemerkbar. So finden wir auf der Südwestalb Arten mit alpisch-submediterraner Verbreitung wie Alpen-Heckenkirsche, Faden-Platterbse, Graues Sonnenröschen, Reckhölderle (Heideröschen), Augenwurz, Horst-Segge, Berghähnlein, Zwergbuchs, Zwerg-Glockenblume u. a., während wir am Riesrand und an den Wörnitzhängen subkontinental verbreiteten Arten wie Furchen-Schwingel, Mittlerem Leinblatt, Niederliegendem Ehrenpreis, Ohrlöffel-Leimkraut, Rispen-Flockenblume, oder dem Donautal entlang der präalpiden Weiß-Segge begegnen. Submediterran verbreitete Arten wie die Flaum-Eiche und die Strauch-Kronwicke finden wir in den wärmsten Bereichen der Mittleren Alb, während europäisch-kontinentale Arten wie der Österreichische Ehrenpreis, der Gelbe Lein und der Schwarzwerdende Geißklee entlang der Donau von Osten her zur Schwäbischen Alb vorgedrungen sind und hier ihre westliche Verbreitungsgrenze erreichen.
Ohne das Wirken des Menschen wäre die Schwäbische Alb mit Ausnahme größerer Felsmassive, Steinschutthalden, Rutschhänge, Bäche und Flüsse von Natur aus bewaldet. Gerade die von Natur aus waldoffenen Flächen sind floristisch besonders interessant. Sie bieten lichtbedürftigen Pflanzen gute Siedlungsmöglichkeiten, weil sie hier nicht von Schatten gebenden Bäumen bedrängt werden. Durch die menschliche Landnutzung wurden große waldfreie Flächen geschaffen, die, soweit sie nur extensiv genutzt wurden, manchen lichthungrigen Pflanzenarten, die vorher auf verhältnismäßig kleinflächige Sonderstandorte beschränkt waren, weitere Wuchsorte boten. So konnte sich z. B. der Wacholder, eine seltene Art des Felsenbirnen-Gesträuchs der Felsen, in mageren Schafweiden weit ausbreiten, was entsprechend auch für manche andere Pflanzenarten gilt.
Die Schwäbische Alb ist heute fast zu 40 % bewaldet. Von Natur aus sind die Wälder zum allergrößten Teil von der Buche aufgebaut, der im Traufgebiet der Ostalb um Aalen und der Südwestalb von Mössingen an südwärts die Weißtanne beigemengt ist. Mit Recht bezeichnet der Altmeister der Albbotanik, Robert Gradmann (1865–1950), in seinem „Pflanzenleben der Schwäbischen Alb" die Buche als die „kaum bestrittene Fürstin des Waldes".
Trotz der Vorherrschaft der Buche sind die Buchenwälder recht unterschiedlich zusammengesetzt. Auf nährstoffarmen und sauren Böden, wie man sie insbesondere auf den Feuersteinlehmen des nördlichen Albuchs und Härtsfelds, aber auch sonst auf entsprechenden sauren Lehmböden, z. B. im Mitteljura- Gebiet oder über pliozänen Donauschottern, findet, wächst der artenarme **Hainsimsen-Buchenwald.** Er ist ausgezeichnet durch wenige säureholde Pflanzen wie Weiße Hainsimse, Berg-Platterbse,

Arten mit alpisch-mediterraner Verbreitung: oben links Alpen-Heckenkirsche (Aufn.: Th. Müller), oben rechts Heideröschen am Schaufelsen (Aufn.: W. Herter), unten links Augenwurz (Aufn.: Th. Müller) unten rechts Berghähnlein (Aufn.: Th. Müller).

Die Flaum-Eiche (oben links; Aufn.: Th. Müller, Urselberg) hat eine submediterrane Verbreitung, während der Österreichische Ehrenpreis (oben rechts; Aufn.: Th. Müller, beim Schmiecher See), der Gelbe Lein (unten links; Aufn.: H. Baumann) und der Schwarzwerdende Geißklee (unten rechts; Aufn.: W. Herter) eine europäisch-kontinentale Verbreitung aufweisen.

Pflanzenwelt 35

Die Rotbuche (1) ist die bestandsbildende Baumart der Rotbuchenwälder. Pflanzen des Hainsimsen-Buchenwalds: Weiße Hainsimse (2), Berg-Platterbse (3), Schönes Haarmützenmoos (4) und Besen-Gabelzahnmoos (5). Pflanzen des Waldmeister-Buchenwalds: Waldmeister (6), Goldnessel (7), Vielblütige Weißwurz (8), Ährige Teufelskralle (9) und Waldhirse (10). Auf vernässenden Böden breitet sich in beiden Waldgesellschaften Flächen deckend die Seegras-Segge (11) aus. Zeichnung: Th. Müller.

Haarmützenmoos, Wiesen-Wachtelweizen, Draht-Schmiele, auf stark sauren Böden (z. B. Podsol → S. 25, 27) auch Heidelbeere, während alle anspruchsvollen Pflanzenarten fehlen. Auf vernässenden Böden breitet sich meist Flächen deckend die Seegras-Segge aus. Allerdings sind Laubwälder selten, sie wurden meist in ertragsreichere Fichtenforste umgewandelt. Gelegentlich wurden diese Wälder durch Nieder- und Mittelwaldwirtschaft zu „Eichen-Birkenwäldern" degradiert.

Sind die Böden etwas basen- und nährstoffreicher, aber immer noch kalkarm (Parabraunerden, → S. 25, 27), wie wir sie ebenfalls auf Feuersteinlehmen, vor allem aber auf Schichtlehmen der Albhochfläche und auf der südöstlichen Flächenalb auf lehmiger Albüberdeckung finden, dann stockt auf ihnen der **Waldmeister-Buchenwald.** Es fehlen zwar oft die säureholden Arten nicht ganz, aber es kommen anspruchsvolle Arten hinzu wie Waldmeister, Busch-Windröschen, Wald-Sauerklee, Waldhirse, Goldnessel, Ährige Teufelskralle, Vielblütige Weißwurz, Wald-Veilchen, Wald-Segge und

36 Pflanzenwelt

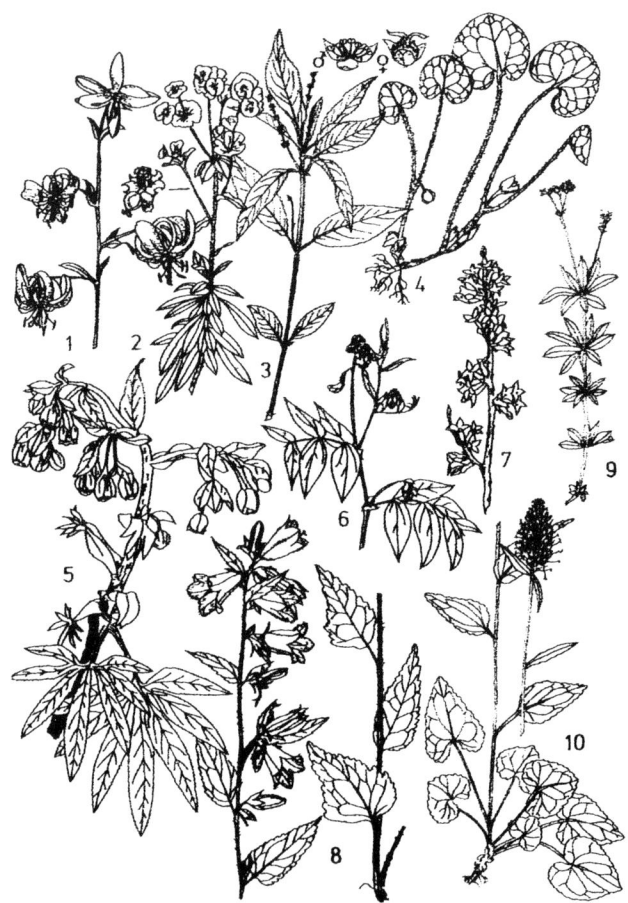

Bezeichnend für „Kalk"-Buchenwälder der Schwäbischen Alb sind Türkenbund (1), Mandel-Wolfsmilch (2; mit einzelnem Blütenstand), Wald-Bingelkraut (3; mit männlicher und weiblicher Einzelblüte), Haselwurz (4), Stinkende Nieswurz (5), Frühlings-Platterbse (6), Seidelbast (7), und Nesselblättrige Glockenblume (8); es kommen aber auch Waldmeister (9) und Ährige Teufelskralle (10) vor. Zeichnung: Th. Müller

Wurmfarn, um die wichtigsten zu nennen. Auf vernässenden Standorten kann wieder die Seegras-Segge, außerdem Wald-Ziest, Gewöhnliches Hexenkraut und Hohe Schlüsselblume vorkommen. Bestände dieser Waldgesellschaft sind wegen ihres Vorkommens auf tiefgründigen Böden in meist ebener Lage vielfach schon früh gerodet und in Ackerland umgewandelt worden. Teilweise sind Waldmeister-Buchenwälder

Pflanzenwelt 37

Für den Waldgersten-Buchenwald sind außer den Arten der „Kalk"-Buchenwälder ausgesprochen Frische liebende und montane Arten wie Waldgerste (1), Quirlblütige Weißwurz (2), Christophskraut (3), Hasenlattich (4), Zwiebeltragende Zahnwurz (5), Dunkles Lungenkraut (6), Goldnessel (7) und Vielblütige Weißwurz (8) charakteristisch. Zeichnung. Th. Müller

auch durch Fichtenforste ersetzt oder durch frühere Nieder- und Mittelwaldwirtschaft oder Waldweide zu „Eichen-Hainbuchenwäldern" mit viel Hasel im Unterwuchs und Birken und Eichen in der Baumschicht degradiert worden.
Die Masse der Buchenwälder der Alb gedeiht auf kalkreichen Böden über Oberjurabzw. entsprechenden Tertiärschichten. In diesen „Kalk-Buchenwäldern" treten neben den Arten der Waldmeister-Buchenwälder kalkliebende Arten auf wie die Sträucher Seidelbast und Rote Heckenkirsche sowie die Kräuter Bingelkraut, Mandel-Wolfsmilch, Haselwurz, Frühlings-Platterbse, Finger-Segge, Türkenbund, und Nesselblättrige Glockenblume. Bei Fichten- und Föhrenforsten auf Standorten der Kalk-Buchenwälder handelt es sich meist um Erstaufforstungen von Schafweiden, nicht um Umwandlungen von Laubwäldern in Nadelholzforste, da die Fichte auf den kalkreichen Böden sehr stark von Rotfäule befallen wird.
Der **Waldgersten-Buchenwald** (Frischer Kalk-Buchenwald) ohne oder mit Weißtanne ist ein Kalk-Buchenwald frischer Standorte, den man vorwiegend an absonnigen Hängen, aber auch in Plateaulagen findet. Er stellt einen hochwüchsigen Hallenwald dar

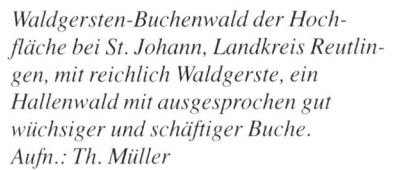

Waldgersten-Buchenwald der Hochfläche bei St. Johann, Landkreis Reutlingen, mit reichlich Waldgerste, ein Hallenwald mit ausgesprochen gut wüchsiger und schäftiger Buche. Aufn.: Th. Müller

Flächen deckender Bärlauch im Waldgersten-Buchenwald. Aufn.: Th. Müller

aus geradstämmigen Buchen und ggf. Weißtannen, mit nur wenigen weiteren eingesprengten Baumarten. In ihnen kommen Frische liebende Kalkpflanzen vor wie die Waldgerste (angereichert in Plateaulagen, an Hängen aber nie ganz fehlend), Christophskraut (angereichert an Hängen) Quirlblättrige Weißwurz (angereichert in Berglagen), Dunkles Lungenkraut und Zwiebeltragende Zahnwurz. Unter den verschiedenen Ausbildungen sei nur auf die mit Bär-Lauch hingewiesen, in welcher der Bär-Lauch Flächen deckend auftritt und deshalb schon von weitem zu riechen ist. Sie wächst in der Regel auf den Mergeln von Oberjura ox1 und ki1.

Das Gegenstück zum Waldgersten-Buchenwald stellt der **Seggen-Buchenwald** (Orchideen-Buchenwald, Strauch-Buchenwald, wärmebedürftiger Kalk-Buchenwald) dar, der an sonnseitigen Hängen weit verbreitet ist. Er steht meist auf mehr oder weniger flachgründigen, steinigen Rendzinen, die mäßig trocken sind. Zwar herrscht auch hier die Buche, doch wird sie nicht mehr so hoch wie im Waldgersten-Buchenwald, ist meist etwas krummschäftig, grobästig und zwieselig. Dazu können einzeln noch weitere Baumarten hinzukommen wie Trauben-Eiche, Mehlbeerbaum, Berg-, Spitz-

und Feldahorn. Wegen der Hanglage und des geringen Kronenschlusses gelangt meist reichlich Licht auf den Boden, weswegen der Wald einen gewissen Strauchreichtum aufweist und licht- und wärmeliebende Kräuter auftreten wie Weißes und Rotes Waldvögelein, Nestwurz, seltener Stattliches und Blasses Knabenkraut, Weiße und Grüne Waldhyazinthe, Maiglöckchen, Berg-, Blau-, Vogelfuß- und entlang des Donauzugs, auch die Weiß-Segge, Straußblütige Wucherblume, Nickendes Perlgras, Graue Wiesen-Schlüsselblume.

Noch schlechter als im Seggen-Buchenwald ist die Wuchsleistung der Buche im **Blaugras-Buchenwald** (Felshang-Buchenwald). Hier wächst sie krüppelig, ist meist vom Boden an beastet und erreicht selten mehr als 10 m Höhe, meistens bleibt sie darunter. In dieser Waldgesellschaft gelangt die Buche an ihre Standortsgrenze. Die Standorte sind ziemlich extrem, handelt es sich doch meist um Felshänge oder Felsflanken unterschiedlicher Auslage. Die Wasserversorgung ist hier sehr schlecht, weshalb die Buche vielfach dürre Äste und abgestorbene Stammteile aufweist, Lebensraum für die Larven des geschützten Alpen-Bockkäfers. In den lichten Buchenbestand ist regelmäßig der Mehlbeerbaum eingestreut. Obwohl für eine Strauchschicht genügend Licht vorhanden ist, fehlt sie des Wassermangels wegen, wie auch in der Krautschicht Mullbodenpflanzen wie der Waldmeister und die Haselwurz ausfallen. Dafür deckt aber das Kalk-Blaugras den Boden und das Gabelige Habichtskraut sowie die Ästige Graslilie treten hinzu.

Typisch für die Alb sind an Steinschutt reichen Hängen, die oftmals unterhalb von Felsen auftreten, Edellaubbaumwälder (**Linden-Ahornwälder**). Wir haben einmal auf warm-trockenen und bewegten Block- und Hangschutthalden, gelegentlich auch

Im Seggen-Buchenwald kommen neben verschiedenen Seggen das Weiße (1) und das Rote Waldvögelein (2), die Nestwurz (3), die Graue Arznei-Schlüsselblume (4) und die Straußblütige Margerite (5) hinzu. Zeichnung: Th. Müller

*Im Seggen-Buchenwald an warm-trockenen Hängen (Südhang der Bassgeige bei Beuren, Landkreis Esslingen) ist die Wuchsleistung der Buche nur mäßig, wächst sie meist etwas krummschäftig, grobästig und zwieselig.
Aufn.: Th. Müller*

Seggen-Buchenwald mit Weiß-Segge im NSG Rabensteig bei Blaubeuren, Alb-Donau-Kreis. Aufn.: Th. Müller

*Die Buche wächst im Blaugras-Buchenwald ausgesprochen krüppelig und ist oft vom Boden an beastet. Auf diesen felsigen Standorten (NSG Rutschen bei Bad Urach, Landkreis Reutlingen) erreicht die Buche ihre Existenzgrenze.
Aufn.: Theo Müller*

Pflanzenwelt

Im Blaugras-Buchenwald (Felshang-Buchenwald) tritt das Blaugras (1) ziemlich Boden deckend auf; regelmäßig eingestreut ist der Mehlbeerbaum (2), der zusammen mit Ästiger Graslilie (s. Abb. S. 58, Nr.4), Rauhaarigem Veilchen (3), Pfirsichblättrige Glockenblume (4) und Berg-Johanniskraut (5) auch in Eichen-Trockenwäldern (s. S. 46) vorkommt. Zeichnung.: Th. Müller

an frei stehenden Felswänden, sofern sie genügend große Spalten aufweisen, den **Spitzahorn-Sommerlindenwald.** Für ihn ist die Baumartenkombination Sommer-Linde, Spitz-Ahorn, Esche, Berg- und Feldahorn, Mehlbeerbaum, gelegentlich auch Eiche, Winter-Linde und Hainbuche bezeichnend. Manchmal ist auf den Steinschutthalden die Entwicklung noch nicht bis zu dieser oder der folgenden Waldgesellschaft gediehen, und wir treffen dann **Hasel-Gebüschstadien** oder offene Steinschutthalden mit der **Schild-Ampfer-** oder der **Ruprechtsfarn-Flur** an. Zum anderen stockt auf

Blätter und Früchte der Edellaubbäume, die in den Linden-Ahornwäldern (Steinschuttwäldern) bestandsbildend auftreten: Berg-Ahorn (1), Spitz-Ahorn (2), Esche (3), Berg-Ulme (4) und Sommer-Linde (5). Zeichnung: Th. Müller

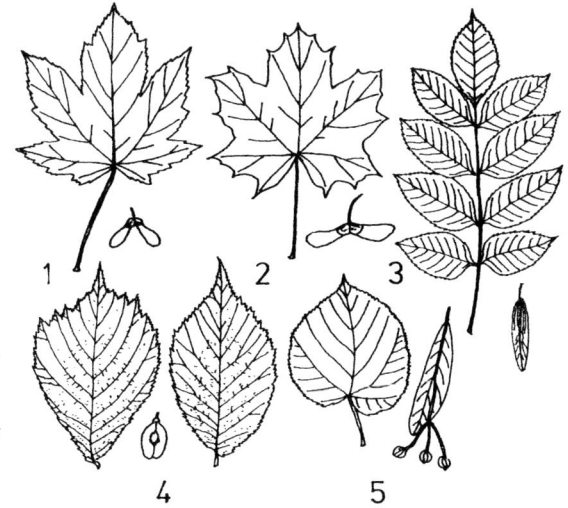

Auf besonnten Steinschutthalden siedelt der Schild-Ampfer (1 und Farbbild), während auf schattigen der Ruprechtsfarn (3) vorkommt. Auf den Kalksteinschutthalden dürfte auch der Glatthafer (2), das wichtigste Gras unserer Öhmdwiesen, seine ursprünglichen Wuchsorte gehabt haben. Zeichnung und Aufn.: Th. Müller

An warm-trockenen Sonnenhängen stockt auf Steinschutt der Spitzahorn-Sommerlindenwald (NSG Rabensteig bei Blaubeuren, Alb-Donau-Kreis). Aufn.: Th. Müller

An kühlen Schatthängen stellt sich auf Stein- und Blockschutt der Linden-Ulmen-Ahornwald ein (NSG Rutschen bei Bad Urach, Landkreis Reutlingen). Aufn.: Th. Müller

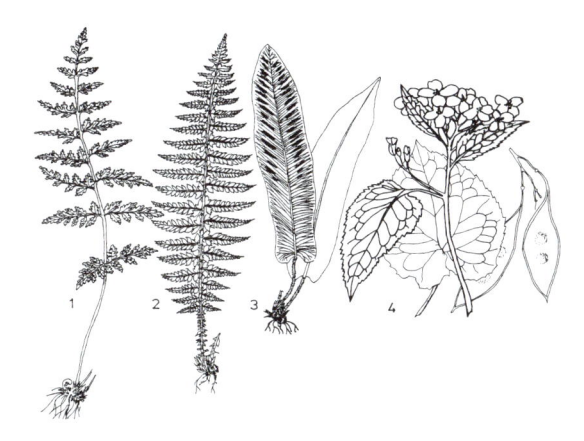

Pflanzenwelt 43

Pflanzen der Ausbildung mit Wildem Silberblatt des Linden-Ulmen-Ahornwalds (Schluchtwald): Zerbrechlicher Blasenfarn (1), Gelappter Schildfarn (2), Hirschzunge (3) und Wildes Silberblatt (4, Mondviole). Zeichnung: Th. Müller

Blühendes und fruchtendes Wildes Silberblatt (Mondviole) im Linden-Ulmen-Ahornwald (Schluchtwald) des NSG Rutschen (Bad Urach, Landkreis Reutlingen). Aufn.: Th. Müller

Wenn sich am Hangfuß zwischen den Steinen Feinerde und Humus angesammelt haben, dann finden wir an solchen Stellen den schönsten Frühlingswald der Alb, die Lerchensporn-Ausbildung des Linden-Ulmen-Ahornwalds (Kleebwald; Gemeindewald Neidlingen, Landkreis Esslingen). Aufn.: Th. Müller

Bezeichnende Pflanze des „Kleebwalds" ist der meist in großen, den Boden bedeckenden Beständen auftretende Hohle Lerchensporn. Im Volksmund werden dessen weißblühende Form als „Henne", die purpurne als „Gockeler" bezeichnet. Aufn.: Th. Müller

*Pflanzen des „Kleebwalds": Hohler Lerchensporn (1), Märzenbecher (2), Aronstab (3), Gelbes Windröschen (4), Einbeere (5), Moschuskraut (6) und Wald-Gelbstern (7).
Zeichnung: Th. Müller*

Pflanzenwelt 45

Bestand eines Geißklee-Stieleichen-Trockenwalds am Eichfelsen (bei Irndorf, Landkreis Tuttlingen). Davor ein Hirschhaarstrang-Saum. Aufn.: Th. Müller

Flaumeichen-Traubeneichen-Trockenwald am Dettinger Hörnle (bei Dettingen/ Erms, Landkreis Reutlingen). Im Hintergrund die Achalm. Aufn.: Th. Müller

An extremen Steilhängen wie am Barnkapf (bei Gönningen, Landkreis Reutlingen) sind die Bestände des Flaumeichen-Traubeneichen-Trockenwalds buschwaldartig ausgebildet. Im Kontakt stehen Hirschhaarstrang-Saum und Blaugras-Trockenrasen. Aufn.: Th. Müller

kühl-frischen Block- und Hangschutthalden in meist schattiger Lage der **Linden-Ulmen-Ahornwald**, für den die Baumartenkombination Sommer-Linde, Berg-Ulme, Berg-Ahorn, Esche und Spitz-Ahorn charakteristisch ist. Leider ist die Berg-Ulme in diesen Waldbeständen seit Jahren durch die Ulmen-Krankheit ziemlich gefährdet, und man begegnet überall abgestorbenen Ulmen. An Sträuchern treten gelegentlich die Hasel als Relikt eines vorausgegangenen Hasel-Stadiums und der Schwarze Holunder auf. Die Krautschicht ist meist artenarm; neben der Goldnessel, Ruprechtskraut und etwas Waldmeister ist für diese Wälder der Gelbe Eisenhut, der Gelappte Schildfarn, das Wechselblättrige Milzkraut und seltener der Glänzende Kerbel charakteristisch. Die reine Ausbildung weist keine besonderen Arten auf. Die Ausbildung mit Wildem Silberblatt (Schluchtwald) besitzt zusätzlich das während der Blütezeit vor allem in den Abendstunden betörend duftende Wilde Silberblatt (Mondviole), den Zerbrechlichen Blasenfarn sowie seltener die Hirschzunge und den Grünen Streifenfarn. Sie besiedelt die felsigen Schluchten, in denen oft der Nebel hängt und deren Tiefe die Sonne kaum oder nur für kurze Zeit erreicht. Deshalb sind die Felsen und Steine meist mit einem dicken Moospolster überzogen. Wo aber in Hangmulden oder am Hangfuß sich zwischen den Steinen Feinerde und Humus ansammeln konnte, steht die Lerchensporn-Ausbildung (Kleebwald), der schönste Frühlingswald der Alb. Unter dem Schirm der noch kahlen Bäume breitet sich ein bunt blühender Teppich aus mit Hohlem Lerchensporn, Gelbem Windröschen, Aronstab, Einbeere, Wald-Gelbstern, Moschuskraut und gelegentlich in beeindruckenden Massenbeständen der Märzenbecher oder auch der Blaustern.

An besonders exponierten Stellen, an Felsen und sonnseitigen Steilhängen kann die Buche nicht mehr gedeihen. Sie überlässt das Feld den Eichen, die **Eichen-Trockenwälder** bilden. Neben den Eichen sind Mehlbeerbaum, Feld-Ahorn, teilweise auch der Elsbeerbaum eingestreut. Dagegen fehlt die Buche fast vollständig wie auch die schattenverträglichen Kräuter der Buchenwälder. Dafür kommen aber reichlich Straußblütige Wucherblume, Graue Schlüsselblume, Pfirsichblättrige Glockenblu-

Scheidenkronwicken-Föhrenwald an einem Extremstandort auf Felsen (Paulsfelsen bei Beuron, Landkreis Sigmaringen). Aufn.: W. Herter

Pflanzenwelt 47

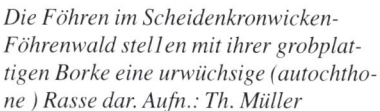

Die Föhren im Scheidenkronwicken-Föhrenwald stellen mit ihrer grobplattigen Borke eine urwüchsige (autochthone) Rasse dar. Aufn.: Th. Müller

Die Scheiden-Kronwicke ist die bezeichnende Art des Scheidenkronwicken-Föhrenwalds. Aufn.: Th. Pfündel

me, Berg-Johanniskraut, Rauhaariges Veilchen, Erd-Segge und viele andere vor. Vielfach gehen die Eichentrockenwälder über in Staudensäume (Steppenheide) und dann in offene Blaugrashalden. Hin und wieder finden wir aber an den Hangkanten und Felsflanken nicht den Eichen-Trockenwald, sondern die trockene Ausbildung des Waldlabkraut-Eichen-Hainbuchenwaldes mit der Grauen Schlüsselblume, in der neben der Trauben-Eiche und dem Mehl- und Elsbeerbaum auch die Hainbuche auftritt. An diesen Stellen ist es für einen Buchenwald zu trocken, für einen Eichen-Trockenwald aber noch nicht trocken genug. Mit anderen Ausbildungen tritt der Waldlabkraut-Eichen-Hainbuchenwald auf schweren Tonböden auf, so z.B. auf tonreichen Riesauswurfmassen der Riesalb.
Im Bereich des Donauzuges – vom Oberen Donautal bis nach Regensburg – treffen wir den subkontinental getönten **Geißklee-Stieleichen-Trockenwald** an. Seine meist kleinflächigen Bestände werden von krüppeligen Stiel-Eichen gebildet, die Trauben-Eiche fehlt. Zusätzlich tritt hier der europäisch-kontinental verbreitete Schwarzwerdende Geißklee (→ Abb. S. 34) auf. Die Eichen-Trockenwälder der anderen Bereiche der Alb dagegen weisen einen mehr submediterranen Charakter auf und stellen den mitteleuropäischen **Flaumeichen-Traubeneichen-Trockenwald** dar. Er wird im Wesentlichen

Buntreitgras-Halde mit Arznei-Haarstrang an einem Mergel-Rutschhang; dahinter lichter Bestand eines Buntreitgras-Föhrenwalds (Heiligenkopf bei Thanheim, Zollernalbkreis).Aufn.: Th. Müller

von der Trauben-Eiche aufgebaut. Im Traufbereich der Mittleren Alb kommt die submediterran verbreitete Flaum-Eiche (→ Abb. S. 34) mitsamt ihrem Formenschwarm vor. Interessant ist, dass an all den Bereichen, in denen Flaumeichen und ihr Formenschwarm vorkommen, der von den Römern eingeführte Weinbau bis an den Fuß der Alb heranreicht.

An den hochgelegenen Felsen der Zollernalb und des Großen Heubergs bis zu manchen Felsen des Oberen Donautals werden die Eichen-Trockenwälder durch einen lichten **Scheidenkronwicken-Föhrenwald** ersetzt. In ihm kommen reichlich das Kalk-Blaugras, regelmäßig die Scheiden-Kronwicke und teilweise auch das Heideröschen (Reckhölderle; → Abb. S. 33) vor.

Eine Besonderheit stellen auf der Südwestalb die kleineren und größeren Rutschungen in den Mergelschichten des Oberjura ox1 dar. Diese waldoffenen, nachschaffenden Mergelhalden bieten lichtbedürftigen Pflanzenarten, ähnlich wie die hohen Felsen, Siedlungsmöglichkeiten. Es ist deshalb nicht verwunderlich, dass wir im Gebiet der Südwestalb mit ihren höheren Lagen auf diesen Mergelhalden alpisch anmutende Pflanzengesellschaften vorfinden, die eine Reihe alpenbürtiger Mattenpflanzen als Relikt aufweisen. Rutschende Teile werden hier von einer natürlichen Hochgras-Rasengesellschaft, der **Buntreitgras-Halde** eingenommen, während die ruhigeren Flächen dem **Buntreitgras-Föhrenwald** überlassen werden. Neben dem herrschenden Bunt-Reitgras treten weitere Eiszeitrelikte auf wie Alpen-Maßliebchen, Kugel-Rapunzel, Berg-Wucherblume, Zwergbuchs, Horst-Segge, Amethyst-Schwingel, Vielblättriges Läusekraut und wohl als schönste Art das Berghähnlein (Narzissen-Windröschen; → S. 33). In diesen Gesellschaften haben der Gelbe, Deutsche und Fransen-Enzian, aber auch die Berg-Flockenblume, die Wohlriechende und Große Händelwurz, Fliegen-Ragwurz, Silberdistel und weitere Arten ihre ursprünglichen Wuchsorte.

Markante Erscheinungen sind die schroffen, weiß leuchtenden Felsen am Albtrauf oder an den Talflanken, so insbesondere im Donautal, die atemberaubende Tiefblicke in die Täler oder über das Albvorland gewähren. Soweit es sich um so hohe Felsen handelt, dass sie nicht von Bäumen beschattet werden, sind sie Wuchsorte einer reichen Flora mit teilweisem Reliktcharakter. Es sind dies einmal eiszeitliche Reliktkarten wie alpide Felsspaltenpflanzen, zum anderen submediterrane Relikte der nacheiszeitlichen Wär-

Pflanzenwelt 49

Die Blütendolden des Hirsch-Haarstrangs in einem Hirschhaarstrang-Saum wurden von Gämsen vollständig abgeäst. Wie lange hält die Saumgesellschaft diese Schädigung aus? Eichfelsen bei Irndorf, Landkreis Tuttlingen.
Aufn.. Th. Müller, August 2007.

Gedränge in einer Felswand. Die Vegetation der Felsbänder bleibt auf der Strecke. Hausener Kletterwand, Landkreis Sigmaringen.
Aufn.. W. Herter

Durch Wanderer wild entstandener Trampelpfad zu einem kleinen Felskopf im NSG Stiegelesfels bei Fridingen, Landkreis Tuttlingen. Aufn. W. Herter

Niedriges Habichtskraut in der Habichtskraut-Felsspalten-Flur am Breitenstein bei Ochsenwang, Landkreis Esslingen. Aufn.: Th. Müller

mezeit. Die Pflanzen beider Gruppen sind ausgesprochen lichtbedürftig und besitzen deshalb an diesen Felsen letzte Reliktvorkommen. Eigenartigerweise können sich diese Reliktarten so gut wie nicht ausbreiten und besiedeln deshalb kleinere, ursprünglich waldumschlossene, durch menschliche Nutzung freigestellte Felsen nicht. Die Felsen können auch heute noch als Naturbiotope (Primärbiotope) angesehen werden mit teilweise unberührter, zumindest aber natürlicher Vegetation. Um so erschreckender ist heute die Gefährdung der Felsflora und -vegetation, aber auch der Fauna, im Gefolge der in beängstigendem Maße zugenommenen Freizeitaktivitäten an Felsen. Kletterer, aber auch Wanderer – es ist nicht einzusehen, warum jeder Fels einer Tal- oder Hangflanke besucht werden muss, ein Aussichtsfelsen genügt doch! –, dazu Drachenflieger, Paraglider, Mountainbiker, Hobbyphotographen sowie die ausgesetzten Gemsen und Mufflons schädigen Flora und Vegetation der Felsen. Die empfindliche Felsflora, die an das extreme Lokalklima, an die Trockenheit und Nährstoffarmut am Felsen bestens angepasst ist und hier Tausende von Jahren überlebte, ist schutzlos Tritt und Griff sowie sonstigen mechanischen Schädigungen ausgeliefert.

Der Fels ist nicht einheitlich. Er bildet ein Mosaik wechselnder Wuchsorte. An frei stehenden Felsen, die somit den atmosphärischen Unbilden – d. h. Ein- und Ausstrahlung, Austrocknung, Regengüssen und Wind – voll ausgesetzt sind, tritt in kleineren Felsspalten als Dauergesellschaft die sehr bezeichnende **Habichtskraut-Felsspaltenflur** auf. Sie weist das Immergrüne Hungerblümchen, das Niedrige und Hasenohr-Habichtskraut sowie den in Polstern wachsenden Trauben-Steinbrech und sehr häufig die beiden Farne Mauerraute und Schwarzstieliger Streifenfarn auf. Die vier erst genannten Arten konnten sich als lichtbedürftige Alpenpflanzen reliktisch nur an hohen, über den Wald

Außer dem Niedrigen Habichtskraut gibt es in der Habichtskraut-Felsspaltenflur noch weitere praealpide Arten wie den etwas weiter verbreiteten Trauben-Steinbrech (oben links; Aufn.: Th. Müller) und das Immergrüne Felsenblümchen (oben rechts; Aufn.: W. Siehler, Nägelesfels bei Blaubeuren-Sonderbuch, Alb-Donau-Kreis), das nur am Wackerstein bei Pfullingen (Landkreis Reutlingen) und im Oberen Donautal vorkommende Hasenohr-Habichtskraut (unten links; Aufn. Th.Müller, Rauer Stein bei Irndorf, Landkreis Tuttlingen) und das nur im Oberen Donautal wachsende Raugras (unten rechts; Aufn. W. Herter, Eichfelsen bei Irndorf, Landkreis Tuttlingen).

Eine besondere Zierde der Albfelsen ist das Felsenbirnen-Gebüsch mit der zierlichen Felsenbirne, eine submediterrane Art, die warme und sonnige Felsen besiedelt (Rauer Stein bei Irndorf, Landkreis Tuttlingen). Aufn.: Th. Pfündel

In auffallend kräftigem Rosa blüht im Felsenbirnen-Gebüsch die Rotblättrige Rose. Sie ist auf den Albfelsen nicht häufig. Die jungen Zweige sind blau, die Blätter rötlich überlaufen. Aufn.: G. Timmermann

hinausragenden Felsen erhalten. Öfters ist die Gesellschaft auf das Vorkommen der beiden Farne reduziert. An der Sonne abgewandten Felsen mit frischen bis feuchten Felsfugen in meist beschatteter und luftfeuchter Lage stellt sich die **Blasenfarn-Felsspaltengesellschaft** ein, in der neben Mauerraute und Schwarzstieligem Streifenfarn der häufige Blasenfarn die seltene Hirschzunge (→ Abb. S. 43, Nr. 3) und der sehr seltene Grüne Streifenfarn bezeichnend sind. Sind die Spalten etwas größer, können sich die Sträucher des **Felsenbirnen-Gebüschs,** die Felsenbirne, die Gewöhnliche Zwergmispel, Rosen, darunter die seltene Rotblättrige Rose, Büsche des Mehlbeerbaums, Echter Kreuzdorn, Gewöhnlicher Wacholder, Wolliger Schneeball, gelegentlich auch eine kümmernde, oft zopftrockene Esche ansiedeln. Es handelt sich dabei um kein geschlossenes, sondern um ein sehr lichtes Gebüsch, in dem die Sträucher mehr vereinzelt stehen. Schon etwas geschlossener ist das **Felsenkirschen-Gebüsch** an den Felshängen und als Pioniergehölz auf Steinschutthalden des Donauzugs, das von Regensburg, von Verbreitungslücken unterbrochen, bis ins Obere Donautal reicht.

Pflanzenwelt 53

Bezeichnend für das Felsenbirnen-Gebüsch sind Felsenbirne (1), Gewöhnliche Zwergmispel (2), Rotblättrige Rose (3), Echter Kreuzdorn (4) und Wolliger Schneeball (5). Zeichnung: Th. Müller

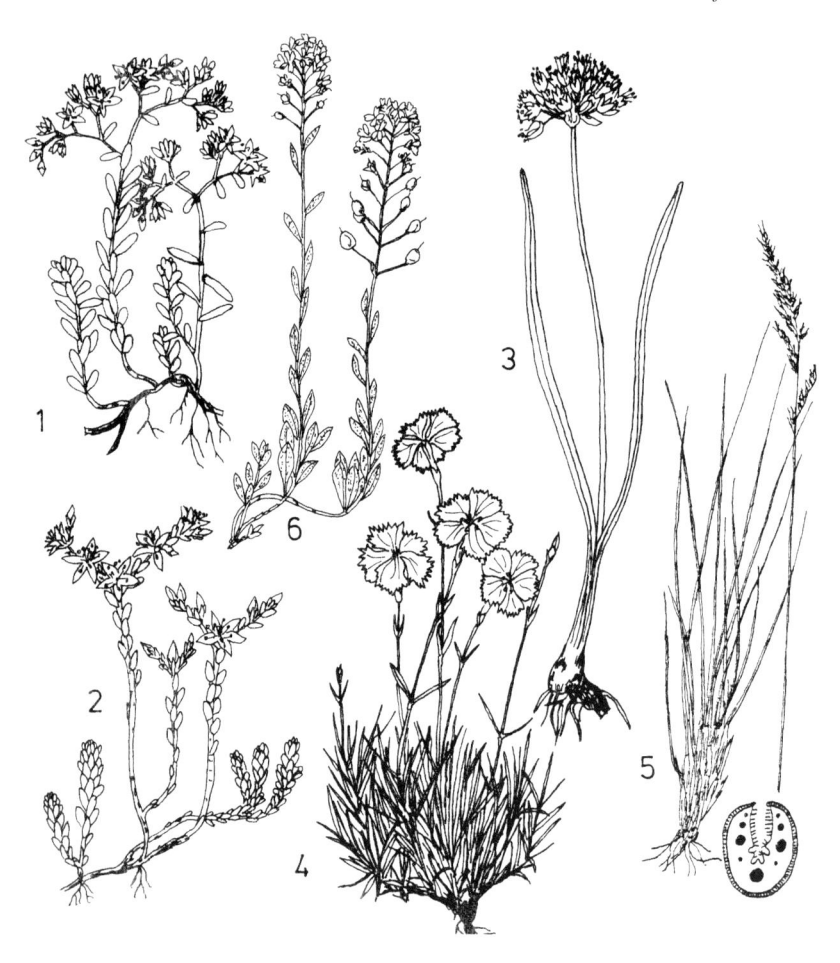

Arten der Mauerpfeffer- und Pfingstnelken-Flur: Weißer (1) und Scharfer Mauerpfeffer (2), Felsen-Lauch (3), Pfingst-Nelke (4), Bleicher Schwingel (5; mit Blattquerschnitt) und Berg-Steinkraut (6), Zeichnung: Th. Müller

Auf den Felsköpfen, fast ohne Boden wächst die **Mauerpfeffer-Flur** mit Weißem und Scharfem Mauerpfeffer sowie verschiedenen kleinen, kurzlebigen Pflanzen. Mehr auf Felsbändern stellt sich die **Pfingstnelken-Flur** ein mit Bleichem Schwingel, Felsen-Steinkraut und der Polster bildenden, geschützten Pfingst-Nelke, die eine besondere, aber gefährdete Zierde der Felsen ist.
Auf Felsenplateau oder Felshängen, auf denen sich schon etwas Feinerde angesammelt hat und der Trockenheit wegen weder Gebüsch noch Eichenkraut-Trockenwald

Pflanzenwelt 55

Eine Rarität stellt das besonders geschützte, praealpide Österreichische Federgras dar, das in Pfingstnelken-Fluren auf schwer zugänglichen Felsbändern des Oberen Donautals wächst und hier als „Felse'fahn" die gleiche Rolle spielte wie das Edelweiß in den Alpen. Es hat hier die einzigen Wuchsorte in Deutschland und ist durch Gämsen und Kletterer stark gefährdet (Bandfelsen, Landkreis Sigmaringen). Aufn.: W. Herter

Eine Mauerpfeffer-Flur auf einem Felskopf mit Weißem Mauerpfeffer. Aufn.: Th. Pfündel

Auf Felsbändern an nicht von Bäumen beschatteten Felsen findet man die Pfingstnelken-Flur mit der wunderschönen Zierde der Albfelsen, der besonders geschützten Pfingst-Nelke (Felsen-Nägele), der so manche Felsen ihren Namen verdanken, und dem Bleichen Schwingel, der durch seine Farbe und die nickende Rispe leicht zu erkennen ist (Baldeck/ Bad Urach-Wittlingen, Landkreis Reutlingen. Aufn.: Th. Müller

Im Oberen Donautal wächst im Blaugras-Trockenrasen als Besonderheit das alpenbürtige, besonders geschützte Brillenschötchen (Bandfelsen, Landkreis Sigmaringen). Aufn.: Th. Müller

aufkommen können, wächst der **Blaugras-Trockenrasen (Blaugras-Halde)**. Meist handelt es sich dabei um verhältnismäßig kleine Flächen. Aufgebaut wird der Trockenrasen von dem namengebenden Blaugras, dem Harter Schafschwingel, teilweise auch die Erd-Segge beigemengt sein können. Eingestreut sind Hufeisenklee, Edel-Gamander, Gewöhnliches Sonnenröschen, Zypressen-Wolfsmilch, Aufrechter Ziest, Frühblühender und Feld-Thymian, Berg-Wucherblume, Alpen-Distel, Rindsauge, Gewöhnliche Küchenschelle, Schwalbenwurz, Ästige Graslilie, Berg-Gamander, Frühlings-Fingerkraut, Gewöhnliche Kugelblume, Kalk-Aster, Alpen-Pippau und manche weitere Art. Man muss davon ausgehen, dass in diesem Trockenrasen die ursprünglichen Wuchsorte für viele Arten der Schafweiden und Mäder waren.

Pflanzenwelt 57

Blaugras-Halde mit blühendem Berg-Hellerkraut (Breitenstein bei Ochsenwang, Landkreis Esslingen; vgl. dazu auch Abb. S. 45). Aufn.: Th. Müller

Im Blaugras Trockenrasen (-Halde) wachsen Trockenheit ertragende und lichtbedürftige Arten: Blaugras (Abb. s. S. 41), Berg- (1) und Edel-Gamander (2), Ästige Graslilie (Abb. s. S. 58), Berg-Distel(3), Berg-Wucherblume (4), Gewöhnliches Sonnenröschen (5), Frühlings-Fingerkraut (6), Hufeisenklee (7), Gewöhnliche Kugelblume (8), Gewöhnliche Küchenschelle (9), Frühblühender (10) und Feld-Thymian (11). Zeichnung: Th. Müller

Bezeichnend für den Hirschhaarstrang-Saum (Steppenheide) sind Blut-Storchschnabel (1), Salomonssiegel (2), Sichelblättriges Hasenohr (3), Ästige Graslilie (4), Großer Ehrenpreis (5), Kalk-Aster (6), Schwalbenwurz (7), Purpur-Klee (8), Bibernell-Rose (9), Gewöhnlicher (10) und Wirbel-Dost (11), Hirsch-Haarstrang (12), Breitblättriges Laserkraut (13), Großblütiger Fingerhut (14), Dürrwurz (15) und Berg-Leinblatt (16; vgl. dazu auch Abb. S. 45 unten). Zeichnung: Th. Müller

Pflanzenwelt 59

Sträucher des Schlehen-Ligustergebüschs: Liguster (1), Wolliger Schneeball (2), Roter Hartriegel (3), Wein-Rose (4) und Echter Kreuzdorn (5). Zeichnung: Th. Müller

Ist noch mehr Bodenmaterial angereichert, stellt sich als Saumgesellschaft des angrenzenden Gebüsches oder Waldes der **Hirschhaarstrang-Saum** ein. Diese Gesellschaft hat Robert Gradmann 1900 in der 2. Auflage seines klassischen Werkes „Das Pflanzenleben der Schwäbischen Alb" als „Steppenheide" bezeichnet. Neben dem namengebenden Hirsch-Haarstrang, der häufig vom Breitblättrigen Laserkraut und der Heilwurz, selten vom Berg-Laserkraut begleitet wird, sind charakteristisch Blut-Storchschnabel, Ästige Graslilie, Bibernell-Rose, Sichelblättriges Hasenohr, Berg-Leinblatt, Großer Ehrenpreis, Salomonssiegel, Schwalbenwurz, Weidenblättriges Ochsenauge, Purpur-Klee, Gewöhnlicher Dost, Großblütiger Fingerhut und sonst noch manche Art.

Der Hirschhaarstrang-Saum grenzt häufig an das **Schlehen-Ligustergebüsch,** das durch Liguster, Wein- und weitere Rosen sowie die Schlehe gekennzeichnet ist. Es ist das Gebüsch der warmen Lagen und auch dasjenige, das sich auf den Schafweiden (Wacholderheiden, Kalk-Magerweiden) ansiedelt. Die Arten mit Dornen und Stacheln sowie Wacholder mit seinen stechenden Nadeln werden von den Schafen nicht verbissen. Geschützt gegen den Schafverbiss können aus der Mitte der Dornsträucher oder eines dichten Wacholdergestrüpps junge Bäume wachsen. Ein Seggen-Buchenwald würde sich im Laufe der Zeit einstellen, wenn die Weide nicht durch Aushauen offen gehalten wird. Früher taten dies die Schäfer, heute müssen es Naturschutzhelfer tun.

Hasel-Rosengebüsch mit blühender Blaugrüner Rose auf einem Steinriegel der Albhochfläche (Schafbuckel bei Randeck, Landkreis Esslingen). Aufn.: Th. Müller

Die Waldmäntel und Feldhecken, zumeist auf Steinriegeln angesiedelt, sind im Bereich des Waldgersten-Buchenwaldes der Albhochfläche dem **Hasel-Rosengebüsch** zuzuordnen, in dem die Blaugrüne Rose (Vogesen-Rose) und – zumindest in älteren Stadien – die Hasel hervortreten, während Liguster und Wein-Rose fehlen.
Die Schafweiden, als karge „**Wacholderheiden**" vielfach das Landschaftsbild der Alb prägend, sind **Kalk-Magerweiden,** deren Pflanzenbestand durch den Schafverbiss bestimmt wird. Harter Schaf-Schwingel, Fieder-Zwenke, Pyramiden-Kammschmiele sind die Hauptgräser. Dazwischen stehen vielerlei Kräuter, darunter auch manche, die von Schafen verschmäht werden, weil sie Bitter- oder Giftstoffe enthalten (Deutscher, Fransen- und Frühlings-Enzian, Küchenschelle, Zypressen-Wolfsmilch), oder weil sie stachelig und dornenbewehrt sind (Silber-, Gold- und Stängellose Distel, Hauhechel). Mit dem mehr oder weniger steten Auftreten der präalpiden Arten Silberdistel, Deutscher und Frühlings-Enzian haben die Schafweiden der Alb einen deutlichen montanen Charakter. Werden die Schafweiden nur noch wenig oder überhaupt nicht mehr mit Schafen befahren, stellen sich nicht nur vermehrt Sträucher sondern auch andere Arten ein, die dem dauernden Schafverbiss nicht gewachsen sind wie die Aufrechte Trespe (wird auch durch den Stickstoffeintrag aus der Luft gefördert), manche Kräuter und vor allem Orchideen. Dadurch werden die Schafweiden in ihrem Pflanzenbestand den Kalk-Magerwiesen (Mäder) sehr ähnlich.
Die auf mehr oder weniger kalkreichen Böden wachsenden **Mäder** (**Frühlingsenzian-Halbtrockenrasen, Berg-Kalkmagerwiesen**) werden nicht gedüngt und weisen deshalb einen kargen Aufwuchs auf, der nur einmal im Jahr gemäht werden kann (einschürige Wiesen). Wenn Robert Gradmann in der 4. Auflage seines „Pflanzenlebens der Schwäbischen Alb" 1950 schreibt, dass in der Mitte des 19. Jh. 2/3 der Wiesen Mäder und in der Zeit nach dem 2. Weltkrieg es noch 1/10 waren, dann können wir davon nur noch träumen. Die Mäder sind nahezu vollständig durch Düngung in Fettwiesen (Öhmdwiesen) umgewandelt oder aufgeforstet worden. Nur ganz wenige sind erhalten geblieben, die meistens als NSG ausgewiesen worden sind. Hauptgras ist die Aufrechte Trespe. Zwischen ihren Horsten sind zahlreiche, bunt blühende Kräuter ein-

Pflanzenwelt 61

Wacholderheide (NSG Halmberg, Landkreis Reutlingen), Aufn.: Th. Müller

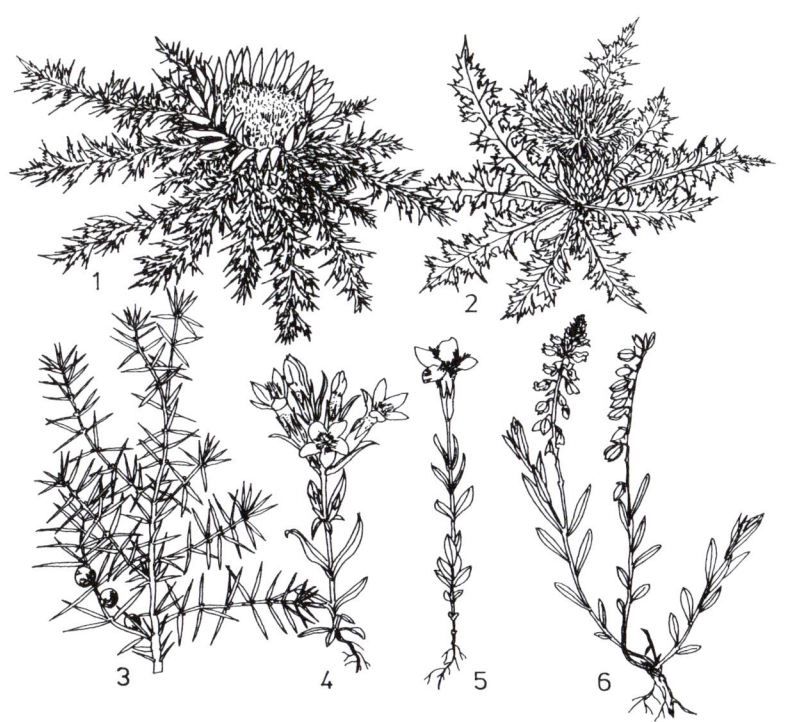

Pflanzen der Wacholderheiden: Silberdistel (1), Stängellose Kratzdistel (2), Wacholder (3), Deutscher Enzian (4), Fransen-Enzian (5) und Schopfige Kreuzblume (6). Zeichnung: Th. Müller

Pflanzen der Mähder: Kleine Traubenhyazinthe (1; Baurabüble), Kartäuser-Nelke (2), Hufeisenklee (3), Kleiner Wiesenknopf (4), Gewöhnliches Sonnenröschen (5), Kugelige Teufelskralle (6), Wiesen-Salbei (7), Knäuel-Glockenblume (8), Pfeilginster (9), Frühlings-Enzian (10), Gewöhnlicher Wundklee (11), Kleiner Klappertopf (12), Geflecktes Ferkelkraut (13), Tauben-Skabiose (14), Skabiosen-Flockenblume (15), Deutscher Enzian (16), Berg-Klee (17), Hügel-Meister (18) und Wiesen-Lein (19). Zeichnung: Th. Müller

Pflanzenwelt 63

Mähder im NSG Dachswiesle bei Gruibingen, Landkreis Göppingen, mit blühender Pyramiden-Hundswurz. Aufn.: Theo Müller

Berg-Glatthaferwiesen weisen weniger Arten auf als die Mähder, sind aber dennoch blumenbunt (Hegaualb bei Engen, Landkreis Konstanz). Aufn.: Theo Müller

gestreut, darunter als besondere Kostbarkeiten manche Orchideen. Die Berglage zeigt sich im Vorkommen präalpider Arten wie Frühlings-Enzian, Alpen-Pippau, Kugel-Rapunzel, Wohlriechender Handwurz, Schmalblättrigem Klappertopf, Kugelorchis. Die Mähder sind unsere blumenbuntesten Wiesen, die das Auge jedes Naturfreunds begeistern.

Auch wenn die gedüngten, 2–3schürigen **Berg-Glatthaferwiesen** (**Berg-Öhmdwiesen**) nicht so viele Arten aufweisen wie die Mähder, so können sie immer noch recht blumenbunt sein. In den Grasbestand sind Kräuter eingesprengt wie Weißes Labkraut, Wiesen- Schafgarbe, Wiesen-Bocksbart, Wiesen-Kerbel, Wiesen-Bärenklau, Wiesen-Pippau, Wiesen-Rotklee, Wiesen-Wucherblume, Wiesen-Glockenblume, Wiesen-Storchschnabel u. a., wozu noch montane Arten wie Rote Lichtnelke, Wald-Storchschnabel, Wiesen-Frauenmantel, Kümmel und heute nur noch selten die Kleine Traubenhyazinthe (Baurabüble) kommen. Noch gibt es auf der Schwäbischen Alb die bunten Öhmdwiesen, doch macht sich allerorts die Tendenz zu intensivst gedüngtem

Bachkratzdistel-Wiesen werden immer seltener, da ihre Wuchsorte entwässert werden, oder weil sie wegen Nutzungsaufgabe in Großseggen- oder Schilfbestände übergegangen sind (Laucherttal bei Veringenstadt, Landkreis Sigmaringen). Aufn.: Th. Müller

Eine auffallende Erscheinung an mäßig stickstoffbeeinflussten Stellen ist die Wollköpfige Kratzdistel, die zahlreichen Insekten Nahrung bietet. Aufn.: Th. Müller

und genutzten Intensivgrünland mit nur ganz wenigen Arten bemerkbar, das im Frühjahr durch einen ausgeprägten gelben Löwenzahnaspekt in der Landschaft auffällt.

Auf tief entkalkten oder kalkfreien, mehr oder weniger sauren, nährstoffarmen Böden treffen wir **Borstgras-Rasengesellschaften** an, für die Arten wie das Borstgras, Rotes Straußgras, Flügel- Ginster, Blutwurz, Geflecktes Johanniskraut, Graugrüner Frauenmantel, Heidekraut, Kleines Habichtskraut, Hunds-Veilchen, die geschützte Heide-Nelke u. a. bezeichnend sind

Auf feuchten bis mäßig nassen Standorten wie in Bach- und Flussauen begegnen wir in tieferen Lagen der **Kohldistel-Wiese,** in den montanen Lagen der **Bachkratzdistel-Wiese.** Sie sind ausgezeichnet durch das weitgehende Fehlen der Glatthaferwiesen-Arten sowie das Auftreten von Feuchtigkeit bedürftigen Gräsern und Kräutern wie Kohldistel, Bach-Kratzdistel (montan), Kuckucks-Lichtnelke, Bach-Nelkenwurz, Sumpf-Vergissmeinnicht, Mädesüß, Wiesen-Knöterich, Sumpf-Dotterblume, Wald-Engelwurz u.a. Floristisch

Pflanzenwelt 65

Die Donau blüht: Flutender Hahnenfuß. Am Ufer Rohrglanzgras-Röhricht und Auenwald-Galeriestände.
Aufn. W. Rößler

Gesellschaft des Untergetauchten Merks mit flutenden Beständen des Aufrechten Merks („Brunnenpeterlein"), von Wassersternen und Haarblättrigem Hahnenfuß (Lauchert, Landkreis Sigmaringen).
Aufn.: Th. Müller

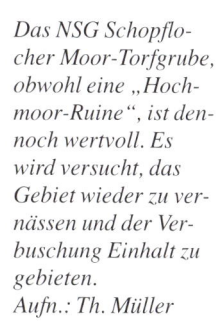

Das NSG Schopflocher Moor-Torfgrube, obwohl eine „Hochmoor-Ruine", ist dennoch wertvoll. Es wird versucht, das Gebiet wieder zu vernässen und der Verbuschung Einhalt zu gebieten.
Aufn.: Th. Müller

Der Blutweiderich mit seinen purpurroten Blüten und das stattliche Zottige Weidenröschen mit den großen rosa Blüten (linke Bildseite) sind in den Mädesüß-Fluren farbenprächtige Erscheinungen. Auf.: Th. Müller

nah verwandt mit den genannten Feuchtwiesen sind **Bach-Hochstaudenfluren** (Mädesüß-Fluren) an Bachufern und Grabenrändern mit üppig gedeihendem Mädesüß und weiteren Hochstauden wie Arznei-Baldrian, Blutweiderich, Gewöhnlichem Gelbweiderich, Zottigem Weidenröschen, Sumpf-Storchschnabel und als große Seltenheit an wenigen Stellen der Alb auch die Blaue Himmelsleiter. Nicht selten finden wir Mädesüß-Fluren flächig als Brachestadien von Feuchtwiesen.
Entlang der Bäche und Flüsse können Auengebüsche und -wälder auftreten, allerdings meist nur als schmale, wenige Meter breite Galeriebestände (→ S. 65). Teils sind es Weidengebüsche aus Korb-, Mandel- und Purpur-Weide, teils Baumbestände mit imposanten Bäumen der Silber- und Rot-Weide (Bastard Silber-W. x Bruch-Weide), Erlen und Eschen, gelegentlich auch mit Berg-Ahorn und Berg-Ulme. Hartholz- und Sumpf-Auenwälder sind nicht mehr vorhanden, sie wurden in Wiesen umgewandelt.
Unmittelbar am Wasser der Bäche und Flüsse tritt das **Rohrglanzgras-Röhricht** auf, das fast nur vom üppig wuchernden Rohr-Glanzgras gebildet wird. Bezeichnend für die geschiebearmen Karstbäche und -flüsse mit kalkhaltigem Wasser ist die **Gesellschaft des Untergetauchten Merks,** mit den untergetauchten Formen des Aufrechten Merks und der Bachbunge, den Vliesen der Wassersterne, dem Flutenden und Haarblättrigen Hahnenfuß, die mit ihren oft langen Stängeln und schmalen Blättern in wellenförmigem Rhythmus der Bewegung des fließenden Wassers folgen.

Pflanzenwelt 67

Zahlreiche Ackerwildkräuter sind aus den Äckern verschwunden. Lediglich den Klatschmohn kann man noch gelegentlich antreffen, der bei zahlreichem Auftreten den Äckern eine blutrote Farbe verleiht wie in dem abgebildeten „Mohnacker" bei Altenburg am Riesrand (Ostalbkreis). Aufn.: Th. Müller

In den vermoorten Teilen der Täler kommen teilweise Niedermoor- Gesellschaften, meist **Großseggen-Riede,** hin und wieder auch Zwischenmoor-Gesellschaften mit der Faden-Segge oder auch Grauweiden-Gebüsche bzw. Birken-Bruchwald vor. Auf vernässenden Feuersteinlehmen bei Bartholomä (Ostalbkreis) treten feuchte bis nasse **Borstgras-Torfbinsenrasen** (Feuchtheide) auf, die sich durch sonst auf der Alb fehlende oder seltene Arten wie Sparrige Binse, Wald-Läusekraut, Quendel-Kreuzblume, Borstgras, Berg-Wohlverleih und Torfmoose auszeichnen. Aber nicht nur der vernässende Boden, sondern auch die hohen Niederschläge um 1000 mm pro Jahr schaffen die Voraussetzungen für das Vorkommen dieser subatlantischen Pflanzengesellschaft. Ebenso haben hohe Niederschläge von etwas mehr als 1000 mm pro Jahr in Verbindung mit dem wasserundurchlässigen Basalttuff auf der Schopflocher Alb ein Hochmoor ermöglicht (**NSG Schopflocher Moor-Torfgrube**, Landkreis Esslingen. Allerdings wurde es bis auf zwei heute noch erhaltene Torfhorste im 18. und 19. Jh. abgebaut. Obwohl eine „Hochmoor-Ruine", ist das Gebiet dennoch wertvoll und erhaltenswert.
An manchen Stellen des Albtraufs gibt es über Oberjuramergel kleine **Hang-Quellmoore** mit Davalls Segge, Breitblättrigem Wollgras, Gewöhnlichem Fettkraut und – häufig – Blaugrüner Binse, Ross-Minze und dem Großen Flohkraut.
Längst vergangen sind die Zeiten, in denen die Äcker farbig durchwirkt waren von bunt blühenden Acker-Wildkräutern wie Acker-Rittersporn, Sommer-Adonisröschen, Frauenspiegel, Acker-Wachtelweizen, Klatsch-Mohn, Kornblume, Kornrade u. a., die

es heute fast nur noch in Feldflora-Reservaten gibt. Ebenso weitestgehend verschwunden sind die Dorf-Ruderalpflanzen; nur den Guten Heinrich gibt es noch um Schafställe. Dagegen breitet sich überall die Große Brennnessel in oft umfangreichen Beständen aus. An mäßig stickstoffbeeinflussten, mehr oder weniger trockenen Stellen außerhalb der Siedlungen wie an Acker- und Wegrainen, Straßenrändern und auf Schafweiden ist noch verhältnismäßig häufig die **Wolldistel-Flur** anzutreffen, die vor allem durch die imposante Wollköpfige Kratzdistel und die aparte Nickende Distel auffallen.

Diese gedrängte Ausführung über die Flora und Vegetation ist nicht erschöpfend. Sie will den Wanderer zu eigenem Sehen und Beobachten anregen. Wer mehr darüber erfahren möchte, sei auf Das Buch „Die Pflanzenwelt der Schwäbischen Alb" von Thomas Pfündel, Eva Walter und Theo Müller verwiesen (Lizenzausgabe des Schwäbischen Albvereins für Konrad Theiss Verlag GmbH, Stuttgart 2005).

Tierleben

Die meisten Tierarten sind noch stärker als die Pflanzen von den gravierenden Änderungen ihrer Lebensräume oder gar von deren Verlust betroffen. Durch ausgeräumte Feldfluren ohne Raine und Hecken, aufgefüllte Tümpel und Altwässer, drainierte Feuchtwiesen, begradigte Wasserläufe, aufgeforstete oder verwaldete Heiden, Monokulturen, mangelnde Biotopvernetzung, Verkehrswege und Luftverschmutzung. Besonders hingewiesen sei an dieser Stelle auch auf die direkte Beeinträchtigung der Lebensräume durch den zunehmenden Tourismus, also auch die Wanderer und Radfahrer. Hier ist jeder einzelne zu Rücksichtnahme und Verzicht auf das Betreten empfindlicher Gebiete aufgerufen!

Das Reh, das in freier Wildbahn am häufigsten zu beobachtende **Säugetier,** ist seit dem Ende der letzten Eiszeit bei uns heimisch und hat sich gut an die neuzeitliche Kulturlandschaft angepasst. Der vermehrte Anbau von Mais brachte eine Verbesserung seiner Deckungsmöglichkeiten, so dass es im Sommerhalbjahr zunehmend in der Feldflur zu beobachten ist. Der **Hirsch** ist auf der Schwäbischen Alb ausgerottet. Ein anderer Paarhufer, das **Wildschwein,** war nach dem Zweiten Weltkrieg eine Plage, wurde dann auf ein erträgliches Maß zurückgedrängt und ist neuerdings wieder stark im Kommen. In den Wäldern des Albuchs und Härtsfelds trifft man besonders oft auf seine Suhlen. Dem Reh als Hauptwild des Waldes entspricht in der Feldflur der **Feldhase,** einziger Vertreter der Hasen-Familie in diesem Gebiet. Sein Bestand ist in den letzten Jahren dramatisch zurückgegangen, scheint sich aber wieder zu erholen. Beim Wild seien noch zwei standortfremde Paarhufer erwähnt, die **Gämse** und das **Mufflon,** die an einigen Stellen künstlich eingebürgert wurden, was wegen der Schädigung der Vegetation sehr zu bedauern ist.

Nachdem der Braunbär seit dem 16. Jh., Fischotter, Luchs und Wolf seit dem vorletzten Jahrhundert ausgerottet sind, ist der **Rotfuchs** heute das größte und bekannteste **Raubtier** der Wälder. Als Hauptüberträger der Tollwut wurde er in den letzten Jahrzehnten kurz gehalten, neuerdings hat sein Bestand wieder zugenommen. Der **Dachs,** ein zur Raubtier-Familie der Marder gehörender nachtaktiver Höhlenbewohner, war schon immer schwächer vertreten als der Fuchs und wurde durch umstrittene Begasungsaktionen noch weiter, auf einen Bruchteil seiner früheren Population, dezimiert. Der ebenfalls nachtaktive **Haus- oder Steinmarder** tritt nicht nur im Wald und in Feldscheunen auf, sondern verlegt sein Revier zunehmend in die Ortschaften. Der **Baummarder,** etwas größer als der Steinmarder und auch bei Tag aktiv, ist

Siebenschläfer. Aufn.: Kurt Heinz Lessig

ein hervorragender Kletterer und bewohnt meist mehrere Vogelnester, Baumhöhlen und Eichhörnchenkobel. **Hermelin** (Großes Wiesel) und **Mauswiesel** (Kleines Wiesel) bewohnen den gleichen Lebensraum – lichte Wälder, Gebüsch, Streuobstwiesen, Scheunen – und sind noch relativ häufig. Der seltenere **Iltis** mit seiner weißen Gesichtsmaske bevorzugt dazu noch die Nähe des Wassers, ist aber auch in der Nähe von Siedlungen anzutreffen.

Das possierliche **Eichhörnchen** ist der am häufigsten anzutreffende Vertreter der **Nagetiere.** Es ernährt sich von Nüssen, Sämereien, Beeren, Pilzen und leider auch von Vogeleiern. Als Versteck und Wochenstube werden mehrere aus Reisig geflochtene Kobel angelegt. Infolge übertriebener Fütterung ist eine starke Verbreitung in Parks und Gärten zu beobachten. Der **Siebenschläfer,** zur Familie der **Bilche** (Schlafmäuse) gehörend, ist zwar in Obstanlagen, Parks und Laubwäldern noch gut verbreitet, aber selten zu entdecken, da er nur nachts aktiv ist und einen siebenmonatigen Winterschlaf hält. Der andere Bilch, die seltenere **Haselmaus,** mit buschigem Schwanz, etwa so groß wie die Hausmaus, lebt hauptsächlich im Gebüsch. Sie ist ebenfalls nur nachts unterwegs und verschläft die kalte Jahreszeit. Von den Mäusen seien zwei Arten der **Langschwanzmäuse** genannt, die im Wald lebende, schwer voneinander zu unterscheidende **Waldmaus** und **Gelbhalsmaus.** Zu den **Wühlmäusen** zählen neben der **Feld- und Erdmaus** die **Rötelmaus** (Waldwühlmaus) und die **Schermaus** (Wasserratte), deren Gänge und flache Erdhaufen in Wald und Feld auffallen. Die größte hier vorkommende Wühlmaus, der **Bisam,** stammt aus Nordamerika, wurde wegen seines wertvollen Pelzes eingeführt und dringt seit Anfang des Jahrhunderts von Böhmen aus nach Westen vor, obwohl er wegen der an Uferböschungen angerichteten Schäden verfolgt wird. Vom unterirdischen Leben des **Maulwurfes** zeugen zahlreiche Hügel. Der **Igel** ist zwar noch überall verbreitet, kann aber die Verluste durch Verkehr und Giftstoffe trotz der hohen Vermehrungsrate derzeit nicht mehr ausgleichen.

Dramatisch ist der Rückgang bei den **Fledermäusen.** Die reiche Fledermausfauna der Schwäbischen Alb umfaßte einst 15 Arten (bei 22 bis 24 Arten in den alten Bundesländern). Heute sind einige davon

Waldmaus. Aufn.: Kurt Heinz Lessig

Großer Abendsegler.
Aufn.: Kurt Heinz Lessig

Tierleben

bereits ganz verschwunden, stellenweise ist die Gesamtanzahl in den letzten 30 Jahren auf 2 bis 5 Prozent des ursprünglichen Bestands gesunken. Hauptursachen sind der akute Mangel an Schlaf- und Überwinterungsplätzen, Störungen in den Höhlen, vor allem während des Winterschlafs, und Insektizide.

Die **Vögel** finden wie kaum eine andere Klasse der Wirbeltiere das besondere Interesse des Naturfreunds. Mit unterschiedlichsten Arten nahezu an jedem Ort und zu jeder Tages- und Jahreszeit mit Augen und Ohren wahrnehmbar, gehören sie zu den liebenswertesten Geschöpfen. Dem Laien würde eine Aufzählung der hier vorkommenden Arten nichts nützen, der Interessierte führt ohnehin einen Vogelführer mit sich. Erfreulich ist, dass Turmfalke, beide Milane und Mäusebussard, seltener zu beobachten Habicht und Sperber, immer noch den Luftraum beherrschen – nicht nur das, drei zwischenzeitlich weitgehend verschwundene Arten, der Kolkrabe, Wanderfalke und Uhu haben sich ihre angestammten Plätze in freier Natur wieder zurückerobert.

Bei den **Kriechtieren** sind Glatte Natter und Ringelnatter selten geworden, die Kreuzotter fehlt wahrscheinlich ganz. An Echsen kommen Berg-, Mauer- und Zauneidechse sowie die Blindschleiche vor.

Die heimischen **Lurche** – Berg-, Teich- und Kammmolch, Feuersalamander, Moor-, Teich- und Grasfrosch, Laubfrosch – sind durch Trockenlegung ihrer Lebensräume und Laichplätze stark gefährdet, die Kröten auch durch den Straßenverkehr bei ihren Frühjahrswanderungen zur Laichablage.

Die **Insekten** umfassen weltweit mit mehr als einer Million Arten ungefähr 80 % aller lebenden Tierarten. Die Erwähnung einzelner Vertreter aus der unübersehbaren Schar der Bienen, Hummeln,

Kleiber

Waldkauz

Admiral

Wespen, Libellen, Grillen, Schrecken, Ameisen und Käfer könnte in diesem Rahmen nur ganz willkürlich und lückenhaft sein. Es sei deshalb nur die farbenprächtige Welt der **Schmetterlinge** herausgegriffen, die an heiteren Tagen Wälder, Wiesen, Felder und besonders die Albheiden mit buntem Leben erfüllen. Leider wird gerade ihr Lebensraum immer mehr eingeengt, da sie besonders stark auf bestimmte Biotope und Nahrungsquellen spezialisiert sind – und dies auf zweifache Weise, als Raupe und Falter. Die dramatischen Verluste seien am Beispiel des Apollofalters aufgezeigt, dessen Raupe an den stark dezimierten Weißen Mauerpfeffer gebunden ist, während der Falter an Disteln, Flockenblume und Dost noch reichlich Nektar finden würde. Um die Wende vom 19. zum 20. Jh. war er noch über die ganze Schwäbische Alb verbreitet bei bereits rückläufiger Tendenz, in den 1950er Jahren war der größte Teil der Population wegen der Arealverluste bereits erloschen. Heute ist nur noch ein Vorkommen bekannt – und dies an einem Bahndamm, also in einem vom Menschen beeinflussten, „künstlichen" Lebensraum. Die noch am häufigsten anzutreffenden, nicht gefährdeten Arten sind („m. A." bedeutet mehrere Arten): Admiral, Aurorafalter, Bläuling m. A., Braunauge, C-Falter, Dickkopffalter m. A., Distelfalter, Kleiner Eisvogel, Kaisermantel, Landkärtchen, Mohrenfalter m. A., Großes Ochsenauge, Schachbrett, Schornsteinfeger, Tagpfauenauge, Weißling m. A., Wiesenvögelchen m. A., Zitronenfalter.

Nach wie vor verläuft das Leben unscheinbarer, aber biologisch höchst interessanter Insekten relativ ungestört. Mauerbienen nisten in leeren Schneckenhäusern und hohlen Pflanzenstängeln, Wildbienen sowie einzeln lebende und Staaten bildende Wespen im Erdreich. Die Musikanten von Früh- und Hochsommer: Feldgrillen, Zikaden und Heupferde verraten sich durch ihren Gesang. Unter den niederen Tieren sind Weinbergschnecken mit ihren auffälligen Gehäusen immer und fast überall präsent, die großen Nacktschnecken dagegen nur im feuchten Lebensraum bzw. bei feuchter Witterung.

In aller Kürze seien fünf charakteristische Lebensräume der Schwäbischen Alb vorgestellt, die sich durch ein besonders reiches Tierleben auszeichnen:
In den Büschen und Sträuchern der Heiden, **Wacholderheiden**, Schafweiden und Mäder finden zahlreiche Vogelarten Nahrung und Nistgelegenheit. Zu den Seltenheiten gehören Heidelerche und Steinschmätzer, außer ihnen sind die Klapper- und Dorngrasmücke zu nennen; wo Dornenhecken eingestreut sind, siedelt der Neuntöter. Die Heiden sind überragende Insektenstandorte mit verschiedenen Arten an Grillen, Käfern, Bienen, Wespen und Heuschrecken. Ihre reiche Flora bietet der bunten Welt der Schmetterlinge letzte Refugien. Allein mehr als 60 Tagfalterarten wurden hier festgestellt! Ebenso wichtig ist der Biotop für die Reptilien, die Schlingnatter ist die am häufigsten anzutreffende Schlange.

Die Hecken und Feldraine beheimaten etwa die gleiche Tierwelt, darüber hinaus finden hier Niederwild und Kleinraubtiere Unterschlupf.

Erdkröte

Tierleben 73

Die **Streuobstwiesen** sind in ihrer Bedeutung für die Tierwelt nicht hoch genug einzuschätzen. An Vögeln sei an erster Stelle der Steinkauz genannt, dessen Bestand nach dem strengen Winter 1962/63 wegen mangelnder Nist- bzw. Unterschlupfgelegenheiten in Baumhöhlen fast erloschen ist. Sie sind wichtige Reservate für Baumläufer, Fliegenschnäpper, Gartenrotschwanz, Meisen, Spechte und Würger. In Holzstößen, Schuppen und an deren Verstecken wohnen Steinmarder, Kleines und Großes Wiesel, Siebenschläfer und Igel.

Wer meint, die kahl und schroff wirkenden **Felsen** der Alb seien arm an Lebewesen außer den im Flug zu beobachtenden Vögeln wie Dohle, Kolkrabe, Turm- und Wanderfalke, Uhu und Waldkauz, der irrt gewaltig. In den schmalsten Felsritzen verstecken sich Abendsegler und Zwergfledermäuse. In der Krautflora an ihrem Fuß brütet der seltene Berglaubsänger. Auf Flechten und Moosen weiden

Mittelspecht an der Nisthöhle.

Schnecken wie Felsenpyramidchen, Steinpicker und Haferkornschnecke. Grillen, Heuschrecken, Zikaden, Eidechsen, die Schlingnatter und bunte Falter geben sich an den Flanken und auf den Felsköpfen ein Stelldichein. Dieser einzigartige Lebensraum ist durch Kletterer, Gleitschirmflieger, aber auch Wanderer besonders stark gefährdet, deshalb ist ein weitestgehender Verzicht auf das Betreten dringend geboten!

Bäche – die Lebensadern unserer Landschaft – bieten vielerlei Gelegenheit zu Tierbeobachtungen. Am und im Wasser jagen Schwanz- und Froschlurche nach Beute. Auf dem Wasser tummeln sich Stockenten, Bläßhuhn, Teichhuhn und Wasserralle. An schnell fließenden Gewässern ist der Gesang der Gebirgsstelze zu hören; wo der Bach klar und unter Brücken oder Überhängen Nistgelegenheit vorhanden ist, huscht die Wasseramsel über das Wasser oder sucht den Grund nach Nahrung ab. Reglos steht der Graureiher am Ufer oder im seichten Wasser und hält nach Beute Ausschau. Die Eintagsfliegen, die im Gewässerbereich ihren Hochzeitstanz aufführen und tatsächlich nur wenige Stunden oder höchstens einige Tage leben, nehmen keine Nahrung auf, ihr Lebenszweck ist, sich zu paaren und Eier ins Wasser zu legen. Dort können ihre Larven beobachtet werden. Die auffallendsten Insekten dieses Biotops sind mehrere Arten bunt schillernder Libellen, die in gewandtem Flug nach ihren Beutetieren jagen.

Kulturgeschichte

Vor- und Frühgeschichte

Die ältesten Spuren eines menschenähnlichen Lebewesens auf der Schwäbischen Alb gehen mehr als l0 Millionen Jahre, ins Miozän, zurück. Bei Salmendingen wurden in tertiären Bohnerzfüllungen Zahnreste des Dryopithecus gefunden, aus dem sich die heute lebenden Menschenaffen und der Mensch entwickelt haben. Der erste Zeitabschnitt der Menschheitsgeschichte, die **Altsteinzeit** (Paläolithikum), ist ihre weitaus längste Epoche und fällt im wesentlichen zusammen mit dem durch Wechsel von Kalt- und Warmzeiten gekennzeichneten Eiszeitalter das vor etwa 2,5 Mio. Jahren begann und etwa 9500 v. Chr, endete. Während ihr frühester Abschnitt, die Ältere Altsteinzeit (Altpaläolithikum) auf der Schwäbischen Alb bis jetzt nicht nachgewiesen ist, waren die **Mittlere und Jüngere Altsteinzeit** (Mittel- und Jungpaläolithikum) seit Beginn des 20. Jh. bei den systematischen Grabungen in ihren Höhlen Schwerpunkte der Forschung. Von den 31 jungpaläolithischen Fundstellen Württembergs liegen 25 in Albhöhlen; das Mittelpaläolithikum weist in Württemberg 17 Fundstellen auf, davon 12 auf der Alb! Die Basiskultur der Mittleren Altsteinzeit war das **Micoqien**, wichtige Fundstätte die Bockssteinschmiede, aber auch der folgende Kulturkreis des **Moustérien** ist aus vielen Albhöhlen bekannt. Tausende von Fundstücken beweisen, dass der damalige Mensch, der **Neandertaler**, über Jahrzehntausende die Alb durchstreifte und ihre Höhlen aufsuchte, aber nur im Sommer – kein Wunder bei den eiszeitlichen Klimabedingungen. Eine der Höhlen, der Hohlestein-Stadel, barg einen Skelettrest dieser Menschenart. Dabei war die Bevölkerungsdichte, bedingt durch das begrenzte Nahrungsangebot, äußerst niedrig; man rechnet selbst für die ausgehende wildreiche Eiszeit mit höchstens 20 Gruppen zu 25 Mitgliedern. Mit dem Übergang von der Mittleren zur Jüngeren Altsteinzeit verlieren sich die Spuren des Neandertalers. Der anatomisch moderne Mensch, der **Homo sapiens sapiens,** wanderte vor etwa 35 000 Jahren

Die Bocksteinhöhle bei Rammingen, Fundplatz der Mittleren und Jüngeren Altsteinzeit, Ausblick ins Lonetal.

Kulturgeschichte 75

*Flöte der Jüngeren
Altsteinzeit aus einem
Schwanenknochen.
Fund vom Geißen-
klösterle.
(Urgeschichtliches
Museum Blaubeuren)*

aus Afrika über Asien bei uns ein. Ob er hier noch den Neandertaler antraf oder sich gar mit ihm vermischte und eine denkbare Vermischung gar der Grund für dessen Verschwinden war, ist ungewiss. Seine frühesten Spuren aus dem **Aurignacien** – nach der französischen Fundstelle Aurignac benannt – sind in der Bockstein-, Hohlenstein- und Vogelherdhöhle des Lonetals, in der Brillenhöhle, im Sirgenstein und im Geißenklösterle des Achtals und in den Ofnethöhlen am Ries ergraben worden. Funde, die vom Menschen selbst stammen, sind selten. Es handelt sich größtenteils um Zeugnisse seiner Tätigkeit: Artefakte aus Stein, Knochen, Geweih, fossilem und verbranntem Holz und Reste seiner Beutetiere. Dabei spielten eiszeitliche Großsäuger wie Mammut, Wollnashorn, Bison, Wildpferd, Rentier, Steinbock und Gämse eine wichtige Rolle, daneben Niederwild und Fische.

Weltweit von höchster Bedeutsamkeit sind die in Albhöhlen geborgenen Kunstschätze. In einem Umkreis von nur 36 km wurden in vier Höhlen, dem Vogelherd, Hohlenstein-Stadel, Geißenklösterle und Hohlen Fels, 18 Kunstwerke aus Elfenbein geborgen, die älteste Ansammlung figürlicher Kunst auf der Welt, vor 36000 bis 30000 Jahren entstanden. Die berühmtesten Zeugnisse prähistorischer Schnitzkunst sind der 28 cm große Löwenmensch und das 25,5 mm kleine Löwenmännchen, Figuren die mit der Mythologie des damaligen Menschen in Zusammenhang stehen dürften. Das Geißenklösterle barg auch das älteste bis jetzt bekannte Musikinstrument, eine Flöte aus Schwanenknochen.

Anmerkung: Bisher wurden diese Kunstwerke dem Homo sapiens sapiens zugeschrieben, da seine Gebeine im gleichen Grabungshorizont der Vogelherdhöhle gefunden wurden. Inzwischen zeigten moderne Datierungsmethoden, dass es sich dabei um Bestattungen in viel späterer Zeit handelt. Somit kommt auch der Neandertaler als Urheber der Objekte in Frage.

Die nächste Kulturstufe, die dem Aurignacien mit einer Unterbrechung von etwa 5000 Jahren folgte, das **Gravettien,** währte von ca. 23000 bis 20000 v. heute und ist in unserem Gebiet nur an wenigen Stellen, so in der Brillenhöhle und im Geißenklösterle, nachgewiesen. Seine Artefakte unterscheiden sich in Größe, Form und Anwendungsart deutlich von denen vorangegangener Epochen. In den folgenden zwei bis drei Jahrtausenden erreichten die Alpengletscher ihre größte Ausdehnung. So ist es nicht verwunderlich, dass Besiedlungsspuren aus dieser Zeit fehlen. Umso häufiger sind sie aus der etwa 15000 v. Chr. beginnenden Periode des **Magdalénien.** Zu den bekannten Grabungsstätten in der Bockstein-, Brillen-, Hohlenstein- und Vogelherdhöhle gesellen sich der Zigeunerfels im Schmeietal, das Helga-Abri bei Schelklingen und das Felsställe bei Ehingen. Ob die größere Funddichte auf eine durch das günstigere Klima ermöglichte höhere Bevölkerungszahl hinweist oder ob aus dieser Epoche einfach weniger Fundschichten verloren gingen, ist noch ungeklärt. Die Geräte des steinzeitlichen Jägers sind weiter perfektioniert und den veränderten Anforderungen angepasst. Die Jagd war nun auf das Rentier, Wildpferd und kleineres Wild spezialisiert, denn die typischen Eiszeittiere Mammut, Wollnashorn und Höhlenbär waren infolge der veränderten klimatischen Bedingungen und Vegetation selten geworden oder ausgestorben. Interessant ist, dass im Magda1énien bereits junge Wölfe aufgezogen und ihre domestizierten Nachkommen als Hunde gehalten wurden.

Dem auf 9500 v. Chr. datierten Beginn der Nacheiszeit – des Holozäns – wird kulturgeschichtlich der Anfang der **Mittelsteinzeit** gleichgesetzt. Mit der Ausbreitung des Waldes wurden die Wildpferd- und Rentierherden durch die Waldtiere Hirsch, Reh und Wildschwein abgelöst. Die Jagdgeräte wurden verfeinert, Steinwerkzeuge wesentlich kleiner gearbeitet (**Mikrolithen**) und teilweise unter Hitzeeinwirkung hergestellt. Die Fundplätze konzentrieren sich weiterhin auf Höhlen der südlichen Alb. Von besonderem Interesse sind Kopfbestattungen im Hohlenstein-Stadel und in der Großen Ofnet.

Rund dreieinhalb Jahrtausende später, im 6. Jahrtausend v. Chr., vollzog sich auch in unserem Raum einer der bedeutendsten Entwicklungsschritte der Menschheit. Der umherstreifende Wildbeuter wurde zum sesshaften Bauern. Der Mensch dieser als **Jungsteinzeit** bezeichneten Epoche bewohnte aus Stämmen und Flechtwerk gezimmerte Holzhäuser. Er baute Einkorn, Emmer, Gerste, Linsen und Erbsen an und züchtete Ziegen und Schafe. Ackerbau und Viehzucht sind nicht in Mitteleuropa entstanden, sondern aus dem Gebiet des „Fruchtbaren Halbmonds", einem Teilgebiet des Vorderen Orients, herein getragen worden. Dieser sichelförmige Streifen gut bewässerten Landes zog sich von Palästina im SW bis zum Oberlauf des Tigris hinauf. Voraussetzung für die neue Lebensform war die Möglichkeit, Getreidekörner zu bevorraten, also die Herstellung von Gefäßen. An der Machart und den Verzierungen dieser Gefäße lassen sich verschiedene Kulturgruppen unterscheiden – **Band-, Schnur-, Glockenbecherkeramik**.

War in der Jungsteinzeit noch der Stein das wichtigste Material für Waffen und Werkzeuge, so wurde in der folgenden Epoche mit der Erfindung der Bronze, die das zu weiche Kupfer ablöste, eine weitere bedeutende Entwicklungsstufe betreten. Die **Bronzezeit** wird von 2200 bis 750 v. Chr. angesetzt und in **Frühbronzezeit**, **Mittelbronzezeit** (ab 1500) und **Spätbronzezeit** (ab 1300) unterteilt.

Das Jungsteinzeit-Dorf Ehrenstein. Dorfstraße mit Fundamenten der 5 x 8 m großen Häuser, die durch Flechtwände in zwei Räume aufgeteilt waren (Ausgrabung 1952–1960).

Kulturgeschichte 77

Jahre	Zeitalter	Homo-Typ	Perioden		Kultur	Fundstätten
← vor Christi Geburt ↔ vor heute →	← Holozän (Nacheiszeit) ↓	Homo sapiens sapiens	Römerzeit			Kastelle, Straßen, Gutshöfe, Grenzwälle (Limes)
15—			Eisenzeit (Keltenzeit)		Latènezeit	Höhensiedlungen, Heidengraben, Viereckschanzen
450—					Hallstattzeit	Befestigte Siedlungen: Heuneburg; Grabhügel
750— 1 300— 1 500— 2 200—			Bronzezeit		Spät- (ab 1200 Urnenfelder)	Höhensiedlungen: Buigen, Heuneburg, Kocherburg, Lehenberg, Lochenstein, Plettenberg, Rosenstein, Runder Berg; Hügelgräber, vor allem auf der Hochfläche
					Mittel- (Hügelgräber)	
					Früh- (Flachgräber)	
5 500—			Jungsteinzeit		Glockenbecherkeramik Schnurkeramik Bandkeramik	Siedlungen: Ehrenstein, Eggingen, Goldberg, Runder Berg, Lochenstein
9 500			Mittelsteinzeit			Höhlen: Falkenstein, Fohlenhaus, Geißenklösterle, Helga-Abri, Malerfels, Jägerhaus, Ofnet u. a.
11 500	↑ Pleistozän (Eiszeit) ↑		Altsteinzeit	Jüngere	Magdalénien	Höhlen: Bockstein, Brillenhöhle, Felsställe, Hohlenstein, Hohler Fels, Jägerhaus, Kesslerloch, Petersfels, Vogelherd u. a.
15 000— 17 000—					Größte Ausdehnung des Würmgletschers	
20 000— 23 000— 30 000— zw.35 000 u. 40 000					Gravettien Aurignacien	Höhlen: Bockstein, Brillenhöhle, Geißenklösterle, Hohlenstein, Hohler Fels, Kleine Scheuer, Sirgenstein, Vogelherd, Zigeunerfels u. a.
		Homo neanderthalensis		Mittlere	Moustérien Micoquien	Höhlen: Bärenhöhle, Bockstein, Große Grotte, Haldenstein, Irpfel, Heidenschmiede, Sirgenstein, Stadel, Vogelherd u. a.

Vor- und frühgeschichtliche Zeittafel

Keltische Viereckschanze bei Westerheim. Das Tor lag in der S-Seite (rechts im Bild). Die W- und O-Seite schwächer erhalten, wohl durch die Pflugrichtung bei früherer Beackerung.

Die Mittelbronzezeit wird auch als **Hügelgräberzeit**, die Spätbronzezeit als **Urnenfelderzeit** (ab 1200) bezeichnet nach den jeweils herrschenden Bestattungssitten. In der Frühbronzezeit waren Flachgräber üblich. Während der Wanderer aus der Jungsteinzeit unterwegs keine Spuren mehr antrifft – die Siedlungen sind im Erdboden versunken, Geräte allenfalls im Museum zu besichtigen – und während aus der Alt- und Mittelsteinzeit lediglich vom Menschen passiv genutzte Naturgebilde seine Phantasie anzuregen vermögen, liegen aus der Bronzezeit imponierende Beweise aktiven menschlichen Wirkens am Wanderweg. Vom Dreifaltigkeitsberg im Westen bis zum Rollenberg im Osten sind markante Höhensiedlungen und Grabhügelfelder über die ganze Alb verteilt.

Die letzten 750 Jahre v. Chr. werden in der Vorgeschichte unter verschiedenen Bezeichnungen geführt. Nach dem neu auftretenden Metall – seine Verhüttung ist auch auf der Alb schon für diese Zeit nachgewiesen – spricht man von **Eisenzeit**, die Kulturstufen werden nach Fundstellen in Oberösterreich, Hallstatt und am Neuburger See **Latène** (ab 450 n. Chr.) genannt und schließlich können wir dank dem griechischen Geschichtsschreiber Herodot die damals hier lebenden Menschen erstmals mit Namen ansprechen. Es handelt sich um das bedeutende Volk der **Kelten**, dessen Kerngebiet etwa Süddeutschland, das östliche Frankreich und die nördliche Schweiz umfasste. Die auf uns überkommenen imposanten Denkmäler zeigen einen faszinierenden Reichtum. Die Höhenburgen aus der Bronzezeit wurden weiter bewohnt und befestigt, hinzu kamen größere befestigte Areale auf Tafelbergen. Eine Sonderstellung nimmt das 16 km^2 umfassende, durch ein ausgeklügeltes Wallsystem geschützte Oppidum auf der Grabenstetter Berghalbinsel ein. Die unzähligen über die ganze Alb verstreuten Grabhügel sind etwas größer als diejenigen der Bronzezeit. Eine aufkommende soziale Trennung wird an einigen „Fürstengräbern" mit wahrhaft fürstlichen Grabbeigaben deutlich.

Auf der Alb gibt es kaum einen längeren Wanderweg. der nicht eine keltische **Viereckschanze** berührt. Die Bedeutung dieser Gevierte aus Wall und Graben von bis zu 100 m Seitenlänge war in mehr als eineinhalb Jahrhunderten so umstritten wie kaum eine

Kulturgeschichte 79

andere Thematik. Nachdem sie abwechselnd für römische Sommerlager, keltische Fliehburgen, römische Gutshöfe oder Viehgehege gehalten wurden, betrachtete man sie gegen Ende des letzten Jahrhunderts als keltische Kultstätten, außerhalb jeder Siedlung gelegen. Schließlich stellte sich bei flächendeckenden Ausgrabungen heraus, dass die Viereckschanzen zwischen 250 und 70 v. Chr. innerhalb von Siedlungen an der Stelle ehemaliger großer Höfe, wohl Wirtschaftshöfe großer Bauern, angelegt worden waren und als öffentlicher Platz gedient haben dürften, für Versammlungen, Rechtssprechung, kommunale Vorratshaltung, Feste und – auch – kultische Feiern.

Die **Römerzeit** lässt sich im Gegensatz zu früheren Epochen genau datieren. Sie beginnt mit den Feldzügen des Drusus und Tiberius 15 v. Chr. Dabei handelt es sich weniger um eine Besiedlung als um eine militärische Besetzung zur Ausweitung und Sicherung des römischen Weltreichs. Von 80 bis 85 n.Chr. wurde die Nordgrenze Rätiens von der Donau zum Alblimes auf die Linie Burladingen–Gomadingen–Donnstetten–Ursprung–Heidenheim vorgeschoben mit Kastellen und Siedlungen in den genannten Orten sowie dem erforderlichen Straßennetz, meist auf schnurgeraden Dämmen angelegt zur Versorgung und raschen Verschiebung der Truppen. Das bedeutende Aalener Kastell entstand rund 70 Jahre später. Im Hinterland trifft der Wanderer auf zahlreiche, meist im Wald verborgene, dank der römischen Stein- und Ziegelbauweise erhaltene Reste von Siedlungen und Gutshöfen, „**villae rusticae**", die wohl vorwiegend der Versorgung der Truppen dienten. Eine reizvolle Besonderheit ist die Sibyllenspur, von den Albhöhen aus als kerzengerade Räderspur durch das Lenninger Tal erkennbar, welche eine Erklärung zunächst nur in der Sage fand und neuerdings als Teil des Limes identifiziert werden konnte.

Ab dem frühen 3. Jahrhundert griffen die **Alamannen** das römische Territorium an, kaum dass seine letzten Grenzbefestigungen vollendet waren und überrannten es 259/260, wobei sie einen durch römische Machtkämpfe verursachten Teilabzug der Verteidiger ausnutzten. Ihr neu erobertes Gebiet wurde den Alamannen von Beginn an in erbittertem Ringen von den Franken streitig gemacht. 496 oder 497 kam es zur entscheidenden Schlacht, deren Ausgang von weltgeschichtlicher Bedeutung war: Die

Römische „villa rustica" bei Ederheim, Fundamente. Oben in den Felsen des Hintergrunds liegen die Ofnethöhlen.

Alamannen unterlagen und der Frankenkönig Chlodwig gelobte, sich zum Christentum zu bekehren, nachdem er während der Schlacht in Bedrängnis geraten war. Darauf folgte die Christianisierung der Alamannen und ihre Eingliederung ins Frankenreich. Dieses wurde dadurch zur führenden Macht in Mitteleuropa, aus der später das christliche Abendland hervorgehen sollte.

Besiedlung durch die Alamannen

Die Frage, ob die keltische und römische Bevölkerung fortbestand, nachdem die Alamannen in ihr Land eingedrungen waren und ob diese vorhandene Siedlungselemente übernahmen, ist noch strittig. Letzte archäologische Befunde deuten darauf hin, dass die Alamannen die heimische Bevölkerung verdrängten und nur das kultivierte Land und das Straßennetz nutzten. Die Besiedlung begann mit einer lockeren Streuung von Einzelhöfen, Hofgruppen und Weilern. Daneben entstanden auf beherrschenden Berggipfeln wie auf dem Runden Berg und dem Lochen befestigte Höhensiedlungen als Herrschaftssitze. Erst die wachsende Bevölkerung und der Zwang zu intensiverer Bodennutzung führten zum Zusammenschluss der ursprünglichen Gehöftgruppen zum geschlossenen Dorf. Die alamannischen Holzbauten haben die Zeiten nicht überdauert, so dass heute nur noch Gräber von dieser Epoche berichten. Da die Alamannen heidnische Bestattungssitten übernommen hatten, liefern die Grabbeigaben in den vielen untersuchten Reihengräberfeldern nicht nur Hinweise auf ihre Kultur und in ihrem unterschiedlichen Aufwand auch den Beweis beträchtlicher sozialer Unterschiede, sondern sie ermöglichen auch eine genauere Datierung von Ortsgründungen. Diese lassen sich sehr zuverlässig auch anhand der **Ortsnamen** einordnen. Die „**ingen**"-**Endung** welche die Zugehörigkeit der Bewohner zum Oberhaupt ihrer Siedlungen anzeigt (Geislingen, früher „Giselingen" bedeutet „Leute des Gisilo"), weist auf Gründungen in frühester Zeit im 4./5. bis zum 7. Jahrhundert hin. Sie gehören zur **ältesten Siedlungsschicht**. Ein etwas geringeres Alter haben die auf fränkischen Einfluss hindeutenden „heim"-Orte. In einer späteren ersten Periode des Ausbaus, der „**älteren Ausbauzeit**", folgen Namen, welche den Siedlungstyp angeben, die „-beuren, -dorf, -hausen, -hofen, -stetten, -weiler"-Orte. Eindeutig späte Siedlungen, die in einer zweiten Phase, der „**jüngeren Ausbauzeit**", im Hochmittelalter oft durch Rodungen entstanden sind, enden mit Begriffen, die auf Wald und – auf der trockenen Alb kein Wunder – auf Wasser oder auf Rodungen Bezug nehmen, wie „-au, -bach, -bronnen, -buch, -felden, -hardt, –hülen".

Armreif aus dem Grab einer alamannischen Frau (Museum der Stadt Ehingen).

Kulturgeschichte 81

Das Albdorf

Der weitaus größte Teil der Albbevölkerung wohnt in Dörfern, und es gibt kaum eine Wanderung, die nicht durch eines davon führt. Dabei ist festzustellen, dass bestimmte Merkmale des Ortsbildes und seiner Bausubstanz trotz Dorfsanierung und Modernisierung immer wiederkehren. Die am meisten verbreitete Ortsform ist das Haufendorf. Um die Kirche als dem Mittelpunkt der Dorfgemeinschaft – und des Lebens – gruppieren sich stattliche Höfe, dazwischen und gegen den Dorfrand ducken sich kleinere Gehöfte und Häuser. In der Ortsmitte ist die ehemals lebensnotwendige Hüle (→ S. 87) meist verschwunden, an ihrer Stelle entstanden oft Brunnen oder öffentliche Anlagen. Rathaus, Schule und Backhäuslein vervollständigen die Dorfmitte. Die Höfe sind als Zweiseithöfe angelegt, entweder in Winkelform (als Hakenhof), bei der die Scheuer im rechten Winkel zu Wohnhaus und Stallung steht, oder in Parallelanordnung von Wohnhaus mit Stall zur Scheuer. Die freie dritte Seite nimmt im Anerbengebiet oft das Ausgedinghaus ein (→ unten). Bei aller Vielfalt der Haustypen herrscht das so genann-

Feldhüle bei Essingen-Tauchenweiler. Hülen waren vor Einführung der Stallfütterung als Viehtränke auch außerhalb des Dorfs nötig.

Hof in Börslingen, Alb-Donau-Kreis, ein typischer „Zweiseithof" in „Hakenform". Links das Wohnhaus mit Stall, hinten die Scheuer – beide modernisiert, rechts das „Ausgedinghaus".

Selde in einem Albdorf des Alb-Donau-Kreises.

te „Quergeteilte Einhaus" vor, ein Langbau mit nebeneinander liegenden Wohn- und Wirtschaftsteilen.

Für die historische Entwicklung der Dörfer waren die Sozialstrukturen und Lehensformen des Mittelalters und die Erbsitten von entscheidendem Einfluss. Der **Hof** war die größte bäuerliche Gutseinheit. Eine Sonderstellung hatte dabei der Meierhof, der unmittelbar vom Grundherren mit Hilfe höriger Leute bewirtschaftet wurde. Zu ihm gehörten die besten Acker- und Wiesengrundstücke in Ortsnähe. Diesem stand der Widumhof an Bedeutung kaum nach. Beim Bau der Kirche gegründet, meist in ihrer unmittelbaren Nähe gelegen, hatte er für ihre Ausstattung und ihren Unterhalt aufzukommen. Von den Meierhöfen hingen wiederum die an abhängige Bauern ausgegebenen Huben und Lehen ab. Zu diesen Gütern der Bauern kamen, zum Teil schon im Spätmittelalter, die **Selden**, deren Bewohner minder berechtigte, aber an der Gemeinde beteiligte Bürger waren. Ursprünglich war die Selde das einem Hof gehörende Haus ohne Landbesitz, später auch ein mit Ackerland ausgestattetes Erb- oder Falllehen. Bezüglich der Größenordnungen kann etwa die Faustregel gelten, dass der Meierhof doppelt so groß wie eine Hube, diese doppelt so groß wie ein Lehen und dieses wiederum doppelt so groß wie eine Selde war. Ihr Land reichte meist nicht für die Ernährung einer Familie aus. Die Seldner waren daher zu gewerblichem Broterwerb gezwungen. Neben der Tagelöhnerarbeit übten sie die im Dorf notwendigen Handwerksberufe aus. In einigen Regionen spielte dabei die Hausweberei eine ganz besonders wichtige Rolle. Im Allgemeinen kamen auf einen Bauern drei Seldner, dies findet der aufmerksame Beobachter beim Gang durch die Albdörfer bestätigt. In späterer Zeit bildete sich unter den Seldnern eine dritte Schicht, die der „Beisassen" oder „Beiwohner", die kein Gemeinderecht hatten und in „Beiwohner"- oder „Gnadenhäusern", am Dorfrand wohnten.

Die herrschenden **Erbsitten** waren von größtem Einfluss auf Größe und Zahl der landwirtschaftlichen Anwesen im Dorfbild. Während im westlichen Teil der Schwäbischen Alb, im altwürttembergischen Gebiet **Realteilung** üblich war, das Eigentum im Erbfall also aufgeteilt wird, galt im östlichen Teil das **Anerbenrecht**, bei dem der bäuer-

Kulturgeschichte

liche Betrieb geschlossen an einen Erben übergeht. Dieser hat seine Geschwister „auszuzahlen", die Eltern erhalten ein „Ausgedinge" in Form von Wohnung, Naturalien und Geld. Bei dieser Sitte blieben stattliche Höfe und große Fluren erhalten, während die Realteilung zu kleineren Anwesen, dichter Bebauung und zersplitterten Grundstücken führte.

Nach der Zeit rasanter Besiedlung erfolgte im späten Mittelalter eine abrupte Zäsur. Im 14. und 15. Jh. setzte ein starker Schwund ein, dem hauptsächlich Weiler und Einzelhöfe auf Grenzertragsböden der späten Ausbauphase zum Opfer fielen. Die abgegangenen Orte werden als **Wüstungen** bezeichnet. Für diese Ausdünnung kommen verschiedene Ursachen in Betracht: Sinkende Bevölkerungszahlen infolge von Seuchen und damit verbundene Wertminderung landwirtschaftlicher Erzeugnisse einerseits, die Anziehungskraft der aufkommenden Städte mit ihrem Bedarf an Gewerbetreibenden und besseren Lebensbedingungen andererseits. Die These, dass es sich um die Folge von Kriegsereignissen handle gilt als überholt.

Die Entwicklung zum Dorf im heutigen Sinn des Wortes war gegen Ende des Spätmittelalters im Wesentlichen abgeschlossen. In den seitherigen Jahrhunderten kamen, von Ausnahmen abgesehen, weder neue Siedlungen hinzu, noch haben sich die bestehenden nennenswert verändert. Erst in der Nachkriegszeit haben der Strukturwandel in der Landwirtschaft (→ S. 90) und der Verstädterungsprozess sowie die Erfordernisse des Verkehrs radikale Veränderungen und Erweiterungen der Dörfer bewirkt. Die Dorfkerne veränderten durch Modernisierungen, An- und Neubauten ihr Gesicht grundlegend. Es entstanden, meist mit einem enormen Landschaftsverbrauch verbunden, neue Straßen, Siedlungen und Gewerbegebiete, die das Bild fast aller Albdörfer stark veränderten.

Die Burgen

Baden-Württemberg gilt als das deutsche Bundesland mit den meisten Burgen, und der größte Teil von ihnen steht auf der Schwäbischen Alb. Allein im Großen Lautertal trifft der Wanderer auf der 18 km langen Strecke zwischen Buttenhausen und Reichenstein auf 14 Burgruinen oder Burgstellen. Im Oberen Donautal ist die relative Häufigkeit kaum geringer, ein ähnlich bevorzugtes Gebiet ist der Nordrand der Alb mit Schwerpunkten im Bereich des Fils- und Eybtals, des Lenninger Tals und des Echaztals.

Die Wahl dieser Standorte war natürlich wohlüberlegt Die Gipfel steiler Bergkegel und Bergsporne mit schroff zu Tal stürzenden Steilhängen kamen der Hauptfunktion der Burg als Schutz- und Wehranlage besonders entgegen. Wer auf die Schwammstotzen der Alb baute, baute sein Haus buchstäblich auf Fels. Bedeutende Adelsgeschlechter hatten hier ihre Stammsitze, sonderbarerweise alle an ihrem Nordrand: Die Grafen von Achalm, die Grafen von Helfenstein, die Grafen, später Herzöge, Könige und Kaiser von Hohenstaufen, die Grafen von Hohenurach, die Grafen von Hohenzollern, mit einer Linie später Kurfürsten von Brandenburg, Könige von Preußen und deutsche Kaiser, die Grafen von Oberhohenberg, aus deren Geschlecht die Stammmutter der Habsburger kommt, die Herzöge von Teck, deren Name in der Titulatur von Königin

84   *Kulturgeschichte*

Elisabeth II. von England als „Fürst von Teck" fortbesteht, und die Herzöge von Zähringen auf der Limburg. Die erste Periode des Burgenbaus fällt ins 11. und 12. Jahrhundert. Es entstanden meist auf Bergkegeln Höhenburgen als Wohnsitz von Adelsgeschlechtern, wie die vorher genannten auf der Achalm, dem Hohenstaufen, dem Hohenurach, der Limburg, dem Oberhohenberg oder auf Baldern und dem Neuffen. Die Blütezeit des Burgenbaus war jedoch das 13. Jh., in dem der Burg die Aufgabe zuwuchs, die Territorien der Herrscherhäuser zu sichern und zu erweitern. Damit ging eine Verlagerung des Standorts von den Bergeshöhen an die Talränder einher.

Obwohl alle Burgen die gleiche Funktion hatten, zugleich Wohnsitz und Festung zu sein, und im Wesentlichen aus denselben Baukörpern – Umfassungsmauer, Tor, Bergfried, Palas, Kapelle, Zwinger, Wirtschaftsgebäude – bestehen, ist eine Unterteilung in verschiedene Typen nicht möglich, schon allein wegen der unterschiedlichsten geographischen Gegebenheiten. Trotz des Zwangs, auf engstem Raum und unter schwierigsten Bedingungen so konträren Bedürfnissen wie Wohnen und Wehren Rechnung zu tragen, sind den Erbauern durchwegs architektonisch harmonische Bauwerke mit formvollendeten Stilelementen gelungen.

Staufische Buckelquader an der Ruine Hohengundelfingen.

Ruine Helfenstein. Sie gehört durch ihre Größe, den mächtigen Bering und den Zwinger mit sechs Bastionen zu den imposantesten Anlagen des Landes.

Man betrachte nur die kunstvoll gestalteten Fenster, Portale und Erker oder die wunderschön behauenen Buckelquader der Stauferzeit.
Im Wirtschaftsleben ihrer Zeit stellten die Burgen wichtige Faktoren dar. Einerseits waren die Bauern zu oft drückenden Abgaben und Frondiensten verpflichtet, andererseits nahm die Burgherrschaft viele Untertanen in Lohn und Brot mit den anfallenden Bauleistungen und vielfältigen Bedürfnissen des täglichen Lebens. Aus diesen wirtschaftlichen Wechselbeziehungen entstand bei fast jeder Anlage eine **Burgsiedlung** – Dorf, Hof oder Mühle. In manchen späteren Fällen lehnte sich auch die Burg an einen bereits bestehenden Ort an. In der Regel haben diese Siedlungen die Burg überlebt. Wo diese ganz verschwunden ist, findet sich in Karten und Dokumenten bestenfalls noch die Bezeichnung **Burgstall**, was nichts mit Pferden zu tun hat, sondern Burgstelle bedeutet.
Ihre exponierte, Wind und Wetter ausgesetzte Lage hat allen Burgen schwer zugesetzt. Das Bild vom nagenden Zahn der Zeit ist hier besonders zutreffend. Aber auch der Mensch hat seinen Teil dazu beigetragen, dass von vielen einst stolzen Burgen nicht einmal mehr Mauerreste übrig sind, Was nach den Fehden und Kriegen des Mittelalters noch übrig war, wurde – funktionslos geworden – oft zum Steinbruch für die Bauten der Umgebung. Heute verursachen Luftverschmutzung sowie der Massentourismus weitere Schäden, und manches Objekt wurde verschandelt durch An- und Umbauten zur Förderung des Fremdenverkehrs. Glücklicherweise werden Wert und Bedeutung dieser eindrucksvollen Zeugen der Vergangenheit in den letzten Jahren stärker gewürdigt. Es wird viel zur Schonung und behutsamen Renovierung der überkommenen Bausubstanz getan, so dass unsere Burgen hoffentlich weiterhin – im geographischen und übertragenen Sinn – Höhepunkte bei Albwanderungen bleiben.

Kirchen und Klöster

Die ältesten Kirchen unseres Landes oder ihre Reste sind neben den Goldblattkreuzen aus Grabfunden die am weitesten zurückreichenden Belege für die Christianisierung der Alamannen. Die frühesten nachgewiesenen Steinbauten, Vorgänger der romanischen Kirchen in Brenz und Burgfelden, werden in die 1. Hälfte des 8. Jh. datiert. Noch ältere Sakralräume aus Holz gehen ins 7. Jh. zurück wie die unter der Basilika Brenz gefundenen Pfostenlöcher beweisen. Träger der kulturellen Entwicklung dieser Zeit waren die Bischofssitze und Klöster. Auch der Adel spielte beim Bau der Kirchen eine wichtige Rolle. Neben Basiliken wie in Brenz, Oberlenningen, Veringendorf, Zwiefalten, Marchtal, Boll, Neresheim, Mönchsdeggingen, Wittislingen, die meist durch Neubauten ersetzt oder barockisiert sind, errichtete der Ortsadel zahlreicher Albdörfer Chorturmkirchen, genannt seien Belsen, Degenfeld, Grabenstetten, Lautern, Schopfloch, Setzingen, Trochtelfingen/Ostalbkreis, die in ihrer gedrungenen, schlichten Bauweise schöne Beispiele der romanischen Epoche geblieben sind.
Die ersten, kleinen klösterlichen Niederlassungen – in Marchtal, Weilheim, Wiesensteig – liegen im Dunkel der Frühzeit verborgen. Verdanken die ersten Klöster des 8. und 9. Jh. ihre Entstehung den politischen Interessen der Karolinger, so wurde die zweite Welle der Klostergründungen vom Adel getragen. Die Grafen von Tübingen

Kloster Blaubeuren, Blick vom Kreuzgang auf die Klosterkirche.

Kirche in Blaustein-Lautern mit romanischem Chorturm.

gründeten 1085 das Kloster Blaubeuren, die von Achalm 1089 Zwiefalten, Neresheim wurde 1095 von Graf Hartmann von Dillingen gestiftet und Anhausen kurz danach von den Pfalzgrafen von Dillingen-Lauterburg. Neben diesen Benediktiner-Abteien entstanden etwa zur gleichen Zeit das Benediktinerinnen-Kloster Urspring und das Augustinerchorherrenstift Beuron. Mit diesen Gründungen war die mönchische Besiedlung der Alb im wesentlichen abgeschlossen, Die Reform des Zisterzienserordens im 13. Jh. führte zur Gründung von zwei Nonnenklöstern, Heiligkreuztal und Kirchheim am Ries, und dem Mannskloster Königsbronn. Erwähnt seien die spätmittelalterlichen, in reizvoller Abgeschiedenheit liegenden Kartausen Christgarten und Güterstein.

Im Gegensatz zu den weltlichen Bauten des frühen Mittelalters, die meist spurlos verschwunden sind, blieben die Sakralbauten dieser Epoche größtenteils erhalten, wenn auch meist in stark veränderter oder erweiterter Form. Dies ist der Tatsache zu verdanken, dass sie vorwiegend in Stein erbaut sind, während Wohn- und Wirtschaftsbauten fast durchweg aus Holz bestanden. Zudem waren Nutzung und Besitzverhältnisse keinen wesentlichen Veränderungen unterworfen, und in der Regel reichten die vorhandenen Mittel zum Bauunterhalt aus. Wo Renovierungen oder Erweiterungen notwendig waren, wurden diese im Stil der jeweiligen Zeit ausgeführt. Selbst kleine, unscheinbare Kirchlein am Wanderweg sind so oft ein Wegweiser durch alle Epochen der Kunstgeschichte. Als Beispiel sei die Kapelle St Gallus in Mühlheim genannt mit romanischen Mauern, frühgotischem Chor, spätgotischen Fresken sowie Elementen des Barock und Rokoko.

Die stattlichen Klosterkirchen der Alb

Kulturgeschichte 87

dokumentieren in ihrer geschlossenen, die jeweilige Zeit repräsentierenden Bauweise die Bedeutung und Macht der Klöster. Nachdem der Anschluss an die mönchische Reformbewegung eine Blütezeit eingeleitet hatte, begann das Kloster Blaubeuren mit dem Bau der gotischen Neubauten. In Heiligkreuztal entstand unter der tüchtigen Äbtissin Veronika von Rietheim die spätgotische Basilika. Herrschaftsbewusstsein und Repräsentationswillen der Klöster schließlich führten ab Ende des 17. Jh. zu einer regen Bautätigkeit und zu den großartigen Schöpfungen des Barocks in Neresheim, Obermarchtal und Zwiefalten.

Die Albwasserversorgung

Seit sich die ersten Siedler auf der Albhochfläche niedergelassen hatten, war der Wassermangel das größte Problem. Das verkarstete Kalkgestein (→ S. 21) verschluckt, kaum dass sie gefallen sind, alle Niederschläge und leitet sie in die Tiefe ab, wo sie dann in den Karstquellen der Täler wieder zutage treten. Grund- oder Quellwasser steht auf der Hochfläche nur an wenigen Orten zur Verfügung, Mensch und Tier waren deshalb auf Regenwasser angewiesen, das von den Dächern in Zisternen und **Hülen** geleitet wurde. Doch in trockenen Sommern und kalten und niederschlagsarmen Wintern gingen auch diese Vorräte zur Neige, so dass das lebensnotwendige Nass aus den Tälern hochgekarrt werden musste. So wird berichtet, dass im Winter 1865/66 in Hütten im Schmiechtal täglich 190 Fuhrwerke von der Alb Wasser schöpften. Manches Albdorf fiel Feuersbrünsten nur deswegen zum Opfer, weil kein Löschwasser vorhanden war, und der zu Beginn des 19. Jh. eingeführten Stallfütterung war nur ein Teilerfolg beschieden, weil in den Orten mit Wassermangel die Milchleistung bei der Hälfte des Durchschnitts blieb. Neben dem Mangel war die Qualität des Wassers das Hauptproblem. Das „Spatzenschisswasser" von den damals meist strohgedeckten Dächern war eine bakterienreiche kaffeebraune Brühe. Die Auswirkungen auf die Gesundheit der Bevölkerung waren katastrophal.

Es gab viele Versuche, das Problem zu lindern oder zu lösen, aber erst das letzte Drittel des 19. Jh. brachte die entscheidende Wende. Das Ingenieurwissen und die technischen Mittel waren jetzt soweit gediehen, dass einer der kostbarsten Schätze der Natur, gutes Wasser, auch dem Älbler in ausreichendem Maß zuteil werden konnte. Im Jahr 1865 hatte der König „gnädig geruht", dem Stuttgarter Ingenieur Karl Ehmann den Titel eines Baurats zu verleihen und gleichzeitig empfohlen, sich seiner Dienste bei der Lösung des Wasserproblems zu bedienen. Bereits 1866 legte Ehmann einen Plan

Pumphaus in Blaustein-Lautern, 1873 von der Gruppe IV der Albwasserversorgung erbaut.

Reservoir der Alb-wasser-Versorgungs-gruppe IV bei Blaustein-Weidach.

vor, nach dem in Wasser führenden Tälern Quellen gefasst werden sollten. Von hier sollte das Wasser mittels der Wasserkraft der Flüsse in Reservoirs auf die Höhe gepumpt und auf die zu Versorgungsgruppen zusammengeschlossenen Gemeinden verteilt werden. So einfach und genial das Projekt war, so schwierig war es, die Älbler davon zu überzeugen. Misstrauisch gegenüber allen Neuerungen, bereit, Lasten und Nöte als vom Schöpfer auferlegt demütig zu tragen, erschrocken über die hoch erscheinenden Kosten und am Gelingen des Werks zweifelnd, widersetzten sie sich zunächst leidenschaftlich. Dem fortschrittlich gesinnten Schultheißen Anton Fischer von Justingen ist es zu verdanken, dass die Gemeinden Justingen, Ingstetten und Hausen im November 1869 den Beschluss fassten, ein Wasserwerk zu bauen. Der Plan wurde mit atemberaubender Geschwindigkeit in die Tat umgesetzt. Im Mai 1870 erfolgte beim Pumpwerk in Teuringshofen der erste Spatenstich, und am 18. Februar 1871 sprudelte in Justingen das erste Wasser aus dem Hahn. Binnen zehn Jahren entstanden neun Albwasserversorgungsgruppen, die rund 100 Albdörfer mit 40 000 Einwohnern belieferten. Dieses Werk kann mit gutem Recht zu den großen Ingenieurleistungen des 19. Jh. gezählt werden.

Landwirtschaft

Der Albwanderer schreitet auf weiten Strecken seines Wegs durch Landschaften, die über die Jahrhunderte durch die Arbeit des Bauern geprägt wurden. Es war eine harte Arbeit für kargen Lohn. Wenn auch der früher in Landkarten und im Schrifttum verwendete Begriff von der „Rauen Alb" unzutreffend ist, so bleibt doch die Tatsache, dass die Schwäbische Alb mit den wichtigsten Voraussetzungen für reiche Ernten nicht gesegnet ist, nämlich mit guten Böden und mildem Klima. Hinsichtlich der Bodengüte bestehen erhebliche Unterschiede zwischen den ärmsten Böden der nordwestlichen Alb, den besseren mit Verwitterungslehmen auf einigen Inseln der Kuppenalb und den recht guten zur Donau hin, südlich der Klifflinie, vor allem im Raum Ehingen–Ulm–

Kulturgeschichte

Brenztal. Ähnliches lässt sich über das Klima sagen. Auch hier sind die hohen Lagen der südwestlichen Kuppenalb am ungünstigsten gestellt, Niedrige Temperaturen mit einem Jahresmittel von 6 °C und die kurze Vegetationsperiode beeinträchtigen den Ackerbau hier so stark, dass der Anteil des Ackerlandes an der landwirtschaftlichen Nutzfläche nur 24 % beträgt im Gegensatz zu durchschnittlich 37 % auf der übrigen Alb und 70 % auf der Lonetal-Flächenalb.

Bezeichnend für den Ackerbau auf der Schwäbischen Alb ist seit dem 9. Jh. die **Dreifelderwirtschaft**, die teilweise heute noch praktiziert wird. Dabei ist der gesamte Markungsgrund in drei „Esche" geteilt, den Winteresch mit – ursprünglich – Dinkel, Emmer, Einkorn und etwas Gerste, den Sommeresch mit Hafer und Hülsenfrüchten und den ohne Bebauung liegenden Brachesch. Der Winteresch wird im folgenden Jahr zum Sommeresch, dann zum Brachesch. Jeder Bauer hatte sich an diese Regelung zu halten. Die Ungunst des Bodens und der Witterung wirkte sich in früheren Zeiten weit nachteiliger aus, als man es sich heute vorstellt. Außer dem spärlichen Mist gab es keine Dünger, es standen nur langsam wachsende und spät reifende Getreidesorten zur Verfügung, die Viehrassen waren den heutigen weit unterlegen, die Ackergeräte ließen keine optimale Bodenbearbeitung zu, die Wasserknappheit beeinträchtigte die Milchleistung der Kühe. Da ist es kein Wunder, dass der Kampf ums tägliche Brot hart war, dass Kriegszeiten und Missjahre – und die waren häufig – oft bittere Armut und Hunger mit sich brachten.

Eine Wendung zum Besseren brachte das 18. Jh. mit der Einführung der Kartoffel und des Klees**.** Damit waren endlich Früchte für den bisher ungenutzten Brachesch vorhanden. Um ihre Verbreitung haben sich die württembergischen Herzöge verdient gemacht, wie die späteren Landesherren für die Neuerungen des 19. Jahrhunderts. Sie hatten es dabei mit den traditionsbewussten Älblern nicht einfach. Auf der Zwiefalter Alb musste beispielsweise der Anbau der Esparsette unter Strafandrohung zur Pflicht gemacht werden. Um 1800 ereigneten sich dann tief greifende soziale Änderungen. Bis dahin war die bäuerliche Bevölkerung in der Regel leibeigen gewesen in dreifacher Abhängigkeit, vom Gerichtsherrn, Grundherrn und Leibherrn. Dem bereitete König Wilhelm I. 1817 durch die Aufhebung der gutsherrlichen Fronlasten und des Lehensverbands sowie der Umwandlung der Erblehen in freie Güter ein Ende. Neben der Bauernbefreiung brachte das 19. Jh. wei-

Aussiedlerhof bei Amstetten, Alb-Donau-Kreis – das ursprüngliche Dorf ist zu eng geworden.

tere Fortschritte, Es wurde die verbesserte Dreifelderwirtschaft eingeführt. Durch den Übergang von der Weidewirtschaft zur **Stallfütterung** verbesserten sich die Milchleistung und die Nutzung des Ackerlandes, und die durch die Beweidung verheerten Wälder erholten sich wieder. In den dafür geeigneten Gebieten wurde für den eigenen Bedarf und private Vermarktung der **Obstanbau** eingeführt, um die Dörfer herum entstanden die Gürtel der Streuobstwiesen, deren allmähliches Verschwinden heute aus ästhetischen und ökologischen Gründen so sehr zu bedauern ist. Die Pferdezucht nahm unter dem Einfluss der Landesgestüte in Marbach und Offenhausen einen starken Aufschwung, und die Rassen wurden durch Kreuzungen verbessert. Gegen Ende des Jahrhunderts begann mit dem Mineraldünger eine neue Ära beim Ackerbau.

Der **Schäfer** war seit früher Zeit als Lieferant von Wolle und Dünger ein wichtiges Glied der Landwirtschaft, das Charakterbild der Alb mit den typischen Wacholderheiden ist ohne sein Wirken nicht denkbar (→ S. 60). Die klimatischen Bedingungen und der vorherrschende Kleinbesitz führten zum Entstehen der Wanderschäferei. Zu Martini begab sich der Schäfer auf die mehrwöchige Wanderung in das Oberland, den Breisgau oder gar in die Pfalz, von der er im Frühjahr wieder zurückkehrte. Nach dem Verfall der Wollpreise ging der Schafbestand in einem für die Alblandschaft bedrohlichen Maß zurück. Er erholt sich seit geraumer Zeit wieder, bei allmählicher Umstellung auf die Standschäferei. Die dafür gewährten staatlichen Hilfen sind sicher gut angelegt, denn Schafe sind die preiswertesten Landschaftspfleger in den Albheiden, die unbedingt erhalten werden müssen.

Allein in den vergangenen 50 Jahren vollzog sich in der Landwirtschaft ein größerer **Wandel** als früher in Jahrhunderten, Seine wesentlichen Faktoren sind die Verbesserung der landwirtschaftlichen Betriebsstruktur, die zahlenmäßige Abnahme kleinerer und die Zunahme größerer Betriebe, enorme Produktionssteigerungen durch Züchtungserfolge im tierischen und pflanzlichen Bereich, Rationalisierung der Betriebe sowie vermehrten Einsatz von Maschinen und Düngemitteln. Auf einen kurzen ökonomischen Nenner gebracht: Wie in anderen Bereichen der Wirtschaft auch, musste der Produktionsfaktor Arbeit durch den Produktionsfaktor Kapital ersetzt werden. Im Bild der Felder sind die klassischen Futterpflanzen Luzerne, Rotklee, Futterrüben und

Der Schäfer – in charakteristischer Alblandschaft, bei den Ofnethöhlen.

*Streuobstwiese,
am südlichen
Hochsträß,
Alb-Donau-Kreis.*

auch die Kartoffel stark zurückgegangen, zugunsten des leistungsfähigeren und maschinell zu erzeugenden Silomaises. Das Getreide konnte seinen Anteil an der Ackerfläche halten, wobei der früher wichtige Dinkel ganz dem rentableren Weizen gewichen ist. Der Raps belebt im Mai mit seinen gelb leuchtenden Flächen das Bild der Fluren.

Gravierende Eingriffe in das überkommene Agrargefüge waren die **Flurbereinigung** und die Aussiedlung der Höfe aus dem Dorf. Erste Feldbereinigungen gab es hier schon vor und nach dem 1. Weltkrieg. Ziel der seit 1954 laufenden Flurbereinigung ist die Zusammenlegung der zersplitterten und oft unwirtschaftlich geformten Grundstücke, verbunden mit der Neugestaltung eines zweckmäßigen Wege- und Gewässernetzes.

Weitere neue Herausforderungen werden auf die Bauern zukommen. Die geplante Brüsseler Agrarreform, welche die Umstellung von produktionsgebundener Prämie auf Subventionierung der Betriebsfläche vorsieht, wird die Landwirtschaft – und die Landschaft – drastisch verändern. Aber die seinerzeitige Prophezeiung des früheren EG-Agrarpolitikers Mansholt, um das Jahr 2000 werde es auf der Alb keinen einzigen Bauern mehr geben, ist nicht in Erfüllung gegangen – und sie darf es auch in Zukunft nicht. Neben der wirtschaftlichen Nahrungsmittelproduktion wird die Erhaltung und Pflege der bäuerlichen Kulturlandschaft eine wichtige Aufgabe bleiben.

Die Industrie

Auf dem Gebiet der industriellen Entwicklung standen sich auf der Schwäbischen Alb zwei konträre Tatbestände gegenüber. Auf der einen Seite konnte die wachsende Bevölkerung auf der „Rauen Alb" aus der Landwirtschaft auf Dauer nicht ernährt werden, andererseits waren die Standortbedingungen für Industrieproduktion ungünstig. Die Schwäbische Alb war Anfang des 19. Jh. ein armes Land. Vor allem in den Gebieten der Realteilung (→ S. 82) hatte die wiederholte Aufteilung der Höfe zu einer wirtschaftlichen Katastrophe geführt. Aber auch im Anerbengebiet fanden nicht mehr alle

Die Massenkalke des Oberjuras, insbesondere das Ulmer Weiß, sind ein wichtiger und begehrter Rohstoff. Der hier abgebaute Kalk wird hauptsächlich zu Branntkalk oder Füllstoffen (z. B. für Farben und Kunststoffe) verarbeitet.

der mit Geld- und Sachleistungen abgefundenen Geschwister der Hoferben mit handwerklicher Tätigkeit und Tagelöhnerarbeit ihr Auskommen, ebenso wenig wie die vielen Seldner und die Bürger der untersten Schichten. Das Land war aber mit Bodenschätzen nicht gesegnet, und die topographischen Verhältnisse erschwerten die verkehrsmäßige Erschließung.
Trotz dieser ungünstigen Standortbedingungen entwickelte sich aber auf der Schwäbischen Alb früher als in den meisten anderen Landesteilen eine leistungsfähige Industrie. Der Älbler war früh gezwungen, die kargen Ressourcen seiner Heimat zu nutzen, und dazu brachte er wichtige Voraussetzungen mit. Er war fleißig, zielstrebig, sparsam, technisch begabt – tüftelig – und weltoffen, Eigenschaften, die sich in den meisten der von Natur aus benachteiligten Regionen ausbilden. Durch den Zwang zum Nebenerwerb war ein leistungsstarkes Handwerk entstanden. Die meisten der heute weltbekannten Firmen gingen aus Handwerksbetrieben hervor, und aus dem Handwerk wuchs vielfach der industrielle Facharbeiterstamm heraus.
Ein ganz wichtiger Rohstoff war zunächst der Flachs, der im Klima und auf den Böden der Alb günstige Wachstumsbedingungen hatte. So entwickelte sich schon in vorindustrieller Zeit, hauptsächlich um die traditionellen Handelszentren Ulm, Urach und Heidenheim ein bedeutendes Textilgewerbe, das vor allem im kleinbäuerlichen Raum einem beträchtlichen Teil der Bevölkerung Erwerbsmöglichkeiten bot. Es wurde **Hausweberei** betrieben, auf dem Webstuhl im Untergeschoß, der „Dunk"". Die Zentren dieser Landweberei lagen um Heidenheim, Urach und Laichingen. Hier entwi-

Kulturgeschichte

ckelten sich dann Textilmanufakturen, die später auch Baumwolle verarbeiteten. Im Schmiechatal entstanden zwischen Onstmettingen und Ebingen neben der Weberei die Zeug- und Bortenmacherei, die Strumpfwirkerei sowie eine bedeutende Samt- und Trikotindustrie, die sich auch auf die Dörfer der Umgebung ausdehnten. Mit der Einführung der maschinellen Fertigung, zunächst hauptsächlich auf englischen Spinnmaschinen und Webstühlen, wurden auch die Täler des Albnordrands zu günstigen Fabrikstandorten, in denen als Antriebskraft reichlich Wasser vorhanden war.

Mit den Schienen des **Eisenbahnnetzes**, die ab Mitte des letzten Jahrhunderts die Alb zu erschließen begannen, wurde gleichzeitig die Grundlage für eine gedeihliche wirtschaftliche Entwicklung gelegt. Glücklicherweise fielen dabei die geographisch günstigsten Schienenwege durch die Täler des Albnordrandes mit den erwähnten vorteilhaften industriellen Standortbedingungen zusammen. Als erste die Alb überquerende Bahnstrecke – und als erste Gebirgsbahn des Kontinents mit 2,25 % Steigung an der Geislinger Steige – wurde 1850 die Linie Geislingen–Ulm fertig. 1864 folgte die Strecke Aalen–Heidenheim, die 1875/76 bis Ulm verlängert wurde. Das Eyach- und Schmeietal wird seit 1878 befahren, und um die Jahrhundertwende führte von der 1859 bis 1861 erbauten Neckarlinie Plochingen–Tübingen aus fast in jedes Albtal eine Bahnlinie. Leider sind inzwischen viele von ihnen dem Wettbewerb mit dem Kraftfahrzeug zum Opfer gefallen.

Mit der Mechanisierung der Textilherstellung wiederum entstand der Bedarf nach einer leistungsfähigen Maschinenindustrie zur Reparatur, Verbesserung und Neuentwicklung der Fabrikanlagen. Hier waren schon Grundlagen vorhanden. Die bescheidenen Eisenvorkommen in den Bohnerzen (→ S. 19) des Albuchs und Härtsfelds, im Laucherttal und bei Tuttlingen waren schon seit vorgeschichtlicher Zeit verhüttet worden, dazu kam seit dem frühen Mittelalter der Abbau von Mitteljura-Eisenerz bei Wasseralfingen (→ S. 127). Begünstigt durch die verfügbare Wasserkraft und den Holzreichtum war das „Schwäbische Ruhrgebiet" entstanden, in dem florierende Maschinenbaufirmen heranwuchsen.

Die auf der Schwäbischen Alb am reichlichsten anstehenden Rohstoffe sind **Kalk** und **Zementmergel**. Die Massenkalke (→ S. 14), die sich durch hohe Druckfestigkeit und große Reinheit (bis

Geislinger Steige. Als erste die Alb überquerende Bahnstrecke, und als erste Bahn des Kontinents mit 2,25 % Steigung, wurde 1850 die Linie Geislingen–Ulm fertig.

zu 99,5 % Calciumkarbonat) auszeichnen, werden hauptsächlich im Blautal und in seinen Nebentälern abgebaut. Eine bedeutende Zementindustrie etablierte sich seit der zweiten Hälfte des 19. Jahrhunderts im Ach- und Schmiechtal sowie am Rand der Nordwestalb bei Dotternhausen.

Nach 1945 waren auch auf der Schwäbischen Alb gute Voraussetzungen für ein „Wirtschaftswunder" gegeben. Ein großes Potential an leistungsfähigen Mitarbeitern ermunterte die Industrie zu Investitionen. Der hohe Freizeitwert dieser Landschaft und die Bevorzugung ländlichen Wohnens hatten zu einer regelrechten Nord-Südwanderung geführt, im Zeitalter der Überbeschäftigung der 1960er und 1970er Jahre ein wichtiger Faktor für Standortentscheidungen.

Die sechs wichtigsten Industrieregionen mit ihren Haupterzeugnissen seien kurz genannt: Ulm (Fahrzeugbau, Elektrotechnik, Kalk und Zement), Reutlingen (Maschinenbau, Elektrotechnik, Textilien und Bekleidung), Albstadt (Bekleidung, Maschinenbau), Heidenheim (Maschinenbau, Textilien und Bekleidung), Aalen (Maschinenbau, Eisen und Metall), Tuttlingen (Feinmechanik).

Wanderungen

Hinweise

Der 365 Kilometer lange Alb-Nordrand-Weg (HW 1) ist in diesem Führer in 25 **Teilstrecken** aufgeteilt, der 256 Kilometer lange Alb-Südrand-Weg (HW 2) in 18 Teilstrecken. Die Streckenaufteilung ergibt sich aus den vorhandenen Übernachtungsmöglichkeiten. In den seltenen Fällen, wo diese nicht am Hauptwanderweg liegen sind Abzweigungen zu ihnen beschrieben. Einige kürzere Teilstrecken können unter Auslassung eines Übernachtungsorts auch zu einer Tagesetappe zusammengefasst werden.

Beide Hauptwanderwege haben die **Markierung** rotes Dreieck, dessen Spitze in Richtung Tuttlingen zeigt – die Richtung, in welcher der Weg beschrieben ist. Nur wenn die Markierung vom roten Dreieck abweicht, wird bei den Wegbeschreibungen besonders auf sie hingewiesen.

Wenn am Endpunkt von Teilstrecken mehrere **Übernachtungsmöglichkeiten** bestehen, ist die Telefonnummer der zuständigen Auskunftsstelle (Gemeindeverwaltung, Fremdenverkehrsamt) angegeben, gibt es nur eine Möglichkeit, die Nummer des betreffenden Quartiers.

Die genannte **Gehzeit** bezieht sich auf die reine Wanderzeit ohne Aufenthalte für Pausen und Besichtigungen. Für die Berechnung ist das moderate Tempo von 3,3 km/Std. zugrunde gelegt, mit Zuschlägen für die Auf- und Abstiege.

Für Tageswanderungen sind zu den Teilstrecken noch **Rundstrecken** beschrieben. Sie verlaufen ein Stück weit auf dem Hauptwanderweg und führen wieder zum Ausgangspunkt zurück – in einem Fall zu einer Haltestelle des ÖPNV mit guter Verbindung zum Ausgangsort.

Die Beschreibungen interessanter **Orte der Natur und Kultur** sind durch *Kursivschrift* hervorgehoben. In den beigefügten Kartenausschnitten sind sie durch blaue Punkte gekennzeichnet, sowie durch eine eingerahmte Ziffer, die auch im Text erscheint.

Trotz gewissenhafter Wegerkundung kann nicht ausgeschlossen werden, dass infolge von Straßenbau, Flurbereinigung, Baulandumlegung, Sturmschäden u.a. Markierungen vorübergehend fehlen oder Wegführungen geändert wurden und deshalb nicht mehr mit den Karten und Beschreibungen übereinstimmen. Ebenso können Änderungen im Bestand von Rastplätzen oder Hütten auftreten. In dieser Hinsicht können weder die Autoren noch der Herausgeber eine Gewähr übernehmen.

Obwohl jeder Wanderung ein Kartenausschnitt beigefügt ist, wird zusätzlich eine topographische Wanderkarte empfohlen. Zu beziehen im Buchhandel, in den Verkaufsstellen der Landesvermessungsämter oder beim Schwäbischen Albverein, Hospitalstraße 21 B, 70174 Stuttgart, Tel. 0711/22585-25, Fax 0711/22585-93, verkauf@schwaebischer-albverein.de.

Abkürzungen für Besonderheiten

Im Vorspann verwendete Abkürzungen für Besonderheiten bei den einzelnen Wanderungen:

A	mit Aussichtspunkt
E	relativ eben, wenig Steigungen
F	reiche Flora
Fam.	für Familienwanderungen geeignet
G	geologisch interessant
H	größere Höhenunterschiede
K	geschichtlich oder kunstgeschichtlich interessant
R	Rastplatz
T	längere Wegstrecke mit Hartbelag
U	wenig Wald
W	viel Wald

Vielfältig und möglichst erlebnisreich ist die Weggestaltung bei den Hauptwanderwegen.

Alb-Nordrand-Weg HW1

W 1.1 Teilstrecke Donauwörth – Wörnitzstein – Obere Riedmühle – Harburg

Wanderstrecke: Länge 17 km
Auf- und Abstiege je 260 m
Gehzeit 5 ½ Stunden
Wanderkarten:
UK 50-23 NP Altmühltal, westl. Teil
Kartenausschnitt W 1.1
Ausgangspunkt: Bhf. Donauwörth
(Bahnverbindungen von Ulm, Regensburg, Aalen, Nürnberg, Augsburg)
Übernachtung: In Harburg,
Auskunft Tel. 09080/969924
(Bahnlinie 995 DB Aalen–Donauwörth,
Buslinie 131 RBA Nördlingen–Donauwörth)

Donauwörth. (408 m NN, ca. 6900 Ew.), 1191 staufisch, begünstigt durch die Lage an der Mündung der Wörnitz in die Donau an der alten Straße Augsburg–Nürnberg, umgeben von ertragreichem Land, begleitet eine Geschichte, die weit in die Vor- und Frühzeit zurückreicht. Als Sitz der Herren von Werd erhielt sie 1191 Münzrecht und wurde 1301 Reichsstadt. Ein bedeutender Abschnitt ihrer Geschichte fällt in die Stauferzeit. Die Adeligen der Stadt übertrugen nach 1167 ihren gesamten Besitz an Kaiser Friedrich I., nachdem schon vorher Einzelbesitz am Unterlauf der Wörnitz von den Staufern erworben worden war. Nach dem Ende der Stauferherrschaft um 1250 erlebte die Stadt eine Blütezeit, war aber als Brückenkopf an der Donau oft hart umkämpft. Die Besetzung der damals protestantischen Reichsstadt durch die Bayern war eine der Ursachen für den Dreißigjährigen Krieg. 1945 wurden viele Baudenkmäler zerstört. Was erhalten blieb oder wieder aufgebaut wurde, zeugt von einer langen, ebenso stolzen wie leidvollen Geschichte.
An bedeutenden Bauwerken sind zu nennen: Das Rathaus (13. Jh.), 1308 mit Steinen der abgetragenen Burg erweitert, im 14. Jh. durch Brand zerstört und wieder aufgebaut, im 17. Jh. im Renaissancestil und im 19. Jh. neugotisch umgebaut; der Stadtzoll (1418), das Tanz- und Fuggerhaus, die spätgotische Stadtpfarrkirche und schöne Bürgerhäuser in der Reichsstraße; die barocke Klosterkirche Heiligkreuz und Reste der Stadtbefestigung.

Wer vom Bhf. Donauwörth die Stadt erreichen will, geht mit Markierung rotes Dreieck rechts durch die Bahnhofstraße zur Wörnitzbrücke, über die Fischerinsel zwischen Großer und Kleiner Wörnitz, am Heimatmuseum vorbei, durch das Riedertor und die Spitalstraße zum Rathaus (schöner Blick auf die Reichsstraße). An seiner Vorderfront entlang wandert man durch die Rathausgasse, durch das Ochsentörl, am Pulverturm vorbei (1430 als Wehrturm errichtet, seit dem 18. Jh. Pulverturm), links durch die Parkanlage, vorbei am Kinderspielplatz und am Mangoldfelsen, auf dem einst die Burg Mangoldstein stand. Dann geht's durch den Fußgängertunnel, den ehemaligen Bahntunnel der Linie Nürnberg–Augsburg bis zur Abzweigung des Mühlwegs, dort auf einem Dammweg am Rand des Wörnitztals aufwärts nach Felsheim.

5 km [1]

*Ein Blick auf die Karte zeigt, dass sich die **Wörnitz** südlich des Engpasses bei Harburg in weit ausholenden Schleifen durch ein breites Tal zieht, das vor Donauwörth in einem Halbkreis nach Nor-*

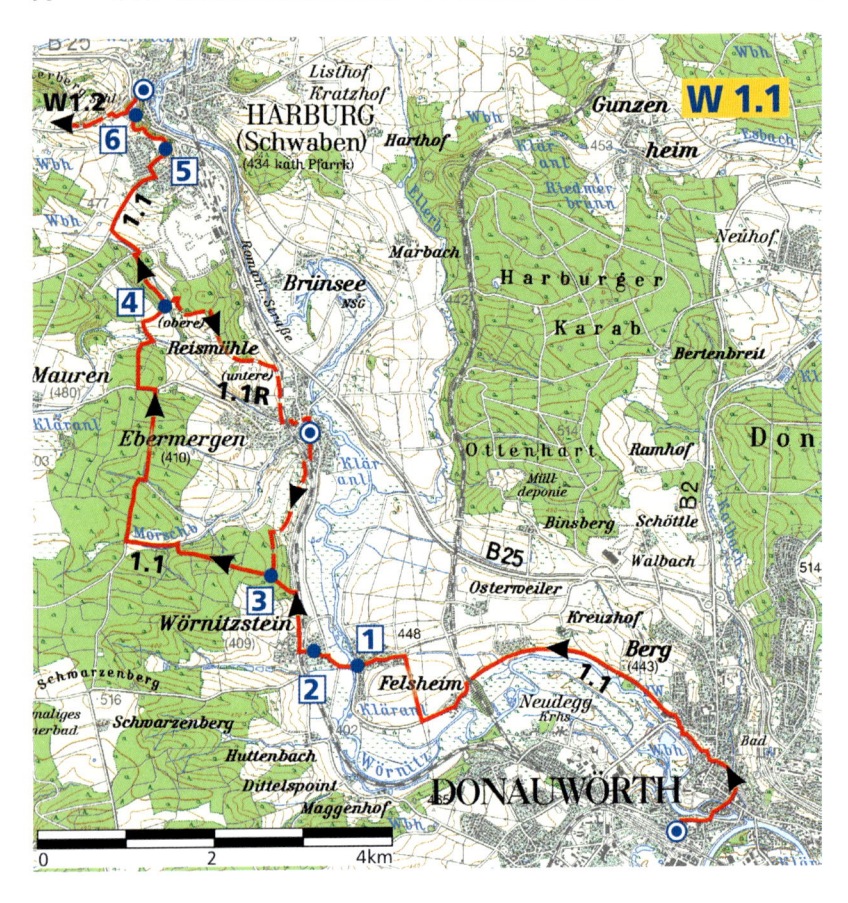

W 1.1 Teilstrecke Donauwörth – Wörnitzstein – Obere Riedmühle – Harburg

den ausgreift, bevor es sich mit dem Donautal vereinigt. Das Pendeln des Flusses in der breiten, aufgeschütteten Talsohle erklärt sich aus der Höherlegung ihres Mündungspegels in die Donau durch Aufschüttungen während der Eiszeit. Die Wörnitz ist neben der Altmühl der einzige Fluss, der das Juramassiv noch in seiner ganzen Breite in Nord-Südrichtung durchschneidet. Die Talhänge bauen sich zu einem überwiegenden Teil aus Trümmermassen auf, die der Riesmeteorit ausgesprengt hat (s. S. 20).

Nach dem Dorf, gleich hinter der Hochspannungsleitung, gelangt man rechts über einen Bergrücken nach Wörnitzstein
1,5 km   2

Wörnitzstein, 409 m NN, Stadtteil von Donauwörth, 1216 erstmals genannt, ab 1262 zum Kloster Kaisheim gehörend. Auf dem hohen Felskegel des Kalvarienbergs die 1750 erbaute Barockkapelle mit einem schönen Deckengemälde. Die hölzerne Wörnitzbrücke wurde 1945 zerstört und 1983–85 in Stein neu erbaut.

W 1.1 Teilstrecke Donauwörth – Wörnitzstein – Obere Riedmühle – Harburg

Am Fuß des Kalvarienbergs quert man die Wörnitz, geht durch die Graf-Hartmann-Straße und über die Bahnlinie. Der Weg zieht sich nun rechts abbiegend 10 Min. an der Bahnlinie entlang, bevor er durch Wald ansteigt. Fünf Minuten nach Waldeintritt mündet von rechts die Rundstrecke W 1.1R ein. 2 km ③

Bald kommt man ins Morschbachtal hinab, folgt dort dem Sträßchen 10 Min. nach links zum Waldrand hinauf, biegt rechts ab, erreicht in einer Senke die Straße, auf der man 3 Min. bergan steigt, ehe man rechts über den Mühlberg zur Oberen Reismühle wandert. Zwei Minuten nach dem Gehöft wird rechts abgebogen und im Tälchen vor dem Bach nach links. Geradeaus führt die Rundstrecke 1.1R nach Ebermergen. 4,5 km ④

Der Weiterweg führt bergan zur Straße, auf der rechts in 10 Min. der Stadtrand von Harburg erreicht wird. Hier geht's vor dem Gefälle 2 Min. in der Heidestraße bergan, dann rechts zum Rand des Wörnitztals, wo sich ein schöner Ausblick über das Tal bietet mit dem riesigen Steinbruch des Zementwerks Märker zur Rechten. 2,5 km ⑤

*Der **Steinbruch** des Zementwerks Märker ist der größte im Gebiet des Rieses und von eminenter Bedeutung für seine Erforschung. Er lieferte insbesondere wichtige Hinweise auf die Transportbedingungen und Bewegungsvorgänge der Auswurfmassen. Auch ist hier nahe dem Durchbruch der Wörnitz durch den Südteil des Sprenggürtels um das Ries der Jurakörper freigelegt. Auf dem folgenden Wegstück mit Aussicht auf die Engstelle des Tals kann der erdgeschichtliche Ablauf studiert werden.*

Man wandert an der Hangschulter entlang, erblickt voraus bald Schloss Harburg mit seinen acht Türmen und seiner imponierenden Anlage und erreicht nach dem Parkplatz den Schlossaufgang.
1 km ⑥

*Die **Harburg**, 1150 erstmals urkundlich erwähnt, war für die Staufer ein wichtiger Stützpunkt im Ries. Sie kam 1299 als Pfandschaft an ihre Gefolgsleute, die Grafen – später Fürsten – von Öttingen, die 1493 – 1549 hier residierten, nachdem die Burg 1418 in ihr Eigentum übergegangen war. Seit dem 18. Jh. gehört das Schloss dem fürstlichen Haus Öttingen-Waller-*

Donauwörth. Silhouette von Norden, links das Münster Zu Unserer Lieben Frau, rechts die Klosterkirche Heilig Kreuz.

Donauwörth. Der Steinerne Ritter am Stadtzoll.

stein. Die imposante Anlage mit ihren acht Türmen, eine der schönsten in Deutschland, entwickelte sich im Verlauf von sieben Jahrhunderten. Der westliche Bergfried, ab 1607 als Gefängnis genutzt und deswegen Diebsturm genannt, wird durch staufische Buckelquader als ältester, aus dem 12. Jh. stammender Bauteil ausgewiesen. Die Grundmauern des inneren Berings und zweier weiterer Türme dürften nur wenig jünger sein. Die im Süden vorgelagerte Zwingermauer, die auf der gefährdeten Seite zusätzlichen Schutz bietet, wurde im 14./15. Jh. hinzugefügt. Die 2. Hälfte des 16. Jh. steuerte die Burgvogtei, den Neuen Bau, NO-Turm, Röhrenbrunnen, den Erker des Fürstenbaus und mehrere Wirtschaftsgebäude bei. Instandsetzungen von Kriegsschäden, Modernisierungen und weitere Wirtschaftsgebäude des 17. und 18. Jh. bildeten im Wesentlichen den Abschluss des Entwicklungsprozesses von der mittelalterlichen Burg zur stattlichen Schlossanlage, wie sie sich dem heutigen Besucher präsentiert. Besondere Beachtung verdient die Schlosskirche St. Michael, hinsichtlich der verschiedenen Bauphasen ein getreues Abbild ihrer Umgebung, mit allen Stilrichtungen von der Romanik bis zum Barock. Hervorzuheben sind spätgotische Schnitzwerke im Chorraum und zahlreiche Grabdenkmäler. Der Fürstenbau birgt eine Kunstsammlung mit Bildteppichen, Holzplastiken des 15. und 16. Jahrhunderts, Goldschmiede-, Emaille- und Elfenbeinarbeiten. Der uralte Ziehbrunnen in der Mitte des Schlosshofes reicht bis zur Talsohle der Wörnitz hinab. Durch das Schloss finden vom 1. April bis 1. November täglich außer montags Führungen statt (Schloss 10–17 Uhr, Oktober 9.30–16.30 Uhr, Kunstsammlung 10–12 und 14–17 Uhr).

Zum Abstieg biegt man aus dem Haupttor tretend scharf rechts ab und gelangt am Hang nach Harburg hinunter. 0,5 km

Die **Stadt Harburg** *(413 m NN, ca. 2 150 Ew.) ist geschichtlich eng mit der Harburg verbunden. Sie wird 1150 erstmals urkundlich erwähnt, war altes Reichsgut, wurde 1251 den Grafen von Öttingen verpfändet und ging 1418 zusammen mit der Burg in ihren Besitz über. Sie führten 1539 in ihrer Grafschaft und damit auch in Harburg die Reformation ein. Die Pfarrkirche St. Barbara, ein typisch protestantischer Bau mit umlaufender Empore und der Kanzel in der Chormitte, entstand 1612. Die evangelische Linie Öttingen-Öttingen starb 1731 aus, die Stadt kam an die 1774 gefürstete Linie Öttingen-Wallerstein. 1806 ging das Für-*

stentum an das Königreich Bayern über. Besonders idyllisch ist die Partie an der 1712 erbauten Steinernen Brücke, neben der sich die Silhouette des Schlosses in der Wörnitz spiegelt.

W 1.1R Rundstrecke Ebermergen – Morschbachtal – Reismühle – Ebermergen

Wanderstrecke: Länge 10 km
Auf- und Abstiege je 230 m
Gehzeit 4 Stunden
Wanderkarten:
UK 50-23 NP Altmühltal, westl. Teil
Kartenausschnitt W 1.1
E, Fam., G, W
Ausgangs- und Endpunkt:
Ebermergen (Bahnlinie 995 DB Aalen–Donauwörth, Buslinie 131 RBA Nördlingen–Donauwörth; Parkmöglichkeit im Ort)

Ebermergen (410 m NN, ca. 1 000 Ew.) ist wahrscheinlich eine alamannische Gründung unter einem Ebermar, der Ortsname lautete im 12. Jh. Ebermaringen (→ S. 77). Begütert waren im Mittelalter u. a. die Grafen von Dillingen, der Deutsche Orden, die Klöster Heilig Kreuz und Kaisheim, später nach und nach vor allem die Grafen von Öttingen, die auch die Dorfherrschaft ausübten. Im Jahr 1540 wurde die Reformation eingeführt, nach mehrmaligem Wechsel der Konfession blieb das Dorf durch den Frieden von 1648 endgültig evangelisch. Heute ist Ebermergen Stadtteil von Harburg.

In Ebermergen geht man von der Straßenkreuzung nahe der Kirche durch die Pfarrgasse, quert die Bahnlinie und zweigt gleich nach links in den Weg ab, der oberhalb der Bahnlinie am Hang entlang führt, zuerst durch Felder, dann durch Wald. 8 Min. nachdem man diesen betreten hat, stößt man auf dem mit rotem Dreieck markierten HW 1, auf dem rechts abgebogen wird.   2 km ③

Beschreibung der folgenden Strecke auf dem HW 1 bis zur Abzweigung nach der Reismühle → S. 99.   5 km ④

Man quert bei der Hochspannungsleitung geradeaus gehend das Tälchen, biegt am Waldrand rechts ab und folgt diesem, vorbei am Sportgelände. An der Bahnlinie entlang geht's dann nach Ebermergen zurück.   3 km

Ebermergen. Vom linken Wörnitzufer aus gesehen.

W 1.2 Teilstrecke Harburg – Bockberg – Eisbrunn – Mönchsdeggingen

> **Wanderstrecke:** Länge 12 km
> Aufstiege 180 m
> Abstiege 140 m
> **Wanderkarten:** UK 50-21 Ries, Kartenausschnitt W 1.2
> **A, E, Fam., G, K, R, W**
> **Ausgangspunkt:** Harburg
> (ÖPNV → S. 97;
> Parkmöglichkeit im Ort)
> **Übernachtung:** In Mönchsdeggingen, Auskunft Tel. 09088/210 oder 09081/25940 (Buslinie 126 RBA Nördlingen–Mönchsdeggingen)

Harburg und Schloss Harburg → *S. 99.*

In Harburg wandert man vom Marktplatz, der vom Bahnhof durch die Bahnhofstraße und Donauwörther Straße erreicht wird, durch die Schlossstraße und anschließend geradeaus weiter durch die Burgstraße. Vor der Hochspannungsleitung geht's nach rechts, neben der Straße an den Hecken entlang bergan, auf der Höhe durch die Lindenallee und rechts zum Bockberg empor. 2 km **1**

*Der **Bockberg** besteht aus Ries-Trümmermassen (ein Aufschluss liegt unterhalb der Kuppe nahe der Straße), im Gegensatz zum 400 m östlich liegenden Hühnerberg, der sich aus Oberem Jura aufbaut. Die Aussicht nach Süden über die Wacholderheide und die zur Donau hin abfallende Alb reicht bei schönem Wetter bis zu den Alpen. Halblinks erblickt man die Türme von Donauwörth, Nördlingen mit dem Daniel liegt gegenüber, etwa in der Verlängerung der Geraden von Donauwörth zum Standort. Ansonsten ist die einst viel gerühmte Aussicht ins Ries leider stark zugewachsen.*

Man wandert die vorige Richtung haltend zur Straße hinab und folgt dieser kurz nach rechts, ehe man nach links in den Waldweg abbiegt. Dieser führt im Rechtsbogen um eine Kuppe herum und links zu einem breiten Weg hinab, dem man aufwärts folgt, bis die Markierung nach links zu einem Forststräßchen leitet. Hier zweigt die Rundstrecke W 1.2R nach links ab. 2 km **2**

Der Weiterweg führt nach rechts über eine Straße hinweg zur Waldschenke Eisbrunn (außer montags ab 11 Uhr geöffnet, Spielplatz). 1,5 km **3**

Beim Weiterweg hält man an allen Abzweigungen die gleiche Richtung ein,

Harburg. Blick über die Wörnitz mit der Steinernen Brücke auf das Schloss.

W 1.2 Teilstrecke Harburg – Bockberg – Eisbrunn – Mönchsdeggingen

geht nach 45 Min. auf der Straße kurz nach rechts, biegt links ab und gelangt über eine Anhöhe in eine Senke hinab, wo rechts abgebogen wird. Nach 6 Min. führt ein Schlenker zuerst nach links, dann nach rechts wieder auf den vorigen Weg, der zuerst eben, dann mit leichtem Gefälle nach Mönchsdeggingen hinableitet. 6,5 km

Mönchsdeggingen (435 m NN, ca. 1530 Ew.) durch die Endung des Ortsnamens als frühe alamannische Siedlung ausgewiesen (→ S. 77) und durch seinen Anfang als bedeutende Klosterstätte, wird 1007 erstmals urkundlich genannt. Die Benediktinerabtei, das älteste Kloster im Ries, wurde nach der Überlieferung zunächst als Nonnenkloster 959 von Kaiser Otto I. gestiftet. 1142 wurde die Umwandlung in eine Männerabtei vollzogen, 1161 der Grundstein für eine dreischiffige Basilika gelegt. Anstelle der ursprünglichen Dreiapsidenanlage wurde Ende des 15. Jh. ein gotischer Chor errichtet. Nach dem verheerenden Brand von 1512 erfolgte ein rascher Wiederaufbau, der Dreißigjährige Krieg brachte erneut schwerste Schäden und den Verlust fast aller Bücher und Urkunden. Im Verlauf des 18. Jh. wurde die Kirche barockisiert und die Klosteranlage neu erbaut. Nach der Säkularisation von 1802 fiel der ganze Besitz an die Grafen von Öttingen-Wallerstein, 1950 kaufte die Mariannhiller Kongregation die Anlage. In ihrem Osttrakt lädt heute ein Gäste- und Erholungsheim zum Aufenthalt. In der Kirche St. Martin mit ihrer prächtigen Rokoko-Ausstattung spiegelt sich die tausendjährige Geschichte des Klosters wider. Neben den Fresken und Altären sowie der Kanzel ist vor allem die liegende Orgel von 1693 zu erwähnen. Wenige Minuten westlich des Klosters liegt am Hang neben dem Wanderweg der nächsten Etappe die St. Georgskirche mit dem für das Ries typischen wuchtigen Wehrturm, dessen Unterbau wohl aus dem 11. Jh. stammt.

Blick vom Bockberg nach Süden. Im Hintergrund Donauwörth.

W 1.2R Rundstrecke Harburg – Bockberg – Schloss Harburg – Harburg

Wanderstrecke: Länge 8 km
Auf- und Abstiege je 180 m
Gehzeit 3 Stunden
Wanderkarten: UK 50-21 Ries
Kartenausschnitt W 1.2
A, E, F, Fam., G, K
Ausgangs- und Endpunkt:
Harburg (ÖPNV → S. 97;
Parkmöglichkeiten im Ort,
beim Bahnhof und beim Schloss)

Harburg → S. 100.

Wegbeschreibung von Harburg über den Bockberg bis zur Abzweigung vom HW 1 → S. 102. 4 km ⎣2⎦

Man wandert auf dem Forststräßchen nach links bis es nach 8 Min. bei einer Schranke den Waldrand berührt und einen Linksbogen beschreibt. An dessen Ende, bei der hohen Esche, wird rechts in den Kiesweg eingebogen, auf dem man zum Waldrand hinaus gelangt. Nach links wandert man zuerst an diesem entlang, dann an einer Heckenzeile, bis man wieder auf Wald stößt und links abbiegt. Der Weg führt in einem Rechtsbogen durch Wald abwärts und anschließend durch Felder geradeaus zum Schloss Harburg hinüber. 3,5 km ⎣3⎦R

Schloss Harburg → S. 99.

Zum Abstieg biegt man aus dem Haupttor tretend scharf rechts ab und gelangt am Hang nach Harburg hinab. 0,5 km

Schloss Harburg. Mit ihren acht Türmen eine der schönsten Anlagen Deutschlands, die sich im Verlauf von sieben Jahrhunderten zu ihrer stattlichen Größe entwickelt hat.

W 1.3 Teilstrecke Mönchsdeggingen – Christgarten – Schweindorf

> **Wanderstrecke:** Länge 15 km, Aufstiege 280 m, Abstiege 130 m Gehzeit 5 Stunden
> **Wanderkarten:** UK 50-21 Ries Kartenausschnitt W 1.3
> **E, F, G, K, W**
> **Ausgangspunkt:** Mönchsdeggingen (Buslinie RBS 7696 und 8826 Nördlingen–Mönchsdeggingen)
> **Übernachtung:** In Schweindorf, Auskunft Tel. 07326/8149 (Buslinie HVG 51 Heidenheim–Neresheim–Schweindorf)
> **Vorbemerkung:**
> Bei dieser Wanderung dürfen ab Christgarten wegen eines Wildgeheges keine Hunde mitgeführt werden.

Mönchsdeggingen → S. 103.

In Mönchsdeggingen wandert man vom Kloster am Buchberg entlang, dann durch die Almarinstraße, beim Parkplatz rechts ab – bei dem Hügel zur Linken handelt es sich um einen Griesbuckel (→ unten), was auch der Laie an der zerklüfteten feinkörnigen Struktur der Steinbruchwände sieht – und beim Hochspannungsmast links. Der Weiterweg, der auf lange Strecken weitgehend mit dem südlichen Rand des Rieses identisch ist, führt am linken Waldrand am Fuß des Reisbergs und Ochsenbergs dahin und bietet schöne Ausblicke ins Ries.   3 km   [1]

Das **Ries**, *eine nahezu kreisrunde Wanne von knapp 25 km Durchmesser, ist unbestritten eine der faszinierendsten Landschaften auf unserem Globus. Schon der flüchtige Blick auf die Wanderkarte zeigt eine gravierende Störung im Aufbau der umliegenden Landschaft. Sowohl das Grün der Wälder als auch die Höhenlinien weichen hier halbkreisförmig in die Juraplatte der Schwäbisch-Fränkischen Alb zurück. Auf der geologischen Karte symbolisiert ein runder Klecks „Löß und Lehm, eiszeitliche Ablagerungen, jüngere Ergussgesteine" der Erdneuzeit mitten im Juragebiet des Erdmittelalters. Die Frage nach der Entstehung dieses Phänomens beschäftigte die Geologen seit mehr als 100 Jahren. Die im Ries fehlenden Gesteinsmassen waren offensichtlich durch eine gewaltige Explosion herausgeschleudert worden. Bis zu 37 km vom Kraterzentrum entfernt finden sich Auswurfmassen, so genannte* **Griesbuckel**, *mit bis zu einem Kilometer Durchmesser aus Granit, Keuper, Jura, Kreide und Tertiärgestein, die als* **Bunte Trümmermassen**, *in kleinstückiger Form auch als* **Bunte Breccie** *bezeichnet werden. Bei der Streitfrage, ob die Katastrophe durch einen Vulkanausbruch oder* **Meteoriteneinschlag** *ausgelöst wurde, spielte der* **Suevit** *eine wichtige Rolle, ein kristallines Gestein aus Material des Grundgebirges wie Granit und Gneis mit eingeschlossenen Glaspartikeln, das bei hohen Drücken und Temperaturen entsteht. Da er Ähnlichkeit mit vulkanischem Gestein aufweist, galt er zunächst als Beweis für die Vulkantheorie. Vulkanisches Schmelzmaterial war im Suevit jedoch nicht feststellbar, dagegen fand man in ihm 1960 Coesit und Stishovit, Indizien für weit höhere Drücke, als sie bei Vulkaneruptionen entstehen. Damit war der Nachweis erbracht, der durch Tiefbohrungen zusätzlich untermauert wurde, dass das Nördlinger Ries durch einen Meteoriteneinschlag entstanden ist. Die Suevitgläser ermöglichten auch eine zuverlässige Datierung: Vor 14,7 Millionen Jahren*

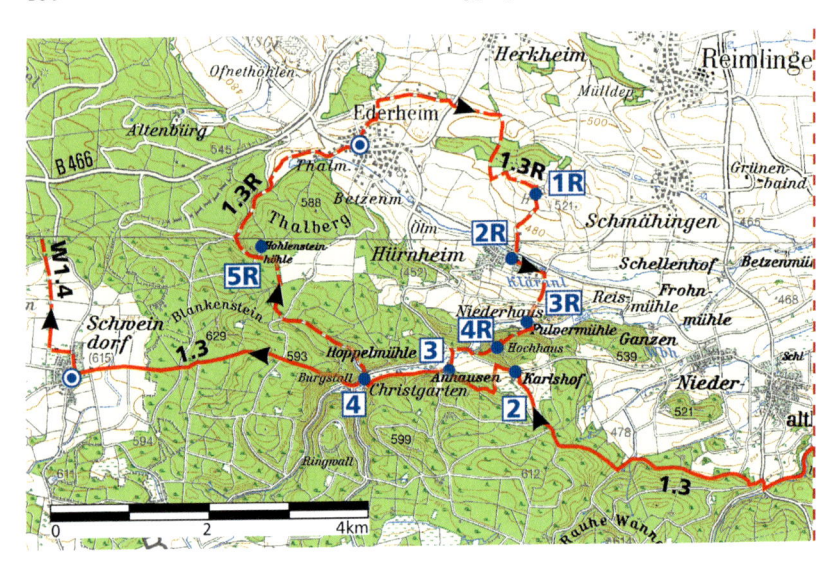

W 1.3 Teilstrecke Mönchsdeggingen – Christgarten – Schweindorf

prallte ein Himmelskörper von 0,5 bis 1,3 km Durchmesser mit der unvorstellbaren Geschwindigkeit von rund 100 000 km/h auf den Albkörper auf, durchbohrte seine rund 600 m dicke Juraplatte und drang sogar in die darunter liegenden Granite und Gneise des Grundgebirges ein.

Da der Aufschüttungswall am Rand des Kraters die Täler versperrte, bildete sich ein See aus Karstgrundwasser und Niederschlägen, der mehrere 100 m mächtige Ablagerungen und eine meterdicke Lehmschicht hinterließ. Dazu kamen noch eiszeitliche Lößeinwehungen. Die daraus entstandenen fruchtbaren Böden bilden zusammen mit dem günstigen Klima beste Voraussetzungen für eine ertragreiche Landwirtschaft. So ist es kein Wunder, dass das Ries seit den ersten sesshaften, Ackerbau und Viehzucht treibenden Bauern der Jungsteinzeit durchgehend besiedelt war, allein aus der Kulturgruppe der Bandkeramiker (→ S. 76) sind mehr als 60 Siedlungsplätze bekannt. Die Bronzezeit ist durch unzählige Funde aus Hügel- und Urnenflachgräbern

vertreten (→ S. 78). Kelten und Römer haben vielerorts Spuren hinterlassen, und für die frühe alamannische Besiedlung spricht die Tatsache, dass nahezu drei Viertel aller Ortsnamen auf „ingen" und „heim" enden (→ S. 80). So findet der Wanderer im Ries neben den Eindrücken – im wörtlichen und übertragenen Sinn – einer gewaltigen Naturkatastrophe auf Schritt und Tritt das reiche Erbe menschlichen Wirkens durch die Jahrtausende.

Am westlichen Fuß des Ochsenbergs führt der Weg durch ein reizvolles Tal empor, beiderseits von Bächlein begleitet, die hier in mehreren Quellen des Seichten Karsts (→ S. 22) zutage treten und dann zum Bautenbach vereinigt der Eger zustreben. An der Straße angekommen, steigt man halbrechts bergan, schreitet am Hang des Brandenhaus entlang, geht in der nächsten Senke 4 Min. nach links, ehe man rechts aufwärts durch Wald und eine Mulde den Karlshof erreicht. 5 km ⟦2⟧

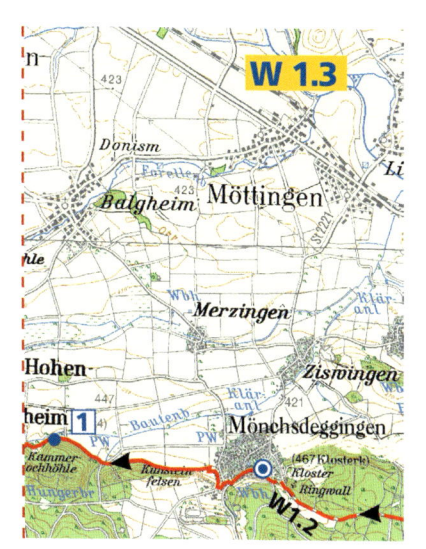

W 1.3 Teilstrecke Mönchsdeggingen – Christgarten – Schweindorf

Man biegt 4 Min. nach dem Hof links ab, geht an der Waldecke rechts am Waldrand entlang und schließlich nach Anhausen hinab. Hier mündet von rechts die Rundwanderung W 1.3R ein.

1,5 km ③

Am Waldrand entlang geht's weiter nach Christgarten. 1,5 km ④

*Die ehemalige Kartause **Christgarten** wurde 1383/84 der Ordensregel entsprechend in dem weltabgeschiedenen Tal erbaut. Die anfängliche Blüte – von hier aus erfolgte 1402 sogar die Gründung der Kartause Buxheim – war jedoch nur von kurzer Dauer. Das Kloster wurde nach Plünderungen 1557 säkularisiert und nach langem Rechtsstreit 1648 den Grafen Öttingen-Öttingen zugesprochen. Neben den Ruinen des Refektoriums und einem Teil des Langhauses steht heute nur noch der Mönchschor, in dem ein spätgotischer Altar mit einem Holzrelief der Verkündigung Mariä, ein Chorgestühl aus der Zeit um 1400 und eine Grabplatte aus Rotmarmor sehenswert sind (Führung nach vorheriger Anmeldung im Forsthaus, Tel. 09081/86722)*

*Für den an Bodendenkmalen Interessierten bieten die Hochflächen beiderseits des Kartäusertals ein reiches Beobachtungsfeld. Auf einer Fläche von knapp 3 km² liegen nicht weniger als fünf Wallanlagen. Die mächtigste befindet sich oberhalb Christgartens zwischen dem Kartäusertal und der Landstraße auf dem **Weiherberg**, der durch eine gewaltige Schanze gegen das südliche Vorland abgeriegelt ist und in der NO-Ecke ein zusätzliches Befestigungsareal trägt. Direkt oberhalb vom Forsthaus ziehen sich Doppelwälle quer über die „Tannhalde" und an ihrem SW-Hang entlang, am SO-Ende des Bergsporns enthält ein ovaler Hügel noch Reste der mittelalterlichen Burg **Rauhaus**. 500 m talabwärts trennt rechts über der Hoppelmühle auf dem Mühlberg ein halbkreisförmiger Wall mit rund 35 m Radius ein kleines Areal von der Hochfläche ab. Einen Kilometer weiter talabwärts, gegenüber der Ruine Hochhaus, schützt die aus Wall, Graben und Hangabsatz beste-*

Blick über das Ries vom Rollenberg zum westlichen Kraterrand.

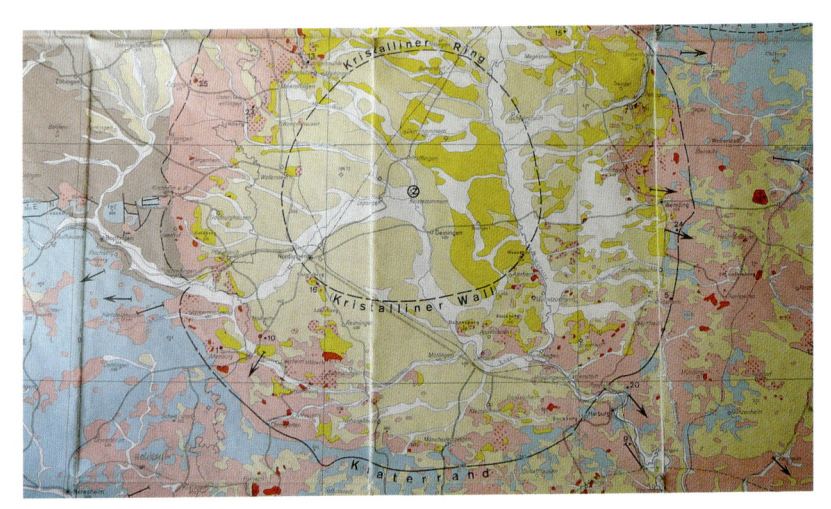

Das Ries, geologische Karte. Innerhalb des Kraterrands liegen Bunte Trümmermassen (rosa), außerhalb im S und SW Oberjura-Kalke und –Mergel (blau). Dazwischen ist Suevit verstreut (rot). Das Kraterinnere bedecken jüngere Ablagerungen (gelb und beige). Aus Aufschlüsse im Ries-Meteoriten-Krater, Bayer. Geol. Landesamt

*hende Befestigung der **Hagburg** eine Dreiecksfläche von etwa 150 m Seitenlänge. Schließlich war auch die **Burg Hochhaus** (→ S. 110) durch eine 250 m östlich gelegene Wallanlage zusätzlich gesichert. Genaue Aussagen über Entstehung und Bedeutung all dieser Anlagen sind bei den spärlichen und über 50 Jahre zurückliegenden Grabungen nicht möglich. Für den Weiherberg gelten Besiedlung und Befestigungen in der Bronze- und Keltenzeit als gesichert, ebenso der entscheidende Ausbau des Abschnittswalls zur Zeit der Ungarneinfälle im 10. Jh. Die Befestigungsmerkmale der anderen Burgstellen weisen in die gleiche Zeit. Für Rauhaus ist eine hochmittelalterliche Burg urkundlich nachgewiesen.*

Der Weiterweg führt in der Straßenbiegung rechts am Forsthaus vorbei, durch das Gatter des Wildgeheges (hier sei vorab mitgeteilt, dass Hunde nicht mitgeführt werden dürfen, alle anderen Verhaltensregeln können der Tafel entnommen werden), rechts bergan, an allen Kreuzungen in der gleichen Richtung weiter über die Hochfläche, nach dem Gatter kurz am Zaun entlang und geradewegs nach Schweindorf. 4 km

Schweindorf (615 m NN, ca. 300 Ew.), von Wäldern umgeben auf dem nördlichen Härtsfeld, als Ort der älteren Ausbauzeit (→ S. 80) 1297 erstmals urkundlich erwähnt. Es gehörte seit Anfang des 16. Jh. dem Spital und Bürgern von Nördlingen, von wo aus die Reformation eingeführt wurde. Die Pfarrkirche ist im Kern romanisch, der Chorturm gotisch eingewölbt. Der Taufstein, eine Kreuzigungsgruppe und ein Hl. Nikolaus sind spätgotisch. Mit fast 50 Betrieben ist das Dorf noch stark landwirtschaftlich geprägt.

W 1.3R Rundstrecke Ederheim – Allbuck – Ruine Niederhaus – Christgarten – Ederheim

Wanderstrecke: Länge 14 km
Auf- und Abstiege je 220 m
Gehzeit 5 Stunden
Wanderkarten: UK 50-21 Ries
Kartenausschnitt W 1.3
A, E, F, G, K, R, W
Ausgangs- und Endpunkt:
Ederheim (Buslinie 506 Fa. Schwarzer Nördlingen–Amerdingen; Parkmöglichkeit im Ort)
Vorbemerkung: Bei dieser Wanderung können keine Hunde mitgeführt werden, da sie im Wildgehege nicht zugelassen sind.

Ederheim (459 m NN, ca. 800 Ew.), ist durch die „heim"-Endung als frühe Siedlung der älteren Ausbauzeit (→ S. 77) ausgewiesen und wird bereits im 8. Jh. urkundlich erwähnt. Seit dem 13. Jh. wechselten die Besitz- und Herrschaftsverhältnisse häufig. Das Dorf wurde 1634 in der Schlacht bei Nördlingen völlig zerstört und für mehrere Jahre verlassen. Im 18. Jh. kam Ederheim an Württemberg, dann an die Deutschordenskomturei Ellingen und 1802 an Bayern.

In Ederheim geht man von der Hauptstraße in der Hartstraße bergan, hält sich bei der Gabelung rechts und folgt auf dem Bergrücken dem mit roter Raute markierten Sträßchen nach rechts. Beim Wasserbehälter wird die Straße überquert und 12 Min. dem weiter über die Höhe verlaufenden Weg gefolgt bis zu dem Querweg, der mit Markierung blaues Dreieck nach rechts durch einen Wald führt. 2 Min. nach Waldaustritt gelangt man links aufwärts durch die Heide zum Allbuck hinauf. 4 km [1]R

*Der **Allbuck** war 1634 der Schauplatz der Schlacht von Nördlingen, bei der die Schweden eine verheerende Niederlage erlitten und von 25000 Mann 18000 durch Tod und Gefangenschaft verloren. Diese Schlacht von weltpolitischer Bedeutung hatte für Württemberg schreckliche Folgen mit verwüsteten und niedergebrannten Dörfern und dem Tod von mehr als der Hälfte der Bevölkerung durch Hungersnöte und Pestepidemien.*

Von der Otto-Rehlen-Hütte leitet die Markierung blaues Dreieck nach Hürnheim hinab. 1 km [2]R

Auf dem Allbuck. Blick von der Otto-Rehlein-Hütte auf das Denkmal an die Schacht von Nördlingen.

Hürnheim (452 m NN, ca. 300 Ew.) ist sicher als Burgflecken von Niederhaus entstanden, der Stammburg der Edelfreien von Hürnheim. Das Geschlecht war reich begütert, so dass es im Ries an Rang nur den Grafen von Öttingen nachstand. Es teilte sich im Lauf des 13. Jh. in drei Linien, von deren Burgen noch drei als Ruinen erhalten sind, außer Niederhaus das benachbarte Hochhaus sowie Katzenstein und eine, Burg Rauhaus, als Burgstall mit ein paar Schutthügeln. Dorf Hürnheim kam bei der Trennung der drei Linien größtenteils an die von Hochhaus, so dass im Jahr 1709, als die Deutschordenskomturei Ellingen den Besitz von Niederhaus kaufte, nur die Bewohner von sechs Anwesen ihre Untertanen wurden.

Ruine Niederhaus über dem Forellenbachtal.

Man überquert den Rezenbach, geht links durch das Unterdorf und nimmt am Ortsende den Teerweg, der rechts zur Ruine Niederhaus empor führt.   1 km   3 R

Ruine Niederhaus, in beherrschender Lage über dem Forellenbach und Rezenbach, bewahrt eine beträchtliche mittelalterliche Bausubstanz, vor allem im Bergfried und Palas, die in Buckelquadertechnik gemauert sind. Das Geschlecht der Hürnheimer wird 1153 erstmals urkundlich genannt, die Burg Niederhaus als solche 1270. Ihr Ursprung dürfte trotzdem im 11. Jh. liegen. Sie wurde 1379 durch den Schwäbischen Städtebund und dann im Dreißigjährigen Krieg teilweise zerstört. Die Burg kam 1597 an die Grafen von Öttingen-Öttingen, 1709 an den Deutschen Orden und 1805 an Bayern. In der nördlichen Burghofmauer erinnert eine Gedenktafel an Friedrich von Hürnheim, der 1268 mit dem letzten Hohenstaufer Konradin in Neapel enthauptet wurde.

Man steigt mit Zeichen blaues Dreieck über den Bergsporn ins Tal hinab, quert dieses zwischen dem Sägewerk und dem Tümpel, steigt geradeaus kurz steil bergan und schließlich auf dem Waldweg schräg am Hang zur Ruine Hochhaus hinauf.   1 km   4 R

Die **Ruine Hochhaus** *weist noch beträchtliche Gebäude- und Mauerreste auf, die durch einen mächtigen halbkreisförmigen Halsgraben von der Hochfläche getrennt sind. Die Burg wurde wohl im 13. Jh. durch eine Linie des Geschlechts der Burg von Hürnheim, dem späteren Niederhaus, erbaut (→ s. oben). Im Jahr 1347 durch die Grafen von Öttingen erworben, wurde sie zum Kern des öttingischen Amtes. Der über dem Steilhang* errichtete Palas und wenige andere Teile enthalten noch Reste der ursprünglichen Burg, ansonsten fiel die alte Bausubstanz dem festungsmäßigen Ausbau im späten 16. Jh. und dem Neubau des Schlosses im Jahr 1719 zum Opfer. 1749 brannten die Hauptgebäude nieder, die Nebengebäude dienten weiterhin als Sitz des öttingischen Amtes, bis dieses im Zuge der napoleonischen Neuordnung 1807 aufgehoben wurde. Danach begann der Zerfall der imposanten Anlage. Ein Versuch, die noch vorhandenen Reste zu sichern, ist in den Anfängen stecken geblieben.

Der Abstieg führt mit Zeichen blaue Gabel links an der Ruine vorbei ins Tal hinab und mit Zeichen blaues Dreieck zwei Mal über den Forellenbach nach Anhausen. 1 km ③

Ab Anhausen folgt man dem roten Dreieck am Tal- und Waldrand entlang nach Christgarten. 1,5 km ④

Christgarten und geschichtliche Stätten rechts und links des Kartäusertals → S. 107.

In Christgarten geht man kurz die Straße talabwärts bis zum Parkplatz, dann mit Zeichen roter Strich des VVN links durch das Tor des Wildgeheges und im Tal bergan. Nach 20 Min. nimmt man bei der Wegkreuzung den zweiten Weg von rechts. Auf der Höhe verläuft er nahe dem Waldrand und stößt bei einer Fichtenschonung auf einen Querweg. Man folgt diesem nach links und gelangt bei einer Bank zu einer Wegkreuzung. Hier liegt rechts oben unter der felsigen Kuppe die Hohlensteinhöhle. 2,5 km ⑤R

Die Hohlensteinhöhle barg bedeutende Funde aus der Steinzeit bis zur Römerzeit, darunter zerschlagene Menschenknochen, die auf Kannibalismus hindeuten und eine gravierte Kalksteinplatte aus dem Magdalénien, die Ähnlichkeit mit den aus Frankreich bekannten Zeichnungen aufweist.

Man schreitet geradeaus auf dem Forstweg abwärts, zweigt bei der Hütte rechts ab und kehrt durch das Tälchen nach Ederheim zurück. 2 km

W 1.4 Teilstrecke Schweindorf – Ohrengipfel – Schloßberg – Bopfingen

Wanderstrecke: Länge 12 km
Aufstiege 240 m, Abstiege 400m
Gehzeit 4 ½ Stunden
Wanderkarten: Blatt 15 Heidenheim
Kartenausschnitt W 1.4
A, F, G, K, W
Ausgangspunkt: Schweindorf (Buslinie HVG 51 Heidenheim–Neresheim–Schweindorf)
Übernachtung: In Bopfingen, Auskunft Tel. 07362/80122 (Bahnlinie DB 995 Aalen–Donauwörth, Buslinie RBS 7696 Aalen–Nördlingen)

Schweindorf → S. 108.

In Schweindorf geht man durch die Riesstraße und den Torweg, biegt nach dem Sportplatz rechts ab und wandert geradewegs durch prächtigen Laubwald. 7 Min. nach dem Queren der B 466 mündet von rechts der Rundwanderweg W 1.4R ein.

3 km ①

W 1.4 Teilstrecke Schweindorf – Ohrengipfel – Schloßberg – Bopfingen

Nach knapp 15 Min. erreicht man die flache Kuppe des Ohrengipfels, wo der HW 1 eine leichte Linkskurve beschreibt und der Rundwanderweg W 1.4R mit Markierung blaues Dreieck geradeaus weiter führt. 1 km ☐2

Nachdem bei der Waldwiese und beim Lärchenbühl rechts abgebogen wurde, ist bald die Straße im Röhrbachtal erreicht. Die weitere Strecke führt nun eine halbe Stunde auf dem gut ausgebauten Kalks- träßchen bergan, bis in einer Linkskurve rechts auf den Erdweg gewechselt wird. An der Mutterbuche vorbei geht's auf einem breiten Forstweg weiter bergab, bis nach der zweiten Haarnadelkurve durch den Wald abgestiegen und über Felder zum Reservoir hinüber und zum Stadtteil Schloßberg hinauf gewandert wird. Über die Ries-, Berg-, Buchbergstraße und die Burgsteige kann hier zur Ruine Flochberg aufgestiegen werden. 6,5 km ☐3

W 1.4 Teilstrecke Schweindorf – Ohrengipfel – Schloßberg – Bopfingen 113

Blick vom Beiberg auf die Ruine Flochberg und zum Ipf.

Die imposante **Ruine Flochberg** dokumentiert noch die Bedeutung der ehemaligen Burg. Sie wurde von den Staufern zur Sicherung der Reichsstraße erbaut, welche die wichtigsten süddeutschen Messeorte Nördlingen und Straßburg miteinander verband und zweimal zerstört wurde, zuletzt 1648 von den Schweden. Sowohl beim Schloßberg als auch bei seinen Nachbarn, dem Buchberg und Beiberg handelt es sich um Griesbuckel (→ S. 105). Der Ort Flochberg wird als Burgsiedlung um 1140 erwähnt. Im heutigen Stadtteil **Schloßberg** erlaubten die Grafen von Öttingen ab 1689 so genannten Freileuten, die ihr Leben mit Bettel und Abdeckerei, später mit Heimarbeit und Hausierhandel, fristeten die Niederlassung in „Gnadenhäuschen", die eigens für sie errichtet wurden.

Von der Ruine zurückgekehrt, setzt man den Weg auf der Bergstraße in die Stadtmitte Bopfingens fort.   1,5 km

Bopfingen *(468 m NN, ca. 5 400 Ew.).* Die Gemarkung der ehemaligen Reichsstadt ist uraltes Siedlungsgebiet. Spuren gehen bis in die früheste Jungsteinzeit zurück. Erst in den letzten Jahren wurde ein keltisches Dorf mit Viereckschanze entdeckt und untersucht. Der Ort ist nicht nur durch den Namen, sondern auch durch ein Gräberfeld mit mehreren hundert Bestattungen als alamannische Gründung ausgewiesen. Aus der alamannischen Siedlung entstand etwa im 8. Jh. der Marktort Bopfingen, der 1153 zur Stadt erhoben wurde und seit 1241 als Reichsstadt gilt. 1802 verlor die Stadt die Reichsfreiheit, 1810 kam sie an Württemberg. Die malerische Altstadt auf elliptischem Grundriss bewahrt schöne Bauten: Rathaus mit Pranger und Markt-

Bopfingen. Der mittelalterliche Pranger am Rathaus.

brunnen, Amtshaus, Spitalgebäude, Seelhaus mit Museum und die frühgotische Stadtkirche mit dem Marienaltar von 1472. An ihrer Außenwand können Suevit-Einschlüsse (→ S.105) beobachtet werden.

W 1.4R Rundwanderung Utzmemmingen – Ofnethöhlen – Altenbürg – Utzmemmingen

> **Wanderstrecke:** Länge 11 km
> Auf- und Abstiege je 220 m
> Gehzeit 4 Stunden
> **Wanderkarten:** Blatt 15 Heidenheim
> Kartenausschnitt W 1.4
> **E, F, Fam., G, K, W**
> **Ausgangs- und Endpunkt:**
> Utzmemmingen (Buslinie, nur Mo.–Fr., RBS 7696 Aalen–Bopfingen; Parkmöglichkeit im Ort)

*Utzmemmingen (445 m NN, ca. 1100 Ew.) ist wie die „ingen"-Endung zeigt, alamannischen Ursprungs und wird bereits 852 erstmals urkundlich erwähnt, unter dem Namen Uzmaningen. Begütert waren hier außer einigen Patrizierfamilien, dem Spital in Nördlingen, den Klöstern Kaisheim und Deggingen und den Edelherren von Hürnheim vor allem die Grafen von Öttingen, die allmählich den Großteil der Besitzungen an sich zogen. 1634 wurde das Dorf geplündert und in Brand gesteckt. Auch in den folgenden Jahrhunderten gab es mehrere Brände. 1810 kam der Ort zu Württemberg. Seit 1972 ist er staatlich anerkannter Erholungsort. Bei der Verwaltungsreform 1974 wurde er mit Pflaumloch und Gold-burghausen zur neuen Gemeinde Riesbürg zusammengeschlossen.
Die St. Martin und St. Sebastian geweihte kath. Pfarrkirche wurde nach der Zerstörung im 30jährigen Krieg wieder aufgebaut. Sie ist mit Stuck und Fresken u. a. der Martinslegende geschmückt.*

In Utzmemmingen geht man von der Bushaltestelle in der Aalener Straße durch die Goethestraße, nach dem Kindergarten rechts durch die Silcherstraße und am Ortsrand nach links zur Römerstraße. Auf dieser wandert man 8 Min. dorfauswärts, bis man nach links den Maienbach quert und zum Fuß des Riegelbergs gelangt.

1,2 km 1 R

*Beim **Riegelberg** handelt es sich um eine „parautochthone", das heißt wenig verfrachtete Scholle aus Oberjurakalk am Riesrand, die beim Meteoriteneinschlag (→ S. 105) in den Krater hinein rutschte. Durch das stark zerrüttete, wasserdurchlässige Gestein, Niederschlagsarmut, Beweidung und die dünne Bodenkrume entstand hier ein ausgeprägter Halbtrockenrasen. Der Berg steht seit 1990 unter Naturschutz zum Zweck der Erhaltung dieses markanten, erdgeschichtlich bedeutsamen Höhenrückens und seiner typischen Heideflora, die zahlreiche seltene und besonders geschützte Pflanzenarten aufweist. Durch die extensive Nutzung der Ackerflächen sollen vom Aussterben bedrohte Ackerwildkräuter erhalten werden.*

Der Weg am Fuß des Berges führt weiter zu den Ofnethöhlen und den Grundmauern eines Römischen Gutshofs.

0,8 km 2 R

*Die **Ofnethöhlen** gehören zweifellos zu den bedeutendsten steinzeitlichen Fundstellen der Schwäbischen Alb und Ba-*

yerns. Leider wurden sie – zwischen 1875 und 1908 – zu einer Zeit vollständig ausgegraben, als die archäologische Forschung noch in den Anfängen steckte und viele Fragen offen blieben, die heute von Belang sind und mit modernen Methoden geklärt werden könnten. Immerhin wurden mehrere Tausend Artefakte, Knochen und Gegenstände geborgen, welche die Anwesenheit des Menschen von der Altsteinzeit bis zur Latènezeit belegen. Von größter Bedeutung sind die berühmten Kopfbestattungen – 33 nach Westen gerichtete in Rötel gelegte Schädel aus der Mittelsteinzeit –, die mit Sicherheit auf eine kultische Handlung zurückgehen. Der ganze Bergrücken, über den die Landesgrenze zwischen Baden-Württemberg und Bayern verläuft, ist als Naturschutzgebiet ausgewiesen.

Unterhalb der Ofnethöhlen liegen am Fuß des Hangs die freigelegten Reste eines **Römischen Gutshofs** (→ S. 79), der zwischen 80 und 230 n. Chr. erbaut wurde und zu den rund hundert derzeit im Ries bekannten römischen Hofstellen gehört.

Bei der Linde neben dem Maienbach folgt man dem Wegzeiger „Waldgaststätte" zum Waldrand hinüber, biegt in der Lichtung auf dem Sträßchen rechts ab und erreicht rechts am Weiher entlang im Wald den Steinbruch Altenbürg.

1,5 km 3 R

*Der **Steinbruch Altenbürg** ist einer der aufschlussreichsten Aufschlüsse des Nördlinger Rieses. Seine etwa 20 m hohe Südwand besteht aus verwittertem Suevit der in fast senkrechtem Kontakt mit allochtonen (von anderswoher stammenden) Lacunosamergeln und Massenkalken des Oberjuras steht. Die steilen Wände der hierher beförderten Massenkalkschollen konnten nur stehen bleiben, weil die*

Steinbruch Altenbürg, in einer Auswurfmasse des Rieses gelegen. Am linken Bildrand Suevit rechts davon gebankte Oberjura-Kalke.

Hohlräume zwischen ihnen gleich nach der Ablagerung von oben mit Suevit verfüllt wurden. Der Steinbruch wurde erst mit der Auffindung des im Suevit enthaltenen Hochdruckmaterials Coesit, im Jahr 1961, zum Beweisstück für den Meteoriteneinschlag (→ S. 105). Vorher führten die senkrechten Grenzflächen und die Ähnlichkeit des Suevits mit vulkanischem Tuff zum Trugschluss, es handle sich um eine vulkanische Schlotfüllung (vgl. S. 20, Vulkanembryo an der Neuffener Steige). Der Steinbruch lieferte einst den größten Teil der Bausteine für die St.-Georgs-Kirche und andere historische Bauwerke in Nördlingen.

W 1.5 Teilstrecke Bopfingen – Tierstein – Lauchheim (Hülen)

> **Wanderstrecke:** Länge 11 km
> Aufstiege 360 m, Abstiege 330 m
> Gehzeit 4 Stunden
> **Wanderkarten:** Blatt 15 Heidenheim
> Kartenausschnitt W 1.5
> **F, G, H, K, R, W**
> **Ausgangspunkt:** Bopfingen (Bahnlinie DB 995 Aalen–Donauwörth, Buslinie RBS 7696 Aalen–Nördlingen)
> **Übernachtung:** In Lauchheim, Auskunft Tel. 07363/850 und /8515 (ÖPNV wie in Bopfingen)
> **Weitere Übernachtungsmöglichkeit:** In Lauchheim-Hülen, Auskunft wie bei Lauchheim,
> Wegbeschreibung → W 1.5a, S. 120

Anschließend wandert man eine halbe Stunde auf dem breiten, ständig leicht ansteigenden Forstweg, bis er 3 Min. nach einer Linkskurve seinen höchsten Punkt erreicht und wieder zu fallen beginnt. Hier wird nach rechts abgebogen, die Straße überquert und 2 Min. später der mit rotem Dreieck markierte HW 1 erreicht. 2,5 km [1]

Diesem folgt man 12 Min. nach rechts, bis zur Linksbiegung des Wegs am Osthang des Ohrengipfels. 1 km [2]

Hier vertraut man sich geradeaus gehend dem blauen Dreieck an, das durch eine Schlucht zur Straße hinab leitet, dann auf dieser nach links und bei der Abzweigung rechts aufwärts auf der Straße in Richtung Trochtelfingen, der bis auf die Anhöhe beim Pumpwerk gefolgt wird. Man befindet sich hier am Ostrand des Naturschutzgebiets Kapf. 2 km [4] R

Der Kapf ist bei der Riesexplosion vermutlich nur über eine kurze Strecke in den Krater gerutscht, also „parautochthon", wie der Riegelberg (→ oben). Der Name geht auf „kapfen" = „Ausschau halten" zurück. Das Gebiet wurde 1996 als Naturschutzgebiet ausgewiesen um die artenreichen Lebensräume von Kalk-Buchenwald, trockenwarmen Gebüschzonen, Heideflächen und steinigen Äckern mit einer Vielzahl teilweise seltener und gefährdeter Pflanzen und Tiere zu erhalten.

Beim Pumpwerk wird rechts abgebogen und ohne Markierung über den Höhenrücken nach Utzmemmingen zurück gewandert. 2 km

Bopfingen → *S. 113.*

Bei dieser kurzen Tagesetappe bleibt vorher Zeit zu einem sehr lohnenden Abstecher auf den Ipf, der insgesamt etwa 2 Stunden in Anspruch nimmt. Dazu wandert man mit Zeichen rote Gabel vom Marktplatz durch die Schmiedgasse, Kirchheimer Straße, Lindenstraße und die Alte Kirchheimer Straße, die zum Ipf-Parkplatz auf dem Sattel empor führt. Hier geben Schautafeln in einem Pavillon umfassend Auskunft über die Geologie und Geschichte des Berges. Durch eine Lindenallee und über mehrere vorgeschichtliche Wälle geht's zum Gipfelplateau hinauf.

Der Ipf, der eine großartige Rundumsicht bietet, ist der markanteste Zeugenberg am Nordostrand der Schwäbischen Alb.

W 1.5 Teilstrecke Bopfingen – Tierstein – Lauchheim (Hülen)

Er erhebt sich mit einer Schichtenfolge von den Impressamergeln bis zu den Unteren Felsenkalken (ox1 bis ki2, Weißjura Alpha bis Delta) über einem Mitteljura-Sockel und entging der Abtragung in einer tektonischen Mulde dank „Reliefumkehr" (→ S. 15). Der gesamte Berg ist seit 1982 Naturschutzgebiet, das eine reiche Heideflora und Tierwelt, vor allem seltene Insektenarten beherbergt.

Der Ipf stellt eines der bedeutendsten vorgeschichtlichen Bodendenkmäler in Süddeutschland dar. Er war bereits in der Jungsteinzeit und Bronzezeit besiedelt. Neue Ergebnisse eines Forschungsprojekts aus den Jahren 2000 bis 2004 erbrachten den Beweis, dass es sich beim Ipf um einen der frühkeltischen „Fürstensitze" handelt, von denen in Mitteleuropa ein knappes Dutzend, davon in Süddeutschland außer dem Ipf noch zwei – auf der Heuneburg und dem Hohenasperg – bekannt sind. Hauptbelege dafür sind Ausgrabungen auf dem Plateau sowie zahlreiche durch Luftbildarchäologie entdeckte und zum Teil erforschte Grabhügel und Rechteckhöfe in der Umgebung des Bergs und dabei ausgegrabene Importgüter aus dem Mittelmeerraum. Als Kernstück der Anlage ziehen sich zwei Wälle um die Hochfläche, in die an der flacheren Ostseite ein Zwischenwall eingefügt ist. Weitere Wälle und Gräben liegen am Ost- und Nordrand. Am letzteren sind drei Gruben zu erkennen, künstlich angelegte Brunnenschächte, die den Quellhorizont am Übergang vom Oberen zum Mittleren Jura anzapfen. Im Rahmen des o. g. Forschungsprojekts wurde unten am Ipf-Parkplatz ein Info-Pavillon erbaut, in dem ausführlich über Geschichte und Natur der Gegend informiert wird. Er wurde einem Gebäude nachgebaut, dessen Grundriss in der Viereckschanze bei Flochberg zutage kam.

Zum Start der Tagesetappe wandert man in Bopfingen vom Marktplatz auf dem Bahnhofsweg zum Bahnhof, rechts durch die Unterführung, auf der Mörikestraße und dem Sandbergweg aufwärts zum Wald. Hier geht's nahe dem Waldrand entlang, zunächst eben auf einem schmalen Pfad, dann auf breiten Wegen jeweils kurz abwärts und bergan, bis ein Zickzackweg auf die Kuppe des Sandbergs empor führt. Man hält sich hier rechts, gelangt entlang dem LSG Sandberg auf ein Waldsträßchen, folgt diesem nach links, biegt nach 3 Min. rechts ab und steigt über den Felsgrat auf einen Sattel ab. 3 km [1]

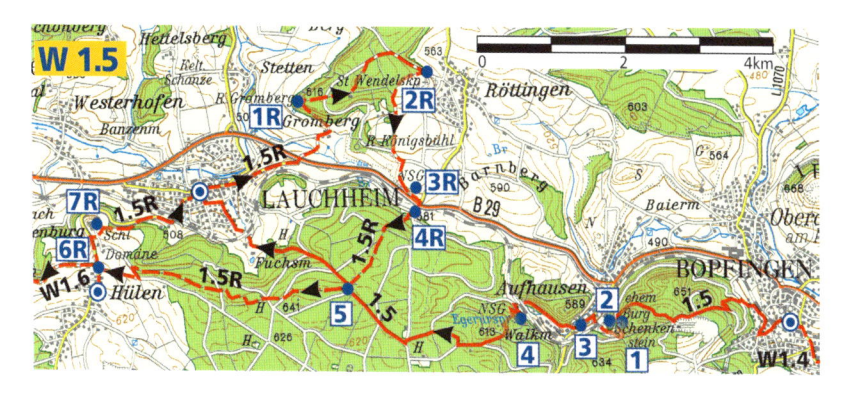

Der Info-Pavillon beim Ipf-Parkplatz bietet viel Interessantes zur Natur und Geschichte des Bergs.

*Auf dem oberen Teil des **Felsgrats** ist ein üppiger Bestand des bis zu 1,5 m hohen Berg-Laserkrauts zu bewundern mit seinen bis zu 25 cm Durchmesser aufweisenden Dolden. Es handelt sich hier um den östlichsten von nur wenigen Wuchsorten der Schwäbischen Alb und Baden-Württembergs. Vielleicht wurde diese Pflanze einst auf Burg Schenkenstein angebaut und ist von dort ausgebrochen, als „Burg-Flüchtling".*

Jenseits des Sattels führt ein kurzer Abstecher zu den Überresten der Burg Schenkenstein *mit dem vom sprichwörtlichen Zahn der Zeit zernagten Bergfried.* 0,5 km 2

Burg Stein *(Schenkenstein) war im 12. Jh. im Besitz einer edelfreien Familie, die den Namen der Burg trug. 1263 wurde sie an die Grafen von Öttingen verkauft. Danach benannte sich ein Zweig der öttingischen Schenken bis Ende 16. Jh. nach der Burg. Sie wurde 1525 durch aufständische Bauern zerstört. Südlich des Bergfrieds ist noch ein Mauerrest des ehemaligen Palas erhalten.*

Von der Ruine kommend biegt man rechts ab und wandert am jüdischen Friedhof vorbei nach Aufhausen hinab.

1 km 3

Aufhausen *(491 m NN, ca. 930 Ew.) war Zubehör von Burg Stein und teilte im Mittelalter ihr Schicksal. 1613 ging die Herrschaft an die Grafen von Öttingen. 1806 fiel der Ort an Bayern, 1810 an Württemberg. Die Öttinger Grafen ließen im Tal der Eger bis 1727 Bohnerz verhütten, das man auf dem Härtsfeld grub (→ S. 127). Der bereits im 16. Jh. nachgewiesene Judenfriedhof mit schlichten Grabsteinen aus dem 17. bis 19. Jh. bezeugt eine einst blühende israelitische Gemeinde. Nachdem Graf Eberhard im Bart die Juden seines Landes verwiesen hatte und die benachbarten Reichsstädte ihm gefolgt waren, nahm die Familie Schenk vom Schenkenstein schon vor 1560 Juden auf, deren Zahl bis 1854 auf 378 Personen anwuchs und damit 43% der Bevölkerung betrug. Mit dem Gesetz von 1864, das den Juden in Württemberg die völlige rechtliche Gleichstellung und damit auch die freie Wahl des Wohnorts gewährte, erfolgte eine starke Abwanderung in die*

W 1.5 Teilstrecke Bopfingen – Tierstein – Lauchheim (Hülen)

Städte. 1925 wurde die Gemeinde aufgelöst, 1933 waren noch fünf jüdische Bürger ansässig, von denen vier im Dritten Reich umgebracht wurden.

Der Weiterweg führt links durch die Michelfelder Straße, am Sägewerk vorbei und unter der Bahn zur Egerquelle.

1 km ▫4▫

Die **Egerquelle**, *eine Quelle des Seichten Karsts (→ S. 22), wird aus den Wasser stauenden Schichten der Lacunosamergel (ki1, Weißjura Gamma) gespeist. Ihre Schüttung schwankt stark und liegt im Mittel zwischen 50 und 55 l/s. Die Eger, die heute über Nördlingen quer durch das Ries fließt und bei Hoppingen in die Wörnitz mündet, hat ihr einstiges Einzugsgebiet im Norden durch die Rieskatastrophe an die zum Rhein entwässernde Jagst verloren. Die Wasserscheide zwischen Donau und Rhein liegt heute 2 km westlich, beim Bahntunnel. In dem großartigen Felsenrund hinter der Quelle wächst typischer Schluchtwald mit Berg- und Spitz-Ahorn, Berg-Ulmen, Eschen, Sommer-Linden und einer vielfältigen Krautflora, darunter reichlich Mondviole. Nach der Schneeschmelze und starkem Regen entspringen dort weitere Quellen. Die Egerquelle, der Hangwald und der oben folgende* **Tierstein** *wurden 1972 als* **NSG** *ausgewiesen. Auf dem Tierstein Schutzhütte, schöner Blick in den Felsenkessel der Eger, rechts ist die Ruine Schenkenstein mit dem Sandberg und die Ostecke des Ipfs, links des Sachsenbergs Schloß Baldern zu erkennen, auf der Felskante ein weiterer Wuchsort des Berg-Laserkrauts.*

Von der Quelle geht's rechts bergan und in drei Kehren zum Tierstein empor. Man wandert bergan bis kurz vor die Anhöhe, links leicht bergab, am Querweg rechts aufwärts, dann auf dem Kalksträßchen bis zur Waldwiese auf der Kuppe, hier rechts und dann in weitem Linksbogen zur Waldabteilung „10/1 Erzweg" (ein Hinweis auf den Bohnerztransport von den Gruben des Härtsfelds ins Egertal), wo es kurz nach links und dann rechts in 15 Min. zum Schönen Stein geht.

3 km ▫5▫

Hier wird der HW 1 verlassen und ohne Markierung geradeaus abwärts gewandert. Der Weg mündet bald in eine Schlucht und führt durch diese nach Lauchheim hinunter. 2,5 km

Lauchheim *(492 m NN, ca. 3400 Ew.) kam im 14. Jh. nach und nach von den Herren von Gromberg an den Deutschen Orden und teilte als Hauptort der Kom-*

Lauchheim. Oberes Tor.

mende Kapfenburg deren Geschicke. 1431 erhielt der Ort das Stadtrecht. Das Städtchen – jetzt vom Durchgangsverkehr durch die Verlegung der B 29 verschont – zeigt noch schöne alte Ansichten: Altstadt mit Marktbrunnen, Oberes Tor und Befestigungsreste, Pfarrkirche St. Peter und Paul (1869/70 unter Einbeziehung des gotischen Turms erbaut), Barbarakapelle (Kernbau um 1400, Wandmalereien um 1520, Renaissanceportal 1620). Der Bau der oben erwähnten B 29-Umgehung hat in den 1990er Jahren Rettungsgrabungen nötig gemacht, bei denen einer der größten Reihengräberfriedhöfe Süddeutschlands samt der dazu gehörenden frühmittelalterlichen Siedlung des 5.–7. Jh. ausgegraben und erforscht wurden. Es kamen dabei spektakuläre Funde zutage, vor allem zahlreiche Goldblattkreuze und Goldscheibenfibeln.

Hülen (635 m NN, ca. 450 Ew.) wurde 1235 als Hulewe (huliwa = Hüle, Hülbe → S. 87) erstmals genannt. Als Burgweiler und Zubehör der Kapfenburg teilte der Ort deren Schicksal. Nahe an einem alten römischen Weg gelegen, besaß er eine bedeutende Poststelle.

W 1.5a Teilstrecke Bopfingen – Schöner Stein – Hülen

Wanderstrecke: Länge 12,5 km
Aufstiege 380 m, Abstiege 210 m
Gehzeit 4 ½ Stunden

Bopfingen → S. 113.

Beschreibung der Strecke von Bopfingen zum Schönen Stein → S. 117.

8,5 km   5

Beim Schönen Stein wird links abgebogen und weiter dem roten Dreieck des HW 1 gefolgt, der nahezu eben durch Wald führt, danach links zum Sträßchen und auf diesem rechts zum Ortsrand von Hülen.   4 km   6 R

W 1.5R Rundstrecke Lauchheim – Gromberg – Röttinger Tunnel – Kapfenburg – Lauchheim

Wanderstrecke: Länge 15 km
Auf und Abstiege ca. 240 m
Gehzeit 5 Stunden
Wanderkarten: F 552 Aalen
Kartenausschnitt W 1.5
A, F, G, K, R, W
Ausgangs- und Endpunkt:
Lauchheim
(Bahnlinie DB 995 Aalen–Donauwörth,
Buslinie 7696 RBS Aalen–Nördlingen;
Parkmöglichkeit beim Bahnhof)

Lauchheim → S. 119.

Im Stadtzentrum Lauchheim wandert man in der Hauptstraße durch das Obere Tor, mit Markierung rote Raute links am Friedhof vorbei, bei der Brücke geradeaus, unter der Umgehungsstraße hindurch und am Ende des Weilers Gromberg links zur Ruine Gromberg hinauf.   2,5 km   1 R

Burg Gromberg, von der an der SW-Ecke des von einem tiefen Graben umringten Areals noch Mauerreste erhalten sind, war Sitz des gleichnamigen Geschlechts, das von der Mitte des 13. Jh.

Blick von der Wendelinskapelle bei Röttingen über den Riesrand zum Schloss Baldern.

bis Ende des 15. Jh. belegt ist. Ende des 14. Jh. kam die Burg an den Deutschen Orden.

Der Weiterweg führt fast eben über den Bergrücken des Grombergs, quert einen weiteren Graben und einen Forstweg, zweigt bei der Hütte halblinks ab, stößt auf ein Sträßchen und senkt sich nach rechts zur Waldspitze oberhalb von Röttingen hinab. 2 km ⟨2⟩R

Röttingen (558 m NN, ca. 700 Ew.) wurde im 12. Jh. als Rodingen, auf den Personennamen Roto zurückgehend, erstmals genannt. Im 16. und 17. Jh. erwarben die Grafen von Öttingen fast den ganzen Grundbesitz. 1810 kam der Ort mit Öttingen-Wallerstein an Württemberg. Heute ist Röttingen Teilort von Lauchheim. Die Pfarrkirche, um 1490 als Grablege der Schenken von Schenkenstein erbaut, ist ein ausgezeichneter spätgotischer Bau der Nördlinger Schule. Sie wurde 1769 im Innern barockisiert.
Von der Waldspitze genießt man eine schöne Sicht auf das Ries mit Schloss Baldern, dem breiten Rücken des Ipfs und rechts daneben der Ruine Flochberg.
Die Kapelle St. Wendelin rechts neben dem Standort, zu der vom Dorf ein Kreuzweg heraufführt, war früher ein vielbesuchter Wallfahrtsort.

Man biegt scharf rechts ab und wandert mit Zeichen rote Gabel am Waldrand entlang und nach dem Zaun des militärischen Sperrgebiets in eine Senke hinab, wo man am Ende der Linkskurve rechts abbiegt und am NSG Gromberger Heide entlang geht. 1.5 km ⟨3⟩R

Die 18 ha große **Gromberger Heide** *wurde 1984 als* **NSG** *ausgewiesen, um den Lebensraum einer vielfältigen Flora und Fauna in dieser markant gelegenen Wacholderheide zu erhalten. Insbesondere sollen durch eine extensive Bewirtschaftung der Ackerflächen – Reduzierung der Stickstoffdüngung, Verzicht auf Pflanzenschutzmittel und auf Maisanbau – seltene Ackerwildkräuter erhalten und gefördert werden.*

Der Weg zieht sich zur Bundesstraße hinab, die über dem Röttinger Tunnel überquert wird. 1 km ⟨4⟩R

Der Hügel über dem **Röttinger Tunnel** *besteht aus Trümmermassen, die bei der*

Ries-Explosion (→ S. 105) hierher geschleudert wurden. Über ihn verläuft die Europäische Wasserscheide. Die zur Donau und Wörnitz entwässernde Eger entspringt 2 km östlich davon, 2 km westlich biegt die von Norden kommende Jagst nach Westen zum Neckar ab. Diese floss vor der Rieskatastrophe als Ur-Eger hier ostwärts vorbei zur Wörnitz. In Schienenhöhe liegt Geröll aus dem Oberlauf der heutigen Jagst, das die Ur-Eger hierher transportiert hat.

Beim Parkplatz Bildwasen biegt der Weg zuerst rechts, dann gleich links ab, führt durch Wald bergan. zweigt rechts und nach 6 Min. links ab und stößt auf den Schönen Stein. 1,5 km 5

Von hier leitet das rote Dreieck des HW 1 nach rechts nahezu eben durch Wald, danach kurz nach links zum Sträßchen und auf diesem rechts zum Ortsrand von Hülen. 4 km 6 R

Von hier geht's nach rechts zur Kapfenburg hinüber. 0,5 km 7 R

*Die **Kapfenburg**, einst staufische Reichsburg, 1311 erstmals urkundlich erwähnt, wurde mit den Orten Hülen und Waldhausen 1364 vom deutschen Orden gekauft und zum Verwaltungsmittelpunkt für seine Güter auf dem Härtsfeld und im oberen Jagsttal erhoben. Ihr heutiges Gepräge erhielt sie zwischen dem 16. und 18. Jh. Der Hauptbau mit prächtigen Renaissanceportalen, Schlosskapelle und Rittersaal, nach dem damaligen Komtur „Westernachbau" genannt, entstand 1591. Im Schlosshof wurde 1716 die schön stuckierte Lorenzkapelle erbaut, die als Begräbnisstätte der Komture diente. 1806 fiel die Kapfenburg wie alle Besitzungen des Deutschen Ordens an Württemberg.*

Seit dem Jahr 1999 hat die Internationale Musikschulakademie hier ihren Sitz.

Der Abstieg nach Lauchheim ist mit roter Raute markiert und zweigt nach dem Tor links ab. 2 km

W 1.6 Teilstrecke Lauchheim (Hülen) – Grünenberg – Kocherursprung – Unterkochen

Wanderstrecke: Länge 17 km
Auf- und Abstiege je 280 m
Gehzeit 6 Stunden
Ab Hülen:
14,5 km, 140 m/280 m, 5 ½ Stunden
Wanderkarten: Blatt 15 Heidenheim
Kartenausschnitt W 1.6
A, F, G, K, W
Ausgangspunkt: Lauchheim
(Bahnlinie DB 995 Aalen–Donauwörth,
Buslinie RBS 7696 Aalen–Nördlingen)
Hülen (Buslinie OVA 109
Aalen–Lauchheim, nur Mo.–Fr.)
Übernachtung: In Aalen-Unterkochen, Auskunft Tel. 07361/522357
(Bahnlinie DB 757 Ulm–Aalen;
Buslinien OVA 61,62 Aalen–Unterkochen, RBS 7518 Aalen–Heidenheim)

Lauchheim → *S. 119.*

In Lauchheim geht man vom Marktplatz in Richtung Aalen durch die Hauptstraße und links durch die Bahnhofstraße, unterquert die Bahnlinie und zweigt nach 10 Min. links in den Pfad ab, der mit Zeichen rote Raute zur Kapfenburg empor führt. 2 km 1

W 1.6 Lauchheim (Hülen) – Grünenberg – Kocherursprung – Unterkochen

Kapfenburg → *S. 122.*

Vom Schloss wandert man zur Straße hinüber und links zum nördlichen Ortsrand von Hülen, wo man auf den HW 1 trifft.
0,5 km 2

Hülen → *S. 120.*

Vor dem Ortseingang geht es mit Zeichen rotes Dreieck rechts ab am Waldrand entlang, im Wald über die Autobahn und an der Wegspinne auf dem zweiten Weg von rechts bergan. Kurz nach Erreichen der Anhöhe beim Wöllerstein hält man sich links und erreicht nach 20 Min. die Rasthütte im Buchhau. Nach weiteren 20 Min. auf dem kerzengeraden Hohen Weg mündet von rechts der HW 4, Main-Donau-Bodensee-Weg ein, der bis Unterkochen mit dem HW 1 identisch ist. Gleich danach wird eine vielfache Wegkreuzung erreicht, bei der von vorn der vom Braunenberg herführende Weg der Wanderung 1.6R einmündet. 5,5 km 3

Der Weiterweg biegt nach links ab und erfordert trotz guter Markierung, zum Teil auch mit dem Zeichen roter Strich des HW 4, Aufmerksamkeit wegen einiger Abzweigungen. Die erste, kurz nach dem Schutzschirm, führt nach rechts, die zweite am Grünenberg nach links abwärts und danach bergan über den „Nördlinger Hau", auf dessen Kuppe der mit blauem Dreieck markierte Weg der Wanderung W 1.6R rechts nach Aalen abzweigt. 3 km 4

Immer geradeaus geht's zur Kreuzung „4 Wegzeiger", dann in ein Trockental und links der Straße zur Trasse der ehemaligen Härtsfeldbahn hinab. 2,8 km 5

*Die **Härtsfeldbahn**, die „Härtsfeldschättere", verkehrte ab 1901 zwischen Aalen, Neresheim und Dillingen und war für die wirtschaftliche Entwicklung des Gebiets von großer Wichtigkeit. 1972 wurde der Betrieb eingestellt. Im Einschnitt rechts ist der Ausgang des Tunnels zu sehen, der den Grat zwischen der Kocherburg und der Albhochfläche unterquerte.*

Scharf rechts aufwärts gelangt man zum Fuß der Kocherburg, zu der sich ein kurzer Abstecher lohnt. 0,2 km 6

Schloss Kapfenburg. Die imposant aufgetürmte Anlage thront hoch über einem steil ins Jagsttal abfallenden Bergrücken des Härtsfelds. Sie erhielt ihr heutiges Gepräge im 16.–18. Jahrhundert, als sie vom Deutschen Orden zu einem Schloss umgebaut wurde.

Die Berginsel der **Kocherburg** *ist im N vom Tal des Weißen Kochers, im SW und SO vom Glashüttental begrenzt, im NO durch einen Sattel mit der Härtsfeldebene verbunden. Die mittelalterliche Burg, von der wenige Mauerreste erhalten sind, war wohl Stammsitz der um 1136 erstmals erwähnten Herren von Kochen. Später war sie im Besitz des Grafen Dillingen und von Öttingen. Nachdem sie anfangs des 17. Jh. baufällig und wieder instand gesetzt worden war, wurde sie schon gegen Ende des Dreißigjährigen Kriegs, 1645, von den Schweden zerstört und nicht wieder aufgebaut. Besonders imposant ist die vorgeschichtliche Wallanlage. Die steil abfallende westliche Befestigung nahe der mittelalterlichen Burg ist stark verfallen. Dagegen finden sich im NO, gegen den Ausläufer des Glashüttentals zu, zwei mächtige Wälle und Gräben. Bei Grabungen Anfang des letzten Jahrhunderts wurde stellenweise eine Trockenmauer mit Holzpfosten nachgewiesen, die durch Brand zerstört wurde. Bisherige Untersuchungen deckten drei Bauperioden auf, die in die Bronze- sowie späte Hallstatt- und frühe Latènezeit (→. S. 78) fallen. Weitere Einzelheiten können an Ort und Stelle den sehr informativen Schautafeln entnommen werden.*

Zur unteren Schautafel zurückgekehrt, steigt man zur Straße hinab, quert diese sowie bald am Hang die ehemalige Trasse der Härtsfeldbahn und stößt im Talgrund auf den Ursprung des Weißen Kochers. 0,5 km 7

Der **Weiße Kocher** *entspringt zwischen den Schichten der Lacunosamergel und Unteren Felsenkalke (ki1 und ki2, Weißjura Gamma und Delta). Sein Ursprung in dem großartig urwüchsigen, vom Murmeln der Wasser erfüllten Talkessel be-*

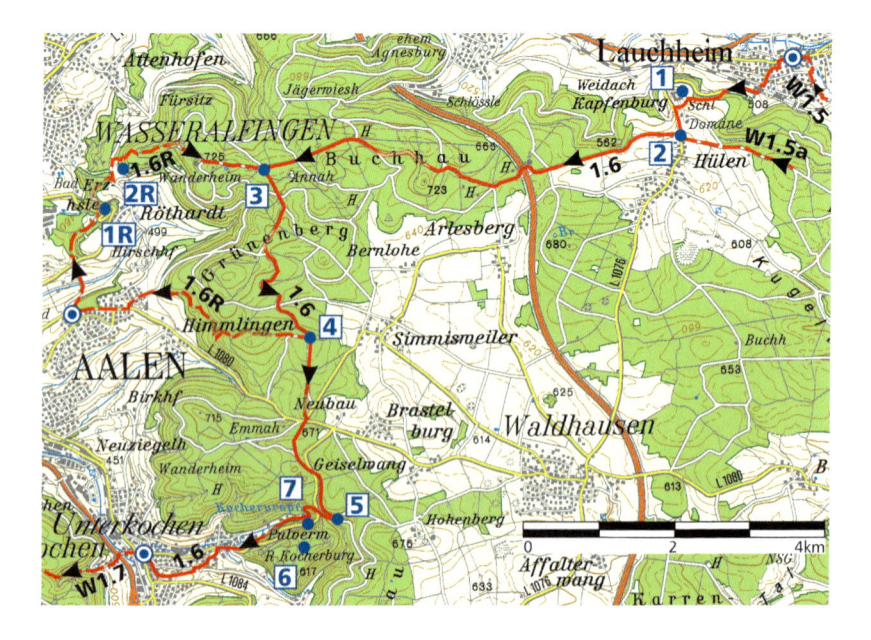

W 1.6 Lauchheim (Hülen) – Grünenberg – Kocherursprung – Unterkochen

Aalen, Marktplatz. Marktbrunnen mit Standbild des Kaisers Joseph I. und gusseisernen Brunnenplatten. Rechts hinten das Alte Rathaus, heute Urweltmuseum.

steht aus mehreren Quellen, die je nach Jahreszeit und vorhergehenden Regenfällen mehr oder weniger Wasser führen oder gar trocken fallen. Zwischen der Quelle und Unterkochen ist der Talgrund mit Sinterkalk (→ S. 22) bedeckt. In Unterkochen vereinigt sich der Weiße mit dem Schwarzen Kocher, der bei Oberkochen entspringt, zum Kocher.

Der Weiterweg führt am linken Tal- und Waldrand nach Unterkochen hinab.

2,5 km

Unterkochen (500 m NN, ca. 5000 Ew.) gehört zur Industriefurche des Kocher-Brenztals, wie die nach allen Seiten hin ausufernden neuen Siedlungen zeigen. Seit 1518 wurden die Eisenerze des Mittleren Juras (→ S. 13) durch private Unternehmer verhüttet, seit 1557 durch das Herzogtum Württemberg, das seine Werke in Unterkochen und Oberkochen jedoch wegen des schwierigen Erztransports an die Propstei Ellwangen verkaufte. Diese verlegte sie nach Wasseralfingen. Dorthin kam auch die letzte noch verbliebene Hammerschmiede, als Unterkochen 1802 an Württemberg fiel. Die Wallfahrtskirche St. Maria auf dem Kirchberg wurde 1765 barockisiert, das Gnadenbild, die Muttergottes auf der Mondsichel, entstand 1446, Turm und Chor gehen ins 14. Jh. zurück. An ihrer Stelle muss schon im 8. Jh., vor der Gründung des Klosters Ellwangen, ein Vorgängerbau gestanden haben. Vor der Kirche befinden sich ein römischer Pinienzapfen und ein Säulenkapitell aus Kalkstein, die beim Umbau 1765 gefunden wurden und die vom Gräberfeld des Kastells Aalen stammen dürften.

Wer morgens zeitig loswandert, kann am Nachmittag noch der ehemaligen Reichsstadt Aalen (→ S. 126) einen Besuch abstatten (OVA-Bus, Linie 61 und 62).

W 1.6R Rundstrecke Aalen – Tiefer Stollen – Braunenberg – Nördlinger Hau – Aalen

Wanderstrecke: Länge 12 km
Auf- und Abstiege je 330 m,
Gehzeit 4 ½ Stunden
A, F, H, K, W
Wanderkarten: Blatt 15 Heidenheim
Kartenausschnitt W 1.6
Ausgangs- und Endpunkt: Parkplatz beim Schützenheim in Aalen-Graulesshof (Bus-Anfahrt zur nahen Haltestelle Kantstraße mit Buslinien OVA 71, 72, 73 Bf. Aalen–Grauleshof; PKW-Anfahrt von der Stadtmitte über die mit der Ziegelstraße identische L 1080 in Richtung Waldhausen)

Aalen *(429 m NN, ca. 26 000 Ew.) war schon früh besiedelt, wie Reste einer keltischen Fliehburg im Stadtbezirk Kochen bezeugen. Von etwa 120 bis 260 n. Chr. wurde das Gebiet dann von den Römern beherrscht, deren Kastell am Hang der Schillerhöhe lag. An der Nordfront der Provinz Rätien und an einem wichtigen Verkehrsknotenpunkt gelegen, war es von großer strategischer Bedeutung und mit einer großen Reitertruppe von 10 000 Mann belegt, der größten nördlich der Alpen. Aus der ersten Hälfte des 12. Jh. ist die älteste Form des Ortsnamens überliefert: Alon. Der Ort gehörte den Pfalzgrafen von Dillingen, um 1300 den Grafen von Öttingen. Die Gründung der Stadt durch die Staufer wird zwischen 1241 und 1246 vermutet. Von 1360 bis 1803 war Aalen freie Reichsstadt. 1634 wurde durch einen explodierenden Pulverwagen der von der Schlacht bei Nördlingen zurückflutenden Truppen ein Brand ausgelöst, der große Schäden anrichtete. Auch 1945 erlitt die Stadt durch einen Bombenangriff der Amerikaner schwere Zerstörungen. Heute ist Aalen der wirtschaftliche und kulturelle Mittelpunkt der nordöstlichen Schwäbischen Alb.*

Neben dem Bummel durch die malerische Altstadt mit Marktplatz, Marktbrunnen, Altem Rathaus, der barocken Stadtkirche und reizvollen Fachwerkhäusern ist vor allem ein Museumsbesuch lohnend.

- *Das Urweltmuseum, Reichsstädter Str. 1, bietet einen umfassenden Einblick in die Erdgeschichte der Ostalb und ihres Vorlandes (geöffnet Di.–So. 10–12 und 14–17 Uhr).*
- *Das Limesmuseum, St. Johann-Str. 5, liegt auf dem Gelände des ehemals größten römischen Reiterkastells nördlich der Alpen und zeigt das Leben der Römer in Germanien und Rätien (Di.–Fr. 10–12 und 13–17 Uhr, Sa. und So. 10–17 Uhr).*
- *Das Schubartsmuseum, Marktplatz 4, informiert über 10 000 Jahre Geschichte (Di.–So. 14–17 Uhr).*
- *Daneben laden die Limes-Thermen mit ihrem 34 °C warmen Wasser zum Bad (geöffnet täglich 9–21 Uhr).*

Ammonit Orthosphinctes laufenensis. Im Urweltmuseum Aalen wird die Geologie des Albnordrands ausführlich dargestellt.

W 1.6R Aalen – Tiefer Stollen – Braunenberg – Nördlinger Hau – Aalen

Das Reiterkastell Aalen. Virtuelles 3D-Modell im Limesmuseum Aalen. Vor 1800 Jahren sicherten hier 1000 Soldaten den Limes gegen germanische Angriffe. In der Mitte die principia (Stabsgebäude) mit der monumentalen Vorhalle über der Hauptstraße des Lagers.

Von der Bushaltestelle in Aalen, Stadtteil Grauleshof, geht's durch die Kantstraße zur Ziegelstraße zurück und auf dieser kurz nach rechts zum Parkplatz. Dort wandert man mit Zeichen blaue Raute ins Hirschbachtal hinab, quert am Gegenhang die Straße und gelangt durch Wald am Hang entlang zum Besucherbergwerk Tiefer Stollen. 2 km 1 R

Im **Tiefen Stollen**, *dem einstigen Hauptstaatsbergwerk Württembergs, wurden wie in den benachbarten Stollen zwei je 1 bis 2 m mächtige Flöze in den Ludwigientonen (al2, Braunjura Beta) abgebaut, die etwa 12 m übereinander liegen und rund 30 % Eisen enthalten (geöffnet von April bis Okt. außer Mo. 9–12 und 13–16 Uhr). Der* **Bergbau** *der Ostalb ist seit 1365 nachgewiesen. Das „Schwäbische Ruhrgebiet des Mittelalters" zählte im 16. Jh. über 20 Eisenhüttenwerke und zahlreiche Köhlereien, welche die erforderliche Holzkohle erzeugten. Neben dem im Untertagebau gewonnenen Eisensandstein wurde auch Bohnerz verhüttet, das aus dem Tagebau auf dem Härtsfeld und Albuch beigesteuert wurde (→ S. 19). Der Niedergang des schwäbischen Eisenbergbaus begann 1871, als das Elsass und Lothringen zu Deutschland kamen und das Erz von dort kostengünstig zu den Kohlevorkommen an Saar und Ruhr verschifft werden konnte. Endgültig eingestellt wurde er mit der Schließung der Gruben „Am Burgstall" bei Aalen und „Karl" bei Geislingen/Steige in den Jahren 1948 und 1966.*

Der Weiterweg führt links an der Therapiestation aufwärts. Hier beginnt und endet der 2,5 km lange Bergbaupfad, der interessante Einblicke in geologische, kulturgeschichtliche und forstwirtschaftliche Aspekte des Bergbaus bietet. Mit Zeichen blaue Gabel geht's an der Garage vorbei zur Waldecke, nach links zum Gittermast und in Serpentinen zum Braunenberg empor. Hier wird ein kurzer Abstecher rechts am Trauf entlang zum Rand des Steinbruchs mit einer herrlichen Aussicht auf das Vorland der Alb und ihren Nordrand belohnt. 1 km 2 R

Zurückgekehrt, setzt man den Weg über den Höhenrücken fort, folgt kurz nachdem rechts abgebogen wurde dem blauen Dreieck und erreicht am Sendeturm vorbei (Möglichkeit zum Besteigen der Aussichtsplattform) bei einer Wegspinne den

W 1.7 Teilstrecke Unterkochen – Albäumle – Volkmarsberg – Rosenstein – Heubach

Wanderstrecke: Länge 22 km
Auf- und Abstiege je 480 m
Gehzeit 8 Stunden
Wanderkarten: Blatt 14 Aalen
Kartenausschnitt W 1.7
A, F, G, H, K, R, W
Ausgangspunkt: Unterkochen
(ÖPNV → S. 122)
Übernachtung: In Heubach,
Auskunft Tel. 07173/18153
(Buslinien, nur werktags, RBS 267
Heubach–Schwäb. Gmünd,
RBS 7922 Heubach–Aalen)
Mögliche Zwischenübernachtung:
Essingen, Auskunft Tel. 07365/8333,
Wegbeschreibung
→ W 1.7a und W 1.7b, S. 135

Der Eingang zum Tiefen Stollen. Das einstige württembergische Hauptstaatsbergwerk kann bei einer Fahrt mit der Grubenbahn besichtigt werden.

Alb-Nordrand-Weg, HW 1, der hier außer mit dem rotem Dreieck teilweise auch mit dem roten Strich des Main-Donau-Bodensee-Wegs markiert ist. 2 km ③

Beschreibung der anschließenden Strecke nach rechts auf dem HW 1 bis zum Nördlinger Hau → S. 123. 3 km ④

Hier biegt man rechts ab und wandert mit Zeichen blaue Gabel geradewegs über eine Kuppe hinweg zum Baierstein, einem kleinen Oberjura-Felsen mit schöner Aussicht. Von hier geht's in Kehren bergab, rechts am Hang entlang und zum Ausgangspunkt zurück. 4 km

Unterkochen → *S. 125.*

In Unterkochen geht man vom Rathausplatz durch die Bahn-Unterführung, dann rechts durch die Gasse bei Haus Nr. 5, unterquert die B 19 und steigt geradeaus durch eine Schlucht bergan. Bei der Wegteilung wird in ihren rechten Ausläufer eingebogen, der zu einer Kreuzung auf der Höhe des Langerts empor leitet, dem nordöstlichen Ausläufer des Albuchs.
1,5 km ①

*Der **Albuch** umfasst grob gesagt die bewaldete Hochfläche zwischen Rems- und Stubental im Norden und Süden, der Kocher-Brenzfurche im Osten und den Tälern der Lauter und des Strümpfelbachs im Westen. Mit seinen sanften Kuppen und flachen Senken, die vorwiegend mit*

W 1.7 Unterkochen – Albäumle – Volkmarsberg – Rosenstein – Heubach

dunklen Fichtenforsten bedeckt sind, nimmt er auf der Schwäbischen Alb eine einzigartige Sonderstellung ein. Hier herrschte im Tertiär ein subtropisches bis tropisches Klima, in dem sich das Kalkgestein auflöste. Der entstandene Feuersteinlehm wurde in den folgenden Kaltzeiten von den Höhen abgeschwemmt und bildete in den Niederungen bis zu 30 m mächtige, stark entkalkte, Nässe stauende Schichten. Deswegen siedelt hier eine für die sonst kalkhaltigen Albböden ganz außergewöhnliche Vegetation. Der natürliche Wald ist ein Hainsimsen-Buchenwald (→ S. 32) mit säureholden Arten wie Weiße Hainsimse, Draht-Schmiele und die Heidelbeere. Auf freien Flächen finden sich Heidekraut, Heidenelke, Arnika, Quendel-Kreuzblume und viele andere Besonderheiten.

Die gleiche Richtung haltend gelangt man zur Abteilung „1/11 Fridahütte", wandert kurz nach rechts, dann nach links, biegt bei der Fridahütte erneut links ab und erreicht in sachtem Anstieg das **Albäumle**.   2 km   [2]

*Das **Albäumle**, die höchste Erhebung des Langerts (Langert = langer Hardt, Hardt = Waldweide) trägt eine Schutzhütte und den Aussichtsturm, der 1992 von der Stadt Aalen in origineller, luftiger Bauweise erstellt wurde und immer zugänglich ist. Er bietet eine großartige Rundumsicht mit aufschlussreichen Einblicken in die Erdgeschichte. Rechts hinter Aalen wird an den Hängen des Braunenbergs der Aufbau des Albtraufs verdeutlicht. Vom Talgrund an zieht sich die sanft ansteigende, etwa 180 m mächtige Mitteljurastufe empor. Wie oft am Albtrauf ist die Schicht der Ludwigientone (al2, Braunjura Beta), der Eisensandstein, in dem die ehemaligen Erzstollen liegen, auch hier größtenteils bewaldet. Der Obere Jura beginnt dort, wo die flach geneigten Acker- und Wiesenflächen in den Buchenwald-Steilhang übergehen. Zu Füßen des Langerts, jenseits der Bahnlinie und B 29 breitet sich das hügelige Wellland aus, das aus Opalinuston (al1, Braunjura Alpha) aufgebaut ist. Ab der Höhe von 510 m tragen die Kuppen eine Eisensandsteinkappe und sind bewaldet. Beim Bhf. Essingen, durch den Fabrikschlot zur Linken lokalisiert, liegt die Talwasserscheide zwischen Rems und Kocher. Rückwärts ist vor dem Volkmarsberg der Lauf des Wolfertstals zu verfolgen (→ unten).*

Das NSG Volkmarsberg bei Oberkochen war eines der ersten, die nach dem Reichsnaturschutzgesetz von 1935 ausgewiesen wurden. Ein Charakteristikum sind seine prächtigen Weidbuchen.

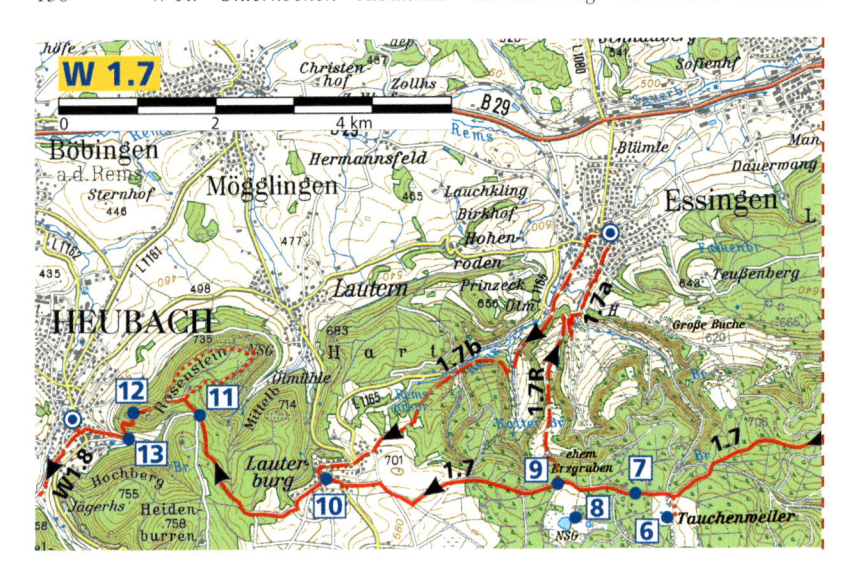

W 1.7 Unterkochen – Albäumle – Volkmarsberg – Rosenstein – Heubach

Der Weiterweg führt auf dem oberen Teil des geologischen Lehrpfads zur Wegkreuzung nahe der Zeppelinhütte hinab.
0,5 km 3

Hier biegt man links ab, hält an allen Kreuzungen etwa die vorige Richtung ein, zweigt zu Beginn einer Rechtskurve des Forststräßchens links ab und gelangt durch eine Schlucht ins Wolfertstal hinab.
2 km 4

*Durch das **Wolfertstal**, das den Volkmarsberg auf drei Seiten umschließt, strömte*

Haselwurz.

einst die Rems, die im ausgehenden Tertiär südlich an Essingen vorbei floss und bei Unterkochen in die Ur-Brenz mündete. Diese reichte damals weit nach Norden, gestärkt durch die Nebenflüsse Kocher, Jagst, Bühler und Lein. Durch das Zurückweichen des Albtraufs wurde sie geköpft (→ S. 21), sie verlor ihren Oberlauf an den Kocher und die anderen Nebenflüsse an den Neckar.

Hier geht's zunächst rechts talaufwärts, dann bei der Bank zum Waldrand empor, schräg rechts zu einem Forstweg hinauf, auf diesem wenige Schritte abwärts, steil durch eine Schlucht und dann rechts durch Fichtenwald zum Volkmarsberg.
2 km 5

*Der **Volkmarsberg** begeistert den Albwanderer besonders durch seine schöne Wacholderheide und die prächtigen Weidbuchen. Das Gebiet steht seit 1938 unter Naturschutz. Mangels Beweidung muss die Heide durch aufwändige Pflegemaßnah-*

W 1.7 Unterkochen – Albäumle – Volkmarsberg – Rosenstein – Heubach

Die **Feldhülbe** bei Tauchenweiler kann als typisches Beispiel für die unzähligen, teilweise trocken gefallenen Viehtränken des Albuchs gelten, die meist künstlich angelegt wurden, teilweise unter Verwendung von Dolinen, selten wohl auch von Erzgruben. Ein Teil davon dürfte auf vorgeschichtliche Zeiten zurückgehen und im Zusammenhang mit hallstatt–zeitlichen Grabhügeln zu sehen sein. Durch die Umstellung auf Stallfütterung und den Bau der Albwasserversorgung überflüssig geworden, verschwanden in den letzten 100 Jahren fast alle durch Verlandung oder Auffüllung. Naturschutzbehörden, Gemeinden und Forstämtern ist es zu danken, dass in den 1980er Jahren viele dieser Hülben wieder ausgeräumt wurden und heute als Naturdenkmäler besonderen Schutz genießen. Die Tauchenweiler Hülbe wird von prächtigen Sommer-Linden, Stiel- und Trauben-Eichen gesäumt und weist eine reiche Vegetation mit verschiedenen Uferpflanzen sowie Süß- und Sauergräsern auf. Typische Merkmale sind die Verlandungsstreifen und ein etwa 1 m hoher Wall, der den Eingriff des Menschen verrät. Die 20 m entfernt liegende Doline legt die Vermutung nahe, dass die Hülbe aus einer solchen entstanden ist.

men erhalten werden, wobei sich die Ortsgruppe Oberkochen des Schwäbischen Albvereins besonders einsetzt. Der Turm wurde 1930 vom Schwäbischen Albverein erbaut und 1961 nach 20jähriger Beschlagnahme durch das deutsche und amerikanische Militär wiedereröffnet. Die Schutzhütte ist am Wochenende bewirtschaftet.

Zum Abstieg nimmt man das Teersträßchen, biegt bei der Mutterbuche rechts und dann zweimal links ab, begleitet den Hang des „Berghäule" und zweigt bei der Abteilung „5/2 Bilzhütte" rechts ab. Anschließend verläuft die Strecke zunächst eben, steigt dann leicht an, fällt auf einen flachen Sattel ab, folgt hier dem mittleren von zwei abzweigenden Wegen, berührt den linken Hang einer Kuppe, fällt dann leicht und erreicht bald ein Teersträßchen und den Waldrand bei Tauchenweiler (Gaststätte, Do. geschlossen). Unterhalb des Hofs liegt eine reizvolle Feldhülbe.

4 km 6

Man geht kurz auf dem vorigen Weg zurück und biegt einige Schritte weiter unten in den Forstweg ein, der links aufwärts am Waldrand entlang und dann durch Fichtenwald führt. Hier liegen beiderseits des Wegs zahlreiche Mulden, bei denen es sich nicht um Dolinen, sondern um Bohnerz-Gruben handelt, worauf auch Waldbezeichnungen wie „Eisengrube" oder „Grubenhäule" hinweisen.

0,5 km 7

Die **Bohnerze** und Eisenerzschwarten, die im Tertiär hauptsächlich in Dolinen aus

Das NSG Weiher–wiesen. Es verdankt das für die Schwäbische Alb untypische Landschaftsbild mit zwei Seen den entkalkten, Wasser stauenden Feuersteinlehmen.

den Verwitterungsprodukten des Kalkgesteins ausgefällt wurden und bis zu 47 % Eisen enthalten, wurden in den hiesigen Gruben ausgebeutet und im nahen Essingen verhüttet (→ auch S. 19 und 127).

An der folgenden Gabelung hält man sich rechts und erreicht nach 8 Min. die große Lichtung mit dem Naturschutzgebiet „Weiherwiesen". 0,5 km 8

Beim Anblick der **Weiherwiesen** *fragt man sich, ob man etwa versehentlich von der Schwäbischen Alb abgekommen sei, so fremdartig wirkt die etwa 35 ha große Lichtung mit den beiden Weihern. Sie verdankt die Besonderheiten der Natur und Kultur ihrer erdgeschichtlichen Entwicklung, die beim Albuch beschrieben ist (→ S. 128). Das Gebiet wurde dank dem Vorkommen von Wasser und Eisenerz schon früh besiedelt, wie Scherben und Fundamente aus der Urnenfelderzeit und die umliegenden Grabhügel aus der Hallstattzeit beweisen. Ein römisches Kastell wurde erst 1987 durch Luftaufnahmen entdeckt, und Schlackenfunde zeigen, dass hier der Beginn der Eisenverarbeitung mindestens bis in die Alamannenzeit zurückgeht. Landwirtschaftlich dienten die Flächen zunächst als Waldweide. Im 19. Jh. wurden im oberen Weiher jährlich vor der Schur bis zu 20000 Schafe gewaschen. Schließlich wurden die Weiher trocken gelegt und die Wiesen zur Mahd von Einstreu genutzt. Nachdem diese durch die Einführung der Schwemmentmistung überflüssig geworden war, drohte die Aufforstung. Die Rettung dieser Naturoase ist hauptsächlich dem Schwäbischen Heimatbund zu danken, der seit 1942 nach und nach den größten Teil des Gebiets aufgekauft hat. Mit der Ausweisung als Naturschutzgebiet, der Wiederanlage der Weiher, der jährlich durchgeführten Mahd entstand ein einzigartiges Refugium für eine artenreiche Vegetation mit zum Teil seltenen Pflanzen des Borstgras- und Braunseggenrasens, der Trollblumenwiesen, des Großseggenrieds und Röhrichts und der Heidekrautheide.*

Beim Weitergehen wird bald die Waldecke erreicht, wo der mit blauem Dreieck markierte Weg nach Essingen abzweigt.
  0,5 km 9

Von hier aus führt der HW 1 weiter gerade durch Wald und durch Wiesen und Felder nach Lauterburg. 3,5 km 10

W 1.7 Unterkochen – Albäumle – Volkmarsberg – Rosenstein – Heubach

Lauterburg *(671 m NN, ca. 750 Ew.), entstand sicher als Burgsiedlung der Burg Lauterburg und teilte größtenteils ihr Schicksal. Diese wurde 1128 erstmals erwähnt, war im 14. Jh. im Besitz der Grafen von Öttingen, wurde 1479 an die Herren von Wöllwarth verkauft und brannte 1732 fast ganz ab. Es kann nur der Eingangsbereich besichtigt werden. Lauterburg gehörte bis 1820 zu Essingen, wurde dann selbständig und kam 1971 durch Eingemeindungsvertrag wieder zu Essingen.*

Das Dorf verlässt man auf dem Heubacher Weg, umgeht die beiden ins Albmassiv vorstoßenden Zuflüsse des Wäschbachs, passiert den Wanderparkplatz, betritt den Wald und wandert zuerst am Fuß des Mittelbergs, dann über den Ausläufern des Lappentals dahin und trifft nach einer leichten Gefällstrecke auf den Parkplatz am Rosenstein. 2,5 km 11

*Das Bergmassiv des **Rosensteins** ist dem Albrand als lang gestreckte Halbinsel vorgelagert. Ihre West- und Ostspitze werden von den mächtigen Schwammstotzen (→ S.14) des Lärmfelsens sowie des Sedelfelsens und Hohen Steins noch gegen die fortschreitende Erosion verteidigt, abgesehen von den zahlreichen Höhlen an ihrer Basis. Der ganze Bergrücken trägt schönen Laubwald, die Hochfläche auf Unteren Felsenkalken (ki2, Weißjura Delta) vorwiegend Waldgersten-Buchenwald mit Waldmeister und Wald-Bingelkraut, der Nordhang außerdem Eschen, Sommer-Linden, Berg-Ahorn und -Ulmen.*
Kein anderes Gebiet des Landes birgt auf kleinstem Raum so viele Spuren der Geschichte wie der Rosenstein. Er war dem Menschen durch die Jahrtausende während aller Kulturepochen von der Altsteinzeit bis ins Mittelalter zeitweilige Wohn- und Zufluchtsstätte. Das Plateau und seine West- und Ostspitze waren durch gewaltige, insgesamt 1200 m lange Wallanlagen aus der frühen Bronzezeit, der Urnenfelder-, Hallstatt- und Latènezeit (→ S.78) geschützt. Die Anwesenheit des Steinzeitmenschen ist durch Funde in den Höhlen belegt, die dem Bergrand vorgelagert sind.

Auf das erste Festungswerk, welches das ganze Plateau gegen die Hochfläche abriegelt, trifft man 3 Min. nach dem Parkplatz. Es ist rechts des Wegs am besten erhalten, man erkennt zwei Wälle hintereinander mit dazwischen liegendem Graben. Wer direkt zur Ruine eilen will, biegt nach 50 m an der Wegspinne links ab und kommt in 5 Min. an einer Geländestufe zu einer weiteren Befestigung mit Vorwall, Graben und Hauptwall, die den Westteil des Berges abriegelt. An der Waldschenke vorbei wird schließlich die Ruine der mittelalterlichen Burg Rosenstein erreicht. 1 km 12

Burg Rosenstein *wurde um 1070 erbaut, gehörte zunächst den Staufern, dann den Hacken von Wöllstein und den Grafen von Öttingen, wurde schließlich an die Grafschaft Württemberg verpfändet, von dieser an die Herren von Wöllwarth bis zum endgültigen Rückkauf 1579. Nachdem die Wöllwarth 1524 von der Burg ins neu erbaute Schloss nach Heubach gezogen waren, begann ihr Verfall. Erhalten sind der Burggraben, über den anstelle der heutigen Eisenbrücke eine Zugbrücke führte, die Grundmauern eines Zwingers und eines halbrunden Turms, die Außenanlage eines terrassierten Gartens und besonders gut der Palas, dessen Fensteröffnungen einen schönen Ausblick bieten.*

Waldgerste. Auf dem ca. 700 m NN hohen Rosenstein-Plateau stockt der frischebedürftige Waldgersten-Buchenwald.

Wer auch den Ostteil des Berges kennen lernen will, nimmt an der Wegspinne den rechts an der Hütte vorbeiführenden Weg (Zeichen rote Gabel), der nach 7 Min. den östlichen Wall quert. Man hält sich rechts, gelangt an die Hangkante (Abstieg zur 25 m tiefer liegenden Finsterlochhöhle möglich) und an dieser entlang zum Hohen Stein, einem Oberjura-Schwammstotzen mit schönem Ausblick. Der Weg folgt weiterhin dem Trauf, nach 4 Min. kann durch die Schlucht (Zeichen blaues Dreieck) zur Höhle „Große Scheuer" abgestiegen werden, von der aus auch die Höhle „Haus" zu erreichen ist, indem man 80 m abwärts und dann nach links geht. Zur Hochfläche zurückgekehrt, bleibt man auf dem Traufweg, der zur Ruine hinausführt (s. oben).

(zusätzlich 2,5 km)

Für den Abstieg von der Ruine gilt weiter das Zeichen rotes Dreieck, dabei wird am Fuß des Burgfelsens die Höhle „Kleine Scheuer" berührt. 0,5 km 13

Die Kleine Scheuer lieferte besonders viele Funde. Zur Zeit des Neandertalers war sie Winterquartier, Wurfplatz und Sterbeort für den Höhlenbären, in der jüngeren Altsteinzeit Rastplatz für den Eiszeitjäger. Da der hintere Höhlenteil durch eine Engstelle abgeschnürt ist und höher liegt, bot er nicht nur ein geschütztes Versteck, sondern im Winter auch eine höhere Temperatur.

Weiter leitet der Pfad in Serpentinen vollends nach Heubach hinab. 1 km

*Heubach (465 m NN, ca. 9600 Ew.). Die Namensendung „bach" deutet auf die Entstehung in der jüngeren Ausbauzeit hin (→ S. 80). Ein Träger des Namens „Hobach" wird 1234 erstmals urkundlich erwähnt. Der Ort wird bereits 1332 als „Stetlin", 1480 als Stadt benannt und teilte im Wesentlichen das Schicksal der Burg Rosenstein. Heute ist Heubach eine lebendige Kleinstadt mit mehreren Industriebetrieben, vor allem zwei bedeutenden Werken der Textilbranche, die sich aus der hier besonders stark verbreiteten Hausweberei (→ S. 92) entwickelt haben. Mit dem ehemaligen **Wöllwarth'schen Schloss** besitzt die Stadt ein Baudenkmal von überregionaler Bedeutung. Beachtenswert sind des Weiteren der Marktplatz mit Fachwerkhäusern und gusseisernem Brunnen, die ev. Stadtkirche aus dem 13. Jh. mit einem Passionszyklus von 1530 und das Rathaus, in dem das Heimat und Miedermuseum untergebracht ist (Öffnungszeiten unter Tel. 07173/1810).*

W 1.7a Teilstrecke Unterkochen – Volkmarsberg – Weiherwiesen – Essingen

Wanderstrecke: Länge 17 km
Aufstiege 440 m, Abstiege 420 m
Gehzeit 6 ½ Stunden

Unterkochen → S. 125.

Beschreibung der Strecke von Unterkochen bis zur Abzweigung nach Essingen → S. 128. 13,5 km ⑨

Von der Abzweigung an der Waldecke leitet das blaue Dreieck nach rechts, zunächst durch Wald, auf einen lang gestreckten Bergrücken hinab und über diesen nach Essingen hinunter. 3,5 km

Essingen → S. 136.

W 1.7b Teilstrecke Essingen – Rosenstein – Heubach

Wanderstrecke: Länge 11 km
Aufstiege 240 m, Abstiege 280 m
Gehzeit 4 Stunden

Essingen → S. 136.

In Essingen wandert man von der Kirche auf der Hauptstraße in Richtung Lauterburg, geht in der Rechtskurve mit Zeichen blaues Dreieck geradeaus durch den Riedweg und folgt ab der Ölmühle dem linken Waldrand. Der Weg quert dann einen Seitenbach der Rems, biegt oben im Wald scharf nach rechts, fällt ins Remstal ab, verläuft kurz auf der Landstraße, ehe er links aufwärts über die Bergzunge Hirtenteich nach Lauterburg führt. 6 km ⑩

Lauterburg → S. 133.

Beschreibung der Strecke Lauterburg–Heubach → S. 133. 5 km

W 1.7R Rundstrecke Aalen – Albäumle – Volkmarsberg – Weiherwiesen – Essingen

Wanderstrecke: Länge 15 km
Auf- und Abstiege je 360 m
Gehzeit 5 ½ Stunden
Wanderkarten: Blatt 14 Aalen
Kartenausschnitt W 1.7
A, F, G, K, R, W
Ausgangspunkt: Aalen, Mährenstraße (Bahnlinie DB 786 Stuttgart–Nürnberg, DB 757 Ulm–Aalen, vom Bahnhof Buslinie OVA 51 ZOB–Triumphstadt; Parkplatz am Ende der Langertstraße)
Endpunkt: Essingen (Buslinien OVA 40, 42, 43, 44, 48 Essingen–Aalen)

Aalen → S. 126.

In Aalen wandert man von der Haltestelle Mährenstraße weiter, dann die Langertstraße zum Wanderparkplatz am Waldrand empor und auf der Steige entlang dem Geologischen Lehrpfad bergan zur Zeppelinhütte am Nordrand des Albuchs.

*Der **Geologische Lehrpfad** wurde als erster der Bundesrepublik 1961 angelegt. Er beginnt 600 m unterhalb des Parkplatzes beim Burgstall, führt von der untersten Mitteljurastufe, dem Aale-*

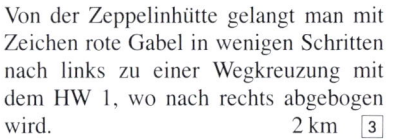

Von der Zeppelinhütte gelangt man mit Zeichen rote Gabel in wenigen Schritten nach links zu einer Wegkreuzung mit dem HW 1, wo nach rechts abgebogen wird. 2 km ③

Zuvor lohnt sich ein viertelstündiger Abstecher geradeaus zum Aussichtsturm auf dem Albäumle. ②

Albäumle → S. 128.

Beschreibung der Strecke Albäumle–Volkmarsberg–Tauchertsweiler-Weiherwiesen–Abzweigung an der Waldecke nach Essingen auf dem HW 1 → S. 130. 9,5 km ⑨

Wegbeschreibung von der Abzweigung an der Waldecke bis Essingen → W 1.7a, S. 135. 3,5 km

In der Morgenfrühe auf dem HW 1 im Albuch.

nium, dessen Bezeichnung sogar auf Aalen zurückgeht, durch alle Schichten bis zu den Unteren Felsenkalken (ki2, Weißjura Delta) und bietet einen guten Einblick in die Erdgeschichte des nördlichen Albrands.

Albuch → S. 128.

Essingen (508 m NN, ca. 5400 Ew.), Ende des 11. Jh. erstmals urkundlich erwähnt, war im 13. und 14. Jh. im Besitz der Grafen von Öttingen, dann von Württemberg und ging später an die Wöllwarth, welche die Reformation einführten und 1524 den Blutbann sowie 1548 die Zollhoheit erhielten. Ein Drittel des Dorfes wurde 1696 an die Freiherren von Degenfeld verkauft, 1806 kam es an Württemberg. Das an einem schönen Park gelegene Schloss,

Wacholderheide im NSG Volkmarsberg.

Dorotheenhof oder nach den zeitweiligen Besitzern Degenfelder Schloss genannt, entstand wohl im 16. Jh. Die Pfarrkirche, eine ehemalige Wehranlage, ist spätgotisch und enthält u. a. Grabdenkmäler und Epitaphe der Wöllwarth aus dem 16. und 17. Jahrhundert.

W 1.8 Teilstrecke Heubach – Scheuelberg – Bargauer Kreuz – Lützelalb – Weißenstein

Wanderstrecke: Länge 15 km
Aufstiege 590 m, Abstiege 510 m
Gehzeit 6 Stunden
Wanderkarten: Blatt 14 Aalen
Kartenausschnitt W 1.8
A, F, G, H, K, W
Ausgangspunkt: Heubach
(ÖPNV → S. 128)
Übernachtung:
Lauterstein-Weißenstein,
Auskunft Tel. 07332/96690
(Buslinie RBS 7688 Göppingen–Heidenheim)

Heubach → S. 134.

In Heubach wandert man vor der Stadtkirche links durch die Fußgängerzone, weiter auf der Scheuelbergstraße über den Bach und am Hang bergan. Am Ortsende biegt man links ab und steigt in Windungen zur Ostecke des Scheuelbergs, dem Ostfels, empor. 2,5 km [1]

*Der **Scheuelberg** ist dem Albuch als lang gestreckter Bergstock vorgelagert, wie jenseits von Heubach der Rosenstein. Bei ersterem ist die Entwicklung zum getrennt*

Blick vom Ostfels auf dem Scheuelberg auf Heubach. Darüber der Rosenstein.

im Albvorland liegenden Zeugenberg weiter fortgeschritten als bei seinem östlichen Nachbarn. Der Eselsbach und Beurener Bach arbeiten von zwei Seiten erfolgreich an der Abschnürung des Höhenrückens; beim Sattel am Beurener Kreuz klafft bereits eine Lücke von rund 100 Höhenmetern. Beim Blick auf den Berg ist im Bereich des Waldbeginns eine deutliche Geländeversteilung zu erkennen. Hier beginnt der Oberjura, der bis zu den Unteren Felsenkalken (ki2, Weißjura Delta) hinauf reicht. Auf der Hochfläche sind stellenweise Feuersteinlehm-Decken erhalten. Es ist auffallend, dass die Nordhänge des Langerts, der Lauterburger Hochfläche, des Rosensteins und Scheuelbergs auf einer Geraden liegen, die in ihrer Verlängerung mit den Nordhängen des Rechbergs

W 1.8 Heubach – Scheuelberg – Bargauer Kreuz – Lützelalb – Weißenstein

und Rehgebirges fluchtet. Sie weicht von der SW-NO-Richtung der Trauflinie vor der Mittleren Alb ab. Dies ist auf eine Verwerfung (→ S. 15) zurückzuführen.
*Im Jahr 1998 wurde das **Naturschutzgebiet Scheuelberg** ausgewiesen. Davon sind über 90 Prozent mit Buchenwäldern unterschiedlicher Ausprägung bedeckt. Auf den trockeneren, süd- und west-* *orientierten Hängen siedelt der artenreiche Seggen-Buchenwald, in der Nähe der Felsen der Eichen-Trockenwald, an den feuchteren Nordhängen der Waldgersten-Buchenwald und – als Besonderheit – auf den mit Feuersteinlehm bedeckten Flachen der Hainsimsen-Buchenwald (→ S. 32 ff.). Unterhalb von Felsen treten kleinflächig Spitzahorn-*

W 1.8 Heubach – Scheuelberg – Bargauer Kreuz – Lützelalb – Weißenstein

Sommerlindenwald und Linden-Ulmen-Ahornwald auf (→ S. 41). Trotz der Ausbreitung des Waldes sind am Südhang noch beachtliche Flächen mit Wacholderheiden bedeckt, die eine reiche Flora beherbergen mit vielen seltenen, zum Teil geschützten und gefährdeten Arten (→ S. 60). Die Tierwelt ist hier besonders mit Insekten stark vertreten, z. B. mit rund 100 der 366 in Baden-Württemberg bekannten Pflanzenwespen. Besondere Erwähnung verdient der an sonnigen Bereichen zwischen Heide, Wald und Felsen vorkommende Hirschhaarstrang-Saum („Steppenheide") mit den für ihn typischen Pflanzen (→ S. 59), hier mit dem seltenen Berg-Laserkraut. Vom Ostfels erblickt man über Heubach den Rosenstein, links den Braunenberg bei Aalen und in der Ferne den Hesselberg, ein Zeugenberg jenseits des Rieses.

Weißenstein. Oben das Schloss. Darunter, mit diesem durch einen gedeckten Gang verbunden, die Pfarrkirche Mariä Himmelfahrt.

Man setzt den Weg über die Hochfläche fort, der zunächst ansteigt und dann leicht fallend und wieder steigend über den Bergrücken führt. Vor dem Abstieg kann der etwas rechts des Wegs liegende Hohe Fels (Westfelsen) bestiegen werden.
1,5 km [2]

*Der **Hohe Fels** bietet eine schöne Sicht über das Albvorland zum Schurwald, Welzheimer Wald und Schwäbisch-Fränkischen Wald. Bei guter Sicht ist links in der Ferne der Schwarzwald zu erkennen. Unten am Fuß des Berges liegt Bargau. Leider ist die einst viel gerühmte Sicht auf den Albrand inzwischen zugewachsen.*

Der Pfad leitet nun zu einem Sattel hinab, führt über den Bergrücken Himmelreich und fällt dann, vorbei am Naturfreundehaus Himmelreich (Mi., Sa., So. Einkehrmöglichkeit, Tel. 07173/7145188), zum Beurener Kreuz ab. 1,5 km [3]

Auf der Gegenseite geht's links am Hang steil durch Wald zur sechsfachen Wegspinne beim Bargauer Kreuz hinauf.
0,5 km [4]

Hier ist auf dem zweiten Weg von rechts ein mit Zeichen roter Winkel markierter halbstündiger Abstecher zum Naturschutzgebiet Bargauer Horn möglich. [5]

*Das **Bargauer Horn** schiebt sich, wie der Name andeutet, als Bergsporn zwischen den Bergrücken des Scheuelbergs und Himmelreichs auf der einen und dem Bernhardsberg auf der anderen Seite nach Westen vor. Im Landschaftsbild führt es zwischen seinen mächtigen Nachbarn ein Schattendasein, großartig ist hingegen die Aussicht, und von höchstem Interesse und Aussagekraft ist das **Naturschutzgebiet** am SW-Hang. Die vier unteren Schichtstufen des Oberen Juras (→ S. 13) sind hier zusammen mit der typischen Vegeta-*

Ausblick vom Bargauer Horn. An dem extremen, trockenen Standort stockt der Blaugras-Buchenwald. Die Buche wächst hier krüppelig, ist meist vom Boden an beastet und erreicht kaum mehr als 10 m Höhe.

tion besonders deutlich zu unterscheiden. Der unterste, flache Teil des Hangs trägt auf Impressamergeln Wacholderheide. Darüber schließt sich die steilere Stufe der Wohlgeschichteten Kalke an, auf denen Buschwerk und krüppelwüchsige Laubbäume stocken. Die wieder flachere nächste Etage der Lacunosamergel bedeckt besonders schöne Wacholderheide mit vielen botanischen Kostbarkeiten. Den krönenden Abschluss bildet auf den Unteren Felsenkalken urwüchsiger Blaugras-Buchenwald (→ S. 39) mit Buchen, Eichen und Hainbuchen. Die Hochfläche trägt eine Kappe aus tiefgründigem Feuersteinlehm (→ S. 27) mit den dazugehörenden Säure liebenden Bodenpflanzen.

Beim Bargauer Kreuz wird rechts vom Kruzifix weitergewandert, anschließend die waldfreie Kitzinger Ebene gequert, auf dem „Fuchsteichsträßle" durch Wald bergan gegangen, nach 4 Min. rechts abgebogen, an einem dreiseitigen Grenzstein vorbei der Falkenberg erstiegen, beim Abstieg halbrechts abgezweigt zur Wegspinne auf dem Sattel am Ende des Falkenteichs. 1,5 km ⬚6

Der Grenzstein von 1710 markiert ein „Dreiländereck" von Territorien der Reichsstadt Gmünd, Fürstpropstei Ellwangen und Freiherren von Rechberg. Die Grenze zwischen den beiden letztgenannten Gebieten verläuft 500 m, bis zur Abzweigung, entlang dem Wanderweg, worauf Jahrhunderte alte Grenzsteine hinweisen.

Hier nimmt man den geschotterten Weg, der über einen flachen Sattel hinweg und an einer als Naturdenkmal ausgewiesenen Grube, einem ehemaligen Steinbruch, vorbei führt.

W 1.8 Heubach – Scheuelberg – Bargauer Kreuz – Lützelalb – Weißenstein

Bei der dreieckigen Grünfläche hält man die gleiche Richtung und gelangt auf eine Lichtung mit dem Jägerhaus und Pflanzschulen. Die weitere Strecke führt hinter dem Haus nach links, vor der Rechtskurve des Kalksträßchens rechts in den Grasweg, der bald in einen Schotterweg übergeht, zweigt danach halbrechts ab und fällt auf einem breiten Bergrücken zum Waldrand ab. Diesem folgt man kurz nach rechts und steigt geradeaus durch Wald auf die freie Kuppe der Lützelalb, deren höchster Punkt zur Rechten bleibt.

5,5 km 7

Die Lützelalb, ein ehemaliges Weidegebiet (lützel = klein, alb = Bergweide), ist mit Feuersteinlehm bedeckt. Die Aussicht zeigt links Böhmenkirch, dahinter Gerstetten mit dem Wasserturm, weiter rechts im Vordergrund Treffelhausen, dahinter Schnittlingen und Stötten mit der Wetterwarte sowie zwei Windkraftanlagen, links vom Lautertal erhebt sich der Messelstein. Schön ist vor Treffelhausen als Einsattelung der Talbodenrest der Ur-Eyb zu erkennen, die weit von Norden kommend einst über dem heutigen Eybtal zur Ur-Lone floss und somit zur Donau entwässerte (→ S. 148). Ihr Tal wurde vom rhenanischen System geköpft (→ S. 21).

Die Abstiegroute führt links zum Wald hinab, beschreibt zuerst einen Rechtsbogen, dann eine Linkskehre, quert das Hofgut, verlässt die Zufahrt geradeaus in der Linkskurve und leitet durch Wiesen und Wald nach Weißenstein hinab. 2 km

Weißenstein (542 m NN, ca. 1180 Ew.), dessen Name auf den weißen Massenkalkfels der Umgebung und auf die Entstehung in der jüngeren Ausbauzeit hinweist, entstand sicher als Burgflecken (→ S. 85) und wurde 1241 erstmals urkundlich erwähnt. Der Ort erhielt vor 1384 Stadtrecht. Das Schloss wurde anstelle der ehemaligen Burg im 15. Jh. von den Herren von Rechberg erbaut und im 17. Jh. im Renaissancestil umgebaut. Nachdem es nacheinander mehreren Linien des Hauses Rechberg gehört hatte, fiel es 1806 an Bayern und 1810 an Württemberg. Die kath. Pfarrkirche St. Maria wurde 1725 bis auf den spätgotischen Turm neu erbaut, der lediglich eine barocke Kuppelhaube erhielt. Im Inneren elegante Stuckdekoration, Deckengemälde von 1815, im südlichen Seitenaltar eine Muttergottes, an der Langhaus-Nordwand ein Kruzifix, beide spätgotisch. Weißenstein wurde 1974 mit Nenningen zur Stadt Lauterstein vereinigt.

W 1.8R Rundstrecke Heubach – Scheuelberg – Bargauer Kreuz – Rosenstein – Heubach

Wanderstrecke: Länge 14 km
Auf- und Abstiege je 520 m
Gehzeit 5 ½ Stunden
(Mit Rundwanderung auf dem Rosenstein 16,5 km, 470 m, 6 Std.)
Wanderkarten: Blatt 14 Aalen
Kartenausschnitt W 1.8
A, F, Fam., G, H, K, R, W
Ausgangs- und Endpunkt: Heubach
(ÖPNV → S. 128,
Parkmöglichkeit im Ort)

Heubach → *S. 134.*

Beschreibung der Strecke Heubach – Bargauer Kreuz → S. 137. 6 km 4

Man geht am Bargauer Kreuz mit Zeichen rote Raute links am Kruzifix vorbei, biegt gleich links ab und nimmt nach 7 Min. in der Linkskurve den geradeaus über den Rechberger Buch (bedeutet Wald im Besitz der Rechberger) führenden Weg. Bei der Kreuzung auf der Gefällstrecke wird die rote Raute verlassen und mit Zeichen rote Gabel geradewegs weitergewandert. Über der Straße geht's zum Uzenberg hinauf, zu einer Wegspinne hinab, in etwa gleicher Richtung über den Festplatz und an der Abzweigung zum Fernsehturm (mit Aussichtsplattform) vorbei zum Rosenstein-Parkplatz. 5,5 km [11]

Beschreibung der Strecke vom Rosenstein-Parkplatz nach Heubach → S. 135. 2,5 km (mit Rundwanderung auf dem Rosenstein 5 km)

W 1.9 Teilstrecke Weißenstein – Messelstein– Kuchalb (Donzdorf)

Wanderstrecke: Länge 12 km
Aufstiege 280 m, Abstiege 140 m
Gehzeit 4 ½ Stunden
Wanderkarten: Blatt 14 Aalen
Kartenausschnitt W 1.9
A, E, F, Fam., G, K, U
Ausgangspunkt: Lauterstein-Weißenstein (Buslinie RBS 7688 Göppingen–Heidenheim)
Übernachtung: In Kuchalb, Auskunft Tel. 07161/9220 oder /922301
Weitere Übernachtungsmöglichkeit: In Donzdorf, Tel. wie oben, Wegbeschreibung → W 1.9a, S. 144

Weißenstein → S. 141.

In Weißenstein steigen wir rechts an der Kirche vorbei zum Schloss (Privatbesitz, Institut für Film und Fotografie) und zum Forellenbach empor. 0,5 km [1]

Beim Forellenbach ist rechts am Hang eine Mauer der Wohlgeschichteten Kalke (ox2, Weißjura Beta) zu beobachten. Er entspringt in derselben Schicht aus dem Forellenloch, einer 420 m(!) langen Höhle, und wurde zur Versorgung des Schlosses und einiger weiterer Gebäude gefasst.

In der Schlucht gelangen wir neben dem Bach und später auf dem Zickzackweg zur Hochfläche. Hier biegt der Weg scharf nach rechts und verläuft abwechselnd durch Wald und am Waldrand entlang fast eben nahe dem Trauf, bis er sanft ansteigend den Messelstein erreicht. 6 km [2]

Kleine Scheuer. Die 26 Meter lange Höhle am Fuß des Rosensteins lieferte besonders viele Funde. Zur Zeit des Neandertalers war sie Winterquartier, Wurfplatz und Sterbeort für den Höhlenbären, in der jüngeren Altsteinzeit Rastplatz für den Eiszeitjäger.

W 1.9 Teilstrecke Weißenstein – Messelstein – Kuchalb (Donzdorf)

*Der **Messelstein**, ein freistehender Schwammstotzen, bietet eine prächtige Aussicht vom Bernhardus im Nordosten über Stuifen, Rechberg und Staufen bis zur Teck im Südwesten. Möglicherweise war der Fels in vorgeschichtlicher Zeit Kultstätte; es wurden Scherben der Bronze-, Urnenfelder- und Hallstattzeit gefunden (→ S. 78).*

Man folgt weiterhin am Waldrand entlang dem Trauf zur Einmündung des von Donzdorf herauf führenden Wegs der Wanderung W 1.9R.   0,5 km   3

Der Weg, der prächtige Ausblicke bietet, besonders vom Rötelstein aus, führt weiter an der Hangkante entlang und erreicht bald Oberweckerstell.   2 km   4

Von hier schiebt sich die Berghalbinsel Waldenbühl ins Lautertal hinaus, deren Nordwestecke in einem 20minütigen Abstecher über den Vogelhof zu erwandern ist.   (1,5 km)   5

*Der **Waldenbühl** trug, Scherben nach zu schließen, in der Jungsteinzeit und Latènezeit (→ S. 76 und 78) eine Höhensiedlung, die durch einen 8 m langen Wall gegen die Hochfläche gesichert war. Außerdem liegen Anzeichen für eine im 7. Jh. gegründete alamannische Siedlung vor.*

Von Oberweckerstell führt ein Asphaltweg durch Felder weiter zur Kuchalb.   3 km   6

*Die **Kuchalb** war eine zum Dorf Kuchen gehörende Bergweide (Alb = Bergweide). Der helfensteinische Besitz kam um 1382/96 teilweise an Ulm, Gericht und Grundbesitz wurden mit den Herren von Rechberg und von Degenfeld geteilt. Heute gehört der Weiler zu Donzdorf.*

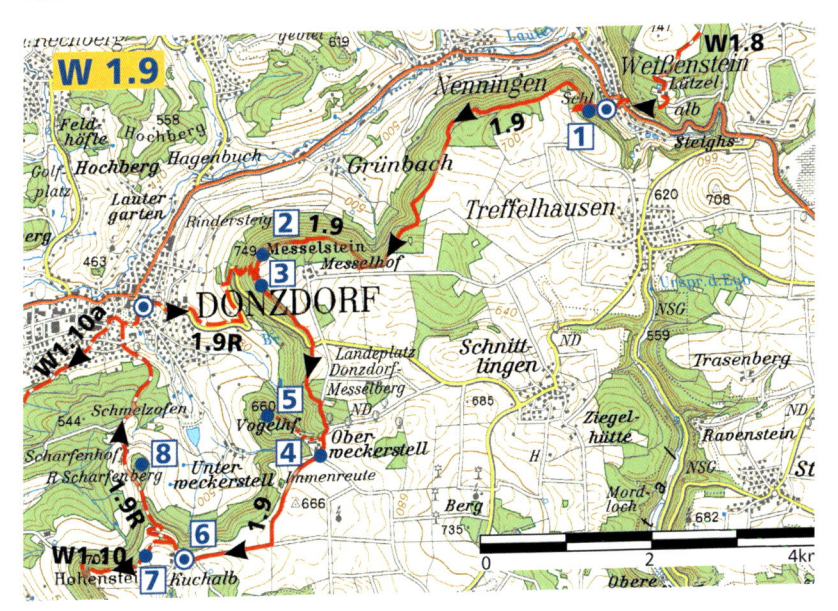

Blick von der Meierhalde bei Donzdorf-Kuchalb. Im Vordergrund Scharfenberg, am Horizont von links Rechberg, Stuifen, Rechbergle, Kaltes Feld.

W 1.9a Teilstrecke Weißenstein – Kuchalb – Donzdorf

Wanderstrecke: Länge 17 km
Aufstiege 280 m, Abstiege 420 m
Gehzeit 6 Stunden

Weißenstein → *S. 141*.

Beschreibung der Strecke von Weißenstein bis zur Kuchalb → S. 142.
  12 km [6]

Beschreibung der Strecke von der Kuch–alb bis Donzdorf → S. W 1.9R. 5 km

Donzdorf → *W 1.9R*.

W 1.9R Rundstrecke Donzdorf – Messelstein – Kuchalb – Donzdorf

Wanderstrecke: Länge 14 km
Auf- und Abstiege je 380 m
Gehzeit 5 ½ Stunden
Wanderkarten: Blatt 14 Aalen
Kartenausschnitt W 1.9
A, F, Fam., G, H, K, R, U
Ausgangs- und Endpunkt: Donzdorf
(Buslinie 7688 RBS Göppingen–Heidenheim;
Parkplatz an der Messelbergsteige)

Donzdorf (407 m NN, ca. 7700 Ew.) wird 1275 erstmals urkundlich genannt, war jedoch schon sehr früh besiedelt, wie ein

W 1.9R Rundstrecke Donzdorf –Messelstein –Kuchalb – Donzdorf 145

1964 aufgedeckter Alamannenfriedhof aus dem 7. Jh. beweist. Die Geschichte des Orts hängt eng mit den benachbarten Ramsberg und Scharfenberg zusammen. Die Anlage des Schlosses entstand im Verlauf von fünf Jahrhunderten. Nach dem Bau des „Alten Schlosses" um 1478, und des „Neuen Schlosses", einem Wasserschloss, 1568, folgten zahlreiche Umbauten und Erweiterungen und die Anlage eines Schlossparks. Neben dem Schloss ist die Pfarrkirche St. Martin das bedeutendste Bauwerk der Stadt. Sie wurde 1777 bis auf den gotischen Turm völlig umgebaut. Besonders erwähnenswert sind zahlreiche Grabmäler der Rechberger und vorzügliche Deckenfresken des Barockmalers Josef Wannenmacher.

In Donzdorf geht man vom Marktplatz durch die Hauptstraße, rechts durch die Schlossstraße und biegt links in die Messelbergsteige ab. Neben dieser wandert man mit Zeichen blaues Dreieck bergan, kommt beim Waldrand am Parkplatz vorbei und biegt in der Haarnadelkurve in den Pfad ab, der in Serpentinen zur Hochfläche und nach links zum Messelstein hinauf führt.   3,5 km [2]

Messelstein → *S. 143.*

Beschreibung der Strecke Messelstein–Kuchalb → S.143.   5,5 km [6]

Von der Kuchalb geht man auf der Donzdorfer Straße abwärts, wo sich beim Bildstock ein 10minütiger Abstecher nach links lohnt, der – weiter mit rotem Dreieck markiert – eben am Hang entlang zum Flurkreuz an der Meierhalde führt.
0,5 km [7]

Die Aussicht von der **Meierhalde** *gehört zu den schönsten der ganzen Alb. Unten liegt das Scharfenschloss, jenseits des Tals Ramsberg und Staufeneck, rechts drüben der Messelstein, über dem bewaldeten Heldenberg das Kalte Feld, am Horizont der Hohenstaufen, Rechberg und Stuifen, hinter dem Filstal der Stuttgarter Fernsehturm, ganz links der Hohenstein.*

Die Aussicht bietet auch interessante Einblicke in die Erdgeschichte. Auf dem Mitteljura-Hügelland des Rehgebirges erheben sich der Hohenstaufen, Rechberg und Stuifen als Zeugenberge und Beweis dafür, dass die Alb früher viel weiter nach Norden reichte. Sie sind aus

Ruine Scharfenschloss. Giebelseite des Palas.

den unteren Oberjura-Schichten (ox1 bis ki1/ki2, Weißjura Alpha bis Gamma/ Delta) aufgebaut. Ihr Überleben verdanken sie der tieferen Lage in einem Grabenbruch und der daraus resultierenden geringeren Erosion, ein als Reliefumkehr bezeichnetes geologisches Phänomen (→ S. 15). Die Kuppe des Scharfenbergs besteht ab dem Sattel und dem Scharfenhof ebenfalls aus ox1 und ox2 (Weißjura Alpha und Beta). Darunter liegen bis zur Lauter alle Schichten des Mitteljuras. Auf knapp 500 m NN treten an der Oberseite der Wasser stauenden Opalinustone (al1, Braunjura Alpha), zahlreiche Quellen aus, allein rund 15 im rechts unterhalb des Scharfenbergs liegenden Simonstal. Um die Hochwassergefahr zu bannen – und auch zur Verbesserung der Wasserqualität in den Vorflutern – wurde hier das **Rückhaltebecken Simonsbachtal** angelegt. Der dortige Hof Schmelzofen weist auf die frühere Verhüttung von Eisenerz hin, das in den Flözen der Ludwigientone (al2, Braunjura Beta) gewonnen wurde (→ S. 14).

Zur Donzdorfer Straße zurückgekehrt, geht man auf ihr zum Sattel hinab.
1,5 km

Hier führt ein Waldweg rechts zu einem lohnenden viertelstündigen Abstecher zur Ruine Scharfenberg hinauf. (1 km) 8

Scharfenberg gehört zu den am frühesten erbauten Burgen der Schwäbischen Alb. Nach der Burg nannte sich ein freiadeliges Geschlecht, das zwischen 1156 und 1194 nachweisbar ist. Von 1379 bis ins 18. Jh. war sie im Besitz verschiedener Linien der Herren von Rechberg, die ihren Wohnsitz 1568 ins neuerbaute Schloss von Donzdorf verlegten. Die Burg war bis 1826 von Burgvögten und Förstern bewohnt. Die stattlichen Gebäude und Mauerreste stammen aus der Zeit von den Staufern bis zur Spätgotik.

Der Rückweg führt auf dem Sträßchen weiter nach Donzdorf zurück. 3 km

W 1.10 Teilstrecke Kuchalb (Donzdorf) – Gingen – Burren – Wasserberg

Wanderstrecke: Länge 11 km, Aufstiege 380 m, Abstiege 350 m, Gehzeit 4 ½ Stunden
Wanderkarten: F 521 Göppingen Kartenausschnitt W 1.10
A, F, G, H, K, R
Ausgangspunkt: Kuchalb Donzdorf, Wegbeschreibung → W 1.10a, S. 149
Übernachtung: Wanderheim Wasserberghaus, Tel. 07161/811562

Kuchalb → *S. 143.*

Von der Kuchalb schreitet man kurz die Donzdorfer Straße abwärts bis zum Bildstock, wendet sich nach links und folgt dem ebenen Pfad zur Meierhalde. 0,5 km 1

Meierhalde → *S. 145.*

Man begleitet nach der Hecke den Waldrand und gelangt zum Hohenstein hinauf.
1 km 2

Vom **Hohenstein**, *einem Schwammstotzen (→ S.14) aus Unteren Felsenkalken (ki2, Weißjura Delta), wird die vorige Aussicht nach Westen ergänzt. Links*

W 1.10 Teilstrecke Kuchalb (Donzdorf) – Gingen – Burren – Wasserberg 147

über dem unteren Filstal erhebt sich die Albkette mit Grünenberg, Wasserberg, Fuchseck und im Hintergrund der Turmberg mit dem Aichelberg. Unten liegt Gingen, talabwärts folgen Süßen, Salach, Eislingen und Göppingen.

Hier geht's rechts durch den Wald bergab, nach Waldaustritt bei dem Stall links, dann links um eine Schlucht herum und an deren Rand nach Gingen hinab.

2,5 km   3

Gingen *(384 m NN, ca. 4000 Ew.), vermutlich im 6./7. Jh. besiedelt, ging 915 als Schenkung an das Kloster Lorsch, im 12. Jh. an die Helfensteiner und teilte fortan das Schicksal dieses Grafengeschlechts, bis es 1396 ulmisch und damit zum nördlichen Grenzort des reichsstädtischen Gebiets wurde. Ob der „Landgraben", der sich vom Hohenstein herunter quer durch das Tal zieht, damals entstand oder älter ist, konnte noch nicht geklärt werden. Gingen kam 1803 an Bayern, 1810 an Württemberg. Im Dreißigjährigen Krieg, 1634, fiel fast das ganze Dorf, das bis ins 19. Jh. nur auf der linken Filsseite angesiedelt war, einer Feuersbrunst zum Opfer. Die ev. Pfarrkirche im ummauerten Friedhof mit teilweise erhaltener Wehrmauer ist spätgotisch bis auf den Chorturm aus der Zeit um 1280. Sie birgt im Chor schöne Wandmalereien von 1487, im Langhaus solche von 1524 und vor allem die älteste Kircheninschrift im deutschen Sprachraum von 984. Der 1,65 m lange Steinquader ist jetzt im Inneren angebracht, an seiner Stelle über dem Nordportal eine Nachbildung.*

Man durchquert den Ort auf der Bahnhofstraße (von ihr aus gelangt man rechts durch die Pfarrgasse zur Kirche) und Grünenberger Straße, folgt danach links abbiegend dem Barblenbach und verlässt nach 20minütigem Anstieg das Forststräßchen vor der Linkskurve, wonach der Pfad zunächst am linken Waldrand entlang ansteigt und dann zum Parkplatz am Fränkel abfällt. Kurz vorher, an der Waldecke, führt der links abzweigende Weg in 10 Min. zum Burren empor.

3 km   4

Der **Burren** *verdankt seinen Namen der markanten Form (mittelhochdeutsch „bor" = Höhe). Die aus Lacunosamergeln (ki1, Weißjura Gamma) aufgebaute Rasenkuppe bietet einen schönen Rundblick.*

Blick vom Fuß des Fränkels ins Talbachtal mit Unterböhringen.

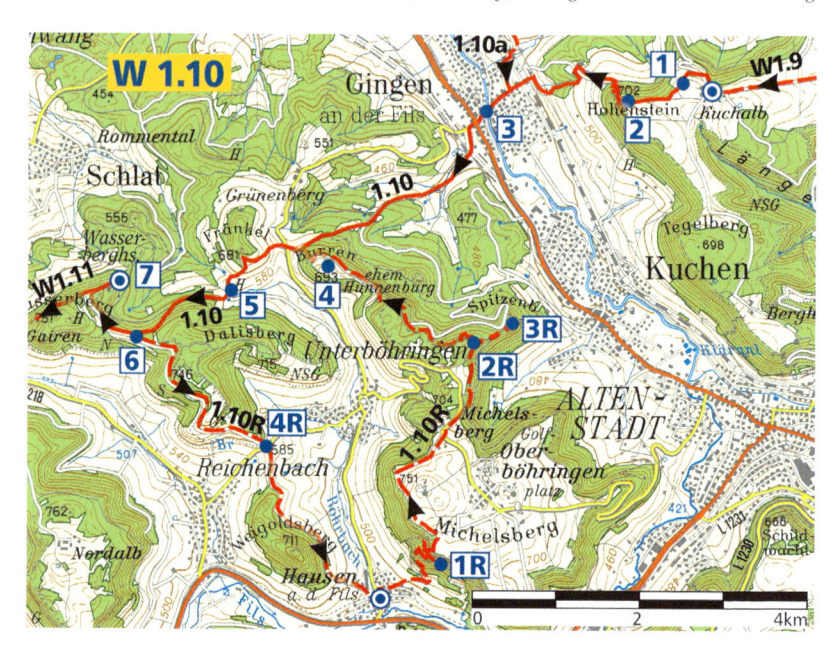

W 1.10 Teilstrecke Kuchalb (Donzdorf) – Gingen – Burren – Wasserberg

Am Ende des Parkplatzes geht's kurz bergan, nach dem Obstgarten links eben am Hang des Fränkels entlang, an einer Wacholderheide vorbei zu einem Feldweg hinab und auf diesem über den Talbach-Sattel bis zu einer Sitzgruppe nach dem Linksbogen. 1,5 km 5

Der **Talbach-Sattel** zwischen Fränkel und Dalisberg bietet das anschaulichste Beispiel für den Kampf zweier Talsysteme um die Wasserscheide. Rechts des Linksbogens entspringen in relativ engen und steilen Einschnitten zwei Nebenbäche des nordwärts fließenden Weilerbachs. Weniger als 300 m entfernt entspringt südlich der Wasserscheide, bei der Pappel neben dem Weg der Talbach. Sein breites Tal wirkt angesichts des ärmlichen Rinnsals geradezu überdimensioniert. Tatsächlich wurde es von einem viel mächtigeren, weiter von Norden kommenden Fluss ausgeräumt, der wie mehrere andere im oberen Filstal in die **Fils-Lone** mündete. Diese mündete ihrerseits bei Geislingen in die von NW über das Rohrbachtal und heutige Lonetal zur Donau strömenden **Ur-Lone**. Alle diese Täler wurden durch das Vordringen des Neckars geköpft (→ S. 21). Heute liegen die verschwisterten Zuflüsse der oberen und unteren Fils entlang dem Trauf zwischen Burren und Boßler sozusagen miteinander im Familienstreit und graben sich gegenseitig das Wasser ab. Im Vorteil sind dabei die nordwärts zur unteren Fils strömenden Bäche, weil diese rund 100 m tiefer liegt.

An der Sitzgruppe vorbei wird nun bergan gestiegen zur Hochfläche, wo man auf das Naturschutzgebiet Haarberg Wasserberg stößt. 1 km 6

W 1.10a Teilstrecke Donzdorf – Gingen – Wasserberg 149

Winter am Wasserberg, im NSG Haarberg/Wasserberg.

*Das 110 ha große **NSG Haarberg-Wasserberg** beeindruckt durch naturnahe Wälder, Wiesen und Heckenlandschaften, vor allem aber durch Wacholderheiden, auf denen Enzianarten, Hauhechel, Thymian, Gold- und Silberdistel und viele andere Pflanzen der Kalkmagerweiden sowie eine artenreiche Tierwelt beheimatet sind. Auf einem Wacholderheide-Lehrpfad, den die Bezirksstelle für Naturschutz und Landschaftspflege Stuttgart konzipiert hat, werden auf sechs vorzüglich gestalteten Tafeln Informationen zur Tier- und Pflanzenwelt, Gefährdung der Wacholderheiden und Maßnahmen zu ihrer Erhaltung vermittelt. Den interessantesten Teil des Gebiets erreicht man bei einem Abstecher nach links in Richtung Haarberg-Sattel nach etwa 30 Minuten.*

Ansonsten wandert man rechts eben am Naturschutzgebiet entlang über die Hochfläche und erreicht, später nach rechts biegend, den Wasserberg und das Wanderheim. 1,5 km ⑦

*Die Hochfläche des **Wasserbergs** besteht aus Wohlgeschichteten Kalken und Lacunosamergeln (ox2 und ki1, Weißjura Beta und Gamma). Mit dem angrenzenden Haarberg und Dalisberg ist der Wasserberg eigentlich ein Zeugenberg, der durch das obere Filstal von der Albhochfläche abgetrennt ist. Die Aussicht reicht vom Hohenstein im Osten über Messelstein, Kaltes Feld, Hornberg, Stuifen, Rechberg, Hohenstaufen bis zum Stuttgarter Fernsehturm im Westen. Das Wanderheim Wasserberghaus wurde 1925 vom Schwäbischen Albverein erbaut und 1966 erweitert.*

W 1.10a Teilstrecke Donzdorf – Gingen – Wasserberg

Wanderstrecke: Länge 12 km
Aufstiege 450 m, Abstiege 150 m
Gehzeit 5 Stunden

Donzdorf → *S. 144.*

In Donzdorf geht man von der Pfarrkirche St. Martin rechts am Schloss (jetzt Rathaus) entlang und geradeaus durch den Schlossgarten. Danach wandert man durch die Schlossgartenstraße rechts abwärts und nahe der Einmündung der

Poststraße links durch den Gingener Weg bis zum Ende der linksseitigen Bebauung. Hier (nach Haus Nr. 63) wird links auf das bergan führende Sträßchen abgezweigt, das sich im Wald nach dem Parkplatz gabelt. Man hält sich links und folgt 12 Min. dem breiten Forstweg, bis man in der leichten Steigung in den rechts abwärts führenden Weg abbiegt. Man gelangt unter der Bahnlinie hindurch zum Ortsrand von Gingen und folgt der Donzdorferstraße, bis man in der Bahnhofstraße auf den HW 1 stößt, wo rechts abgebogen wird. 5 km ③

Beschreibung der Strecke von Gingen bis zum Wasserberg → S. 146. 7 km

W 1.10R Rundstrecke Hausen – Hausener Felsen – Wasserberg – Weigoldsberg – Hausen

Wanderstrecke: Länge 18 km
Auf- und Abstiege je 480 m
Gehzeit 7 Stunden
Wanderkarten: Blatt 20 Geislingen
Kartenausschnitt W 1.10
A, F, G, H, K, R
Ausgangs- und Endpunkt:
Bad Überkingen-Hausen (Buslinien VGS 31 und 32 Göppingen–Wiesensteig, 56 Geislingen/Steige–Wiesensteig; Parkmöglichkeit im Ort)

Hausen an der Fils (457 m NN, ca. 800 Ew.) ist wohl in der älteren Ausbauzeit (→ S. 80) des 7./8. Jh. entstanden und erscheint 1297 als Husen erstmals in einer Urkunde. 1382/96 fiel der größtenteils helfensteinische Ort an Ulm und kam 1810 zu Württemberg. Er wurde 1971 nach Bad Überkingen eingemeindet.

In Hausen geht man mit Zeichen rote Raute an der Kirche vorbei durch die Hauptstraße in Richtung Unterböhringen, biegt bei Haus Nr. 34 rechts ab, wandert links am Gemeindehaus vorbei und steigt links der Hausener Wand durch das Naturschutzgebiet bergan. 1,5 km ①R

*Die **Hausener Wand** entstand durch einen Bergrutsch nach der Eiszeit. Dabei wurde an der über 100 m hohen Felswand ein „geologisches Fenster" geöffnet, das einen ausgezeichneten Einblick in den Aufbau der Schwäbischen Alb gewährt und die Schichten von den Impressamergeln bis zu den Unteren Felsenkalken (ox1 bis ki2, Weißjura Alpha bis Delta) sowie die einsetzende Verschwammung offen legt.*
Die gesamte Bergrutschfläche und die sich nach NW und SO anschließenden Hänge wurden 1971 unter Naturschutz gestellt. Das Gebiet umfasst ökologisch wertvolle Lebensräume, wie Felsen, Schutthalden, Wacholderheiden, naturnahe Laubwälder, Wiesen und Hecken. Es bietet zahlreichen, zum Teil seltenen und gefährdeten Pflanzen- und Tierarten Lebensraum. So sind 288 Pflanzenarten bekannt sowie u. a. beispielsweise 290 Nachtfalter-, 28 Gehäuseschnecken-, 32 Zikaden- und 33 Wanzenarten. Es ist nicht verwunderlich, dass dieses Naturoase auch für die Vogelwelt von großer Bedeutung ist, vor allem für Fels- und Höhlenbrüter, wie Uhu, Wanderfalke und Turmfalke.

Auf der Höhe geht's von den Hausener Felsen am Trauf entlang, von der Freizeitbegegnungsstätte 4 Min. auf der Straße weiter und dann rechts durch den Wald. Hier zweigt bald die Rundstrecke links ab. 3,5 km ②R

W 1.10R Hausen – Hausener Felsen – Wasserberg – Weigoldsberg – Hausen   151

Die Hausener Wand. Der Bergsturz hat ein „geologisches Fenster" geöffnet, das die Oberjuraschichten von den Impressamergeln bis zu den Unteren Felsenkalken (Weißjura Alpha bis Delta) bloß legt.

Heimatkundlich Interessierte können, ebenfalls mit Zeichen rote Raute, geradeaus gehen und mit einem Abstecher die Ruine Spitzenberg besuchen.
(Hin und zurück zusätzlich 1,2 km)   3 R

*Die **Burg Spitzenberg** wurde um 1090 von dem gleichnamigen Geschlecht erbaut, dem auch Sigmaringen gehörte und dessen Ahnen auf die Zähringer zurückgehen. Um 1150 erbten die von Spitzenberg die Herrschaft Helfenstein, verlegten ihren Wohnsitz auf Burg Helfenstein und trugen später diesen Namen. Ein Mitglied, Gottfried, war ab 1172 Kanzler Friedrichs I., Barbarossa, und starb mit diesem auf dem 3. Kreuzzug. Noch im 12. Jh. bildete sich eine Seitenlinie, die wieder den Spitzenberg bezog und sich nach ihm benannte. Die Burg wurde 1311/12 unter Führung eines Helfensteiners zerstört und nicht wieder aufgebaut. Heute durchschreitet man am Fuß des Berges den gewaltigen Burggraben und findet auf dem Plateau noch Schutthügel und Mauerreste vor. Besonders gut ist das Fundament des Bergfrieds in der SW-Ecke zu erkennen.*

Bei der obigen Abzweigung geht's links bergan, nahe der Hangkante zum Tennenberg, auf einen kahlen Bergrücken hinab und zum Burren hinüber, an dessen Fuß man auf den HW 1 stößt.   3 km   4

Burren → S. 147.

Beschreibung der folgenden Strecke vom Burren zum Wasserberg → S. 148.
4 km   7

Wasserberg → S. 149.

Vom Wasserberg wandert man 20 Min. auf dem vorigen Weg zurück und geht dann mit Zeichen rote Raute geradeaus durch das Naturschutzgebiet Haarberg-Wasserberg zum Sattel am Weigoldsberg hinab   3,5 km   4 R

*Vom **Sattel am Weigoldsberg** genießt man einen umfassenden Rundblick. Rechts im Tal liegt Reichenbach, darüber die Nordalb, talaufwärts der Gairensattel mit dem steil abfallenden Fuchseck. Im Filstal aufwärts erblickt man über Bad Ditzenbach die kegelförmige Hiltenburg und darüber den Tierstein.*

Weiter mit Zeichen rote Raute kehrt man am linken Hang des Weigoldsbergs nach Hausen zurück.   2,5 km

W 1.11 Teilstrecke Wasserberg – Fuchseck – Kornberg – Gruibingen

> **Wanderstrecke:** Länge 12,5 km
> Aufstiege 360 m, Abstiege 480 m,
> Gehzeit 5 Stunden
> **Wanderkarten:** Blatt 20 Geislingen
> Kartenausschnitt W 1.11
> **A, F, G, H**
> **Ausgangspunkt:**
> Wanderheim Wasserberg
> Übernachtung: In Gruibingen, Auskunft Tel. 07335/96000
> **Weitere Übernachtungsmöglichkeit:**
> Naturfreundehaus Boßler
> (nur zeitweise geöffnet),
> Auskunft Tel. 07164/148098
> (14 km, 530/420 m, 5 Stunden)
> Anmerkung: Mit guter Kondition kann die Strecke Wasserberg–Wiesensteig zu nur einer Etappe zusammengefasst werden, Länge 23 km

Wasserberg → S. 149.

Vom Wanderheim auf dem Wasserberg geht man zunächst am Bergrand dahin, bis der Pfad an einem Steinbruch vorbei mit schönem Aufschluss der Wohlgeschichteten Kalke (ox2, Weißjura Beta) schräg rechts abwärts zum Gairenpass leitet. 1,5 km [1]

*Am **Gairenpass** stehen die mittleren Schichten des Mitteljuras an. Wie beim Sattel zwischen Fränkel und Dalisberg (→ S. 148) prallen hier zwei Talsysteme aufeinander. Nach links öffnet sich das vom ehemaligen danubischen Flußsystem ausgeräumte geköpfte Tal des heutigen Fischbachs. Rechts nagen in engen Schluchten die Nebenbäche des Schlater Bachs. Einer davon entspringt kurz nach der Straße links am Weg, der andere rechts am Rand der Obstwiese.*

Nach dem Sattel steigt ein breiter Forstweg leicht bergan, kurz nach Waldeintritt geht's in seiner Rechtskurve gerade aus und bald wird scharf rechts in einen schmalen Pfad abgebogen. Dieser führt am Hang des Hochbergs zum Fuchseck empor. 2 km [2]

*Das **Fuchseck** bietet schöne Sicht auf die nordöstlichen Albberge und das Vorland.*

Frühlingswald beim Aufstieg zum Fuchseck. Auf den Mergeln des Oberjuras breitet sich hier der Bärlauch aus.

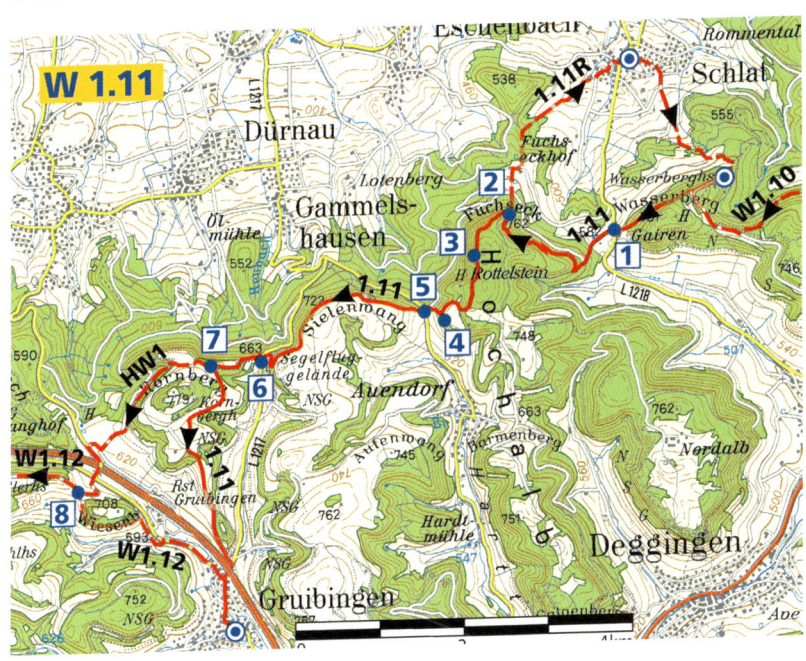

W 1.11 Teilstrecke Wasserberg – Fuchseck–Kornberg–Gruibingen

Über Süßen liegt Ramsberg, dahinter das Kalte Feld, weiter nach links der Hornberg, Stuifen, Rechberg und Hohenstaufen, Welzheimer Wald und Schurwald. Der Name ist wohl auf das lateinische „focum – Flechtwerk" zurückzuführen und weist auf eine Befestigung hin, welche den nördlichen Teil der Hochalb am Sattel zum Barmenberg hin absicherte („Barmen" bedeutete „Schutz gewähren, absichern"). (Aus den Blättern des SAV, 4/95, S. 106).

Weiter am Trauf entlang wird in 12 Min. der Rottelstein erreicht.   0,5 km   3

Der **Rottelstein**, *ein Schwammstotzen der Unteren Felsenkalke (ki2, Weißjura Delta) am Westrand der Hochalb, ergänzt die vorige Aussicht nach Süden und Westen: Ganz links, über die Hochfläche hinweg die das obere Filstal säumenden Wälder, dahinter Hohenstadt, weiter rechts im Vordergrund der Sielenwang, darüber die Waldkuppe des Kornbergs und der vorspringende Boßler, die Teck, der Turmberg und ganz rechts der Stuttgarter Fernsehturm.*

Anschließend geht's am Trauf dahin, bei Waldaustritt rechts am Waldrand entlang, dann gleich rechts steil bergab, unten wieder nach rechts und dann in einem weiten Bogen nach links, an dessen Ende links ein Steinbruch liegt.   1,5 km   4

Dieser **Steinbruch** *zeigt erneut das beeindruckende Beispiel einer mächtigen Wand aus Wohlgeschichteten Kalken (ox2, Weißjura Beta). Geologisch Interessierte sollten sich den Aufschluss nicht entgehen lassen, der 2 Min. weiter*

Der Rottelstein. Eine der unzähligen Felskanten des Albtraufs, die zum Rasten und Ausschau halten einladen.

unten links kurz vor der Rechtskurve des Wegs angetroffen wird. Hier liegen zwischen den Kalkbänken dickere Mergelschichten als zwischen den Bänken der Wohlgeschichteten Kalke. Es handelt sich um die Stufe der Impressamergel (ox1, Weißjura Alpha), deren Grenze zur ox2-Stufe durch die etwa 35 cm mächtige Fucoidenbank markiert wird, ein Mergelhorizont mit vielen rund 4 mm dicken Grabgängen.

Der Weiterweg zweigt gleich nach dem Steinbruch scharf rechts ab und führt zum Auendorfer Pass hinab. 0,5 km 5

*Der **Auendorfer Pass** bildet die Wasserscheide zwischen dem geköpften Harttal und dem von Norden vordringenden Gansloser Teich. Ganslosen war bis Mitte des vorigen Jahrhunderts der Ortsname von Auendorf. Weil die Gansloser wegen allerlei Schwabenstreichen verspottet wurden, stellten sie 1849 bei der württembergischen Regierung den Antrag auf Umbenennung ihres Dorfes.*

Der Weg quert hier die Straße, erklimmt, zunächst über eine Treppe, am Waldrand entlang den Sielenwang und fällt, immer nahe dem rechten Bergrand, vorbei am Segelfluggelände (bei Flugbetrieb besteht Einkehrmöglichkeit im „Fliegerhotel Nortel"), zum Kornbergsattel ab.
 2,5 km 6

*Der **Kornbergsattel** bietet geologisch das gleiche Bild wie die auf S.148 und oben beschriebenen Tal-Wasserscheiden östlich und westlich des Wasserbergs. Das nach Süden führende flache Langenwiesbachtal wurde durch die rückwärts schreitende Erosion des Mühlbachs geköpft, dessen Nebenbäche rechts in steilen, tiefen Schluchten entspringen.*

Am Gegenhang beginnt der Aufstieg zum Kornberg bei der Gerätehütte und führt bald links an der Deponie entlang. An der Ecke des Fichtenwäldchens zweigt der links nach Gruibingen führende, mit roter Raute bezeichnete Weg ab. 0,5 km 7

Man geht etwa auf gleicher Höhe am Hang des Kornbergs entlang und stößt auf einen Fahrweg, der links nach Gruibingen hinab führt. 3,5 km

***Gruibingen** (564 m NN, ca. 2200 Ew.) wird 861 erstmals urkundlich erwähnt,*

W 1.11R Rundstrecke Schlat – Wasserberg – Fuchseck – Schlat

als das Kloster Wiesensteig bei seiner Gründung hier Besitz erhielt. Für das Hoch- und Spätmittelalter sind mehrere weltliche und kirchliche Grundherrschaften belegt, die Grafen von Helfenstein, Herzöge von Zähringen, die Klöster Blaubeuren, Lorch, Ursberg. Zwischen 1418 und 1533 kamen die Württemberger nach und nach in den Besitz der Ortsherrschaft. Im 17. Jh. wurde das Dorf von schweren Bränden heimgesucht. Im Jahr 1647 zündeten es die die Schweden an, 1668 löste ein Dorfschmied eine weitere Brandkatastrophe aus. Dabei wurde neben einigen öffentlichen Gebäude ein einziges Bauernhaus verschont (Schillerstraße 1, 1547 erbaut). Die Bewohner lebten bis ins 20. Jh. hinein hauptsächlich von der Landwirtschaft. Erst mit dem Bau der Autobahn, 1934–37, boten sich weitere Erwerbsmöglichkeiten in mehreren Handwerksbetrieben und mittelständischen Unternehmen.

Wer Gruibingen links liegen lässt und direkt zum Boßler wandert, geht an der Ecke des Fichtenwäldchens weiter mit Zeichen rotes Dreieck geradeaus bergan, dann eben am Hang dahin, bei der Eiche 2 Min. an der Hecke entlang und rechts zu einer Schluchtspitze hinab. Hier führt der Weg am linken Hang sachte durch Wald, später über die Heide zur Straße hinab, auf der die Autobahn überquert wird. Dann geht's über der Weilheimer Straße an der Scheuer vorbei bergauf zum Brünnele an der NW-Seite des Wiesenbergs, wo links der von Gruibingen herauf führende Weg einmündet. 3 km [8]

Der Weg führt zunächst am Waldrand entlang und dann in einer Links- und Rechtskehre zum Boßlerhaus hinauf. 2 km

Wanderstrecke: Länge 10 km
Auf- und Abstiege je 460 m
Gehzeit 4 ½ Stunden
Wanderkarten: Blatt 20 Geislingen
Kartenausschnitt W 1.11
A, F, Fam., G, H, R, W
Ausgangs- und Endpunkt: Schlat (Buslinie 3 VGS Göppingen–Schlat; Parkmöglichkeit im Ort)

Schlat (425 m NN, ca. 1020 Ew.) wird 1139 erstmals urkundlich genannt in einer Papsturkunde unter dem unerklärbaren Namen „Schlatta". Die Ortsherr-

„Gipfelbuche" auf dem Fuchseck.

Blick vom Fuß des Wasserbergs über das Filstal zum Hohenstaufen. Davor das Dorf Schlat, in dessen Ortswappen ein Apfelzweig darauf hinweist, dass der Obstanbau hier eine bedeutende Rolle spielt.

schaft teilten sich bis ins 16. Jh. Kloster Adelsberg, Württemberg und mehrere Adelsfamilien, darunter die von Schlat und von Scharenstetten. Auf der Markung lagen die abgegangenen Burgen Rommental, Zillenhardt und Schlat selbst. Im Ortswappen weisen ein Apfelzweig und ein Schaf auf einst wichtige Erwerbsquellen des Dorfs hin. So kamen beispielsweise im Jahr 1872 über die Hälfte der Einnahmen der Gemeinde aus der Schäferei. Der Obstanbau spielt auch heute noch eine bedeutende Rolle, wie eine Wanderung durch die Fluren zeigt.

In Schlat wandert man bei der Haltestelle Rathaus mit Markierung blaues Dreieck von der Hauptstraße durch die Turnhallenstraße, an ihrem Ende rechts durch die Bühlstraße, geradeaus durch Felder, bei den Obstplantagen leicht nach links und beim Kruzifix geradeaus. Bald stößt man auf einen Querweg, dem man nach links folgt, bis man gleich nach Waldeintritt in den Pfad abbiegt, der bergan und am Hang entlang zum NO-Fuß des Wasserbergs führt und in Serpentinen vollends zum Wanderheim hinauf. 3 km

Wasserberg → *S. 149.*

Beschreibung der Strecke auf dem HW 1 vom Wasserberghaus zum Fuchseck → S. 152. 3,5 km ⟦2⟧

Fuchseck → *S. 152.*

Zum Abstieg nach Schlat geht man 3 Min. zurück und biegt scharf links in den mit blauem Dreieck markierten Pfad ein, der am Steilhang des Bergs abwärts führt. Man überquert am Waldrand die Straße, hält sich im Fuchseckhof links, biegt im Wald bald rechts ab und erreicht durch Gärten und Wiesen wieder den Ausgangsort Schlat. 3,5 km

W 1.12 Teilstrecke Gruibingen – Boßler – Eckhöfe – Wiesensteig

Wanderstrecke: Länge 14 km, Aufstiege 280 m, Abstiege 250 m, Gehzeit 5 Stunden
Wanderkarten: Blatt 20 Geislingen Kartenausschnitt W 1.12
A, F, G, K, R
Ausgangspunkt: Gruibingen (Buslinien 31 und 32 Fa. Hildenbrand Göppingen–Wiesensteig–Geislingen; Parkmöglichkeit im Ort)
Übernachtung: In Wiesensteig, Auskunft Tel. 07335/96200 (Buslinien wie bei Gruibingen)

Gruibingen → S. 154.

In Gruibingen wandert man auf der Hauptstraße in Richtung Wiesensteig, biegt am Ortsende links ab und geht neben der Landstraße aufwärts, bis man vor der Raststätte die Straße quert und dem mit „N" der Naturfreunde bezeichneten Weg folgt, der zum Hang des Wiesenbergs hinauf leitet, an diesem entlang führt und an der NW-Seite des Wiesenbergs in den HW 1 einmündet. 3 km ☐1

Hier führt ein Schotterweg am Waldrand entlang, bei seiner Linkskurve geht man geradeaus (links oben liegt das Boßlerhaus), betritt bald den Wald, geht kurz bergab und dann links aufwärts. Kurz bevor der Boßler erreicht ist, mündet von unten kommend der Schwäbische Alb-Oberschwaben-Weg (HW 7, Zeichen roter Strich) ein, der bis zu den Eckhöfen mit dem HW 1 identisch ist. 2 km ☐2

Der Boßler, aus Oberjura-Massenkalk aufgebaut, öffnet nach Westen freie Sicht auf das Albvorland bis zum Stuttgarter Fernsehturm. Im Vordergrund liegt der

stücken abgesehen, am Waldrand dahin. Nach 30 Min. folgt man einem von links kommenden Fahrweg, der bald in eine Senke abfällt und zur Waldecke vor einer Hochspannungsleitung ansteigt. Hier zweigt die Wanderung W 1.12R nach Gruibingen ab. 2 km ③

Acht Minuten nach dem Unterqueren der Hochspannungsleitung zweigt ein mit Zeichen blaues Dreieck markierter Pfad rechts nach Neidlingen und Weilheim ab.
0,5 km 4

Hier ist ein einstündiger Abstecher (nach 8 Min. ohne Markierung am Grat entlang), an der ehemaligen Burg Windeck vorbei zum Erkenberg möglich.

*Der Erkenberg, bereits durch einen rund 100 m niedrigeren Sattel von der Albhochfläche abgeschnitten, wird in ferner Zukunft als frei stehender Zeugenberg im Vorland liegen. Sein ursprünglicher Name war Merkenberg (der heutige entstand fälschlicherweise durch Weglassen eines „M", aus „am Merkenberg" wurde „am Erkenberg"). So nannte sich auch die Burg, 1247 „Merchinberc" genannt, bis 1330 Sitz der Grafen von Aichelberg, danach zerfallen. Burg Windeck war eine Vorburg davon. Von beiden Anlagen sind noch Gräben sichtbar. Unterhalb des Waldes zieht sich das **NSG Erkenbergwasen** entlang mit schönen Wacholderheiden sowie artenreicher Pflanzen- und Tierwelt.*

Nach weiteren 40 Min. sind die Eckhöfe erreicht, wo der HW 1 nach rechts weiter zur Teck führt. 2,5 km ⑤

Nach Wiesensteig nimmt man den HW 7 auf dem Sträßchen nach links, biegt nach 3 Min. links ab und gelangt über den Wei-

Auf dem HW 1 beim Boßler. Blick ins Geierstal mit Elementen harmonischer Alblandschaft: Wälder, Wacholderweiden, Streuobst, Wiesen und Äcker.

Bergkegel der Limburg, links davon die Teck, Breitenstein, Auchtert und, von den Traufbuchen halb verdeckt, der Trichter des Randecker Maars (→ S. 162). Der Gedenkstein erinnert an die 17 Toten von zehn Flugzeugen, die zwischen 1931 und 1979 am Boßlerhang zerschellten, zumeist vom Flugplatz Echterdingen kommend und im Sichtflug der früheren Autobahntrasse folgend, die vor dem Berg einen Rechts- und dann einen Linksbogen beschrieb, was von den Piloten offensichtlich zu spät erkannt wurde.

Anschließend verläuft der Weg ziemlich eben am rechten Hang, von einigen Waldler Bläsberg und die Kreuzkapelle ins Filstal hinab. 4 km

*In **Wiesensteig** (592 m NN, ca. 2400 Ew.) wurde 861 eines der frühesten Klöster des Landes gegründet, das vor 1130 in ein weltliches Chorherrenstift umgewandelt und 1803 aufgehoben wurde. Nach dem Ort nannte sich eine bis ins frühe 15. Jh. vorkommende Niederadelsfamilie, deren Burg wahrscheinlich auf dem heute Malakoff genannten Kirchberg stand. Von ihr sind keine Reste erhalten, ebenso wenig wie von einer weiteren Burg, die 1477 als Schloss der Grafen von Helfenstein erwähnt wird. Diese sind wohl die Gründer der Stadt, die 1356 erstmals als solche bezeichnet wird. Im gleichen Jahr wurde die Herrschaft Helfenstein geteilt, Wiesensteig wurde zum Hauptort der gleichnamigen Linie. Nach dem Erlöschen des Geschlechts im Mannesstamm, 1627, fiel die Grafschaft über die Erbtöchter an die Grafen von Fürstenberg und Bayern und wurde 1806 württembergisch.*

Einige schöne Bauten zeigen noch den Glanz der ehemaligen Residenz: Das einst vierflügelige Stadtschloss der Grafen von Helfenstein, von dem allerdings nur der Südflügel übrig blieb, die Stiftspropstei (Gaststätte Forsthof), das Spital, der Fruchtkasten (Jugendherberge, Leonhardweg 2) und zahlreiche Fachwerkhäuser. Der Stadtbrunnen auf dem Marktplatz trägt das Wappentier der Helfensteiner, den Elefanten. Die Stiftskirche St. Cyriakus birgt Teile aller Kunstepochen von Resten der romanischen Krypta, über den 1648 ausgebrannten gotischen Chor, gotische und barocke Figuren und Gemälde bis hin zu der klassizistischen Ausstattung des Kirchensaals.

W 1.12R
Rundstrecke Gruibingen – Wiesenberg – Boßler – Winkelbachtal – Gruibingen

Wanderstrecke: Länge 11,5 km
Auf- und Abstiege je 280 m
Gehzeit 4 Stunden
Wanderkarten: Blatt 20 Geislingen
Kartenausschnitt W 1.12
F, Fam., G, R
Ausgangs- und Endpunkt:
Gruibingen (Buslinien 31 und 32 Fa. Hildenbrand Göppingen–Wiesensteig–Geislingen; Parkmöglichkeit im Ort)

Gruibingen → S. 154.

Beschreibung der Strecke Gruibingen–Wiesenberg–Boßler–Abzweigung nach Gruibingen → W 1.12., S. 157.
7 km 3

Vor der Hochspannungsleitung biegt man links ab (Wegzeiger „W. Skihütte", sonst

Wandern mit Kindern. Für Jung und Alt stets ein besonderes Erlebnis!

ohne Markierung), folgt nach der linksseitigen Lichtung dem Wegzeiger „Winterspreitsteige" nach links und erreicht durch Wälder und Wiesen geradeaus abwärts gehend das Wiesenbachtal, das nach Gruibingen hinunter führt.

4,5 km

W 1.13 Teilstrecke Wiesensteig– Reußenstein – Randecker Maar – Breitenstein – Rauber – Teck

Wanderstrecke: Länge 21 km
Aufstiege 530 m, Abstiege 340 m
Gehzeit 7 ½ Stunden
Wanderkarten: Blatt 19 Reutlingen und Blatt 20 Geislingen
Kartenausschnitt W 1.13
A, F, G, H, K, R
Ausgangspunkt: Wiesensteig
Übernachtung: Im Wanderheim Burg Teck, Tel. 07021/55208
Mögliche Zwischenübernachtung:
In Schopfloch, Strecke Wiesensteig–Schopfloch → W 1.13a, S. 165;
Strecke Schopfloch–Teck → W 1.13b, S. 166

Wiesensteig → S. 159.

In Wiesensteig geht man vom Stadtzentrum in Richtung Kirchheim durch die Hauptstraße, biegt links ab und wandert mit dem Zeichen roter Strich durch die Seestraße und am Schwimmbad vorbei das Filstal aufwärts zur Papiermühle. Hier wird mit Zeichen rote Raute zuerst rechts, dann links abgebogen und durch das Autal zum Ziegelhof und Weiler Reußenstein hinauf gewandert, wo der HW 1 erreicht wird. 4,5 km ⬜1

Man folgt nun dem roten Dreieck am Trauf entlang zur Ruine Reußenstein.

1 km ⬜2

*Der **Reußenstein** ist eine der romantischsten Ruinen der Schwäbischen Alb, in kühner Lage auf einem steil aufragenden Schwammstotzen über dem Neidlinger Tal. Er wurde Ende des 13. Jh. als östlicher Vorposten der Herrschaft Teck von teckischen Ministerialen erbaut. Ursprünglich nur „der Stein" genannt, erhielt er den heutigen Namen von den Rittern Reuß, die ihn ganze 30 Jahre besaßen. Ab 1441 war er im Besitz der Helfensteiner und damit westlicher Vorposten dieser Herrschaft. Im 16. Jh. wurde er verlassen und dem Verfall preisgegeben. Erhalten und 1965/66 vom Landkreis Nürtingen im*

W 1.13 Wiesensteig–Reußenstein – Randecker Maar – Rauber – Teck

Bestand gesichert sind die Unterburg mit ehemals zwei Gebäuden, Rundturm und Vorbau sowie die über zwei künstliche Felstore zugängliche Innenburg mit fünfstöckigem Wohnbau, Bergfried und Hof.

Der Weg führt anschließend weiterhin am Trauf dahin, zuerst am Waldrand entlang, dann rechts der Straße durch Wald zum Bahnhöfle. 1,5 km ③

Der Name **Bahnhöfle***, eine Neuschöpfung, geht auf die vielfache Wegteilung zurück. Von links zieht sich ein Seitenarm des Hasentals herauf, der durch die Lindach geköpft wurde (→. S. 21).*

Die folgende Wanderung verläuft durch das Biosphärengebiet Schwäbische Alb (→ S. 28), wie auch der größte Teil der nächsten Tagesstrecken. Man schreitet nun über den Parkplatz und oberhalb der „Weißen Wand" dahin, die zum Schutz der Felsflora und -fauna als Naturdenkmal ausgewiesen ist, biegt bald rechts ab und gelangt zum Heimenstein hinauf.
1 km ④

Der **Heimenstein***, ein besonders mächtiger Schwammstotzen aus Unteren Felsenkalken (ki2, Weißjura Delta), gewährt schöne Sicht ins Neidlinger Tal und auf den Reußenstein. Die darunter liegende Höhle zieht sich 80 m von der Süd- zur Nordwand quer durch den Fels. Die Wasserstandsmarken des einstigen Höhlenflusses sind noch zu erkennen. Von der ehemaligen Burg sind nur noch der flache Graben und geringe Mauerreste*

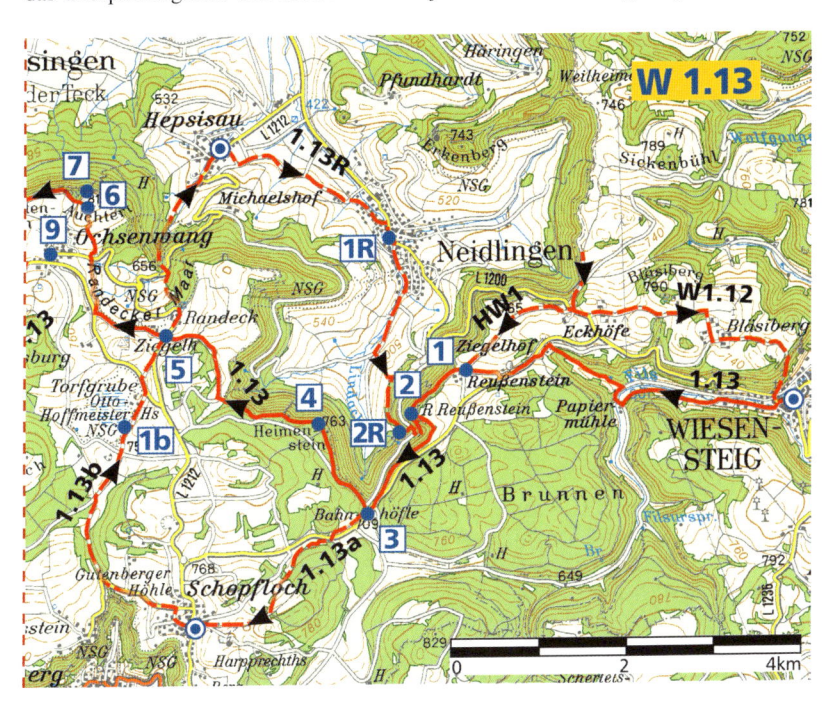

Der Reußenstein. In kühner Lage auf einem Schwammstotzen über dem Neidlinger Tal. Im Hintergrund der Turmberg.

erhalten, ebenso wenig wie Sicheres aus ihrer Geschichte überliefert ist. Der Sage nach hauste in der Höhle der Riese Heim als Wächter über einen Schatz, er soll auch den Reußenstein erbaut haben.

Der Pfad verläuft weiter am Trauf entlang und stößt außerhalb des Walds auf ein Sträßchen, dem nach rechts am Hang des Mönchbergs entlang gefolgt wird zur Straßenkreuzung bei Randeck.
2,5 km 5

Jenseits der Straße öffnet sich nach wenigen Minuten, nach der Ziegelhütte, beim Salzmannstein ein schöner Blick über das Randecker Maar und auf die Limburg.

Das Randecker Maar zeigt noch am deutlichsten die ursprüngliche Form des vulkanischen Auswurfkraters. Sein Rand, von dem noch gut zwei Drittel erhalten sind, weist einen Durchmesser von 1,2 km auf. Wie das Schopflocher Moor war es von einem See bedeckt, der über die Ur-Lone nach Süden zur Donau entwässerte. Mit dem Zurückweichen des Albtraufs durch Erosion (→ S. 21) wurde das Maar vom Zipfelbach angenagt und zum Auslaufen gebracht. Da seine Schlotfüllung wesentlich widerstandsfähiger ist als die Juraschichten, wird es eines – Millionen Jahre fernen – Tages als Bergkegel vor dem Albrand stehen wie die Limburg. Das Randecker Maar wurde 1982 als Naturschutzgebiet ausgewiesen.

Man folgt nun weiter dem Kraterrand, geht auf der Straße wenige Schritte aufwärts und erreicht, zuerst auf einem Teerweg, dann über Wiesen und Heide die Bergkuppe des Auchterts. 2 km 6

Der Auchtert (frühere Bezeichnung der dorfnahen Nachtweiden für das tagsüber arbeitende Zugvieh), aus Unteren Felsenkalken (ki2, Weißjura Delta), bietet eine prächtige Rundumsicht, ähnlich wie die beim Breitenstein beschriebene (→ unten) und einen besonders aufschlussreichen Einblick ins Randecker Maar.

Beim Abstieg hält man sich, bezogen auf den Aufstieg, links, gelangt an eine Waldecke und folgt wenige Schritte dem Waldrand, bis das Zeichen blaues Dreieck nach rechts zum Naturdenkmal Pferch hinableitet.
0,5 km 7

W 1.13 Wiesensteig– Reußenstein – Randecker Maar – Rauber – Teck

Der **Pferch** bietet das beeindruckende Bild chaotisch durcheinander liegender Felstrümmer und eines Labyrinths von Spaltenhöhlen. Die Oberjurascholle ist hier um rund 20 m abgesunken.

Entlang dem Waldrand steigt man nun in eine Senke hinab und am Gegenhang zum Breitenstein hinauf. 1 km ⑧

*Die Aussicht vom **Breitenstein**, einem mächtigen, schroff abfallenden Weißjura-Delta-Schwammstotzen, ist großartig. Sie reicht im Westen über die abgesunkene Berghalbinsel von Erkenbrechtsweiler (links des Teck-Berghangs), den Jusi, Hohenneuffen, die Rutschenfelsen, Hohe Warte und Achalm bis zum Schwarzwald. Von der Nordspitze aus erblickt man über dem Randecker Maar den Reußenstein, weiter links den Messelstein, das Kalte Feld, den Rosenstein und Scheuelberg, Stuifen, Rechberg und Hohenstaufen, hinter dem Unterland schließen sich der Welzheimer Wald, Schurwald, Odenwald und Stromberg an. Eduard Mörike, der den Auchtert und Breitenstein von Ochsenwang aus oft besuchte, schrieb: „Einen prächtigeren Wechsel, als vom Breitenstein aus sich auftut, kann es nicht geben".*

Am Trauf und Waldrand dahin wird bald die Straße erreicht, auf der man links abbiegend Ochsenwang besuchen kann.
1 km ⑨

*In **Ochsenwang** war der Dichter Eduard Mörike von Januar 1832 bis Oktober 1833 als Pfarrverweser tätig. Er bewohnte im Pfarrhaus gegenüber der Kirche zwei Stuben, in denen eine ständige Mörike-Ausstellung eingerichtet ist (Einlass und Führungen durch Frau König, Tel. 07023/2304).*

Über der Straße verläuft der Weg auf der Kreisstraße Richtung Engelhof, die beim Hof Diepoldsburg verlassen wird. Man durchquert diesen und hat gleich danach, bei dem kleinen Friedhof, die Gelegenheit, in 2 Min. rechts am Waldrand entlang den Spitzen Fels zu besuchen.
2,5 km ⑩

*Der **Spitze Fels** war einer der Lieblingsplätze Mörikes, den er in einem Brief an seine Braut liebevoll beschrieb. „Ein*

Blick vom Breitenstein nach NO. Unten die Limburg, dahinter der Turmberg, am Horizont von links Hohenstaufen, Rechberg, Stuifen.

Blick vom Breitenstein über das Bissinger Tal zur Teck.

Plätzchen besonders ist mir schon ans Herz gewachsen … Zwischen einem Felsen sitzt man ohne alle Gefahr, wenn man nur erst drauf ist, wie in einem Lehnstuhl mit Moose gepolstert …, dass einen die Lüfte des Himmels mit seligem Schauder berühren …" Mittlerweile ist er so von Erosion gezeichnet, dass die Besteigung nicht ratsam ist.

Anschließend nimmt man den Waldweg, der unterhalb der Oberen Diepoldsburg zum Rauber hinabführt. 0,5 km 11

Rauber ist der im 16. Jh. entstandene Name der Unteren Diepoldsburg, deren Herren 1210 erstmals genannt werden. Sie gehörte 1297 den Herzögen von Teck, ab 1303 Habsburg, ab 1326 Württemberg und wurde vor 1535 Ruine. Sowohl von der Unteren wie von der Oberen Die-

poldsburg, der Hauptburg, sind Graben- und Mauerreste erhalten.

Von der Ruine zurückkehrend biegt man nach dem Burggraben links ab und steigt über dem Bergsporn zum Sattelbogen hinab (geologische Erläuterungen → unten, bei der Teck). Hier wird der Weg in der gleichen Richtung, links am Reservoir vorbei, bergan fortgesetzt und auf der Höhe dem linken Bergrand gefolgt. Auf halbem Weg zur Teck bietet der Gelbe Fels (Name vom gelbgefärbten Lehm in den Felsspalten) einen hübschen Blick auf die Grabenstettener Berghalbinsel, den Hohenneuffen und ins Lenninger Tal mit dem kleinen Bergkegel „Bühl", der durch zwei Nebenbäche der Lauter zum Zeugenberg ausmodelliert wurde. Weiter dem linken Bergrand folgend gelangt man zu einem Sattel hinab und auf dem Schottersträßchen zur Teck hinauf. 3 km

Die **Teck**, *die sich als lang gestreckter Vorposten der Alb ins Unterland hinausschiebt, ist zunächst von besonderem geologischem Interesse, veranschaulicht sie doch bedeutsame erdgeschichtliche Entwicklungsphasen. Beim Aufstieg vom Sattelbogen kann man die vier unteren Schichten des Oberen Juras beobachten. Nach wenigen Minuten erfolgt der Wechsel von den Impressamergeln (ox1, Weißjura Alpha) in die Wohlgeschichteten Kalke (ox2, Weißjura Beta) etwa 30 m höher wird der Übergang in die Lacunosamergel (ki1, Weißjura Gamma) erreicht. Die beiden Mergelschichten ox1 und ki1 sind am Nordhang an den Vorkommen von Bärlauch zu erkennen. Auf der Höhe folgt der Weg dem Kranz der Massenkalkfelsen. Unter ihnen sind mehrere Höhlen, wie das sagenumwobene Sibyllenloch und die Veronikahöhle, Zeu-*

gen der Verkarstung. Der Sattelbogen ist auch ein augenfälliges Beispiel für die Erosion. Bald – im geologischen Zeitmaß gemessen – werden die an ihm nagenden Bäche die Teck zu einem vor der Alb liegenden Zeugenberg isoliert haben. Wie die meisten seiner Artgenossen verdankt er das Überleben der Lage in einem Grabenbruch, der sich zwischen Jusi und östlichem Teckhang in den Albkörper hineinzieht (→ S. 15). Schließlich sind Hohenbol, Hörnle und Bölle am Nordrand sowie ein weiterer Schlot am Ostrand des Berges Relikte des Vulkanismus, einer der spektakulärsten erdgeschichtlichen Phasen im Gebiet.

Der gesamte **Teckberg** steht seit 1999 unter **Naturschutz**. Das 386 Hektar große Gebiet beherbergt eine reiche Flora und Fauna. Die Zahl der Pflanzenarten beläuft sich auf 464, darunter sind 33 Arten der roten Liste. Auch die Zahl der Brutvogelarten ist mir 56 sehr hoch.

Burg Teck wurde wahrscheinlich zwischen 1135 und 1150 von den Herzögen von Zähringen erbaut, deren Kerngebiet ursprünglich die Gegend um Kirchheim und Weilheim war. Ab 1188 nannte sich ein Spross des Geschlechts Herzog von Teck, und die Burg wurde ständiger Wohnsitz der Teckherzöge. Nach dem Aussterben der Staufer und Zähringer waren sie die vornehmste Familie in Schwaben, als einzige zur Führung des Herzogtitels berechtigt, im Rang über dem Grafen von Württemberg stehend. Diesem hohen Ansehen entsprachen die wirtschaftlichen Verhältnisse jedoch keineswegs, obwohl in der Umgebung 20 Burgen von der Herrschaft abhängig waren (auf einem Gebiet von nur 240 km^2!). 1303 mussten die Hälfte der Burg und des Herrenhofs an Österreich verkauft werden, 1439 starb das Geschlecht aus, 1525 brannte die Burg ab. Im 19. Jh. erhielt ein württembergischer Prinz den Rang eines Herzogs von Teck. Er heiratete eine englische Prinzessin, die Tochter des Paares ihrerseits ehelichte König Karl V., wodurch die Bezeichnung „Fürst von Teck" in die Titulatur des englischen Königshauses geriet.

Im Jahr 1889 wurde vom Verschönerungsverein Kirchheim ein Aussichtsturm auf der Teck errichtet. 1941 erwarb sie der Schwäbische Albverein und baute sie 1954/55 zum Wanderheim aus, wobei auch der Turm sein heutiges Aussehen bekam. Von diesem eröffnet sich eine großartige Aussicht, die auf Orientierungstafeln beschrieben ist.

W 1.13a Teilstrecke Wiesensteig – Reußenstein – Bahnhöfle – Schopfloch

Wanderstrecke: Länge 10 km
Aufstiege 240 m, Abstiege 60 m
Gehzeit 3 ½ Stunden
Wanderkarten:
Blatt 20 Geislingen
Kartenausschnitt W 1.13
A, E, F, G, K, R
Ausgangspunkt:
Wiesensteig (ÖPNV → S. 157)
Übernachtung:
In Lenningen-Schopfloch,
Auskunft Tel. 07026/6090
(Buslinien RBS 156/177
Wendlingen–Donnstetten)

Wiesensteig → S. 159.

Beschreibung der Strecke Wiesensteig–Bahnhöfle → S. 160.   7 km   ③

Am Bahnhöfle geht's durch einen Ausläufer des Hasentals mit Zeichen rote Raute rechts der Straße leicht bergan, am Beginn des Walds über diese hinüber und am rechten Hang der Kuppe Bulz nach Schopfloch hinauf. 3 km

Schopfloch (761 m NN, ca. 700 Ew.) wird 1152 erstmals urkundlich genannt als Scopheloch . Damals gehörten Teile des Orts dem Kloster Rot a. d. Rot, das 1411 seinen ganzen Besitz an den Inhaber der nahe gelegenen Burg Wielandstein verkaufte. 1385 war die hohe Obrigkeit zusammen mit der Stadt Gutenberg an Württemberg gekommen. Im Dreißigjährigen Krieg wurde das Dorf stark zerstört und ausgeplündert. Von 300 Einwohnern überlebten 48. Schopfloch ist heute Teilort der Gemeinde Lenningen.
*An der Landstraße nach Weilheim liegt 1 km nach dem Ort das besuchenswerte **Naturschutzzentrum Schopflocher Alb**, in dem auch das „Nordportal" zum Biosphärengebiet Schwäbische Alb eingerichtet wird (→ S. 28).*

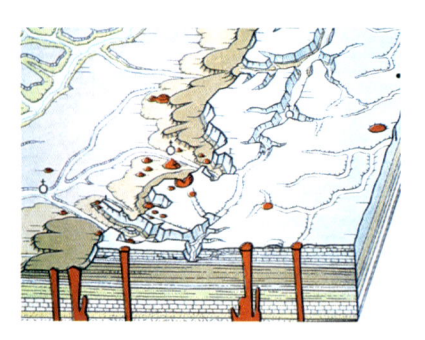

Vulkanismus auf der Mittleren Schwäbischen Alb. Schnitt durch das Zaininger, Böhringer und Grabenstetter Maar (von rechts nach links). Oben die Vulkanberge Turmberg und Aichelberg, rechts das Maar von Laichingen.

W 1.13b Schopfloch – Randecker Maar – Rauber – Teck

Wanderstrecke: Länge 15 km
Aufstiege 340 m, Abstiege 320 m
Gehzeit 5 ½ Stunden
Wanderkarten: Blatt 19 Reutlingen
Kartenausschnitt W 1.13
A, F, G, K, R
Ausgangspunkt:
Schopfloch (ÖPNV → S. 165)
Übernachtung: Im Wanderheim
Burg Teck, Tel. 07021/55208

Schopfloch → oben.

In Schopfloch geht man von der Kirche mit Zeichen rote Raute durch die Raiffeisenstraße und biegt am Ortsrand links in die Kreisstraße ab. In der Senke geht's beim Parkplatz rechts bergan und am Kreuzstein vorbei zum Naturschutzgebiet Schopflocher Moor. 3 km 1 b

*Das **Schopflocher Moor**, früher und in den top. Karten als Torfgrube bezeichnet, ist eines der wenigen Hochmoore der sonst wasserarmen Schwäbischen Alb und neben der Limburg und dem Randecker Maar der eindrucksvollste Beweis für den Vulkanismus der Gegend (→ S. 19). Unter den dreien zeigt das Schopflocher Moor, dank der rückwärtigen Lage von Erosion noch weitgehend unbehelligt, eine relativ frühe Entwicklungsstufe. In dem flachen Maar bildete sich auf der wasserundurchlässigen Schlotfüllung aus Basalttuff ein abflussloser See. Dieser verlandete, einerseits durch die Ablagerungen der am Rand im Flachwasser abgestorbenen Pflanzen, andererseits auch durch Versickerung*

W 1.13b Schopfloch – Randecker Maar – Rauber – Teck

infolge fortschreitender Verkarstung (→. S. 21). Mit der höher werdenden Torfschicht entstand schließlich ein nur durch Regenwasser gespeistes Hochmoor, begünstigt durch die hier besonders hohe Niederschlagsmenge von über 1000 mm/Jahr.

Interessant ist auch die Geschichte der Torfgrube, ihrer Entdeckung, wirtschaftlichen und landwirtschaftlichen Nutzung, der Erkenntnis ihres Werts als Refugium für gefährdete Tier- und Pflanzenarten und für die Forschung und des Ringens um den Erhalt der verbliebenen Reste. Ursprünglich und durch die Jahrhunderte wurde das Gebiet als Weide und zur Streugewinnung genutzt. Das Torflager wurde 1626 vom württembergischen Renaissance-Baumeister Wilhelm Schickhardt entdeckt. 1784 begann der Abbau in größerem Umfang, der jedoch über Jahrzehnte ein Verlustgeschäft blieb, weil die Älbler dem ungewohnten Brennmaterial skeptisch gegenüberstanden und sein Transport ins Unterland wegen der weiten und schlechten Wege zu teuer war. In der zweiten Hälfte des letzten Jahrhunderts wurde der Schopflocher Torf bis auf Reste in einem Kirchheimer Chlorkalkwerk verfeuert. Seit dem Beginn unseres Jahrhunderts wurde dann die Bedeutung der Torfgrube erkannt und um die Rettung der verbliebenen Reste gekämpft. 1913 heißt es in den „Blättern des Schwäbischen Albvereins", das Moor sei eines unserer bedeutsamsten Naturdenkmäler. 1931 kaufte der Schwäbische Albverein die ersten Grundstücke – die Bemühungen um den Aufkauf des ganzen Moores laufen bis zum heutigen Tag. 1941 erfolgte die Ausweisung als NSG, 1983 trat eine verbesserte Verordnung in Kraft. Ende der siebziger Jahre wurde ein Schwellenweg verlegt, der über einen am Parkplatz beim Otto-Hoffmeister-Haus beginnenden Wiesenweg erreicht wird. Auf diesem – und nur auf diesem! – kann das Moor begangen und seine besondere Pflanzen- und Tierwelt beobachtet werden. Heute ist man bemüht, das Moor wieder zu vernässen und dem Vordringen des Gebüschs Einhalt zu gebieten.

Einzelheiten schildert der Führer „Schopflocher Torfmoor" aus dem Verlag „Der Teckbote", auf den sich auch die obigen Ausführungen stützen.

Weiter geht's auf dem vorigen Sträßchen, auf der Landstraße kurz links, rechts am Parkplatz vorbei und zur Kreuzung bei Randeck hinab, wo wieder der HW 1 erreicht ist. 1,5 km 5

Beschreibung der Strecke Randecker Maar–Teck → S. 162. 10,5 km

Im Schopflocher Torfmoor. Der vom Otto-Hoffmeister-Haus ausgehende Schwellenweg gewährt schöne Einblicke in Streuwiesen mit Birken und Espen.

W 1.13R Rundstrecke Hepsisau– Neidlingen – Reußenstein – Randecker Maar – Hepsisau

> **Wanderstrecke:** Länge 14 km
> Auf- und Abstiege je 380 m
> Gehzeit 5 Stunden
> **Wanderkarten:** Blatt 20 Geislingen
> Kartenausschnitt W 1.13
> **A, F, G, H, K, R, T**
> **Ausgangs- und Endpunkt:** Hepsisau (Buslinie RBS 174 Kirchheim-Neidlingen; Parkmöglichkeit im Ort)

Hepsisau (465 m NN, ca. 750 Ew.) wird 1237 erstmals genannt als Habchinsowe, wohl aus einem Personennamen und „Au" zusammengesetzt. Es gehörte ab dem Ende des 13. Jh. den Herren von Lichteneck. Ihre Burg lag an der Ochsenwanger Steige 500 m oberhalb der Rechtskurve beim Waldrand rechts der Straße auf einem Hügel aus Bergsturzmassen. Bereits 1334 kam der Ort an Württemberg. Er wurde 1972 nach Weilheim eingemeindet.

In Hepsisau wandern wir vor dem Ortsende gegen Weilheim mit Zeichen blaues Dreieck rechts durch den Friedhofsweg und dann links abbiegend eben durch Wiesen und Obstgärten nach Neidlingen. 2,5 km ⟦1⟧R

Neidlingen (460 m NN, ca. 1900 Ew.) gehört, wie die mit dem Personennamen Nidilo verbundene „ingen"-Endung andeutet, zur ältesten Siedlungsschicht (→ S. 80). Der Ort wird bereits 796/97 erstmals genannt und gehörte im 11. und 12. Jh. wohl zum Gebiet der Herzö-

Obstblüte im Neidlinger Tal. Hinter Hepsisau der Vulkankegel der Limburg.

ge von Zähringen und Teck, später vermutlich zu dem der Grafen von Aichelberg. Unter dem einflussreichen Ortsadel entwickelte sich Neidlingen zum Zentrum einer kleinen Herrschaft. Es bestanden zwei Burgen, beim einstigen Herrenhof südlich der Kirche und am nördlichen Ortsrand. 1596 fiel Neidlingen an Württemberg, wurde von diesem an den Alchimisten von Mühlenfels verschenkt, der aber bald als Betrüger entlarvt und gehenkt wurde, und kam nach wechselnden Besitzern nach dem Dreißigjährigen Krieg wieder an Württemberg. Früher wurde am Südhang des Kleinen Lichtensteins Wein angebaut, heute ist Neidlingen bekannt durch ausgedehnte Kirschenanlagen mit rund 20 000 Bäumen.

Die alte Pfarrkirche stand im heutigen Friedhof. Sie wurde 1756 durch einen Neubau ersetzt. Nördlich davon stand das Wasserschloss aus dem 16. Jh., von dem Reste der Außenmauer und der Wälle erhalten sind.

Vom Rathaus wandern wir weiter mit Zeichen blaues Dreieck rechts durch die Kirchstraße, 10 Min. nach dem Ortsende links bergan, am linksseitigen Waldrand entlang, dann durch Wald aufwärts und auf dem ebenen Forstweg zum **Neidlinger Wasserfall**. 2,5 km ⎣2⎦R

Der 15 m hohe **Neidlinger Wasserfall** *ist das typische Beispiel eines konstruktiven Wasserfalls. Seine Quelle liegt in den Wohlgeschichteten Kalken (ox2, Weißjura Beta). Bei Trockenheit versiegt sie fast ganz.*

Nun geht's eine Minute zurück, rechts bergan, auf dem breiten, leicht ansteigenden Forstweg nach rechts und nach der Kurve mit Zeichen blaue Gabel

In der Zipfelbachschlucht. Durch sie wurde das Randecker Maar angeschnitten und entwässert.

scharf links ab zum Reußenstein empor.
1 km ⎣2⎦

Beschreibung der Strecke vom Reußenstein bis zur Straßenkreuzung bei Randeck → S. 161. 5 km ⎣5⎦

An der Kreuzung geht's mit Zeichen blaues Dreieck kurz auf der Straße abwärts, vor der Linkskurve nach dem Hof Randeck nach rechts, durch das Maar und über der Straße durch die Zipfelbachschlucht am Bach entlang nach Hepsisau hinunter. 3 km

W 1.14 Teilstrecke Burg Teck – Owen – Erkenbrechtsweiler – Hohenneuffen – Neuffen

> **Wanderstrecke:** Länge 16 km
> Aufstiege 420 m, Abstiege 810 m
> Gehzeit 6 ½ Stunden
> **Wanderkarten:** Blatt 19 Reutlingen
> Kartenausschnitt W 1.14
> **A, F, G, H, K**
> **Ausgangspunkt:** Burg Teck
> **Übernachtung:** In Neuffen, Auskunft Tel. 07025/1060 (Bahnlinie WEG R82 Nürtingen–Neuffen,
> Buslinien WEG 180 Nürtingen–Beuren und 199 Metzingen–Neuffen)

Teck → *S. 164.*

Beim Abstieg von der Teck folgt man 10 Min. dem Zufahrtsweg bis zu einem Sattel, der nach der Schutzhütte überquert wird, hält sich dann links und gelangt in Serpentinen zur Straßengabelung beim Hohenbol hinab. 1,5 km 1

*Der **Hohenbol** stellt das markante Beispiel eines Vulkanschlots dar. Da er im Niveau des weichen Mitteljuras liegt, ist die Füllung der ehemaligen Förderkanäle als Härtling erhalten geblieben. In den beiden Steinbrüchen oberhalb der Straße kann der dunkle Basalttuff schön beobachtet werden, vor allem auch im Vergleich mit den eingeschlossenen Oberjura-Brocken, die bei den Eruptionen in den Krater zurückfielen.*

Man verlässt die Straße gleich wieder beim Geräteschuppen, steigt durch Obstgärten abwärts und betritt durch die Teckstraße den östlichen Teil von Owen, der von den Herzögen von Teck über dem ursprünglichen Dorf gegründet wurde.
1,5 km 2

Owen (391 m NN, ca. 3500 Ew.) Der Name geht auf die Lage in den Auen der Lauter zurück und wird auch so gesprochen. Das Dorf wird um 1112 erstmals erwähnt. Vor 1276 gründeten die Herzöge von Teck östlich davon eine Stadt mit drei Toren und rechteckigem Grundriss, die zu Beginn des 14. Jh. als ihre Residenz eine Blütezeit hatte, jedoch bereits 1383 verpfändet und anschließend an Württemberg verkauft wurde. Die bedeutenderen Gebäude stehen im unteren, ursprünglichen Ortsteil. Die ev. Pfarrkirche, eine Pseudobasilika, Grablege der Teckherzöge, wurde nach dem Stadtbrand von 1385 bis auf den romanischen Turm neu erbaut. Als besonderen Kunstschatz birgt sie ein spätgotisches Altar-Triptichon. Das „Schlössle" ist ein Rest des Frauenklosters, heute Pfarrhaus, in dem Mörike zwei Jahre als Vikar lebte. Neben der „Kirchbruck" steht das „Klösterle", eine ehemalige Beginenklause und eines der ältesten Fachwerkgebäude des Gebiets, um 1430 erbaut (Kirchheimer Straße 51). Die Peterskirche, ein schlichter gotischer Rechteckbau mit Wandmalereien, liegt in der teck'schen Stadtanlage. Von dieser sind noch Reste der Stadtmauer und des Grabens erhalten.

Über der Kirchheimer Straße und der Lauter werden die Bahnhofstraße und das Gebiet des ursprünglichen Dorfes erreicht. Links abbiegend kann man durch die Amtstraße der ev. Pfarrkirche einen Besuch abstatten (→oben). Neben der Kirche verdeutlicht der munter dahin fließende Kanalbach die einstige Bedeutung der Wasserkraft für die Industrialisierung der Albtäler.

W 1.14 Burg Teck – Owen – Erkenbrechtsweiler – Hohenneuffen – Neuffen

*Die Nutzung der **Wasserkraft** an der Lauter und ihren Zuflüssen ist bedauerlicherweise wie überall stark zurückgegangen. Es existierten einst 81 Triebwerke, die im Jahr bis zu 10 Mio. kWh lieferten. Dies entspricht etwa dem Bedarf der Stadt Owen, einem Wert von rund 1,2 Mio. Euro, einer Einsparung von rund 3500 t Kohle und der entsprechenden Reduzierung der Emissionen. Inzwischen sind über zwei Drittel der Triebwerke abgebaut oder stillgelegt.*

Durch die Bahnhofstraße geht's weiter zum Bahnhof, links durch die Eisenbahnstraße, über die Bahnlinie, dann links durch die Straße „In der Braike", schließlich gleich rechts zum Ortsrand und nahe dem Wehrbach durch Obstgärten. Nach 15 Min. liegt links die Kuppe des Bölle, die mit einem kurzen Abstecher besucht werden kann. 1,5 km [3]

*Das **Bölle** ist links der Lauter das Gegenstück zum Hohenbol, ein ebenfalls aus dem Mittleren Jura heraus gewitterter Vulkanschlot. Seine Eruptionsgesteine sind in einem Steinbruch aufgeschlossen, der als Naturdenkmal ausgewiesen ist. Rechts an der Felswand ist dunkelgrauer, homogener Basalt, erkaltete Lava, zu erkennen, daneben Basalttuff, ein Konglomerat aus Lava, vulkanisch-basaltischer Asche und Bestandteilen des ehemaligen Deckgebirges.*

Die Aufstiegsroute führt weiter gerade zum Waldrand, hier kurz links, dann rechts durch Wald steil zur Hochfläche der Bassgeige empor und links am Trauf entlang, an Siedlungsresten vorbei, zum Brucker Fels hinüber. 2 km [4]

*Die **Bassgeige** verdankt ihren Namen der Form dieser Berghalbinsel. Sie ist gegen die Albhochfläche durch eine 325 m lange Mauer, die nur noch als Wall vorhanden ist, mit davor liegendem Graben abgeriegelt. Ihre Bauzeit und das von ihr geschützte Objekt sind noch un-*

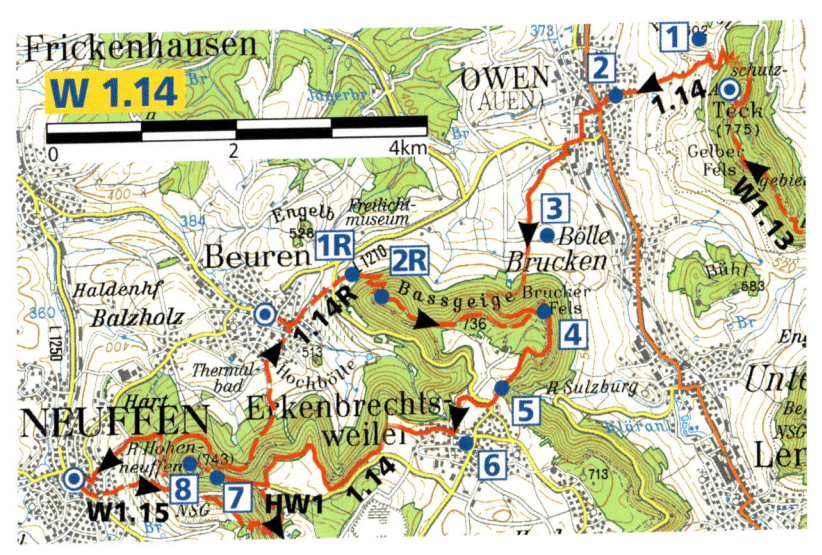

Grabenstetter Berghalbinsel mit dem Verlauf des Heidengrabens (rote Linien). Rechts unten Grabenstetten und der Wall an der Engstelle zwischen dem Oppidum und der Albhochfläche. Am Oberen Bildrand die Bassgeige.

bekannt. Vielleicht handelte es sich um eine frühmittelalterliche Burg – darauf deutet auch die frühere Bezeichnung „Burg" für die Bassgeige hin –, die auf dem kleinen Plateau östlich des Beurener Felsens lag und durch eine Befestigung am Schlupffels gegen den Ostteil der Bassgeige abgesichert war. Bei den Steinfundamenten am Brucker Fels könnte es sich um Reste eines Beobachtungspostens handeln.

Der **Brucker Fels** bietet eine großartige Aussicht. Ganz links liegen am Fuß des Beurener Felsens die Vulkanschlote Spitzberg und Engelberg, weiter rechts im Neckartal Nürtingen, im Lautertal Kirchheim, Dettingen und Owen. An einer Stelle weiter südlich erblickt man die Teck, den Gelben Fels und Sattelbogen, dahinter den Breitenstein, davor den Bühl, rechts davon den Vulkankegel mit der Sulzburg, darüber den Hof Diepoldsburg und Engelhof, am Horizont den Turm auf dem Römerstein.

Vom Brucker Fels führt der Weg weiter am Trauf entlang, nach Waldaustritt am linken Waldrand abwärts, wobei nach 4 Min. die oben beschriebene Befestigung der Bassgeige beginnt und sich entlang der Hecke zum Parkplatz hinaufzieht. Wenige Schritte weiter ist an der Schluchtspitze mit der vierfachen Wegteilung die Nordseite des Heidengrabens erreicht, welche die Zugänge aus dem Lenninger und Beurener Tal absperrte.

1,5 km 5

Der **Heidengraben** *ist mit 16,62 km geschützter Innenfläche das größte be-*

kannte keltische Oppidum (→ S. 78). Sein Kerngebiet, die 1,53 km² große „Elsachstadt", liegt im Südwesten zwischen dem Kaltental und Grabenstetter Tal und ist im Norden durch einen 1,4 km langen Wall mit zwei Gräben gesichert. Zusätzlichen Schutz bieten vier Vorbefestigungen rund um die Grabenstetter Berghalbinsel: Die Wälle beim Burrenhof, nördlich von Erkenbrechtsweiler, durch Grabenstetten und 1 km südlich dieses Ortes. Sie weisen eine Gesamtlänge von rund 3,7 km und sieben Tore auf, die bis auf eines zweifelsfrei als Zangentore angelegt waren. Bei diesem Schema sind die beiden Mauerenden so nach innen abgewinkelt, dass eine sich verjüngende Gasse entsteht, an deren innerem Ende ein hölzerner Torbau liegt. Bei den Wällen handelt es sich um „Pfostenschlitzmauern", also Steinmauern mit Schlitzen, in denen bis zu 60 cm dicke, durch Queranker verbundene Pfosten angebracht waren. Das ganze Areal ist noch wenig erforscht. Münzfunde deuten darauf hin, dass die Elsachstadt im späteren 2. Jh. v. Chr. besiedelt war und um 55 v. Chr. verlassen wurde.

Man schreitet durch das Tor zum Ortsrand von Erkenbrechtsweiler hinauf, geht über der Straße rechts an der Obstwiese entlang und biegt gegenüber dem Parkplatz ins Dorf ab.   2 km   6

***Erkenbrechtsweiler**, (702 m NN, ca. 2 100 Ew.), wurde 1284 als Hergenbolswiler erstmals genannt, es hieß daneben bis ins 16. Jh. auch Weiler, und ist aus mehreren Höfen und Weilern zusammengewachsen. Ursprünglich Besitz der Herren von Neuffen, kam es durch Erbgang an die von Weinsberg und 1301 an die Grafen von Württemberg. Die ev. Pfarrkirche ging aus einer im 18. und 19. Jh. umgestalteten spätgotischen Kapelle hervor.*

Im Burgweg wird nach Haus Nr. 12 rechts abgezweigt, am Ortsende am Zaun entlang und zum Waldrand hinüber gewandert. Hier folgt man nach links dem Trauf, betritt bald den Wald und wandert zwischen der Straße und dem Steilhang weiter. An der Schluchtspitze wendet sich der Pfad nach rechts und verläuft immer nahe dem Trauf und Waldrand, bis er über den Marienfels und Wilhelmsfels auf den Parkplatz beim Hohenneuffen stößt, von

Der Heidengraben. Wall an der Engstelle zwischen dem Oppidum und der Albhochfläche.

wo ein Fahrweg über einen Berggrat zum Sattel mit den Abzweigungen in die Stadt Neuffen hinab führt. 3 km [7]

Geradeaus gehend gelangt man auf der Burgsteige zur Ruine Hohenneuffen hinauf. 0,5 km [8]

*Die **Burg Hohenneuffen**, heute die mächtigste Burgruine der Schwäbischen Alb, wurde wie die meisten Höhenburgen Schwabens in der 2. Hälfte des 11. Jh. erbaut. Sie war über 200 Jahre Mittelpunkt der Herrschaft Neuffen, nachweisbar seit 1198 im Besitz der Edelfreien von Neuffen. Im 14. Jh. residierte Graf Ulrich IV. auf der Burg, während der 40jährigen Teilung Württembergs im 15. Jh. war sie Hauptburg der östlichen Landeshälfte. Sie widerstand mehreren Belagerungen, zuletzt im Bauernkrieg 1525. Im 16. Jh. blieb sie vom allgemeinen Burgensterben verschont – im Gegenteil, sie wurde zur Festung ausgebaut, im 18. Jh. nochmals verstärkt und diente vor allem als Staatsgefängnis. Glücklicherweise wurde das herzogliche Dekret zur Schleifung von 1801 nur teilweise befolgt. Aus dem Mittelalter sind noch Ring- und Schildmauer erhalten, aus dem 16. Jh. die drei Rundtürme.*

Der heutige Zugang an der Nordflanke wurde im 18. Jh. angelegt. Er tangiert zunächst die Vorwerke und führt durch den Tunnel des Friedrichsbaus, die aus derselben Zeit stammen. Anschließend wird der Festungsbereich des 16. Jh. betreten und durch den inneren Vorhof über eine Rampe das Gipfelplateau erreicht, Standort der mittelalterlichen Burg. Von ihr sind Teile der starken Schildmauer und Umfassungsmauern erhalten. Links öffnet ein Durchschlupf den Weg auf das gewaltige Mauer- und Wallsystem des 16. Jh. mit den Grundmauern mächtiger Türme.

Großartig ist die Rundschau von der Aussichtsplattform. Sie umfasst weite Teile der Alb vom Hohenstaufen bis zum Dreifürstenstein, reicht im Westen bis zum Schwarzwald, über das Vorland zur Wurmlinger Kapelle, auf Schönbuch, Stromberg, Löwensteiner Berge, Schurwald und Welzheimer Wald. (Die Burggaststätte ist ganzjährig geöffnet, Mo. und Di. Ruhetag).

Der Weiterweg führt von der Ruine zum Sattel zurück, wo man links abbiegt und mit Zeichen blaues Dreieck halb um den Bergkegel herum zum Waldrand und hier scharf links abzweigend nach Neuffen absteigt. 2,5 km

Neuffen *(408 m NN, ca. 5800 Ew.) wird erstmals im 12. Jh. urkundlich genannt. Der Burgsitz wurde schon im 12. Jh. auf den Hohenneuffen verlegt. Um 1232 wurde das Dorf von den Edelfreien von Neuffen zur Stadt erhoben und anschließend mit einer ringförmigen Stadtmauer bewehrt, die teilweise erhalten ist. 1301 kam die Stadt an Württemberg, 1634 brannte sie fast vollständig nieder. Bis 1807 war Neuffen württembergische Amtsstadt. Der Weinbau an den Hängen des Hohenneuffen war lange Zeit der Haupterwerbszweig. Das reizvolle Stadtbild weist zahlreiche alte Gebäude und Fachwerkhäuser auf, wie das Rathaus, Große Haus, Melchior-Jäger-Haus, die Stadtkelter und den Fruchtkasten. Die Pfarrkirche, eine dreischiffige Rundpfeilerbasilika mit kreuzrippengewölbtem Chor, wurde Mitte des 14. Jh. von einem romanischen in einen gotischen Bau umgewandelt. Besonders bemerkenswert sind ein Wandgemälde des 15. Jh. an der Chorsüdwand und der prächtige Kanzeldeckel von 1620.*

W 14R Rundstrecke Beuren – Bassgeige – Erkenbrechtsweiler – Hohenneuffen – Beuren

Wanderstrecke: Länge 14 km
Auf- und Abstiege je 400 m
Gehzeit 5 ½ Stunden
Wanderkarten: Blatt 19 Reutlingen
Kartenausschnitt W 1.14
A, F, Fam., G, H, K, R
Ausgangs- und Endpunkt: Beuren (Buslinien WEG 180 und 199 Metzingen–Beuren; Parkmöglichkeit im Ort)

Beuren (435 m NN, ca. 3500 Ew.) ursprünglich zur Herrschaft Neuffen gehörend, ab 1304 württembergisch. Das malerische Bild des Ortskerns wird geprägt von der spätgotischen Nikolauskirche im ummauerten ehemaligen Friedhof (Wandmalereien aus der 2. Hälfte des 15. Jh., spätgotischer Palmesel, Ölberg an der Außenseite), dem Rathaus von 1526, dem einstigen „Heiligenhaus" von 1516/18, der restaurierten Kelter sowie Fachwerkhäusern an der Hauptstraße. Beuren ist seit 1975 anerkannter Erholungsort mit Heilquellenkurbetrieb. 1970/71 wurden zwei Thermalquellen mit 38,5 und 48,3° C in 382 bzw. 755 m Tiefe erbohrt, die der Ort dem Vulkanismus dieser Gegend verdankt (→ S. 19).

Interessant ist der Besuch des Freilichtmuseums. Geöffnet Di.–So. 9–18 Uhr, über den Winter geschlossen.

In Beuren gehen wir von der Ortsmitte mit Zeichen blaues Dreieck durch die Hauptstraße und Owener Straße, biegen nach rechts in die bergan führende Alte Steige ab und queren die nach Erkenbrechtsweiler führende K 1262. Nach 3 Min., bei der Abzweigung, befinden wir uns inmitten eines Basalttuffschlots, wie die Aufschlüsse in den unten am Hang liegenden Sandgruben zeigen.

1 km [1] R

*Um **Basalttuffschlote** handelt es sich auch bei den linker Hand liegenden Kuppen des Engelbergs und Spitzbergs sowie beim Hochbölle südöstlich Beurens.*

Der Weg führt nun steil durch Wald zur Bassgeige und zum Beurener Felsen hinauf.

1 km [2] R

*Der **Beurener Fels** bietet schöne Sicht auf den westlichen Albrand mit Ho-*

Blick vom Brucker Fels über das Lenninger Tal mit Brucken zur Teck.

henneuffen, Hörnle, Stöffelberg, Achalm, Georgenberg, Jusi und Florian. In der Umgebung stockt schöner Eichen-Trockenwald.

Wir gehen an der Hütte vorbei über den Bergsporn, queren einen Sattel, folgen in der Steigung links abbiegend dem Bergrand und gelangen über den Schlupffelsen und durch den Burgwald zum Brucker Fels. 2 km [4]

Brucker Fels → S. 172.

Beschreibung der Strecke auf dem HW 1 vom Brucker Fels zum Hohenneuffen → S. 172. 6,5 km [8]

Hohenneuffen → S. 174.

Vom Hohenneuffen geht man auf dem Weg des Aufstiegs wieder zum Sattel hinab. 0,5 km [7]

Man biegt links ab und erreicht mit der Markierung blaues Dreieck über die Skihütte den Ausgangsort Beuren. 3 km

Hohler Lerchensporn. Weiße und rote Form, im Schwäbischen als „Henn" und „Gockeler" bezeichnet.

W 1.15 Teilstrecke Neuffen – Burrenhof – Hülben – Bad Urach

Wanderstrecke: Länge 13 km
Aufstiege 380 m, Abstiege 320 m
Gehzeit 5 Stunden
Wanderkarten: Blatt 19 Reutlingen
Kartenausschnitt W 1.15
A, F, Fam., G, H, R
Ausgangspunkt:
Neuffen (ÖPNV → S. 170)
Übernachtung: In Bad Urach, Auskunft Tel. 07125/94320 (Bahnlinie RAB 763 Metzingen–Bad Urach, Buslinie RAB 7640 Reutlingen–Bad Urach)

Neuffen → S. 174.

In Neuffen wandern wir vom Stadtzentrum in der Hauptstraße aufwärts, biegen links in die Schlossgasse ab und steigen mit Zeichen blaues Dreieck durch Weinberge und durch das Naturschutzgebiet Neuffener Heide bergan. 1,5 km [1]

*An der **Neuffener Heide** wurde früher Ackerbau betrieben, worauf die Terrassen am südlichen Teil hinweisen. Außerdem wurden einschürige Wiesen, Mähder, bewirtschaftet, die nicht gedüngt und nur einmal gemäht wurden (→ S. 60). Wahrscheinlich wurde sie auch als Weide genutzt. Das 17 Hektar große Naturschutzgebiet wurde 1978 ausgewiesen. Der heutige Kalk-Magerrasen beherbergt zahlreiche Orchideenarten. Dank dem milden Klima in der windgeschützten Südwest-Lage sind hier besonders viele Heuschrecken- und Schmetterlingsarten heimisch. Die blumenreichen Mähder (→ S. 60) wurden über Jahre hinweg vom*

W 1.15 Teilstrecke Neuffen – Burrenhof – Hülben – Bad Urach 177

Pflegetrupp der ehemaligen BNL Stuttgart in Zusammenarbeit mit dem Schwäbischen Albverein gepflegt. Heute liegt die Pflege ganz in den Händen des Albvereins.

Der Weg verläuft zunächst nahe dem Waldrand am Hang entlang und dann in Serpentinen zum Bauerloch empor.

1 km   2

*Das **Bauerloch** (590 m NN) liegt im Bereich der Wohlgeschichteten Kalke (ox2, Weißjura Beta) und weist eine Länge von 469 m auf. In den Dreißigerjahren des letzten Jahrhunderts soll die Höhle noch das ganze Jahr über Wasser geführt haben, heute fließt der Dürrenbach nur noch in Zeiten hohen Wasserstands aus dem Mundloch der Höhle. Seine dauernd schüttende Quelle liegt 70 Höhenmeter tiefer.*

Auf der Höhe am HW 1 angekommen, kann man vom Waldrand kurz geradeaus gehend eine Schanze besichtigen.

(0,5 km)   3

*Bei der **Schanze** im Wald Kohlhau handelt es sich nicht, wie zunächst vermutet*

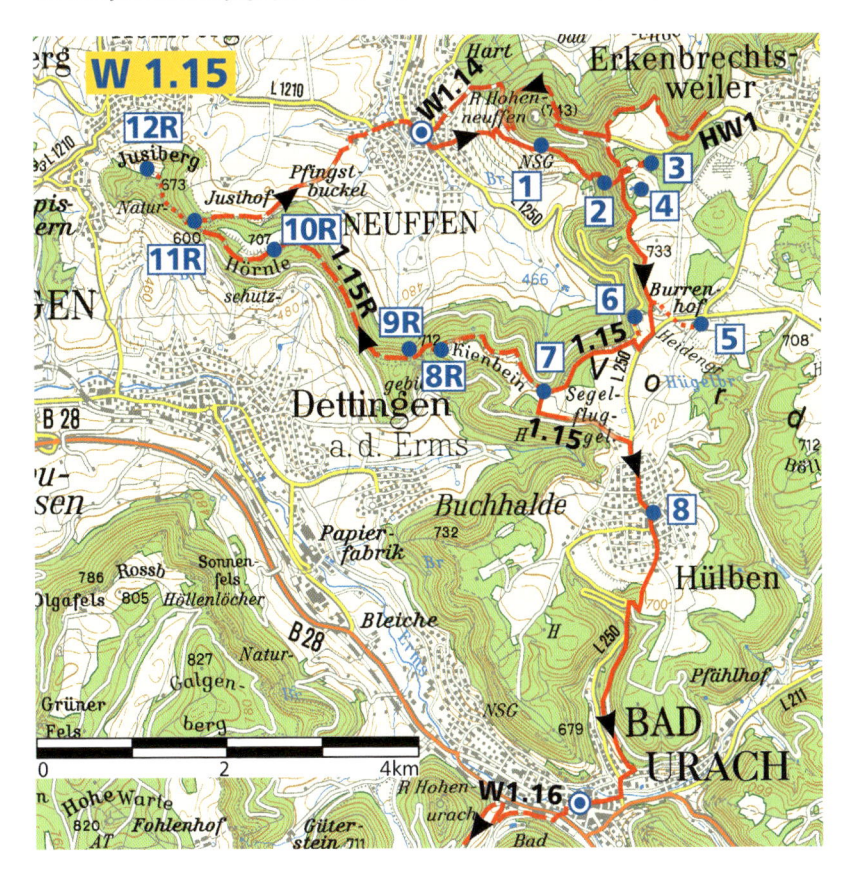

Blick vom Hohenneuffen. Unten liegt Neuffen mit den Rebenhängen, an denen der „Täleswein" wächst. Dahinter das Hörnle mit dem Steinbruch, links davon am Horizont die Achalm.

wurde, um eine keltische Viereckschanze, sondern um eine „Redoute" aus der Mitte des 18. Jh. Die damals unbewaldete Höhe bot einen guten Überblick auf das Vorfeld des Hohenneuffen, deshalb kann angenommen werden, dass von hier aus sein Zugang überwacht wurde. Der Schanze mit etwa 62 m Seitenlänge ist allseitig ein Graben vorgelagert.

Ansonsten folgt man rechts abbiegend dem Waldrand. Die Route ist nun eine Stunde lang mit einem geologischen Pfad identisch.

Der Geologische Pfad, der von Metzingen über den Florian, Jusi und Ho-henneuffen nach Neuffen führt, wurde 1972 vom Schwäbischen Albverein auf dem 1941 eingeweihten Gustav-Ströhmfeld-Weg angelegt. Auf ihm wird die einmalige Vielfalt der Mittleren Alb und des davor liegenden Schichtstufenlandes auf 41 informativen Tafeln erläutert.

Der nahe dem Trauf abwärts fallende Pfad erreicht sogleich eine Senke, die zur Rechten jäh in eine felsgesäumte Schlucht abstürzt und zur Linken in eine flache, kreisförmige Mulde, Molach genannt, mündet. 0,5 km ☐4

Die Molach ist sozusagen die etwa zehnfach verkleinerte Miniaturausgabe des Randecker Maars (→ S. 162), ein Vulkanembryo, dessen Maar ebenfalls durch Erosion vom Albrand her angeschnitten ist. Jedoch füllt sich hier noch nach längeren Regenfällen oder bei Schneeschmelze in der Mitte ein Restbecken mit Wasser, da der Untergrund aus Wasser stauendem Vulkantuff besteht.

Die Route führt nun weiter nahe dem Trauf bergan, verläuft dann eben, quert nach einer Schluchtspitze den Rücken des Barnbergs und erreicht schließlich am Waldrand entlang die südwestliche, 1025 m lange Befestigung des Heidengrabens zwischen dem Kaltental und dem Neuffener Tal. Gleich hinter dem Wall kann links abgebogen werden zu einem viertelstündigen Abstecher zum Burrenhof. 1,5 km ☐5

Beim Burrenhof befinden sich Grabhügel, auf die sein Name zurückgeht. Sie liegen zwar innerhalb des Oppidums, stammen jedoch aus der älteren Hallstattzeit und gehörten zu einem in der Nähe gelegenen Herrensitz. Zwischen ihnen wurde ein noch älterer Friedhof der

W 1.15 Teilstrecke Neuffen – Burrenhof – Hülben – Bad Urach

Urnenfelderzeit (→ S. 78) nachgewiesen. Vor der Gaststätte Burrenhof wurden sieben der ursprünglich 22 verflachten Hügel wieder aufgeschüttet, um die ehemaligen Dimensionen zu zeigen. 200 m unterhalb des Burrenhofs liegt direkt neben dem Weg eines der mächtigsten bekannten Zangentore. Sein Aufbau ist auf einer Informationstafel anschaulich geschildert.

Der Weg stößt bald auf die Umzäunung eines großen Steinbruchs, folgt zuerst diesem und dann der Straße, biegt nach rechts in die Steige ein und verlässt diese gleich wieder nach links am Parkplatz vorbei. Auf der Steige führt ein Abstecher von acht Minuten zum Eingang des Steinbruchs, wo links ein interessanter Vulkanembryo zu besichtigen ist. 1 km 6

Der Steinbruch an der Neuffener Steige zeigt Bank- und Quaderkalke der oberen Unteren Felsenkalke (ki2, Weißjura Delta). Besonders beeindruckend ist der kleine Vulkanschlot links neben dem Eingang. Die scharfe Grenze zwischen Kalkgestein und Tuff beweist, dass die Temperatur des Tuffs beim Ausbruch niedrig war, so dass keine Veränderung des Kalks eintrat. Auch die in den Schlot zurückgefallenen Kalksteine zeigen keine Umformungen.

Vom Parkplatz geht's zunächst nahe dem Waldrand durch Felder, dann durch den Wald Kniebrech und in diesem nach 7 Min. halbrechts zur Hangkante, wo der HW 1 nach links abzweigt, während das Zeichen blaues Dreieck geradeaus nach Neuffen weist. 1,5 km 7

Der Alb-Nordrand-Weg leitet aus dem Wald, dann kurz nach rechts und schließlich in der vorigen Richtung zum gegenüberliegenden Trauf und Waldrand hinauf. In der Waldecke kann nach rechts mit wenigen Schritten der Seizenfels besucht werden, der einen Blick über das Ermstal gewährt (Zeichen blaues Dreieck). Zurückgekehrt, geht man zwischen Hang und Segelfluggelände dahin und erreicht bei der schönen Linde die Straße, die nach Hülben hineinführt. 2 km 8

Hülben (715 m NN, ca. 2600 Ew.), liegt wie zahlreiche andere Dörfer der Umgebung auf einem Vulkanschlot. Es wird um 1100 in einer Schenkung an das Kloster Zwiefalten erstmals urkundlich genannt. Die Herkunft des Namens von der Hüle (→ S. 87) beweist deren Wichtigkeit auf der wasserarmen Alb. Die engen kirchlichen und politischen Verbindungen zu Dettingen lassen vermuten, dass der Ort von dort aus gegründet wurde.

Man wandert durch die Neuffener Straße, Hauptstraße und Friedhofstraße, hält bei der Gabelung am Ortsende geradeaus und wandert über Felder zu einer Seitenschlucht des Mauchentals hinab. An deren linkem Rand leitet der Pfad abwärts, dann quert er einen Forstweg und führt am linken Rand des Mauchentals nach Bad Urach hinein. Zur Stadtmitte geht man durch die Straßen „Am Kälberburren", „Am Mahlensteig", rechts durch die Neuffener Straße und nach der Elsachbrücke durch die Pfählerstraße. 4 km

Bad Urach (464 m NN, ca. 12 600 Ew.) ist in Verbindung mit einer Wasserburg, dem heutigen Schloss, entstanden, die ihrerseits etwa gleichzeitig mit der Burg Hohenurach erbaut wurde und mit dieser ein zusammenhängendes Wehrsystem bildete. Die Stadt wurde um 1265 an Württemberg verkauft und erlebte

eine Blütezeit, als sie von 1442 bis 1482 während der Teilung der Grafschaft Residenz des südlichen Landesteils war. Unter der Regierung von Graf Ludwig I. und seinem Sohn Graf (ab 1495 Herzog) Eberhard im Bart wurden das Stadtschloss, die Amanduskirche, das Spital und das Rathaus erbaut. Das Wirtschaftsleben erhielt durch Herzog Friedrich I. um die Wende zum 17. Jh. entscheidende Impulse. Der Ulmer Barchenthandel veranlasste ihn dazu, den auf der Alb angebauten Flachs im eigenen Land zu verarbeiten. Dazu entstanden an der neuen Ostmauer 29 Weberhäuser und die Bleiche, Keimzelle der späteren Textilindustrie in der Region.

In erdgeschichtlicher Hinsicht wird das Erscheinungsbild der Stadt nicht nur vom Kranz der weiß von den Höhen leuchtenden Schwammstotzen geprägt. Sie liegt auf einer Kalksinter-Terrasse, welche die Erms hier an der Mündung der Elsach abgelagert hat. Aus dem Kalksinter, der in zahlreichen Brüchen des Ermstals gewonnen wurde, sind viele Gebäude der Stadt erbaut, darunter auch die Amanduskirche (→ unten). Mit dem Vulkanismus dürfte die im Uracher Gebiet vorhandene „positive Wärmeanomalie" zusammenhängen. Diese beschert der Stadt hoch mineralisierte Thermalwässer aus einer 770 m unter Grund, bis in den Bereich des Muschelkalks, abgeteuften Tiefbohrung. Sie werden in einem Thermalbad als Kurmittel angewandt, seit 1985 darf sich Urach mit dem Prädikat „Bad" schmücken.

Unter den bedeutenden Bauten ist an erster Stelle die Amanduskirche zu nennen, eine spätgotische Basilika mit Netz- und Sterngewölben, hervorragender bildhauerischer Ausstattung, zahlreichen Grabmälern, Totenschilden und Holzepitaphien. Das Stadtschloss mit der kreuzrippengewölbten Dürnitz und anderen repräsentativen Räumen wurde 1443 neu erbaut und mehrmals, zuerst 1447 zur Hochzeit des Grafen Eberhard, modernisiert. Der in seiner Geschlossenheit eindrucksvolle Marktplatz mit dem Rathaus und anderen malerischen Fachwerkhäusern bildet das Zentrum der Stadt. Neben weiteren Fachwerkbauten ist vor allem die Weberbleiche am Ostrand der Neustadt sehenswert.

Die Molach. Eine Miniaturausgabe des Randecker Maars.

Die Stadt beherbergt mehrere Museen:
- *Historisches Museum* in den kunsthistorisch bedeutenden Räumen des Residenzschlosses (Führungen April bis Oktober 10, 11, 14, 15, 16 und 17 Uhr, November bis März 11, 14, 15 und 16 Uhr jeweils außer Mo.).
- *Albvereinsmuseum im Residenzschloss*, das im Rahmen einer Führung durch das historische Museum zugänglich ist.
- *Stadtmuseum in der Klostermühle* (10–11.45 Uhr und 13–16.45 Uhr außer Mo., Einlass zur vollen Stunde).
- *Grammophon-Museum im Alten Schulhaus*, Friedhofstraße 7 (So. 14–17 Uhr).

W 1.15R Rundstrecke Neuffen – Heidengraben – Kienbein – Dettinger Hörnle – Neuffen

Wanderstrecke: Länge 15 km
Auf- und Abstiege je 380 m
Gehzeit 5 ½ Stunden
Wanderkarten: Blatt 19 Reutlingen
Kartenausschnitt W 1.15
A, F, G, H, K, R
Ausgangs- und Endpunkt:
Neuffen (ÖPNV → S. 170; Parkmöglichkeit beim Bahnhof)

Neuffen → *S. 174.*

Beschreibung der Strecke von Neuffen bis zur Abzweigung nach dem Wald Kniebrech → S. 176.   7 km   7

Anschließend geht's mit Zeichen blaues Kreuz am Waldrand entlang zur Karlslinde.   1,5 km   8 R

Die **Karlslinde** wurde 1871 zu Ehren König Karls gepflanzt. Die Aussicht reicht über die Neckarlandschaft hinweg bis zum Schönbuch und Schwarzwald.

Der Weiterweg führt nun steil zum Sattel mit dem Schillingskreuz hinab (Schutzhütte, Rastplatz, Feuerstelle).
   0,5 km   9 R

Beim Schillingskreuz soll 1341 der bei der Bärenjagd verunglückte Herr von Schilling verstorben sein.

Anschließend geht man über eine Kuppe hinweg über den Grat zwischen dem Neuffener Talkessel und Ermstal und über das Dettinger Hörnle, in das der an seinem Nordrand liegende Steinbruch tiefe Wunden gerissen hat. Der erste Teil der Strecke führt am Rand des am linken Hang liegenden Naturschutzgebiets Neuffener Hörnle/Jusenberg entlang, in welches auch der Steinbruch und der ganze Jusiberg einbezogen sind.
   2 km   10 R

Der Steinbruch am **Dettinger Hörnle** *wurde 1913 in Betrieb genommen. Der gebrochene Kalk wurde über eine Seilbahn zum Bahnhof Neuffen transportiert und mit der Tälesbahn ins Zementwerk nach Nürtingen gefahren. Anfangs der 1960er Jahre drohte dem Berg ernste Gefahr, als trotz der bereits starken Beeinträchtigungen von den Betreibern weitere Ausnahmegenehmigungen zum Abbau beantragt wurden. Verschiedene Verbände, allen voran der Schwäbische Albverein unter seinem Vorsitzenden Georg Fahrbach, kämpften engagiert um die Rettung des Bergs. 1974 wurde der Betrieb eingestellt.*
Das 48 Hektar große **Naturschutzgebiet Neuffener Hörnle/Jusenberg** *wurde*

Der Hohenneuffen. Blick vom HW 1 nahe der Molach. Links unten das NSG Neuffener Heide, dahinter Neuffen.

1997 ausgewiesen. In Ihm sollen wertvolle Lebensräume gefährdeter Pflanzen und Tiere erhalten werden. Vor allem im aufgelassenen Steinbruch haben sich unterschiedlichste Biotope gebildet, von extrem trockenen Stellen in der Felswand bis hin zu Quellbereichen und Tümpeln in der Bruchsohle. Auf dem Bergkamm und auf dem Grat zum Jusi steht ein Eichen-Trockenwald, in dem der Wärme liebende Blaue Steinsame gedeiht. Ungewöhnlich vielfältig ist auch die Vogelwelt des Steinbruchs mit über hundert Arten, darunter Baumfalke, Berglaubsänger, Kolkrabe, Neuntöter, Sperber, Uhu und Wanderfalke. Daneben bietet dieses „Sekundärbiotop" zahlreichen Amphibien-, Reptilien- und Insektenarten Lebensraum.

Der Weg führt an der Umzäunung des Steinbruchs zum Sattelbogen hinab.
  1 km   11R

Von hier ist ein halbstündiger Abstecher auf den aussichtsreichen Jusiberg möglich, einer der größten Vulkanberge der Schwäbischen Alb (→ S. 19).   12R

Zum Abstieg nach Neuffen nimmt man am Sattelbogen den mit Zeichen blaues Dreieck rechts abzweigenden Weg. 3 km

W 1.16 Teilstrecke Bad Urach – Rutschenfelsen – Hohe Warte – Eninger Weide

Wanderstrecke: Länge 11 km
Aufstiege 180 m, Abstiege 70 m
Gehzeit 4 Stunden
Wanderkarten: Blatt 19 Reutlingen
Kartenausschnitt W 1.16
A, E, F, Fam., G, K, R
Ausgangspunkt:
Bad Urach (ÖPNV → S. 176)
Übernachtung: Wanderheim Eninger Weide, Auskunft Tel. 07121/ 83250

Bad Urach → *S. 179.*

In Bad Urach geht man durch die Kirch- und Bismarckstraße, am ehemaligen Bahnhof rechts, dann über das Gleis, nach rechts an diesem entlang und an der Jugendherberge und Schulmeistersbuche vorbei zum Kreuzsattel hinauf, wo ein Abstecher von 30 Min. Gehzeit zur Ruine Hohenurach möglich ist.   2,5 km [1]

Bad Urach. Weberhäuschen, um 1600 nach Plänen von Heinrich Schickhardt erbaut.

Burg **Hohenurach** wurde um die Mitte des 11. Jh. von den Grafen von Urach gegründet und ging 1265 in das Eigentum Württembergs über. Danach erfolgten im 14. und 15. Jh. beträchtliche Erweiterungs- und Umbauten und 1540 bis 1556 der Ausbau zur Festung. 1663 bis 1669 entstanden im Eingangsbereich zwei zusätzliche Tore. Der Hohenurach wurde damit neben dem Hohenneuffen (→ S. 174), Hohentwiel und Hohenasperg zu den wichtigsten Festen des Landes.

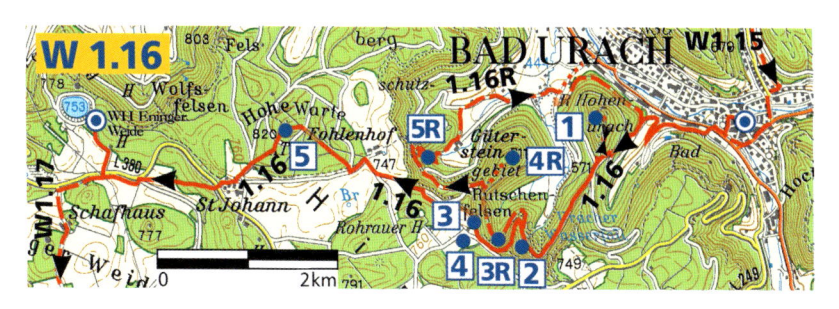

Burg und Festung waren mehreren Belagerungen ausgesetzt, die letzte im Dreißigjährigen Krieg endete 1635 mit der Übergabe an die kaiserlichen Truppen. Ab dem 16. Jh. diente Hohenurach als Staatsgefängnis, in dem namhafte Zeitgenossen eingekerkert waren, wie Matthäus Enzlin, Kanzler Herzog Friedrichs I., der 1613 auf dem Uracher Marktplatz enthauptet wurde, oder die berüchtigte Wilhelmine von Grävenitz, die „Landverderberin", Mätresse Herzog Eberhard Ludwigs. Tragisch endete die Haft des Humanisten Nikodemus Frischlin, er stürzte 1590 bei einem Fluchtversuch tödlich ab. Das 18. Jh. brachte das Ende der Festung, unzeitgemäß und unrentabel geworden, wurde sie zum Steinelieferanten für die Bauwerke der Umgebung.

Glücklicherweise blieben aber wenigstens die Grundmauern so weit erhalten, dass vor den Augen des heutigen Besuchers das imposante Bild der einst gewaltigen Festung wiedersteht. Beim Aufstieg werden die Reste zweier Tore aus dem 17. Jh. durchschritten, nach der Linkskurve folgen ein drittes Tor und das untere Torgewölbe, durch das der Vorhof betreten wird, alle im 16. Jh. angelegt. Durch das obere Torgewölbe wird die Kernburg erreicht, die ebenfalls im 16. Jh. umgestaltet wurde. Ganz rechts liegt der beachtenswerte gotische Bau, von dem eine Treppe in die Keller führt, geradeaus die Reste des fast 50 m langen Nordbaus, daran anschließend die Ritterstube. Von hier war über eine Falltüre und Wendeltreppe das „Heimliche Gewölbe" zugänglich, vielleicht die Schatzkammer der Burg.

Der folgende Weg zweigt bei der Schutzhütte rechts ab und führt nahezu eben am

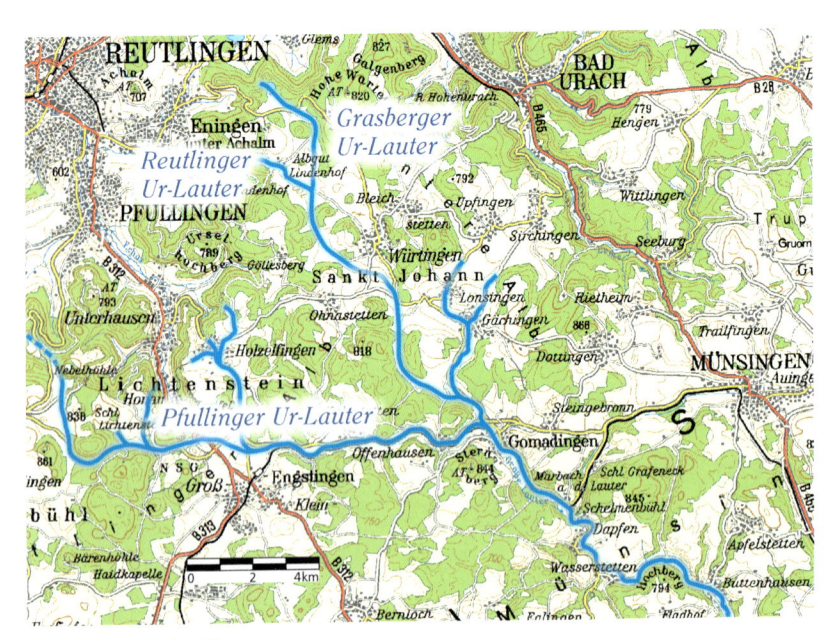

Hauptzuflüsse der Ur-Lauter

W 1.16 Bad Urach – Rutschenfelsen – Hohe Warte – Eninger Weide

Hang des Brühltals zur Hochwiese und zum Uracher Wasserfall. 1,5 km ☐2

*Beim **Uracher Wasserfall** handelt es sich um einen „konstruktiven" Fall, der sich durch Kalkausscheidung selbst seine Fallkante gebildet hat und immer weiter ausbaut. Der kleine Bach, der über einer wasserundurchlässigen Mergelschicht in den Unteren Felsenkalken (ki2, Weißjura Delta) zutage tritt, lagert täglich etwa 20 kg Sinterkalk (→ S. 22) ab. So wurde im Verlauf von knapp 10 000 Jahren die 150 m breite Terrasse der Hochwiese aufgebaut. Das Wasser stürzt über eine 5 m weit vorkragende Nase 37 m in die Tiefe und fällt anschließend weitere 60 m über Kaskaden ins Brühltal hinab. Kein Wunder, dass die Wirkung des Wasserfalls zeitlich stark schwankt: Seine Quelle kann ganz versiegen, durchschnittlich schüttet sie 5–10 l/s, und dieser Wert kann nach starken Regengüssen auf über das zehnfache ansteigen! Wie Färbversuche zeigten, bezieht sie ihr Wasser sogar aus 3,8 km entfernten Dolinen bei Würtingen.*

Der Uracher Wasserfall. Darüber die besonnte Kalksinter-Terrasse der Hochwiese. Oben am Horizont die Rutschenfelsen.

Am Ende der Hochwiese steigt der Pfad bergan, führt über den Grat des Ameisenbühls zur Hochfläche und rechts am Trauf entlang zu den Rutschenfelsen.
1,2 km ☐3

*Die mächtigen **Rutschenfelsen** sind aus Oberjura-Massenkalk aufgebaut. Sie öffnen eine prächtige Sicht auf den Runden Berg, das Brühltal, Hohenurach und Bad Urach, hinter dem Runden Berg liegen Hohenneuffen, Teck und Breitenstein. Der Name nimmt auf einen bedeutenden Wirtschaftszweig des 18. Jh. Bezug, die Holzflößerei auf der Erms. Als Zubringer bestand hier eine zuerst hölzerne, dann eiserne Rutsche, auf der die Scheite mit weithin hörbarem Getöse ins Tal schossen. Der Camerer-Gedenkstein erinnert an den langjährigen Vorsitzenden des Schwäbischen Albvereins, der den Verein in den entscheidenden Anfangsjahren führte.*

Links abzweigend gelangt mit einem kleinen, lohnenden Umweg ohne Markierung zu einer Hütte und rechts zu dem in einer baumbestandenen Mulde liegenden Rutschenbrunnen. 0,3 km ☐4

*Der als Naturdenkmal ausgewiesene **Rutschenbrunnen** liegt in der Mitte* eines kleinen Vulkanmaars. Diese für die Albhochfläche anormale Quelle, die auch in Trockenzeiten nicht versiegt, wurde schon in vorgeschichtlicher Zeit genutzt, wie hallstattzeitliche Grabhügel und Siedlungsreste der Umgebung zeigen. Auch lieferte sie dem abgegangenen Rutschenhof ständig und Bleichstetten in Notzeiten Wasser. Die frühe Besiedlung dieses Gebiets wird durch die letzten Grabungen aus dem Jahr 1995 bei dem einen Kilometer entfernten Eulenbrunnen bestätigt. Hier wurden aus dem 5. und 6. vorchristlichen Jh. stammende Rennfeueröfen aufgedeckt, die bisher ältesten bekannten Verhüttungsöfen nördlich der Alpen, in denen aus Bohnerz Eisen gewonnen wurde.

Der Weg führt nun parallel zum Trauf weiter und stößt im Wald wieder auf den HW 1. Die Fortsetzung führt geradeaus weiter durch Wald, danach zu einer Waldecke (500 m links nahe dem Waldrand liegt eine tiefe Mulde mit dem Vulkanschlot Eulenbrunnen), zum Fohlenhof (werktags kann der Schlüssel für die Hohe Warte hier geholt und in St. Johann wieder abgegeben werden), links 3 Min. am Sträßchen entlang und schließlich zur Hohen Warte hinauf. 2,5 km ⑤

Auf der **Hohen Warte** wurde 1896 ein hölzerner „Hochstand" errichtet, der bereits 1904 „einging" und durch ein neues Aussichtsgerüst ersetzt wurde, das 1911 schon wieder verfallen war. Der heutige gemauerte Turm entstand unter großen Opfern 1923 während der Inflationszeit zusammen mit dem Mahnmal für die gefallenen Mitglieder des Schwäbischen Albvereins. Dort findet an jedem zweiten Sonntag im Oktober eine Gedenkfeier statt. Der Turm ist sonn- und feiertags geöffnet.

Aus dem Turm tretend geht man nach rechts, am Fuß des Bergs durch die Allee, an der Gaststätte vorbei durch das Gestüt St. Johann, über der Straße durch Wald, danach die gleiche Richtung haltend wieder durch eine Allee, dann links neben der Straße dahin, bis bei der Hochspannungsleitung nach rechts in den Weg zum Wanderheim Eninger Weide abgebogen wird. 3 km

Das **Wanderheim Eninger Weide** wurde 1972–75 von der Albvereins-Ortsgruppe Eningen erbaut. Ganzjährig für Übernachtungsgäste durchgehend geöffnet, für Tagesgäste nur Do.–So. bewirtschaftet.

Nahe beim Haus kann das Oberbecken des Pumpspeicherwerks Glems besichtigt werden.

Das **Pumpspeicherwerk Glems** wurde 1962–65 von den Technischen Werken der Stadt Stuttgart erbaut. Das bei hohem Strombedarf tagsüber aus dem Oberbecken abfließende Wasser wird bei Niedrigbedarf nachts wieder hoch gepumpt. Es treibt am Unterbecken bei Glems zwei Fancis-Turbinen mit je 45 000 kW Leistung an. Das Oberbecken fasst bei einer Wassertiefe von 18 m 900 000 m^3 Wasser. Bei voller Ausnützung der verfügbaren Energie fließt eine „Pendelwassermenge" von 810 000 m^3 ab. Mit den am Abend verbleibenden 90 000 m^3 senkt sich der Wasserspiegel um 16,5 m auf eine verbleibende Tiefe von 1,5 m. Das durch Verdunstung verloren gehende Wasser wird durch natürliche Zuflüsse ins Unterbecken und durch eine Speiseleitung von der Erms her ersetzt.

Durch die Senke mit dem Speichersee floss einst die Grasberger **Ur-Lauter**, deren Tal von den Neckarzuflüssen geköpft wurde (→ S. 21). Sie strömte dann zwischen dem Steingebühl und Ochsenbühl nach Süden und vereinigte sich zwischen dem Albgut Lindenhof und Würtingen mit der Reutlinger Ur-Lauter. Nach seinem Lauf durch das Lonsinger Tal, Degental und Zizelhauser Tal mündete der Fluss bei Gomadingen in die **Pfullinger Ur-Lauter**, wohl der Abfluss eines jungtertiären Maarsees über dem heutigen Georgenberg in 900–950 m Höhe. Dann ergoss sich der Strom durch das heutige Große Lautertal in die Ur-Donau.

W 16R Rundstrecke Bad Urach – Wasserfall – Gestütshof Güterstein – Bad Urach

> **Wanderstrecke:** Länge 14 km
> Auf- und Abstiege je 280 m
> Gehzeit 5 Stunden
> **Wanderkarten:** Blatt 19 Reutlingen
> Kartenausschnitt W 1.16
> **A, E, F, Fam., G, K, R, W**
> **Ausgangs- und Endpunkt:** Bad Urach (ÖPNV → S. 176, Parkplätze bei der Festhalle und an der Ecke B 28/B 465)
> **Weiterer Endpunkt:**
> Haltestelle Wasserfall der Bahnlinie RAB 763 Metzingen–Bad Urach) Wanderstrecke: 11 km, 250 m, 4 Std.)

Bad Urach → S. 179.

Wegbeschreibung auf dem HW 1 von Bad Urach bis zum Uracher Wasserfall → S. 183.   4 km   2

Am Ende der Hochwiese führt ein mit Zeichen rotes Dreieck markierter Pfad

Der Gütersteiner Wasserfall. Stürzt über mehrere moosbewachsene 25 m breite und 125 m lange Kalksinterterrassen fast 60 m tief ins Tal.

kurz abwärts und anschließend etwa auf gleicher Höhe in weitem Rechtsbogen durch das Naturschutzgebiet Rutschen.
   1 km   3 R

*Das **NSG Rutschen** ist botanisch höchst interessant. Außer auf Felsen und Schuttflächen ist es von Wald bedeckt, wobei naturgemäß der Kalk-Buchenwald vorherrscht, an den schattigen Hängen der frischeliebende Waldgersten-Buchenwald, an besonnten wie am Runden Berg der Wärme liebende Seggen-Buchenwald. Auf den Steinschutthalden findet sich Linden-Ahornwald verschiedener Ausbildungen, entlang der Bäche ein* *schmaler Streifen Auenwald mit Berg-Ahorn und Esche. Dies sind willkürlich ausgewählte Beispiele aus einer Reihe von etwa 15 verschiedenen Pflanzengesellschaften. Ähnlich artenreich ist die Tierwelt. Erwähnt sei nur eine Dohlen-Brutkolonie an den Rutschenfelsen, die größte Baden-Württembergs.*

Am Ende des Felsenrunds steigt der Pfad zu einem Sattel empor. Hier besteht die Möglichkeit zu einem 20minütigen Abstecher nach rechts auf den Runden Berg. (1 km)   4 R

Der Runde Berg trug auf seinem Gipfelplateau Höhensiedlungen, von denen Reste nach den Ausgrabungen von 1967 bis 1984 zugänglich sind. Der vorgeschichtliche Siedlungsablauf ist noch weitgehend ungeklärt. Die ältesten Funde stammen aus der Jungsteinzeit (→ S. 76), und es steht fest, dass der Berg ab der ersten Hälfte des 4. Jh. von den Alamannen, also bald nachdem sie das Gebiet in Besitz genommen hatten, zu einem befestigten Wohnplatz ausgebaut wurde. Nach der Zerstörung dieser Anlage erfolgte ab dem 7. Jh. eine neue Besiedlung, die bis ins 11. Jh. andauerte.

Auf dem Sattel geht man nach links und stößt gleich auf eine Steige, der man nach rechts folgt bis man in der Haarnadelkurve geradeaus geht zum Gütersteiner Wasserfall.   1 km   5 R

Beim Gütersteiner Wasserfall handelt es sich wie beim Uracher um einen „konstruktiven" Wasserfall, der seine Fallkante nicht erodiert und abbaut, sondern durch Kalktuff-Ablagerungen ständig weiter vorschiebt, wie man an den vorragenden Schnauzen sieht. Ebenso bestehen die mit Moos bewachsenen Blöcke, *über die das Wasser rieselt, aus abgelagertem Sinterkalk (→ S. 22).*
Zwei übereinander liegende Brunnenhäuser bezeugen hier eine frühe technische Pionierleistung. Schon 1715, 160 Jahre vor dem Bau der Albwasserversorgung, ließ Herzog Eberhard Ludwig durch eine 2,7 km lange Leitung mittels einer durch ein Wasserrad angetriebenen Pumpe Wasser auf die Hochfläche nach St. Johann pumpen.

Der Weg führt mit Zeichen blaues Dreieck zunächst rechts des Wasserfalls abwärts, dann scharf links zum Waldrand hinab und an diesem entlang zum Gestütshof Güterstein.   2 km   6 R

Der Gestütshof Güterstein gehört zum württembergischen Haupt- und Landgestüt Marbach. Hier standen die Wirtschaftsgebäude des Klosters Güterstein, die nach der Reformation durch Herzog Christoph zum Fohlenstall umgebaut wurden. Die heutigen Gebäude wurden 1819 erbaut.

Man folgt weiter dem Waldrand und anschließend dem Fahrweg bis zu den Parkplätzen im Brühltal. Wer mit der Bahn zurückfährt geht links abwärts zur Haltestelle Wasserfall.   2 km

Wer zum Ausgangsort zurück wandert, geht auf dem Sträßchen wenige Schritte nach rechts am Parkplatz entlang, biegt links ab und erreicht auf ebenem Waldweg um den Bergkegel des Hohenurach herum und an der Jugendherberge vorbei Bad Urach.   5 km

W 1.17 Teilstrecke Eninger Weide – Stahleck – Holzelfingen

> **Wanderstrecke:** Länge 13 km
> Aufstiege 220 m, Abstiege 280 m
> Gehzeit 4 ½ Stunden
> **Wanderkarten:** Blatt 19 Reutlingen
> Kartenausschnitt W 1.17
> **A, E, F, Fam., G, K, R**
> **Ausgangspunkt:**
> Wanderheim Eninger Weide
> **Übernachtung:** Lichtenstein-Holzelfingen, Auskunft Tel. 07129/6960
> (Buslinie RAB 7606 Reutlingen–Münsingen)

Vom Wanderheim geht man zur Straße und zum HW 1 zurück, wo man rechts abzweigend den Parkplatz „Schafhaus" oberhalb der Eninger Steige erreicht. Hier können eine Wildsträucher-Sammlung und der Steinbruch des Schotterwerks Eningen besichtigt werden.   1,5 km   [1]

Die Anlage „Wildsträucher-Sammlung und Feldflora-Reservat" ist im Rahmen eines Ökologie-Programms der Landesregierung entstanden. Hier können die am Wanderweg vorkommenden Pflanzen studiert und identifiziert werden.

*Der **Steinbruch** des Schotterwerks Eningen rechts über der Straße präsentiert wahrlich aufschlussreiche Aufschlüsse. Er zeigt die Grenze zwischen den Lacunosamergeln und Unteren Felsenkalken (ki1 und ki2, Weißjura Gamma und Delta). Die gebankten Kalke sind mehrmals von Massenkalk durchsetzt. Außerdem kann hier die „Achalm-Verwerfung", eine Verschiebung der Schichten um ca. 45 m beobachtet werden.*

Man schreitet hier links durch die Allee, nach dem Schafhaus nach rechts, am Waldrand entlang, durch die Senke gegenüber dem Albgut Lindenhof (ein geköpftes Seitental der Ur-Lauter) und am Trauf entlang zum Teersträßchen oberhalb des Hofs Übersberg.   3,5 km   [2]

Von hier lohnt ein 20-minütiger Abstecher, vorbei an der Gaststätte (Mo. Ruhetag) und geradeaus zum Mädlesfels hinaus.   [3]

Jung und Alt miteinander auf Wanderung – immer ein besonderes Erlebnis!

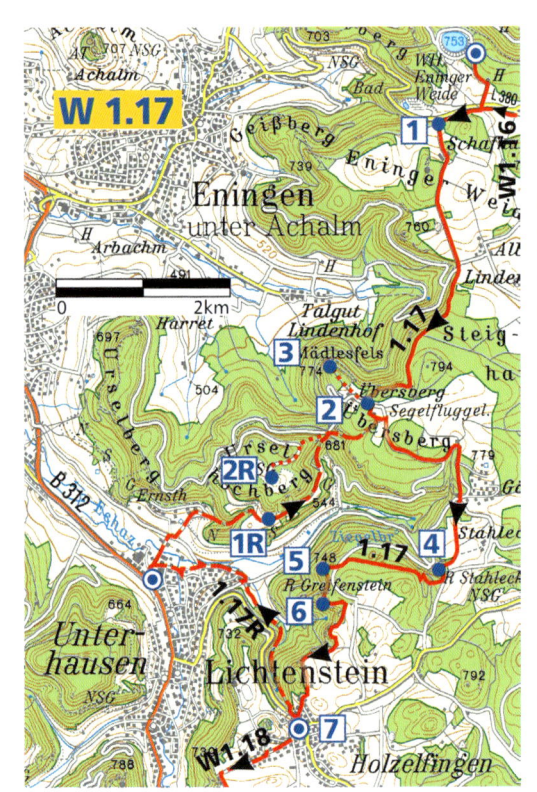

W 1.17 Teilstrecke Eninger Weide – Stahleck – Holzelfingen

Zum HW 1 zurückgekehrt, geht man das Teersträßchen aufwärts, folgt rechts dem Segelfluggelände und nimmt bei der Schranke den Weg, der rechts um den Übersberg herum- und dann links von einer Schlucht zum Rand der Siedlung Göllesberg hinableitet. Hier geht's rechts durch Wald und Weiden, gegenüber von Hof Stahleck (Einkehr- und Übernachtungsmöglichkeit) zur Spitze einer Schlucht und an deren linkem Rand zur Ruine Stahleck. 3 km 4

Von Burg Stahleck sind nur noch der Graben und geringe Mauerreste erhalten. Sie gehörte wahrscheinlich nicht zu den Greifensteiner Burgen (→ unten) und bestand länger als diese. Ihr Wirtschaftshof war der heute noch bestehende Hof Stahleck.

Der Mädlesfels ist aus Unteren Felsenkalken (ki2, Weißjura Delta) aufgebaut. Die Herkunft des Namens ist nicht sicher. Er geht keinesfalls auf „Mädchen", vermutlich auch nicht auf „Mahd" zurück, eher auf „Metlin", den wahrscheinlichen Besitzer der im 16. Jh. genannten, unter dem Fels liegenden Metlinshalde. Die Aussicht ist großartig, links der Urselhochberg, rechts davon der Schönbergturm, darunter die Wanne, über ihr der Pfullinger Berg und Rossberg, weiter rechts im Vordergrund der Urselberg, hinter dessen rechtem Hang der Georgenberg, weiter rechts Reutlingen mit der Achalm, um nur die nähere Umgebung zu nennen.

Der Weiterweg umgeht eine Schlucht und führt am rechten Hang des Zellerbuchs zum Eckfelsen hinaus 2 km 5

Der Eckfelsen gewährt eine schöne Sicht ins Zellertal, gegenüber liegt der Urselhochberg, rechts davon über dem Sattel der Mädlesfels, links vom Urselhochberg der Urselberg, dann folgt das Echaztal, dahinter das Tübinger Schloß und die Wurmlinger Kapelle, jenseits des Tals Wanne, Schönberg, Gießstein und Lichtenstein.

Es geht weiter am Trauf zur Ruine Greifenstein. 0,5 km 6

W 1.17 Teilstrecke Eninger Weide – Stahleck – Holzelfingen 191

Die in der top. Karte **Ruine Greifenstein** *benannte Anlage besteht aus den Resten der Burgen Ober- und Untergreifenstein. Vom Wanderweg aus wird über einen Holzsteg der Burghof von Obergreifenstein betreten, an den sich links ein Gebäude anschließt. Die auf steilem Fels thronende Burg war durch einen U-förmigen Haupt- und Vorgraben gegen die Hochfläche gesichert. Der Albvereinsweg nach Unterhausen (Zeichen blaues Dreieck) führt unterhalb der oberen Burg durch den Halsgraben und an der Südseite von Untergreifenstein entlang, von der nur wenige Mauerreste erhalten sind. Das Geschlecht der Greifensteiner wird seit 1187 urkundlich erwähnt. Alle seine Burgen wurden 1311 im Reichskrieg gegen Graf Eberhard I. von Württemberg von den Reutlingern zerstört und nicht wieder aufgebaut.*

Die letzte Etappe folgt weiter dem Trauf, zuerst kurz aufwärts um den Rauhbol herum, dann nach Holzelfingen hinab.

2,5 km 7

Holzelfingen *(700 m NN, ca. 1000 Ew.) ist wie die „ingen"-Endung zeigt, eine auf den Personennamen Holzolf oder Holzulf zurückgehende Gründung der alamannischen Landnahme (→ S. 79). Das Dorf wird um 1220 als „Holtelvingen" erstmals erwähnt. Zum Ortsadel dürften die Greifensteiner zu zählen sein, deren letzter Spross das Dorf 1355 an Württemberg verkaufte. Die Kirche und Pfarrei zum Hl. Blasius wurde vermutlich bereits im 10. Jh. vom Bistum Chur aus gegründet. Der schöne kleine Chor der heutigen Wehrkirche stammt von 1494, das Schiff wurde erneuert und 1909 im Jugendstil umgebaut. Die Außenwände bestehen aus Sinterkalk (→ S. 22).*

Buchenwald am HW 1.

W 1.17R Rundstrecke Unterhausen – Übersberg – Holzelfingen – Unterhausen

Wanderstrecke: Länge 15 km
Auf- und Abstiege je 380 m
Gehzeit 5 ½ Stunden
Wanderkarten: Blatt 19 Reutlingen
Kartenausschnitt W 1.17
A, F, G, H, K, R
Ausgangs- und Endpunkt:
Lichtenstein-Unterhausen
(Mehrere Buslinien ab Reutlingen,
Parkplätze in der Bahnhofstraße)

Unterhausen (507 m NN, ca. 7100 Ew.) entstand aus den ehemaligen Orten Ober- und Unterhausen, die beide schon vor 1138 genannt und unterschieden wurden. Besitz in beiden Orten hatten die Klöster Zwiefalten, Offenhausen, Pfullingen, Weißenau und das Bistum Chur. Beide Hausen kamen 1355 mit dem Besitz der Greifensteiner zu Württemberg. Sie bildeten bis 1814 mit Holzelfingen, Honau und Kleinengstingen das „Hausener Talgericht". 1930 vereinigten sich beide Orte zur Gemeinde Unterhausen. 1975 wurden die bis dahin selbständigen Gemeinden Honau und Holzelfingen nach Unterhausen eingegliedert. Die so entstandene neue Gemeinde gab sich den Namen des auf ihrer Markung liegenden Schlosses Lichtenstein.

In Unterhausen wandert man in der Ortsdurchfahrt, der Wilhelmstraße, abwärts Richtung Reutlingen, dann mit Zeichen blaues Dreieck rechts durch die Staufenburgstraße, am Hang kurz nach rechts und schließlich zur Siedlung hinauf. Hier geht man bei den Linden rechts am Ortsrand entlang, in der Straßenkurve nach rechts und durch die Schlucht zum Imenberg mit dem Naturschutzgebiet Hohenäcker-Imenberg empor. 2 km ⟦1⟧R

*Das **NSG Hohenäcker-Imenberg** wurde 1993 ausgewiesen. Auf den unteren, ebeneren Flächen wurde bis in die fünfziger Jahre des letzten Jahrhunderts Ackerbau betrieben auf „Hackteilen", welche die Unterhausener auf ein Jahr von der Gemeinde pachten konnten. Das zeigen noch die Lesesteinriegel und der Name „Hohenäcker". Die oberen Flächen waren selbst für die Futtergewinnung ungeeignet und wurden als Weide genutzt. Das Gebiet beheimatet verschiedene Pflanzengesellschaften, vor allem orchideen- und enzianreiche Mäder (→ S. 60) und*

Stattliches Knabenkraut (Orchis mascula). Auf Kalkmagerweiden und -wiesen zu finden, wie hier am Urselhochberg.

eine artenreiche Tierwelt. Der staatliche Naturschutz hat mit Gemeinde und Landwirtschaft ein Konzept zur extensiven Bewirtschaftung des Gebiets vereinbart.

Der Weg verläuft eben am Hang entlang und stößt nach 20 Min. auf ein Teersträßchen. Hier besteht die Möglichkeit zu einem halbstündigen Abstecher auf den Urselhochberg, auf dem Pfad links der Tafel „II/3 Engersbuch". [2] R

*Das 9 ha große **NSG Urselhochberg**, das ganz von Wald umschlossen ist, besteht seit 1941. Es handelt sich um Mähder (→ S. 60), auf denen seltene Orchideen- und Enzianarten sowie gefährdete Heuschrecken- und Tagfalterarten überlebt haben.*

Der Weiterweg verläuft kurz auf dem Sträßchen nach rechts, dann rechts auf dem Klappersteigle bergan, zuerst schräg am Hang entlang und dann durch eine steile Felsschlucht zur Einmündung in den HW 1 oberhalb des Hofs Übersberg.
2 km [2]

*Das **Klappersteigle** ist der älteste Zugang aus dem Echaz- und Zellertal zum Übersberg. Auf dem felsigen Weg sind teilweise noch Karrenspuren zu erkennen. Der Name geht auf eine im 15. Jh. „Plaphart" genannte Person zurück und lautete noch 1623 „Blappartsteig". In der Schlucht stockt typischer Linden-Ulmen-Ahornwald, u.a. mit Sommer-Linde, Esche, Berg- und Spitz-Ahorn (→ S. 46).*

Ein lohnender Abstecher von 20 Min. führt zum Hof Übersberg hinab, dort an der Gaststätte (Mo. Ruhetag) vorbei und geradeaus zum Mädlesfels hinaus. [3]

Mädlesfels → S. 190.

Beschreibung der Strecke Übersberg-Holzelfingen auf dem HW 1 → S. 190.
8 km [7]

Holzelfingen → S. 191.

In Holzelfingen geht man durch die Straße „Städtle" und mit Zeichen blaue Gabel auf der Ortsdurchfahrt, der Römerstraße, abwärts und biegt kurz nach dem Dorf scharf rechts in den Talweg ein, der am Rückhaltebecken vorbei nach Unterhausen zurückführt.
3 km

W 1.18 Teilstrecke Holzelfingen – Lichtenstein – Nebelhöhle – Genkingen – Rossberg

Wanderstrecke: Länge 19 km
Aufstiege 480 m, Abstiege 310 m
Gehzeit 7 Stunden
Wanderkarten: Blatt 19 Reutlingen und Blatt 18 Tübingen
Kartenausschnitt W 1.18
A, F, G, H, K, R
Ausgangspunkt: Holzelfingen (ÖPNV → S.189)
Übernachtung: Auf dem Rossberg, Auskunft Tel. 07072/7007
Weitere Übernachtungsmöglichkeit: In Genkingen, Auskunft Tel. 07128/92518,
Wanderstrecke: 15 km, Aufstiege 290 m, Abstiege 220 m, 5 ½ Std.

Holzelfingen → S. 191.

In Holzelfingen geht man durch die Honauer Straße zum Randweg über dem Echaztal, der über die großartige Aussicht

W 1.18 Holzelfingen – Lichtenstein – Nebelhöhle – Genkingen – Rossberg

bietenden Traifelbergfelsen zum **Locherstein** führt. 2,5 km ⟨1⟩

*Der **Locherstein**, der höchste Fels rechts des Echaztals, ist aus Oberen Felsenkalken (ki3, Weißjura Epsilon) aufgebaut. Einmalig ist die Sicht über das Echaztal hinweg zum Lichtenstein. Links unten liegt die Burgstelle des Alten Lichtensteins (→ unten), dazwischen erblickt man das Hauff-Denkmal. Rechts vom Lichtenstein liegen die Kuppen Linsenbühl und Breitenstein und der Gießstein. Die dazwischen liegenden Senken sind rückwärts geköpfte Seitentäler der Ur-Lauter (→ unten). Das Tal zwischen Breitenstein und Gießstein setzt sich diesseits der Echaz südlich an Holzelfingen vorbei fort.*

Anschließend geht's durch Wald und die Siedlung Traifelberg zur B 312 hinunter, die bei der Gaststätte überquert wird, am Skilift bergan (hier zweigt der HW 5 nach links ab), rechts am Tobelkapf dahin, kurz an der Genkinger Straße entlang, dann rechts nahe dem Trauf zur **Ruine Alter Lichtenstein** hinauf. 3 km ⟨2⟩

*Die **Burg Alter Lichtenstein** entstand zwischen 1150 und 1250, entgegen der Bezeichnung später als ihr Namensvetter an der Stelle des heutigen Schlosses. Sie wurde zweimal durch die Reutlinger zerstört, zuerst 1311 im Reichskrieg, dann im Städtekrieg zwischen 1377 und 1388. Das Burgareal ist durch zwei Gräben gegen die Hochfläche gesichert. Innerhalb der Umfassungsmauer, von der noch Reste erhalten sind, trennt ein weiterer Graben die Vorburg von der Kernburg. Hier sind noch Reste der Schildmauer und des Bergfrieds auszumachen.*

Der Weg führt weiter durch Wald bergan, an der geologischen Pyramide, welche das Quenstedt'sche Ordnungssystem der Juraschichten zeigt, und am Hauff-Denkmal vorbei und erreicht bald **Schloss Lichtenstein**. 0,5 km ⟨3⟩

*Die erste **Burg Lichtenstein** entstand in der 1. Hälfte des 12. Jh. Wie der Alte Lichtenstein wurde sie von den Reutlingern zweimal zerstört (→ oben), im Gegensatz zu diesem jedoch wieder aufgebaut, nachdem sie an Württemberg übergegangen war. Ab 1394 saßen württembergische Burgvögte auf dem Lichtenstein, ab 1567 Forstknechte. Das Geschlecht der Lichtensteiner wird ab 1182 erwähnt, es starb 1687 mit Anton von Lichtenstein aus, der als kaiserlicher Fähnrich im 2. Türkenkrieg fiel. 1837 kaufte Herzog Wilhelm von Urach, Graf von Württemberg, von seinem Vetter, König Wilhelm I., den Lichtenstein und ließ, angeregt durch Wilhelm Hauffs Roman „Lichtenstein", 1840 bis 1842 im Stil der Burgenromantik das heutige Schloss erbauen. Es wurde 1901 erweitert sowie in den 1980er Jahren renoviert und ist bis heute Eigentum und Wohnsitz der herzoglichen Familie.*

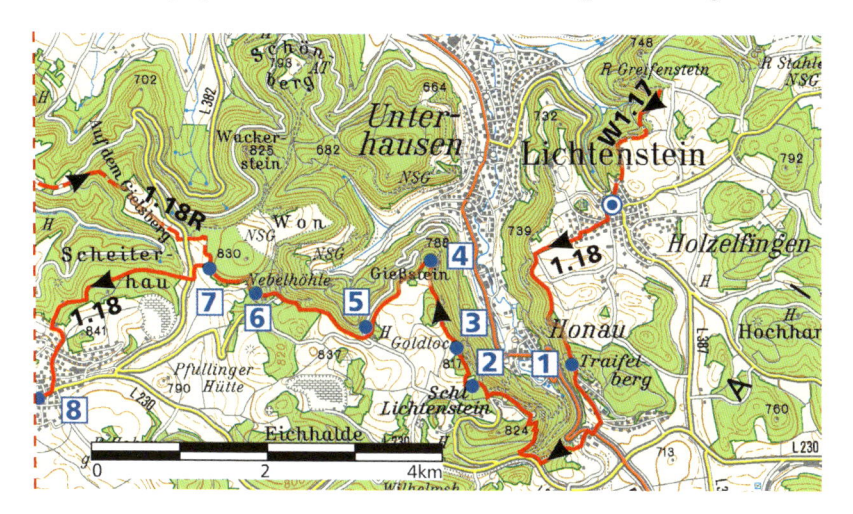

W 1.18 Holzelfingen – Lichtenstein – Nebelhöhle – Genkingen – Rossberg

Führungen finden statt: April bis Oktober täglich 9–12 und 13–17.30 Uhr; November, Februar und März Sa. und So. 9–12 und 13–17 Uhr.

Der folgende aussichtsreiche Pfad leitet weiter nahe dem Hang über die Kuppen des Linsenbühls und Breitensteins und durch die oben beschriebenen Talreste ehemaliger Ur-Lauter-Zuflüsse zum Gießstein hinaus. 2 km ④

Der **Gießstein**, aus Unteren Felsenkalken (ki2, Weißjura-Delta-Massenkalk) aufgebaut, bietet eine großartige Aussicht. Zu Füßen liegen das Echaz- und Reißenbachtal, rückwärts Schloss Lichtenstein, anschließend die Traifelbergfelsen, links hinter der Waldkuppe des Rötelsteins der Sternbergturm, links vor Holzelfingen der Burgstein, jenseits der Holzelfinger Schlucht die Greifensteinfelsen und Ruine Greifenstein sowie der Eckfelsen, links da-

Das Hauff-Denkmal beim Lichtenstein. Jenseits des Echaztals zeichnet der Morgennebel das alte Flusssystem der Pfullinger Ur-Lauter nach.

Blick vom Gießstein auf Unterhausen. Dahinter der Urselhochberg mit den Heideflächen des Naturschutzgebiets am Imenberg.

von im Hintergrund die Hohe Warte. Links des Echaztals erblickt man die Spitzen des Schönbergturms, links dahinter Tübingen und den Schönbuch und bei guter Sicht den nördlichen Schwarzwald.

Man geht rechts abwärts weiter am Trauf entlang. Nach 20 Min., 200 m vor der Straße nach Unterhausen, führt ein Pfad zum Goldloch hinab.   1 km   5

Das **Goldloch**, eine 33 m lange Höhle in den Unteren Felsenkalken (ki2, Weißjura Delta) weist eine geräumige Halle auf, an deren Rückwand mächtige Stalagmiten aufragen. Der Name geht auf einen Fund von mehreren hundert Münzen im Jahr 1778 zurück.

Nach der Straße und dem Queren einer Mulde gelangt man links abbiegend zur Nebelhöhle (kurz vorher mündet von rechts der HW 5 ein).   1,5 km   6

Die **Nebelhöhle** wurde als „Nebelloch" bereits 1486 erstmals urkundlich erwähnt. Im Jahr 1803 wurde sie von Kurfürst, später König, Friedrich I. von Württemberg besucht, was ihr landesweite Popularität einbrachte. Diese wurde durch Wilhelm Hauffs 1826 erschienenen Roman „Lichtenstein" noch gesteigert. In ihm wird die historisch nicht belegte Sage vom landflüchtigen Herzog Ulrich verarbeitet, wonach sich dieser in der Höhle versteckt hielt. Die damit zusammenhängende zunehmende Bekanntheit dieses Naturwunders führte auch zur Entstehung des jährlich am Pfingstmontag gefeierten Nebelhöhlefestes, das sich neben dem ebenfalls anfangs des 19. Jh. begründeten Cannstatter Volksfest bis heute erhielt.

Geologisch handelt es sich um eine typische Karsthöhle in den Unteren Felsenkalken (ki2, Weißjura Delta) von hohem Alter, entstanden vor 1–1,5 Mill. Jahren, im Altpleistozän. Wie die meisten Albhöhlen bildete sie sich sowohl durch chemische Auflösung als auch durch mechanische Ausräumung, wobei unklar ist, ob letztere durch einen zur Ur-Lauter (→ unten) strömenden Fluss oder durch bewegtes Grundwasser erfolgte. Die Gänge, die wundervolle Tropfsteine aufweisen, sind insgesamt 450 m lang, 380 davon sind begehbar. Öffnungszeiten April bis Oktober täglich 8.30–17.30 Uhr.

Von der Höhle geht's durch den Wald bergab, zuerst kurz nach rechts, dann nach links und 8 Min. nahe dem Waldrand am Hang der Kuppe Rössleshart entlang, an dessen Westseite die Rundwanderung W 1.18R einmündet und der HW 1 links abbiegt um das Tal der Pfullinger Ur-Lauter zu queren.

1 km ⟦7⟧

*Die **Pfullinger Ur-Lauter** floss von Norden kommend, wo sie östlich des Gielsbergs geköpft wurde (→ S. 21), rechts um die Eichhalde herum, links am Tobelkapf vorbei, wo ihr Tal von der Echaz abgenagt wurde, und links am Sternberg vorbei ins heutige Lautertal.*

Man wandert zur Straße hinab, folgt dieser kurz nach links, geht über der Straße am Hang des Auchterts durch den Wald Scheiterhau und nach Genkingen hinab.

3,5 km ⟦8⟧

Genkingen (771 m NN, ca. 1700 Ew.) gehört als „ingen"-Ort (→ S. 80) zu den ältesten Siedlungen und wird bereits 772 in einer Schenkungsurkunde genannt. Das Geschlecht der Ortsherren ist von 1152 an über vier Jahrhunderte nachweisbar. Ab 1322 erwarb das Frauenkloster Pfullingen Teile des Dorfes. Um 1540 kam es an Württemberg. Seine Herrschaft und die damit verbundene Erbsitte der Realteilung offenbart allein schon das Dorfbild, welches nur kleine bäuerliche Anwesen aufweist. Es bestanden einst drei Burgen: Die älteste im Dorf, 1370 „Steinhaus" genannt, Burg Hohengenkingen auf einer Burgkuppe südöstlich und eine auf dem „Burgstall" nördlich des Dorfes. Genkingen ist Ortsteil von Sonnenbühl.

In Genkingen geht man durch die Pfullinger und Öschinger Straße, nach dem Parkplatz rechts über den Rinderberg auf das Rossfeld hinab, wo man das Gönninger Sträßchen nach links verlässt und bald den Graben und den leicht abgeflachten Wall einer Schanze quert.

3 km ⟦9⟧

*Die **Schanze auf dem Rossfeld** gehört zur „Alblinie", einer Befestigungsanlage mit Wall und Graben, die im Spanischen Erb-*

Schanze auf dem Rossfeld. Teil der „Alblinie", die 1703/04 während des Spanischen Erbfolgekriegs errichtet wurde.

folgekrieg 1703/04 errichtet wurde. Bei diesem ging es um das Erbe des letzten spanischen Habsburgers, Karl II, auf das sowohl Frankreichs König als auch Österreichs Kaiser Anspruch erhoben, da sie mit Schwestern des Spaniers verheiratet waren. Der Streit wurde mit Waffengewalt ausgetragen, Süddeutschland war einer der Kriegsschauplätze. Württemberg hielt dabei zu Österreich, während Frankreich mit Bayern verbündet war. Deren Hauptquartier befand sich in Ehingen, von wo aus sie immer wieder Vorstöße auf die Alb unternahmen und ihr Vorland bedrohten. Zu seinem Schutz wurde die „Alblinie" geplant, sie sollte von Geislingen bis ins Kinzigtal reichen. Benötigt wurde sie nie. Im August 1704 wurde die französisch-bayerische Armee bei Höchstädt vernichtend geschlagen. Damit war dieser Krieg in Süddeutschland beendet.

Es geht weiter eben zum Parkplatz am Fuß des Rossbergs und kurz danach zur Abzweigung des Wegs nach Gönningen.
0,5 km 10

Der Aufstieg zum Rossberg zweigt hier mit Zeichen blaues Dreieck links ab und führt bald in Serpentinen zum Wanderheim empor. 0,5 km

*Der **Rossberg**, eine 100 m hohe Kuppe aus Lacunosamergeln und Unteren Felsenkalken (ki1 und ki2, Weißjura Gamma und Delta) auf der Weißjura-Beta-Tafel des Rossfelds trägt das Wanderheim und den Aussichtsturm des Schwäbischen Albvereins, die 1913 zum 25jährigen Jubiläum erbaut wurden. Die Aussicht vom Turm ist einmalig und wird auf Orientierungstafeln erklärt. Wenige Schritte gegen Westen steht das Denkmal Quenstedts, des Nestors der Alb-Geologie.*

W 1.18R Gönningen – Pfullinger Berg – Rossfeld – Gönningen

Wanderstrecke: Länge 17 km
Auf- und Abstiege je 410 m
Gehzeit 6 Stunden
Wanderkarten: Blatt 18 Tübingen
Kartenausschnitt W 1.18
A, F, G, H, K, R
Ausgangs- und Endpunkt:
Reutlingen-Gönningen (Buslinie 5 RSV Reutlingen Hbf.–Mössingen; Parkplatz beim Friedhof und Sportplatz rechts der L 230 Richtung Genkingen)

Gönningen (537 m NN, ca. 3 700 Ew.) ist eine frühe alamannische Gründung, worauf außer der „ingen"-Endung (→ S. 80) auch nördlich des Orts aufgefundene Reihengräber hinweisen. Urkundlich erwähnt wird das Dorf erstmals 1092, als das Kloster St. Georgen hier Besitz erhielt. Die Ortsadligen waren im 12. und 13. Jh. Dienstmannen der Edelfreien von Stöffeln (→ unten), die das Dorf in der 2. Hälfte des 13. Jh. zur Stadt erhoben. Jedoch schlief das Stadtrecht bald wieder ein, nachdem Gönningen im Jahr 1300 an Württemberg verkauft worden war. Mit zunehmender Einwohnerzahl konnte sich das Dorf, wie andere Albdörfer auch, nicht mehr allein von Landwirtschaft und Handwerk ernähren, zumal in Württemberg die Erbsitte der Realteilung galt (→ S. 82). Die Not wurde hier durch den Hausierhandel gelindert, hauptsächlich mit Samen, der sich nach dem Dreißigjährigen Krieg stark entwickelte und in der Mitte des 19. Jh. seine größte Blüte erreichte. Mehr als die Hälfte der Einwohner war damals von Oktober bis

W 1.18R Gönningen – Pfullinger Berg – Rossfeld – Gönningen

April in aller Herren Länder, bis hin nach Amerika, mit Samen unterwegs. Das Dorf weist schöne Fachwerkhäuser auf, darunter das Beginenhaus und das Fronhaus des Ortsadels. Die ältesten Häuser von um 1600 stehen an der Hauptstraße im Unterdorf.

Die Kirche besitzt einen spätgotischen Chor mit Netzgewölbe, Mitte des 19. Jh. wurde das Langhaus neu erbaut und der Turm erhöht.

In Gönningen wandert man von der Ortsmitte durch die Lichtensteiner Straße, mit Zeichen blaue Gabel links durch die Rostellstraße bergan und im Wald, nach dem Kalksträßchen, links zur Ruine Stöffelberg empor. 1,5 km ⃞1⃞R

*Die Ruinen der **Burg Stöffelberg** liegen auf einem lang gestreckten Bergsporn, den sieben Quergräben durchziehen. Die ältere von zwei Anlagen am äußeren Ende des Berges stammt aus dem 12. Jh. Eine jüngere, die im 13. Jh. erbaut wurde, liegt 100 m entfernt. Die Herren von Stöffeln verkauften die Burg samt der Stadt Gönningen bereits 1300 an Württemberg. Sie wurde im Städtekrieg 1388 von den Reutlingern zerstört.*

Der Weiterweg führt zunächst links am Hang entlang, bis 7 Min. nach der Hütte mit Feuerstelle zum Barmkapf am Gegenhang hinüber gewechselt wird, der einen schönen Blick ins obere Wiesaztal gewährt. Nun wandert man 20 Min. am Trauf entlang und betritt nach links schwenkend die weite Hochfläche des Pfullinger Bergs. 3,5 km ⃞2⃞R

*Der **Pfullinger Berg**, eine rund 720 m über NN liegende Terrasse der Wohlgeschichteten Kalke (ox2, Weißjura Beta), die sich*

Auf dem Pfullinger Berg. Die ehemaligen Mähder bieten vielen, z. T. seltenen Pflanzen- und Tierarten Lebensraum.

nördlich des Wiesaztals ins Albvorland hinausschiebt, ist vegetationskundlich von höchstem Interesse. Wie viele andere hochgelegene Flächen der Alb wurde auch der Pfullinger Berg als „Mäder" (→ S. 60) genutzt. Mit der Verfügbarkeit mineralischer Dünger und der Mechanisierung der Landwirtschaft begann auch hier die Umwandlung einiger Parzellen in gedüngte Öhmdwiesen. Der Unterschied des Pflanzenkleids zwischen den gedüngten „Allerweltswiesen" und den ursprünglichen Mädern könnte nicht größer sein. Dort hauptsächlich weiß blühende, Dünger liebende Doldenblütler, hier ein farbenprächtiger Teppich von zum Teil selten gewordenen Pflanzen. Es versteht sich von selbst, dass dieser naturnahe Biotop vielen Tierarten, Vögeln, Grillen, Heuschrecken, Käfern und Schmetterlingen, einen idealen Lebensraum bietet. 1964 wurde ein Teil des Areals als Naturdenkmal ausgewiesen, 1992 eine Fläche von 69 ha unter Naturschutz gestellt (**Naturschutzgebiet Hochwiesen–Pfullinger Berg**). Der Schwäbische Heimatbund hat 1941 und 1990, der Schwäbische Albverein 1996 Teilflächen erworben, was für den Schutz des Gebiets von großer Bedeutung ist.

Nahe dem rechten Bergrand geht's über den Pfullinger Berg, beim Parkplatz rechts zum Gielsberg hinauf, durch eine schöne Bergwiese zur Straße hinab, über dieser geradeaus und rechts am Waldrand entlang zur Einmündung in den HW 1 an der Kuppe Rössleshart. 3 km [7]

Beschreibung der folgenden Strecke auf dem HW 1 bis zur Abzweigung am Fuß des Rossbergs → S. 197. 7 km [10]

Hier biegt man rechts ab und folgt dem blauen Dreieck durch Wald nach Gönningen hinab. 2 km

W 1.19 Teilstrecke Rossberg – Bolberg – Riedernberg – Talheim

Wanderstrecke: Länge 12 km
Aufstiege 420 m, Abstiege 720 m
Gehzeit 5 Stunden
Wanderkarten: F 523 Tübingen
Kartenausschnitt W 1.19
A, F, G, H, K, R, W
Ausgangspunkt: Rossberg
Wahlweise Genkingen
(Strecke Genkingen–Bolberg–Talheim W. 1.19a, unten)
Übernachtung: In Mössingen-Talheim, Auskunft Tel. 07473/370155
(Buslinie
7616 RAB Talheim–Mössingen)

Rossberg → *S. 198.*

Beim Abstieg vom Rossberg auf dem Weg des Aufstiegs biegt man vor dem Parkplatz rechts ab, steigt durch die Schlucht und anschließend 7 Min. durch das Öschenbachtal ab, zweigt beim Hirschhäusle links ab, geht 4 Min. geradeaus und nimmt den rechts steil bergan führenden Steig. Nach dem ersten Anstieg geht's zuerst an einem Bergrücken entlang, dann rechts am Hang und durch eine Schlucht zur Hochfläche empor und rechts nahe dem Trauf zur Westecke des Bolbergs hinüber. 5 km [1]

*Der **Bolberg** ist aus Unteren Felsenkalken (ki2, Weißjura Delta) aufgebaut. Die Aussicht ist großartig und auf einer Orientierungstafel erklärt. Besonders schön sind von hier die Ebenen der Wohlgeschichteten Kalke (ox2, Weißjura Beta) des Filsenbergs, Farrenbergs und Dreifürstensteins zu beobachten (Schutzhütte, Feuerstelle).*

Weiter am Hang entlang schreitend erreicht man nach 4 Min. die Abzweigung der Rundwanderung 1.19R nach Öschingen (Zeichen blaue Gabel). 0,3 km ⟦2⟧

Der HW 1 verlässt bald den Trauf und den Wald. Nach links am Waldrand entlang kann ein kurzer Abstecher zu der jenseits des Sträßchens liegenden Schanze gemacht werden. ⟦3⟧

Die Schanze am Bolberg gehört wie die Schanze auf dem Rossfeld zur Alblinie (→ S. 197).

Der Weiterweg führt an der Gehölzgruppe vorbei über eine Wiese, dann wieder in den Wald, biegt gleich links ab, folgt dem linken Hang einer Schlucht und dann dem Rand einer Obstwiese. Rechts liegt 40 Höhenmeter tiefer der Hungerbrunnen Bröller (wegloser Abstieg bei Abteilung „45/7 Vord. Buch"). 1,2 km ⟦4⟧

Beim Bröller handelt es sich um eine Quelle des Seichten Karsts (→ S. 22) an der Grenze zwischen Impressamergeln und Wohlgeschichteten Kalken und um einen Hungerbrunnen, der meist trocken liegt, nach starkem Regen aber bis zu 80 l/s schüttet.

Ab der Obstwiese steigt der Weg wieder an, beschreibt in der Schlucht im Wald eine Rechtskurve und steigt zur Höhe empor, wo am rechten Rand des Riedernbergs zur Heidenburg hinüber gewandert wird. 2,5 km ⟦5⟧

Die Bergspitze Heidenburg war eine, wahrscheinlich hallstattzeitliche, Fliehburg. Beim Weitermarsch sind noch Wall und Graben zu erkennen. Die Aussicht ist ähnlich wie vom Bolberg (Schutzhütte).

Der Weg führt weiter am rechten Bergrand entlang, fällt nach der Kuppe des Riedernbergs am Hang ab und mündet in das Steinlachtal, das nach Talheim hinunterleitet. 3 km

Talheim (570 m NN, ca. 1800 Ew.), wird 766 als „Dalaheimer marca" genannt. Das Dorf galt als Zubehör der auf dem südöstlichen Ausläufer des Farrenbergs gelegenen Burg Andeck. Vom Ende des 15. Jh. an besaß Württemberg drei Viertel der Herrschaft. Der Rest gehörte im

Ausblick vom Bolberg zum Rossberg mit dem Turm und Wanderheim des Schwäbischen Albvereins.

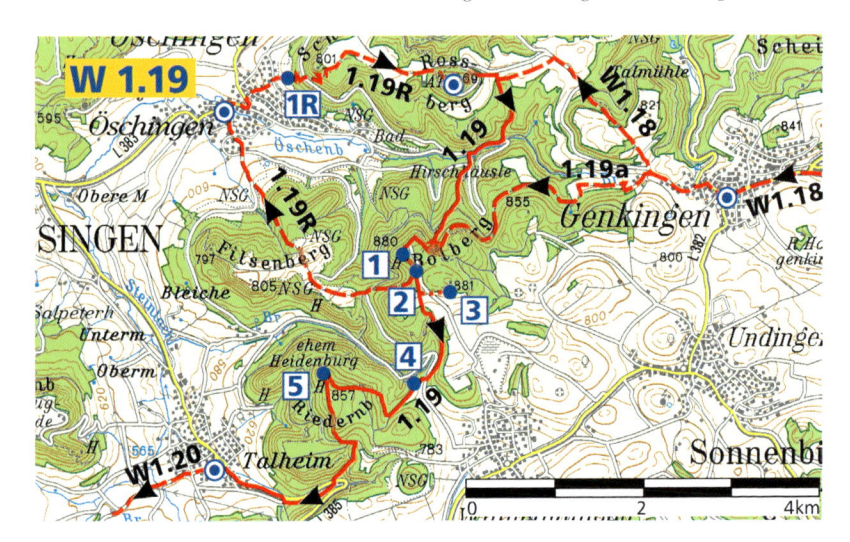

16. Jh. den Herren von Karpfen, die neben der im Dorf liegenden Wasserburg ein Schloss erbauten (1838 abgebrochen). Heute ist Talheim Stadtteil von Mössingen.
Die Pfarrkirche ist eine Chorturmanlage aus dem 14. Jh., 1945 durch Beschuss schwer beschädigt, danach erneuert und umfassend renoviert, am Chorbogen Wandmalereien des 14. Jahrhunderts.

rote Gabel, das fast eben an den Nordhängen der Kuppen Winzloch, Härtle und Bolberg entlang leitet, bis es hier in den HW 1 mündet, der zur Westecke des Bolbergs führt. 5 km 1

Beschreibung des folgenden Wegs auf dem HW 1 nach Talheim → S. 201.
7 km

W 1.19a Teilstrecke Genkingen – Bolberg – Riedernberg – Talheim

Wanderstrecke: Länge 12 km, Aufstiege 280 m, Abstiege 480 m
Gehzeit 4 ½ Stunden

In Genkingen geht man durch die Pfullinger und Öschinger Straße, biegt beim Parkplatz links ab und folgt dem Zeichen

Landkärtchen, Schmetterling aus der dunklen Sommergeneration (die Frühlingsgeneration ist hell).

W 1.19R Rundstrecke Öschingen – Rossberg – Bolberg – Filsenberg – Öschingen

Wanderstrecke: Länge 12 km
Auf- und Abstiege je 580 m
Gehzeit 5 ½ Stunden
Wanderkarten: F 523 Tübingen
Kartenausschnitt W 1.19
A, F, G, H, R
Ausgangs- und Endpunkt:
Mössingen-Öschingen
(Buslinie RAB 7624 Reutlingen–Mössingen; Parkmöglichkeit im Ort)

Öschingen (568 m NN, ca. 2600 Ew.). Die „ingen"-Endung (→ S. 80) und alamannische Reihengräber am westlichen Ortsrand bezeugen früheste Besiedlung. Ortsherren waren im 14. Jh. die Herren von Stöffeln und die Grafen von Zollern, 1415 wurde das Dorf von Württemberg gekauft. Es bestanden drei abgegangene Burgen, bei der Kirche, am nordwestlichen Ortsrand und auf dem Firstberg. Das Dorf ist heute Stadtteil von Mössingen.

In Öschingen geht man mit Zeichen blaues Dreieck durch die Reutlinger Straße, nach der Haarnadelkurve rechts durch die Roßbergstraße, kurz rechts in die Gartenstraße und dann durch den Auchtertweg ins Naturschutzgebiet am Auchtert.
1 km [1]R

Der Auchtert ist Teil des 59 Hektar großen Naturschutzgebiets Öschenbachtal, das 1997 ausgewiesen wurde. Der Hang trägt Wiesen und Weiden in trockener und nasser Ausprägung, insbesondere Halbtrockenrasen und Hangquellsümpfe. Es wird hier eine Extensivierung der früher intensiv bewirtschafteten Bereiche angestrebt.
Der Flurname „Auchtert" geht auf das mittelhochdeutsche „ûcht" (Nachtweide) und „hart" (Weidewald) zurück. Hier in Dorfnähe weidete vor Einführung der Stallfütterung nachts das Zugvieh, das tagsüber arbeiten musste.

Weiter geht's durch Wald bergan zum Schönberger Kapf und über die Hochwiese links am Kleinen Rossberg vorbei zum Rossberg hinauf. 2,5 km

Rossberg → S. 198.

Beschreibung der Strecke auf dem HW 1 vom Rossberg zur Abzweigung nach Öschingen → S. 200. 5,3 km [2]

Ausblick vom Bolberg auf den Filsenberg (rechts) und den Farrenberg (links am Horizont), Verebnungsflächen der Wohlgeschichteten Kalke.

Man steigt mit Zeichen blaue Gabel rechts schräg durch Wald und über die Heide zum Fuß des Meisenbühls im Naturschutzgebiet Filsenberg hinab.

1,2 km 3 R

Das 36 ha große Areal des Filsenbergs wurde 1983 unter Naturschutz gestellt. Die seltene Flora der ehemals einmähdigen Wiesen (Mähder, → S. 60) kann nur durch die vereinbarte extensive Nutzung erhalten werden.

Man geht geradeaus, kurz am linken Waldrand entlang und dann durch Wald in der Schlucht des Falltorbachs nach Öschingen hinab.

2 km

W 1.20 Teilstrecke Talheim – Hirschberg – Dreifürstenstein – Jungingen

Wanderstrecke: Länge 18 km
Aufstiege 340 m, Abstiege 320 m
Gehzeit 6 ½ Stunden
Wanderkarten: F 523 Tübingen
Kartenausschnitt W 1.20
A, F, G, K, R, W
Ausgangspunkt: Talheim
(ÖPNV → S. 200)
Übernachtung: In Jungingen,
Auskunft Tel. 07477/8730
(Bahnlinie HzL 768 und Buslinie HzL 9 Hechingen–Sigmaringen)

Talheim → S. 201.

In Talheim geht's von der Ortsmitte durch die Albstraße und Kreuzstraße, vor dem Sportplatz links und durch Felder aufwärts gegen den Hirschkopf zu. Um ein geologisches Jahrhundertereignis nicht zu versäumen, zweigt man unterhalb des Waldrands nicht links ab, sondern geht ohne Zeichen geradeaus, berührt kurz den Waldrand und gelangt zum Parkplatz unterhalb des Hirschkopfs (mit interessanter Infotafel).

3 km

Von hier leitet das Zeichen blaue Gabel zum Naturschutzgebiet „Bergrutsch am Hirschkopf", wo man bald wieder auf das rote Dreieck des HW 1 trifft.

0,5 km 1

Das Naturschutzgebiet „Bergrutsch am Hirschkopf" verdankt seine Entstehung einem spektakulären Bergrutsch. Nachdem es tagelang geregnet hatte und die mit Wasser voll gesaugten Tonschichten des Mittleren Juras eine schmierige Gleitschicht bildeten, kamen die darüber liegenden Oberjura-Bänke zum Gleiten. Dabei rutschten am 12. April 1983 auf einer Breite von 500 m vier Millionen Kubikmeter Gesteinsmasse zu Tal. Dieses einmalige Naturereignis ist für die Wissenschaft von höchstem Interesse. Den Geologen ist es ein Lehrbeispiel für die Erosion des Albtraufs. Botanikern und Zoologen liefert diese „biologische Nullzone", die bar jeder Humusdecke und jeden tierischen und pflanzlichen Lebens war, wichtige Erkenntnisse über Wiederbesiedlung und Sukzession. Die beim Bergrutsch entstandenen Tümpel beheimaten beispielsweise inzwischen mehrere gefährdete Amphibienarten wie Erdkröten, Gelbbauchunken, Bergmolche, Feuersalamander und allein sieben Käferarten der Roten Liste. Das Gebiet wird von der Universität Tübingen wissenschaftlich betreut. Da seine ungestörte Entwicklung unabdingbar ist, dürfen die befestigten Wege nicht verlassen werden!

W 1.20 Teilstrecke Talheim – Hirschberg – Dreifürstenstein – Jungingen   205

Bergrutsch am Hirschberg bei Mössingen, von unten. Bruchwand mit den Wohlgeschichteten Kalken im unteren Bereich.

Blick vom Dreifürstenstein über das Killertal nach SW. Rechts der Bergkegel des Hohenzollern, dicht links daneben die Hangkante des Plettenbergs.

Auf der Hochfläche verläuft der Weg zunächst oberhalb des Bergrutsches und dann am Trauf entlang zum Dreifürstenstein. 2,5 km ⟨2⟩

Der Name „Dreifürstenstein" geht auf die drei hier einst aneinander stoßenden Fürstentümer Württemberg, Hohenzollern und Fürstenberg zurück, deren Wappen auf dem Grenzstein kaum zu erkennen, aber auf dem Sockel der Orientierungstafel abgebildet sind. Großartige Aussicht auf den Hohenzollern, die Westalb, das Albvorland und den Schwarzwald (Schutzhütte).

Nun geht's über zwei Stunden am Rand der aussichtsreichen Steilstufe entlang, zuerst durch Wald, dann am Waldrand, nach dem Köhlberg innerhalb des Walds zum Bergvorsprung mit der Burgstelle Frundsberg, die nach dem Queren des Halsgrabens zur Linken liegt. 9 km ⟨3⟩

***Burg Frundsberg**, auch Eineck genannt, wurde bereits um die Mitte des 13. Jh. als Wohnsitz aufgegeben. Die kleine, nur aus Palas und Bergfried bestehende Anlage hatte einen trapezförmigen Grundriss. Über die Eigentümer ist nichts bekannt.*

Beim Abstieg wird nach dem Wald das Bürgle mit dem Naturschutzgebiet gequert. 1 km ⟨4⟩

*Das **Naturschutzgebiet Bürgle** liegt auf einer Oberjura-Hangschuttmasse, die auf den oberen Mitteljura-Schichten aufliegt. Seine nach Süden und Südwesten gerichteten Hänge, vom Seeheimer Berg vor Nord- und Ostwinden geschützt, sind klimatologisch der wärmste Platz der Gegend. Neben Kalkmagerwiesen und -weiden mit Katzenpfötchen, Ragwurzarten, Knabenkräutern und Kugelblume finden sich Quellhorizonte, in denen beispielsweise das Sumpf-Herzblatt gedeiht.*

Anschließend wandert man eben um ein Tälchen herum und steigt am Wasserbehälter vorbei nach Jungingen ab. 2 km

***Jungingen** (597 m NN, ca. 1500 Ew.) ist neben der „ingen"-Endung auch durch ein alamannisches Gräberfeld als frühe Siedlung ausgewiesen (→ S. 80), deren Namen auf einen Sippenältesten Jungo zurückgeht. Nach dem Ort nannte sich das edelfreie Geschlecht der Herren von Jungingen, deren Burg Hohenjungingen auf dem Bürgle lag (→ oben). Im Jahr*

1473 wurde Jungingen zollerisch. Wie in anderen Orten der Umgebung betätigte sich ein Teil der Einwohner im Hausierhandel und vertrieb Textilien und Holzwaren, die das heimische Handwerk herstellte. In dem Bauern- und Handwerkerdorf kam jedoch früh die feinmechanische Industrie auf, befruchtet durch die Erfindungen des Onstmettinger Pfarrers Hahn (→ S. 218). Die kath. Pfarrkirche St. Sylvester wurde 1819–1821 errichtet. Sie enthält ein spätgotisches Kruzifix und Reste des Hochaltars aus der Hechinger Schlosskapelle, dessen Schnitzarbeiten zu den besten Werken der deutschen Spätrenaissance zählen. Das Dorf weist schöne Fachwerkhäuser aus dem 16. bis 18. Jh. auf.

W 1.20R Rundstrecke Belsen – Farrenberg – Hirschkopf – Dreifürstenstein – Belsen

Wanderstrecke: Länge 13 km
Auf- und Abstiege je 530 m
Gehzeit 7 Stunden
Wanderkarten: F 523 Tübingen
Kartenausschnitt W 1.20
A, F, G, H, K, R, W
Ausgangs- und Endpunkt:
Mössingen-Belsen (Bahnlinie HzL 766 Tübingen–Mössingen–Sigmaringen, Buslinien RAB 7615 Hechingen–Gomaringen, 7616 Mössingen–Bad Sebastiansweiler;
Parkmöglichkeit im Ort)

In Belsen wandert man mit Markierung blaues Dreieck von der Mössinger Straße durch die Bernhard-Schlegel-Straße, Brühlstraße und Barbelsenstraße zur **Belsener Kapelle** empor. 1 km ⟦1⟧R

*Die **Belsener Kapelle**, ev. Pfarrkirche St. Maximim und Johannes, eine schöne romanische Chorturmkirche aus Quadermauerwerk erhebt sich eindrucksvoll inmitten des Friedhofs auf einer Kuppe des Albvorlands. Sie wurde wohl im 12. Jh. erbaut, auf den im Innern sichtbaren Fundamenten eines kleineren Vorgängerbaus aus dem 11. Jh. Im Giebel der nachträglich erhöhten Westfassade sind Reliefplatten – Mensch, Kreuz, Stier-, Widder-, und Schweinsköpfe – eingelassen, die noch nicht gedeutet werden konnten.*

Man geht mit dem blauen Dreieck weiter, durch den Max-Duncker-Weg abwärts, die Weinbergsteige bergan, biegt links in den mit blauer Raute markierten Weg ein und kommt am Wasserbehälter vorbei, ehe man wieder mit dem blauen Dreieck links um den Bergvorsprung der Olgahöhe herum zum Wald emporsteigt. 5 Min. nach Waldeintritt biegt man links ab und steigt mit Zeichen blaue Raute zum **Farrenberg** empor. 3 km ⟦2⟧R

*Die Hochfläche des **Farrenbergs** ist eine Verebnungsfläche der Wohlgeschichteten Kalke (ox2, Weißjura Beta). Er wurde als Zeugenberg von der Alb abgeschnürt durch die Nebenbäche der Steinlach, die ihn umfassen wie die Arme eines Kraken. Lohnend ist ein 10minütiger Abstecher links am Hang entlang zu der Baumgruppe am Ziegelrutsch, wo sich ein schöner Blick zum Filsenberg – ebenfalls mit einer typischen Verebnungsfläche der Wohlgeschichteten Kalke – und Rossberg öffnet.,*

Nach dem Aufstieg biegt man rechts ab und wandert mit Markierung blaues Drei-

Blick vom Farrenberg nach NO. Im Albvorland das Käpfle, am Horizont von links das Rossfeld, der Filsenberg und die Kuppe des Rossbergs.

eck zur Nordwestecke des Bergs, dem Bismarckkopf, von wo man eine weite Sicht über das Albvorland genießt. Hier senkt sich der Pfad am Westhang abwärts und stößt auf halber Höhe auf die blaue Gabel, die nach links zum Sattel zwischen Farrenkopf und Hirschberg hinableitet. Man folgt kurz der Straße aufwärts, steigt dann nahe dem Parkplatz am Waldrand bergan, quert einen Weg und betritt bald danach den Wald. Gleich nach dem zweiten Querweg kann man rechts abzweigen und dem Naturschutzgebiet „Bergrutsch am Hirschkopf" einen Besuch abstatten. 2 km ⟦1⟧

Naturschutzgebiet „Bergrutsch am Hirschkopf" → *S. 204.*

Beschreibung der folgenden Strecke bis zum Dreifürstenstein → S. 204.

3 km ⟦2⟧

Einige Schritte auf dem vorigen Weg zurück leitet das blaue Dreieck steil abwärts. Nach 6 Min. hält man sich bei der Weggabelung links. 10 Min. nach Waldaustritt, bei der Linde mit Bank, kann man links am Hang eine keltische Viereckschanze besichtigen 3R (→ S. 78), ehe man vollends nach Belsen absteigt. 4 km

W 1.21 Teilstrecke Jungingen – Hoher Stein – Hangender Stein – Raichberg

> **Wanderstrecke:** Länge 9 km
> Aufstiege 370 m
> Gehzeit 3 ½ Stunden
> **Wanderkarten:** F 523 Tübingen
> Kartenausschnitt W 1.21
> **A, F, Fam., G, K, R, W**
> **Ausgangspunkt:** Jungingen
> (ÖPNV → S. 204)
> **Übernachtung:** Nägelehaus auf dem Raichberg, Tel. 07432/21715

Jungingen → S. 206.

In Jungingen biegt man von der Killertalstraße in die Schulstraße ab, geht an der Kirche und Schule vorbei, über die Bahn und geradewegs am Hang bergan. Nach 20 Min. zweigt rechts der mit Zeichen roter Winkel markierte Weg zur Ruine Hohenjungingen auf dem Bürgle ab, die man in 5 Min. erreicht. Der Aufstieg lohnt allein wegen der schönen Sicht auf den Hohenzollern. Von der einstigen Burg sind Spuren und der Burggraben erhalten.   1 km   [1]

Burg Hohenjungingen war Stammsitz des Geschlechts der Edelfreien von Jungingen, das 1075 erstmals urkundlich genannt wird und 1501 erlosch. Im 13. Jh. schenkten sie ihren Besitz im Killertal dem Johanniterorden und bauten in Jungnau im Lauchertthal eine neue Herrschaft auf. Zwei Angehörige, Konrad und Ulrich, waren Hochmeister des Deutschen Ritterordens. Der letztere fiel als Führer des Ritterheeres 1410 in der Schlacht von Tannenberg, bei welcher der Orden eine vernichtende Niederlage gegen das polnisch-litauische Großreich erlitt. Burg Hohenjungingen wurde bereits 1311 im Krieg der schwäbischen Reichsstädte gegen Württemberg von den Reutlingern zerstört und nicht wieder aufgebaut. Beim Aufstieg lag linker Hand auf einer Terrasse am Hang die Vorburg mit den Wirtschaftsgebäuden, deren Reste durch überwachsene Schutthügel schwach zu erkennen sind, ebenso wie die der Hauptburg auf der Kuppe. Zwischen Vor- und Hauptburg umzieht ein rund 200 m langer Wall mit Graben den Burgberg.
Der Burghügel Bürgle ist eine um rund 100 m vom Hohen Berg abgerutschte Scholle der Wohlgeschichteten Kalke ($ox2$, Weißjura Beta).

Blick vom Raichberg nach NO zum Albtrauf. Links die Bergkante des Dreifürstensteins, rechts davon am Horizont die Kuppe des Rossbergs.

Zum vorigen Weg zurückgekehrt, folgt man wieder dem Zeichen rotes Dreieck, das in Serpentinen zum Aussichtspunkt Hoher Berg hinauf leitet (Schutzhütte, Feuerstelle). 0,5 km ⎣2⎦

Der Weiterweg führt durch Wälder des Himbergs und Bremelharts am Trauf dahin, dann am Waldrand über das Heufeld. Kurz bevor der HW 1 nach rechts wieder in den Wald eintaucht, wird er von der nordwestlichen Störungslinie des Hohenzollerngrabens geschnitten. 4 km ⎣3⎦

Beim **Hohenzollerngraben** *handelt es sich um einen Grabenbruch von etwa 1,5 km Breite, der im Tertiär um rund 100 m absank. Sein nordöstlicher Rand verläuft von der südlichen Peripherie Hechingens über den Hangenden Stein nach Hermannsdorf, der südwestliche von Weilheim über den Zollersteighof nach Neuweiler. Der Hohenzollern und Raichberg liegen also – auf den ersten Blick unverständlicherweise – mitten im Graben. Mit dem Effekt der „Reliefumkehr" (→ S. 15) ging die Abtragung im tiefer liegenden Graben langsamer vor sich, die harten Gesteine trotzten hier der Erosion länger als in der Umgebung, so dass sie diese heute überragen. Die häufigen Erdbeben in diesem Bereich hängen nach heutiger Auffassung jedoch nicht mit dem Grabenbruch zusammen.*

Nach 7 Min. wird der Wald verlassen und am Waldrand entlang gewandert. In der Senke mündet von rechts die von Boll durch das Bärentäle kommende Rundwanderung 1.21R ein. 1 km ⎣4⎦

Der Weg führt über eine Heide bergan, auf dem Querweg nach rechts, dann nach links durch eine Senke und schließlich durch Wald zum Hangenden Stein hinauf. 1 km ⎣5⎦

Der **Hangende Stein**, *am Ortsrand des Hohenzollerngrabens (→ oben) gelegen, ist ein markantes Beispiel großflächiger Erosion. Die Erdoberfläche ist von breiten Spalten durchzogen, riesige Felsmassen sind nur in tieferen Schichten noch mit der Albtafel verbunden und „hängen" meterweit talwärts. Eines Tages werden sie das Übergewicht bekommen und in einem gewaltigen Felssturz ins Tal kippen. Der Steilhang unterhalb des Hangenden Steins ist mit mächtigen abgestürzten Felsblöcken übersät.*

Weiter am Trauf entlang wandernd erreicht man den Aussichtspunkt Raichberg, der eine großartige Sicht ins Albvorland und auf den Hohenzollern gewährt. 1 km [6]

Hier geht's links über die Hochfläche zum Turm auf dem Raichberg hinauf und zum Nägelehaus hinab. 0,5 km

*Der **Raichbergturm** und das **Nägelehaus** wurden 1928 vom Schwäbischen Albverein zu Ehren seines langjährigen Vorsitzenden und Schriftleiters Prof. Dr. Eugen Nägele erbaut. Der Turm bietet eine großartige Rundsicht auf die Hochfläche und den Nordrand der Schwäbischen Alb und ihr Vorland. Bei klarem Wetter reicht sie bis zum Schwarzwald und zu den Alpen. Wanderheim und Turm sind montags ab 14 Uhr und dienstags geschlossen.*

W 1.21R Rundstrecke Boll – Raichberg – Zeller Horn – Boll

Wanderstrecke: Länge 13 km
Auf- und Abstiege je 440 m
Gehzeit 5 Stunden
Über Burg Hohenzollern:
15 km/ je 630 m/ 6 ½ Stunden
Wanderkarten: Blatt 24 Albstadt
Kartenausschnitt W 1.21
A, F, Fam., G, H, K, R, W
Ausgangs- und Endpunkt:
Hechingen-Boll (Buslinien HVB 1a und 1b ab Stadtmitte Hechingen; Parkmöglichkeit im Ort)

Boll *(569 m NN, ca. 1000 Ew.) ist vermutlich eine Gründung des Hochmittelalters und war Teil der Grafschaft Zollern, in deren Dienst der Ortsadel stand. Um den Ort lagen mehrere abgegangene Burgen, u. a. bei Mariazell und auf der Flur Burgstall. Heute ist Boll Stadtteil von Hechingen.*

In Boll wandert man mit Zeichen blaues Dreieck von der Dorfmitte durch die Mitteldorfstraße, rechts durch die Eichgasse, links durch die Jungingerstraße zum Dorfrand, bei den Linden nach rechts und nahe dem Reichenbach, vorbei am Gehöft Friedrichstal, durch Felder und Wiesen. Am Bach entlang geht's durch den Mischwald des Bärentäles, an der Schumacherhütte vorbei (Rastplatz mit Feuerstelle) und unterhalb des Kohlwinkelfelsens zum Trauf hinauf, wo man auf den HW 1 trifft. 6 km [4]

Beschreibung der folgenden Strecke auf dem HW 1 bis zum Aussichtsfelsen Raichberg → S. 210. 2 km [6]

Man wandert vom Aussichtsfelsen auf dem HW 1 am Trauf entlang weiter, steigt nach dem Backofenfels mit Zeichen roter Strich des HW 3 in Serpentinen bergab und gelangt am Waldrand und durch Wald zum Zeller Horn. 1,5 km [7]

*Das **Zeller Horn** verdankt seinen Namen dem Dorf Zell, das in unmittelbarer Nähe der Kapelle Mariazell lag und zum Ende des 15. Jh. abging (→ Wüstungen, S. 83).*
*Unterhalb des Aussichtspunkts liegt das **Naturschutzgebiet Zellerhornwiese**, das bereits 1950 ausgewiesen wurde. Es handelt sich um einen Mähder (→ S. 60), ähnlich dem Irrenberg, mit schönen Solitärbuchen und wertvollen Pflanzenstandorten. Besonders auffallend ist das reiche Vorkommen des Haarstrangs auf den Verebnungsflächen am Hangfuß.*

Beim Hangenden Stein. Die Oberfläche ist mit Spalten durchzogen. Große Felsmassen „hängen" nach außen, bis sie eines Tages ins Tal rutschen oder kippen.

Der Abstieg beginnt an der Schutzhütte, führt die Stufen hinab, an der Hütte vorbei und geradewegs zu dem idyllisch gelegenen Wallfahrtsort mit der Kapelle Mariahilf. 1 km 8

Die **Kapelle Mariahilf** *steht auf den Grundmauern einer gotischen Kirche St. Gallus, die 1631 von den Schweden zerstört worden war. Zell war der Stammsitz der Schenken von Zell, Ministerialen der Grafen von Zollern, die sich später Schenken von Stauffenberg nannten und ihren Wohnsitz ins Eychtal nach Lautlingen verlegten.*

Man verlässt die Kapelle über den Friedhof und kommt auf einem geschotterten Fahrweg auf einen Sattel hinab.
0,5 km 9

Hier kann links abgebogen und, weiter dem HW 3 folgend, zur Burg Hohenzollern aufgestiegen werden. (1,5 km) 11

Die Geschichte der **Burg Hohenzollern** *geht bis ins 11. Jh. zurück. 1061 und 1095 werden Angehörige des Zollergeschlechts in Urkunden genannt, die ein bedeutendes Hochadelsgeschlecht mit ausgedehntem Herrschaftsgebiet bezeugen. Um 1170 spaltete sich die Nebenlinie der Grafen von Hohenberg ab, bald darauf gelangte ein Zoller durch Heirat in den Besitz der Burggrafschaft Nürnberg. Von dieser fränkischen Linie stammen die Markgrafen und Kurfürsten von Brandenburg, das preußische Königshaus und das deutsche Kaiserhaus ab. Die schwäbische Linie erlitt durch Familienstreit und Teilungen einen Niedergang, als dessen Tiefpunkt 1423 die Burg zerstört wurde. Dem totalen Zusammenbruch folgte zwei Generationen später eine neue Blüte mit dem Bau einer zweiten Burg ab 1454, die zwischen dem 16. und 18. Jh. zerfiel. 1576 wurde der Besitz in die Linien Haigerloch, Hechingen und Sigmaringen aufgeteilt. Die erstgenannte erlosch bereits 1634, die beiden letzteren wurden 1806 nicht wie vergleichbare Reichsstände der Landeshoheit unterstellt, sondern blieben dank der verwandtschaftlichen Bande zum Haus Preußen und persönlicher Beziehungen zu Napoleon souveräne Staaten des Deutschen Bundes. 1849 traten die beiden Fürsten ihre Souveränitätsrechte an Preußen ab, das die „Hohenzollerischen Lande" 1850 als „Regierungsbezirk Sigmaringen" übernahm und im Jahr 1875 in vier Oberämter einteilte. Nach* *der Ablösung der Monarchie durch die Weimarer Republik 1918/19 blieb das Land Preußen erhalten und damit das Souveränitätsverhältnis. Im Jahr 1925 wurden die Landkreise Hechingen und Sigmaringen eingerichtet. 1947 wurde das Gebiet in das neue Land Württemberg-Hohenzollern eingegliedert. 1950 entschieden sich 94 % der Einwohner für den neuen Südweststaat.*

Die heutige Burg wurde ab 1850 den romantischen Idealen der Zeit entsprechend im neugotischen Stil erbaut. Sie zählt mit etwa 350 000 Besuchern im Jahr zu den Hauptanziehungspunkten des Landes. Die größtenteils noch von der zweiten Burg stammende St. Michaelskapelle birgt spätromanische Reliefplatten und bedeutende gotische Glasfenster. In den Burgräumen sind eine Reihe von Sammlungen und Erinnerungsstücke zu besichtigen. Erst kürzlich wurden Gänge und Kasematten aus der Zeit der ersten und zweiten Burg entdeckt und für Besucher zugänglich gemacht. Die nach dem 2. Weltkrieg hier aufgebahrten Särge der Preußenkönige Friedrich Wilhelm I. und Friedrich der Große wurden 1991 wieder nach Potsdam überführt. Von den Bastionen bietet sich ein großartiger Rundblick.

Geöffnet von 9–17.30 Uhr, im Winterhalbjahr von 10–16.30 Uhr.

Der Abstieg erfolgt auf dem Gegenhang zur Straße hinab, von wo das Zeichen blaue Raute wieder auf den direkten Weg beim Waldrand hinunter leitet.

(1,5 km) [11]

Wer den direkten Weg nimmt, hält sich bei dem Sattel rechts und folgt nun dem blauen Dreieck, das unterhalb der Burg Hohenzollern zum Waldrand leitet.

1 km [11]

Hier biegt man bei der Kreuzung scharf rechts ab und wandert mit der blauen Raute nach Boll hinab. 1 km

W 1.22   Teilstrecke Raichberg – Stich – Böllat – Burgfelden – Schalksburg – Laufen

Wanderstrecke: Länge 19 km
Aufstiege 380 m, Abstiege 730 m
Gehzeit 7 Stunden
Wanderkarten: Blatt 24 Albstadt
Kartenausschnitt W 1.22
A, F, G, H, K, R
Ausgangspunkt:
Nägelehaus auf dem Raichberg
Übernachtung: In Albstadt-Laufen, Auskunft Tel. 07431/1601204
(Bahnlinie HzL 766 Tübingen–Aulendorf, Buslinie RAB 7614 Balingen–Albstadt)

Nägelehaus → S. 211.

Aus dem Wanderheim Nägelehaus tretend geht man nach links, biegt 2 Min. nach dem Queren der Straße nach links ab und wandert im Rechtsbogen durch das Wäldchen zu einer Talebene hinab. Hier geht's durch Felder zum Zollersteighof hinüber, über der Straße bald nach links und 150 m vor dem Waldrand nach rechts zum Trauf, wo nach links abgebogen wird. Der folgende Weg verläuft entlang der ehemaligen Grenze zwischen Württemberg und Hohenzollern (Inschriften auf den Grenzsteinen KW = Königreich Württemberg, KP = Königreich Preußen, → S. 212). Zwischen dem Blasenberg und Heiligenkopf durchschreitet man den Ausläufer des Schmiechatals mit dem Hof und Naturschutzgebiet Geifitze.

3,5 km [1]

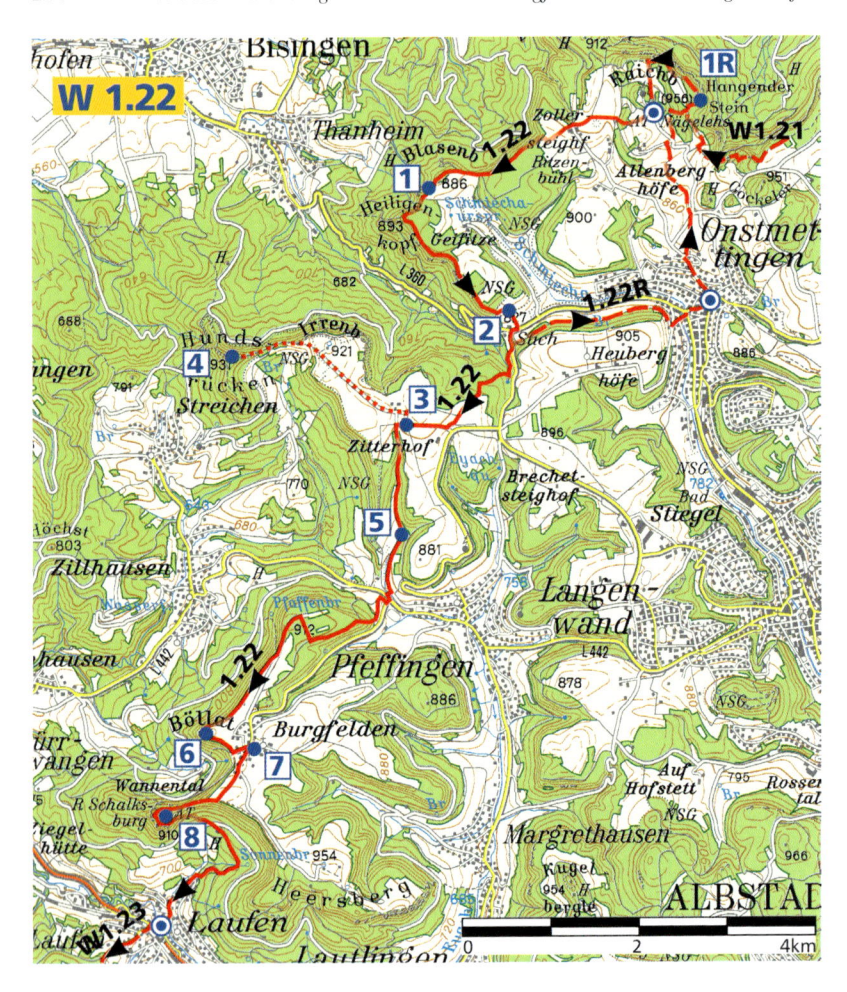

*Das **Schmiechatal** (ab Ebingen als **Schmeietal** bezeichnet) ist hier geköpft (→ S. 21). Die Zuflüsse des rhenanischen Gewässersystems, die ihm von Norden her zu Leibe rücken, entspringen nur wenige Meter unterhalb des Traufs. Nur einen Steinwurf südlich von ihm entspringt die heutige Schmiecha. Um den Hof Geifitze – Geifitz ist der schwäbische Nane für Kiebitz, der hier brütete, als das Moor noch intakt war – herum hat sich über den Wasser stauenden Impressamergeln (ox1, Weißjura Alpha) ein Hochmoor gebildet, dessen Torf im letzten Jh. abgebaut wurde. Im Zusammenhang damit entstand die Geifitze als Wirtshaus für die Torfstecher. 1989 wurden 33 ha des Gebiets unter Naturschutz gestellt (**Naturschutzgebiet Geifitze**). Die damit verbundene jahrzehntelange Auseinandersetzung und*

der vereinbarte Kompromiss können als Musterbeispiel für die Interessenkollision zwischen Ökologie und Ökonomie gelten. Für die Feuchtflächen entlang des Bachs gilt eine Veränderungssperre. Die bisherige landwirtschaftliche Nutzung, Weidebetrieb und Düngung der Mähwiesen, ist weiter zugelassen. Auf den landes- und gemeindeeigenen Flächen darf dagegen nur noch eine wiesenwirtschaftliche Nutzung ohne Düngung erfolgen. Die Feuchtgebiete weisen mit nachgewiesenen 164 Pflanzen- und 149 Tierarten eine erfreuliche Vielfalt auf, die sich durch die extensive Nutzung sicher noch vergrößern wird.

Der Weg führt weiter am Trauf entlang, zunächst bergan, dann eben über die Höhe und schließlich am Rand des Naturschutzgebiets Lengenloch zum Stich hinab. 2 km ⬜2

*Das **Naturschutzgebiet Lengenloch** mit seinen mächtigen knorrigen Weidbuchen war seit langem Schafweide, die heute nur noch extensiv betrieben wird. Durch die geringe Beweidung haben sich zahlreiche Orchideen ausgebreitet, deren Bestand derzeit nur durch Pflegemaßnahmen zu sichern ist.*

Vom Wirtshaus Stich geht's auf der Pfeffinger Straße kurz bergan, dann rechts in das Tal hinab und an dessen linkem Hang zur Höhe empor. Beim Parkplatz wird rechts zum Zitterhof abgebogen.

2,5 km ⬜3

Für naturkundlich Interessierte ist ein eineinhalbstündiger Abstecher zu den beiden Naturschutzgebieten Irrenberg und Hundsrücken sehr lohnend. Man biegt beim Zitterhof mit Zeichen blaues Dreieck rechts und wandert über den Irrenberg zum Sattel hinab und auf den schmalen Grat des Hundsrückens hinauf, der trotz der Bewaldung schöne Ausblicke bietet. (2 x 2,5 km) ⬜4

*Das **Naturschutzgebiet Irrenberg**, eine Holzwiese, d. h. ein Mähder mit Strauch- und Baumbewuchs (→ S. 60), besticht nicht nur durch das schöne parkartige Landschaftsbild, sondern auch durch die einmalige Vielfalt seltener und bedrohter Pflanzen. Seine Gefährdung durch Düngung und Aufforstung wurde durch die*

Burgfelden, Michaelskirche. Jüngstes Gericht, Fresken der Reichenauer Malerschule aus dem 11. Jahrhundert.

frühe, 1943 erfolgte Unterschutzstellung und durch Grundstückskäufe durch den Schwäbischen Heimatbund weitgehend abgewendet. Dieser führt in Zusammenarbeit mit dem Schwäbischen Albverein seit 1973 jährlich eine „Pflegeaktion Irrenberg" durch.

Der **Hundsrücken** bietet ein besonders eindrucksvolles Beispiel für die Erosion am Albtrauf (→ S. 21). Er wird rundherum von unzähligen Nebenbächen der Eyach angegriffen, die ihn wie die Arme eines Kraken umklammern und immer mehr von der Alb abschneiden. Begünstigt durch den geologischen Aufbau – unter der Deckschicht aus Wohlgeschichteten Kalken (ox2, Weißjura Beta) liegen Impressamergel (ox1, Weißjura Alpha) und die Tone des oberen Mittleren Juras – ereigneten sich mehrere Hangrutsche. Die dabei entstandenen Steilwände und Verebnungen mit Wällen und Gräben bilden die Grundlage für eine vielfältige Flora und Fauna. Das *Naturschutzgebiet Hundsrücken* besteht bereits seit 1939, noch länger als das am Irrenberg. Es soll vor allem den Wuchsort seltener Pflanzen und die ungestörte Entwicklung natürlicher Waldgesellschaften sicherstellen.

Der HW 1 biegt 5 Min. nach dem Zitterhof links ab und führt über den Wünschberg am Naturschutzgebiet Roschbach vorbei ins Eyachtal hinab. 2 km 5

*Das **Naturschutzgebiet Roschbach**, 109 ha Fläche zwischen dem Trauf des Wünschbergs und dem Roschbach mit Schafweiden, Streuobstbeständen, Quellsümpfen, natürlichen Bachläufen, Buchenwäldern und Buchen-Tannenwäldern, zeigt exemplarisch den einstigen Reichtum einer vielfältigen Natur- und Kulturlandschaft, die bereits starke Einbußen erlitten hat und weiter gefährdet ist.*

Man geht auf der Straße wenige Meter in Richtung Burgfelden, biegt rechts ab, steigt zum Pfeffinger Böllat empor und folgt dessen linkem Rand. Bevor sich der Weg senkt, wird nach rechts, 4 Min. später nach links abgebogen und am rechten Bergrand zum Böllat hinausgewandert.

3,5 km 6

*Der **Böllat**, der westliche Eckpunkt einer Fläche aus Wohlgeschichteten Kalken, eröffnet eine großartige Aussicht ins Albvorland und auf die höchsten Berge der Südwestalb. Links im Vordergrund liegt die Schalksburg, links jenseits des Eyachtals der Gräbelesberg, rechts Hörnle, Lochenstein, Schafberg und der Plettenberg mit dem Fernmeldeturm. Am Fuß des Böllats ist der Übergang von den flacheren Mitteljura-Hängen zur Oberjura-Steilstufe deutlich zu erkennen, die hauptsächlich Buchenwald trägt, während auf dem Mitteljura Mischwald aus Buchen, Tannen und Fichten stockt.*

Weiter am Trauf entlang schreitend gelangt man nach Burgfelden. 1 km 7

Burgfelden (911 m NN, ca. 330 Ew.) war im Früh- und Hochmittelalter Sitz einer Adelsherrschaft, nur aus dem Herrenhof, der Kirche und dem Pfarrhaus bestehend. Bis zum 16. Jh. waren die umliegenden Ortschaften in die Burgfelder Michaelskirche eingepfarrt. Der Ort kam 1064 durch Schenkung an das Kloster Ottmarsheim, spätestens um 1266 an die zollerische Herrschaft Schalksburg und damit 1403 an Württemberg. Die Michaelskirche ist eines der ältesten Bauwerke des Landes. Der erste Bau, ein kleiner Saal mit Apsis, dessen Fundamente frei-

Blick von der Schalksburg in das Eyachtal mit Laufen. Darüber der Gräbelesberg.

gelegt wurden, entstand bereits um das Jahr 700. Diese Anlage wurde mehrmals erweitert, bevor gegen Ende des 11. Jh. das heutige Kirchenschiff entstand. Kurz nach seiner Vollendung wurden die kunsthistorisch bedeutsamen Wandmalereien von höchster künstlerischer Qualität geschaffen, von denen das Jüngste Gericht an der Ostseite am besten erhalten ist. An der Nordwand sind die 12 Apostel und Propheten sowie das Gleichnis vom Barmherzigen Samariter dargestellt, an der Südwand der Sturz Satans, der Triumph des Lammes, sowie das Gleichnis vom Reichen Prasser und Armen Lazarus. Die Grabungsbefunde sind im Kircheninneren dargestellt.

Man wandert durch den Burgweg, anschließend durch Wiesen, dann durch Wald zum Sattel hinunter und zur Schalksburg hinauf.   1,5 km   8

*Die **Schalksburg** wurde um 1100 von der in Burgfelden ansässigen Hochadelsfamilie erbaut (→ oben). Nach dem Erlöschen dieses Geschlechts kam sie um die Mitte des 13. Jh. an die Grafen von Zollern. 1403 verkaufte der letzte Graf der Linie Zollern-Schalksburg die Burg an Württemberg, das sie später an die Herren von Rechberg verpfändete, 1464 zerstörte, wieder aufbaute und 1557 abbrechen ließ. Der Schwäbische Albverein hat auf dem wieder aufgebauten Bergfried eine Aussichtswarte eingerichtet.*

Beim Abstieg biegt kurz oberhalb des Sattels der Weg nach rechts ab, der im Bogen am Hang des Steinbergs und links des Eltschbachs nach Laufen hinableitet.

3 km

***Laufen a. d. Eyach** (614 m NN, ca. 1750 Ew.) wurde bereits 793 als Loufo (= Stromschnelle, Wasserfall) genannt, als das Kloster St. Gallen hier Besitz erhielt. Die Geschichte des Dorfes ist durch die Jahrhunderte mit derjenigen der Schalksburg verbunden (→ oben), mit der es 1403 auch an Württemberg kam. Um die Mitte des 18. Jh. entstand eine Papiermühle, die u. a. die Cotta'sche Buchdruckerei belieferte. Sie bot einem Teil der Bevölkerung Einkommen durch Lumpensammeln, aus dem sich kleine Handwerksbetriebe zur Herstellung landwirtschaftlicher Geräte und ein reger Hausierhandel entwickelten. 1895 richtete eine Flutkatastrophe schwere Verwüstungen an und forderte 15 Menschenleben, 1945 wurden bei einem Bombenangriff 19 Einwohner getötet und viele Häuser zerstört. Nach dem zweiten Weltkrieg entstand aus dem Bauern- und Handwerkerdorf eine gewerbliche Gemeinde. Sie ist seit 1975 Stadtteil von Albstadt.*

W 1.22R Rundstrecke Onstmettingen – Raichberg – Stich – Onstmettingen

Wanderstrecke: Länge 13 km
Auf und Abstiege je 180 m
Gehzeit 4 ½ Stunden
Wanderkarten: Blatt 24 Albstadt
Kartenausschnitt W 1.22
A, E, F, Fam., G, R
Ausgangs- und Endpunkt:
Onstmettingen (Buslinie WEG 44 Ebingen–Bisingen; Wanderparkplatz an der Zufahrt und am Wanderweg zum Raichberg)

***Onstmettingen** (814 m NN, ca. 5 300 Ew.), eine alamannische Siedlung der Landnahmezeit, von der zwei Gräberfelder aus dem 7. Jh. nachgewiesen sind. Es wurde 1074 als Ansmutingen (auf den Personennamen Ansmut zurückgehend) erstmals genannt und wuchs aus zwei Siedlungen, Ober- und Unterhofen, zusammen. Das Dorf kam im 13. Jh. an die Herrschaft Zollern-Schalksburg und mit dieser 1403 an Württemberg. Die Erfindungen des Pfarrers Philipp Matthäus Hahn, der von 1764–1770 hier wirkte, begründeten eine blühende feinmechanische Industrie. Dazu bietet das Ph.-M.-Hahn-Museum im „Kasten" interessante Einblicke (Mi., Sa., So., Feiertag 14–17 Uhr).*

In Onstmettingen wandern wir vom Rathaus mit Zeichen rote Raute durch die Nägelestraße in Richtung Zollersteighof, biegen nach dem letzten Haus rechts ab, gehen ein paar Schritte am Zaun entlang, dann durch Wiesen bergan, nach dem Parkplatz über der Straße auf dem Kiesweg weiter und auf der rechten Seite des nächsten Parkplatzes zum Wald hinauf.

Blick vom Raichberg auf das Nägelehaus und Onstmettingen, rechts im Schmiechatal

Kurz nach Waldeintritt geht's mit Zeichen rote Gabel rechts zu dem mit rotem Dreieck markierten Alb-Nordrand-Weg, der nach links zum Hangenden Stein am Ostrand des Hohenzollerngrabens führt.
3 km   1 R

Hangender Stein → S. 210.

Hohenzollerngraben → S. 210.

Wir wandern weiter am Trauf entlang zum Aussichtspunkt Raichberg und links abbiegend zum Turm auf dem Raichberg und Nägelehaus.   1,5 km

Raichbergturm und Nägelehaus → S. 211.

Beschreibung der folgenden Strecke auf dem HW 1 vom Nägelehaus zum Stich → S. 213.   5,5 km   2

Vom Stichwirtshaus geht's auf der Straße 2 Min. in Richtung Pfeffingen, dann mit Zeichen rote Raute links zum Waldrand empor und an diesem nach Onstmettingen zurück.   3 km

W 1.23   Teilstrecke Laufen – Lochenhörnle – Lochenstein – Plettenberg – Ratshausen

Wanderstrecke: Länge 17 km
Aufstiege 740 m, Abstiege 680 m
Gehzeit 7 Stunden
Wanderkarten: Blatt 24 Albstadt
Kartenausschnitt W 1.23
A, F, G, H, K, R
Ausgangspunkt: Albstadt-Laufen
(ÖPNV → S. 213)
Übernachtung: In Ratshausen,
Auskunft Tel. 07427/91188
(Buslinie 38 Fa. Maas
Schömberg–Tieringen, nur werktags)

Laufen → S. 218.

In Laufen überquert man beim Bahn-Haltepunkt das Gleis und geht die Tieringer Straße bergan zum Sportgelände. Rechts des Sportplatzes mündet der Weg in den Wald ein und führt bald durch das Naturschutzgebiet Untereck steil aufwärts.
3 km   1

*Das **Naturgeschutzgebiet Untereck** ist das älteste und bedeutendste der Zollernalb. Dieser Steilhang wurde bereits 1924 zum Bannwald und 1939 zum Naturschutzgebiet erklärt. In den vorhergehenden Jahrhunderten wurde das Gebiet wegen der extremen Steilheit wirtschaftlich wenig genutzt. Weite Teile entstanden durch Naturverjüngung, es entwickelten sich eindrucksvolle Altholzbestände, welche die Schönheit echter Urwälder zeigen. Den unteren Hangteil bedecken Tannen-Buchenwälder unterschiedlichster Ausprägung und Schluchtwälder mit Berg-Ahorn, Ulme, Esche, Silberblatt, Hirschzunge, Bärlauch. Besonders erwähnenswert ist das reiche Vorkommen der Eibe. Darüber finden sich Bergreitgras- und Blaugrashalden und an den eindrucksvollen Wänden der Wohlgeschichteten Kalke (ox2, Weißjura Beta) Felsen-Gesellschaften mit zahlreichen Relikten aus der Eiszeit. Bedauerlicherweise ist der Charakter des Gebiets durch den hohen Wildbestand stark gefährdet, insbesondere durch künstlich eingebürgerte Gämsen und Mufflons.*

Der Wanderpfad mündet im oberen Bereich in die Quellschlucht des Zerrenstallbachs ein und stößt nahe dem Waldrand beim Torbühl auf den von Tieringen heraufführenden Weg. 0,5 km ☐ 2

Rechts am Trauf und Waldrand entlang erreicht man bald das Lochenhörnle, das auf der top. Karte als „Hörnle" bezeichnet ist. 1,5 km ☐ 3

*Vom **Lochenhörnle** bietet sich eine phantastische Fernsicht. Tief zu Füßen liegt das Eyachtal, rechts im Talwinkel Ebingen, abwärts die Ortschaften bis Balingen, rechts davor der Hirschberg und der hoch aufragende Hundsrücken, weiter rechts der Irrenberg, im Hintergrund das Zellerhorn und der Raichberg. Im Vordergrund, jenseits des Tals, erblickt man den Böllat mit Burgfelden und die Schalksburg. Zur Linken liegen der Lochenstein, darüber der Schafberg und der Plettenberg mit dem Fernmeldeturm. Rückwärts erscheinen bei guter Sicht die Alpen, links der Schwarzwald und voraus dehnt sich die endlose Weite des Unterlandes.*

Geologisch gesehen besteht das Lochengebiet aus Schwammriffen, die von den Lacunosamergeln (ki1, Weißjura Gamma) bis in die Impressamergel-Schichten hinabreichen. Das hügelige Erscheinungsbild ist darauf zurückzuführen, dass die tonigen Schichten abgetragen wurden,

W 1.23 Laufen – Lochenhörnle – Lochenstein – Plettenberg – Ratshausen

während die verschwammten Kalke der Erosion standhielten (→ S. 21). Die Neckarzuflüsse beginnen bereits die Hülenbuchwiesen und benachbarten Bergstöcke zu umfassen. Es ist die Entstehung von Zeugenbergen (→ S. 21) zu beobachten.

Man wandert nun auf dem Grasweg durch die Hülenbuchwiesen abwärts und wechselt in der Senke, bei der Bank neben dem Mehlbeerbaum, zum Waldrand hinüber.

0,5 km 4

*Das **Naturschutzgebiet Hülenbuchwiesen** ist der höchstgelegene Mäher (→ S. 60) der Schwäbischen Alb mit besonders interessanter Flora und Fauna. Erwähnt seien montane Arten wie die Bergflockenblume und Kugel-Rapunzel und der Löwenzahnspinner, ein großer Nachtfalter, der in Deutschland nur auf den Mähdern der Schwäbischen Alb vorkommt. In einem Pflegevertrag ist die extensive Nutzung eines Großteils des Gebiets geregelt. Jegliche Düngung ist verboten, das Mähen ist ab dem 15. Juli erlaubt, die Hüteschafhaltung ab dem 30. August.*

Der Weg führt am Waldrand entlang, vorbei am Härtling (→ S. 14) des „Bühlen" und der Jugendherberge zum Lochengründle hinab. Über der Straße kann man entweder der leicht abfallenden Allee folgen oder auf dem gleich mit Zeichen rote Gabel abzweigenden Weg den Lochenstein überqueren.   2,5 km 5

*Der **Lochenstein** gewährt eine noch umfassendere Aussicht als das Lochenhörnle. Der nach allen Seiten steil abfallende Bergstotzen bietet rundherum ausgezeichneten natürlichen Schutz. Ausgrabungen beweisen, dass er von der Jungsteinzeit an in allen Epochen besiedelt war bis zur Alamannenzeit, aus der eine wohl befestigte Siedlung des 4. und 5. Jh. durch Funde belegt ist. Der Charakter dieser Siedlungen ist noch unklar. Geologisch gesehen handelt es sich beim Lochenstein um Schwammriffe (→ S. 14) der drei unteren Schichten des Oberen Juras. Der ganze Bergstotzen steht unter Naturschutz.*

An der Westflanke trifft der Weg vom Lochenstein wieder auf die Allee. Hier biegt man vor der Grillstelle rechts ab und wandert durch die prächtige Wacholderheide des Naturschutzgebiets Schafberg-Lochenstein bergan.

0,5 km 6

*Das **Naturschutzgebiet Schafberg-Lochenstein** ist mit 102 ha das größte im Zollernalbkreis. Seine besonderen Merk-*

Im Naturschutzgebiet Untereck.

Blick vom Lochenstein zum Lochenhörnle.

male sind Schafweiden und ursprüngliche „Steppenheideflora" auf den flachgründigen, besonnten Felsen. Hier findet man noch Relikte aus der Eiszeit wie Augenwurz, Immergrünes Felsenblümchen, Niedriges Habichtskraut, Heideröschen.

Bald wird ein Sattel erreicht, auf dem bei einem kurzen Abstecher nach links die auf einem Schwammstotzen liegende Ruine Wenzelstein besucht werden kann.
0,5 km   7

Die Burg Wenzelstein entstand vor 1100 von dem namengebenden, am Fuß des Berges liegenden Herrensitz Winzeln aus, der auf das 7./8. Jh. zurückgeht. Edelfreie von Winzeln werden von der Mitte des 11. Jh. bis Ende des 13. Jh. genannt. Die Burg ist im 13. Jh. abgegangen. 1555 wurde am Fuß des Berges Schloss Oberhausen gebaut und ein gleichnamiges Rittergut gebildet. Der Hof Winzeln ist wie mehrere andere Siedlungen der Umgebung im 16. Jh. abgegangen. Man betritt die Ruine über Wall und Graben. Die Kernburg lag rechts des heutigen Zugangs, wo Schuttriegel und eine Zisterne erhalten sind.

Am Grabenrand, unmittelbar links des Wegs, liegt die 15 m lange Wenzelsteinhöhle.

Vom Sattel führt der HW 1 auf dem Grasweg rechts bergan zum Gespaltenen Fels.
1 km [8]

Beim **Gespaltenen Fels** *handelt es sich wie beim südlich sich anschließenden Schafberg um mächtige Schwammriffe (→ S. 14). Wie der Name sagt, sind gewaltige Felsblöcke bereits vom Schwammstotzen abgespalten und kippen auf mergeliger Unterlage langsam nach außen, bis sie eines Tages als Felssturz ins Tal stürzen.*

Anschließend geht's immer am Trauf entlang, über den Hohen Fels und zum Sattel vor dem Schafberg hinab. 0,5 km [9]

Hier steigt man schräg am Hang in die Senke hinab (Schutzhütte) und am Gegenhang zum Plettenberg hinauf. Links am Fernmeldeturm vorbei wird wieder der Traufweg erreicht, der zwischen dem Steinbruch und Steilabfall verläuft. Nach der Brücke über die Materialseilbahn gelangt man zum höchsten Punkt mit schöner Fernsicht auf die Schwarzwaldberge von der Hornisgrinde bis zum Feldberg, die auf einer Orientierungstafel erklärt ist. 2 km [10]

Der **Plettenberg** *ist neben dem Lemberg als Zeugenberg der westlichste Ausleger der Schwäbischen Alb. Die ehemalige Verebnungsfläche der Wohlgeschichteten Kalke (ox2, Weißjura Beta), die ursprünglich drei Kuppen krönten, ist weitgehend dem Steinbruch des Dotternhausener Zementwerks zum Opfer gefallen. Das in diesem Bruch abgebaute Oberjuragestein wird im Zementwerk Dotternhausen zusammen mit dem „Ölschiefer" des Posidonienschiefers (tc1, Schwarzjura Epsilon) zu Zement verarbeitet, wobei seine brennbaren Bestandteile zur Gewinnung* elektrischer Energie genutzt werden. Die reichen Fossilienfunde werden seit 1973 im Werk präpariert und seit 1989 im „Werkforum" gezeigt, einem modern gestalteten Museum, das einen ausgezeichneten Einblick in die Geologie der Schwäbischen Alb gewährt (Di., Mi., Do. 13–17 Uhr, So. und an Feiertagen 11–17 Uhr).

Vor der Haarnadelkurve, beim Schafhaus, wird das Sträßchen verlassen und geradeaus durch den oberen, ebenen Teil des Naturschutzgebiets Plettenkeller gewandert. 1,5 km [11]

Das **Naturschutzgebiet Plettenkeller** *umfasst hauptsächlich das Gebiet des „Bergschlipfs von Ratshausen", bei dem im Jahr 1851 nach heftigen Regenfällen die Impressamergel-Schichten auf den aufgequollenen Mitteljura-Tonen ins Rutschen kamen und in einem 14 Tage dauernden Prozess riesige Erdmassen langsam ins Tal glitten. Die Oberjuraplatte kippte dabei etwas nach außen, so dass sich zwischen ihr und der Bergwand eine Wanne bildete, die nach und nach wieder mit Steinschutt aufgefüllt wurde. Es bildete sich eine Verebnung, die das Gebiet heute auf etwa 900 m Höhe umzieht. Die in diesem Bereich krummschäftigen Bäume, so genannte Säbelwüchse zeigen, dass die Erosion andauert. So ist der Plettenkeller das augenfällige Beispiel für die Entstehung des Zeugenbergs Plettenberg und seiner Artgenossen. Bei dem herrschenden kühlen Klima bildete sich auf dem Steinschutt Rohhumus, der von einem natürlichen Fichtenwald mit weiteren „Rohhumus-Pflanzen" besiedelt wird.*

Am äußeren Zipfel des Plateaus betritt man über einen äußeren Graben und Halsgraben den „Burgstall", die Stelle einer mittelalterlichen Burg. 0,5 km [12]

*Am **Burgstall** auf dem Plettenberg sind noch zwei Gräben und Schutthügel nahe dem inneren Graben zu erkennen. Von der ehemaligen Burg ist wenig bekannt. Sie dürfte um die Mitte des 12. Jh. entstanden und spätestens im 14. Jh. abgegangen sein.*

Der Abstieg führt über den mit einem Geländer gesicherten Felsgrat hinunter, wobei man bei Waldaustritt auf das Naturschutzgebiet „Tiefer Weg" trifft.

1 km 13

*Das Naturschutzgebiet **„Tiefer Weg"**, in dem zahlreiche Quellen aus den Oberjura-Tonen entspringen, weist eine artenreiche Feuchtgebietsvegetation und Halbtrockenrasen auf. Hauptzweck der Unterschutzstellung ist die Verhinderung der Aufforstung und das Offenhalten der Fläche durch Entbuschung, jährliche Mahd und Schafbeweidung.*

Durch das Gebiet des abgegangenen Dorfes Kernhausen gelangt man ins Schlichemtal und nach Ratshausen hinab.   1,5 km

__Ratshausen__ (675 m NN, ca. 800 Ew.) wurde als Siedlung der älteren Ausbauzeit spätestens ab dem 8. Jh. gegründet (→ S. 80). Der Ort nannte sich im 14. Jh. Raulshusen, nach dem Personennamen Radult oder Radulf. Er kam mit der Herrschaft Hohenberg 1381 an Österreich, 1688 nach Spaichingen und 1805 an Württemberg. Bei dem Bergrutsch von 1851 erlitt das Dorf beträchtliche Schäden. Der kleine Ort konnte bei der Gemeindereform seine Selbständigkeit bewahren durch die Gründung des Gemeindeverwaltungsverbands „Oberes Schlichemtal" zusammen mit den Umlandgemeinden.

W 1.23R Rundstrecke Tieringen – Lochenhörnle – Lochenstein – Schafberg – Hausen – Tieringen

Wanderstecke: Länge 15 km
Auf- und Abstiege je 460 m
Gehzeit 6 Stunden
Wanderkarten: Blatt 24 Albstadt
Kartenausschnitt W 1.23
A, F, G, H, K, R
Ausgangs- und Endpunkt:
Meßstetten-Tieringen (Buslinien 17 Balingen–Beuron, 38 Schömberg–Tieringen, 62 Ebingen–Tieringen; Parkmöglichkeit im Ort)

__Tieringen__ (806 m NN, ca. 1 150 Ew.) ist durch die „ingen"-Endung und durch ein Gräberfeld als alamannische Gründung ausgewiesen (→ S. 80), die wohl im Zusammenhang mit der auf dem Lochenstein nachgewiesenen Siedlung zu sehen ist. Seit 1275 werden niederadelige Herren von Tieringen als Ministeriale der Grafen von Hohenberg genannt. Über die Herren von Tierberg und Hölnstein kam der Ort 1418 an Württemberg. Heute ist Tieringen Stadtteil von Meßstetten.

Man wandert von der Dorfmitte Tieringen mit Zeichen rote Raute durch die Hohlgasse, den Hohlweg, an dessen Ende links über die Europäische Wasserscheide, danach rechts über den Weg „Am Hasenbrunnen" und oberhalb eines Seitenbachs der Schlichem am Hang aufwärts.

1 km 1 R

*Die **Schlichem**, zum rheinischen Talsystem gehörend, ist durch rückschreitende Erosion weit ins Juramassiv eingedrun-*

gen, hat der oberen Bära buchstäblich das Wasser abgegraben und ihr Tal geköpft (→ S. 21). Sie und ihre Nebenbäche arbeiten weiter an der Zerrüttung des nördlichen Albrandes und der Bildung von Zeugenbergen. Ihr Quellhorizont auf 875 m NN, an der Grenze zwischen den Impressamergeln und Wohlgeschichteten Kalken (ox1 und ox2, Weißjura Alpha und Beta) gelegen, vom Betrachter aus gesehen in der linken Talabzweigung, ist nur noch 450 m vom Trauf entfernt, und in der Einsenkung des folgenden Wanderwegs ist auf der anderen Seite die Abschnürung des Hörnles im Gange.

Auf dem Sattel zwischen Torbühl und Hörnle quert man die Straße und erreicht geradeaus in der Schluchtspitze den mit rotem Dreieck markierten Alb-Nordrand-Weg. 0,5 km ⃞2

Wegbeschreibung der folgenden Strecke auf dem HW 1 bis zum Sattel vor dem Schafberg → S. 220. 7 km ⃞9

Vom Sattel wandert man mit Zeichen rote Raute geradeaus zum Schafberg hinauf und 5 Min. nach dem höchsten Punkt in Serpentinen steil bergab. Am Ende der Steilstufe stößt man auf einen Hangweg, dem man kurz nach rechts folgt, um dann vollends nach Hausen abzusteigen.
3 km ⃞2 R

Hausen *am Tann (745 m NN, ca. 500 Ew.) wurde wie vier andere „hausen"-Orte der Umgebung, die außer Ratshausen aber alle eingingen, in der älteren Ausbauzeit (→ S. 80) gegründet, wohl in Verbindung mit dem Herrensitz Winzeln, der ebenfalls verschwunden ist. Die Ortsherrschaft hatten vermutlich die Herren von Hausen inne, im 14. Jh. genannte Dienstmannen des niederen Adels. 1533 wurde das Geschlecht der Scheer von Schwarzenberg aus Vorarlberg mit Hausen belehnt, das 1555 das oben erwähnte Schloss Oberhausen erbaute. 1805 kam Hausen an Württemberg.*

Durch die Dorfstraße, Gießstraße und Brühlstraße und auf dem aussichtsreichen Sträßchen über dem Schlichemtal wird wieder nach Tieringen zurückgekehrt.
3,5 km

Der Lochenstein. Der mächtige Bergstotzen war durch Jahrtausende, von der Jungsteinzeit bis in die Alamannenzeit, besiedelt.

W 1.24 Teilstrecke Ratshausen – Oberhohenberg – Lemberg – Gosheim – Klippeneck

> **Wanderstrecke:** Länge 17 km
> Aufstiege 580 m, Abstiege 280 m
> Gehzeit 6 Stunden
> **Wanderkarten:** Blatt 24 Albstadt und Blatt 29 Tuttlingen
> Kartenausschnitt W 1.24
> **A, F, G, H, K, R**
> **Ausgangspunkt:** Ratshausen (ÖPNV →S. 224)
> **Übernachtung:** Auf dem Klippeneck, Tel. 07424/981940

Ratshausen → S. 224.

In Ratshausen geht man bei der Kirche durch die Egertstraße bergan, biegt am Ortsende rechts ab, quert den Bach und folgt einem Tälchen zu den „Rinnen" hinauf. 1,5 km ⟦1⟧

Bei den „Rinnen" ist das Vordringen des rheinischen Gewässersystems in dasjenige der Donau wieder besonders gut zu beobachten. Die Quellen der beiden Kontrahenten liegen am westlichen Ortsrand von Deilingen gerade 300 m auseinander. Da der Vorfluter des rheinischen Systems, die Schlichem, rund 100 m tiefer liegt als die zur Donau fließende Untere Bära, ist sie im Vorteil und hat das Seitental des Deilinger Mühlbachs hier geköpft (→ S. 21). Die spektakulärsten Erfolge der Schlichem sind links am Ortenberg in Form von Bergabrissen zu sehen. Über einen der Bergrutsche vom Mai 1787 gibt es eine detaillierte Beschreibung. Danach hatte der Berg nach „langwührigem Regen schon seit 15 Jahren einen gewaltigen Risz", in dem sich ein See gebildet hatte. Plötzlich verschwand das Wasser, der Berg setzte sich langsam in Bewegung, Tannen wurden gespalten, eine Hälfte blieb oben stehen, die andere rutschte mit den Geröllmassen zu Tal, die bis ins Bett der Schlichem reichten und diese aufstauten. Die Europäische Wasserscheide verläuft vom Ortenberg herunter durch Deilingen, wo das Wasser von der nördlichen Dachseite des Rathauses zum Rhein und von der südlichen zur Donau fließt und ist dann bis Tuttlingen weitgehend mit dem HW 1 identisch. Was die Juraschichten anbetrifft, bedecken die kalksandigen Tone des Wedelsandsteins (bj1, Braunjura Gamma) die „Rinnen" und das Gebiet westlich von Deilingen, die sich besonders gut für den Ackerbau eignen. Links, am westlichen Hang des Ortenbergs, sind die oberen Mitteljura-Schichten von Schutt überlagert, die Stufe der Wohlgeschichteten Kalke (ox2, Weißjura-Beta) ist als Steilhang am linken Talrand des Mühlbachs schön zu erkennen. Rechts des Ortenbergs tragen der Bol und Wandbühl noch Kappen aus Lacunosamergeln und Unteren Felsenkalken (ki1 und ki2, Weißjura-Gamma und -Delta).

Durch die Rinnenstraße gelangt man zur Ortsmitte in Deilingen, wo nach rechts in die Lange Straße abgebogen wird.
1 km ⟦2⟧

Deilingen *(826 m NN, ca. 1650 Ew.), nicht nur durch die „ingen"-Endung, sondern auch durch Reihengräberfunde als alamannische Siedlung ausgewiesen (→ S. 80), wird bereits 771 erstmals urkundlich genannt. 1381 kam der Ort mit der Grafschaft Hohenberg an Österreich, dem hier bis zum Übergang an Württemberg im Jahr 1805 alle Rechte zustanden.*

Nordwestlich des Orts liegt gegenüber den „Rinnen" auf einer Bergecke am linken Rand der Mittelbachschlucht die Burgstelle Heidenschlösschen. Von der einst kleinen Anlage, deren Erbauer und Eigentümer nicht bekannt sind, haben nur zwei Gräben die Jahrhunderte überdauert.

Kurz vor dem Ortsende biegt man in die Straße „Reuthof" links ab und gleich danach bei Haus Nr. 4 wieder. Der Weg führt zunächst durch das Industriegebiet, dann über freies Feld bergan, nach der Querstraße, kurz vor der Baumreihe, auf dem Grasweg nach links, unten am Ortsrand von Delkingen auf dem Teerweg rechts bergan, beim Kruzifix ein paar Schritte nach rechts und schließlich durch Wiesen am Wald empor und durch diesen am Wanderparkplatz Oberhohenberg vorbei zu einer Wegkreuzung bei der Schörzinger Hütte (Schutzhütte, Spielplatz, Grillstellen, Infotafel) hinauf.

3 km ③

An der Stelle der **Schörzinger Hütte** *stand im 13. Jh. der* **Meierhof der Burg Hohenberg**, *welcher der Versorgung der Burgbewohner diente (→ unten). Das unten erwähnte zur Burg gehörende Städtchen, von dem keine Spuren mehr sichtbar sind, lag von der Wegkreuzung 150 m geradeaus waldeinwärts.*

Man biegt an der Wegkreuzung links ab, ebenso weiter oben bei der Info-Tafel und steigt bei der als Naturdenkmal ausgewiesenen prächtigen Buche zum Oberhohenberg empor. 1 km ④

Burg Hohenberg *zählt neben dem Hohenstaufen, Hohenzollern, der Limburg, Teck, dem Helfenstein und Hohenurach zu den Stammburgen bedeutender Geschlechter des Hochmittelalters. Sie entstand Ende des 11. Jh. Das Geschlecht der Hohenberger, eine Seitenlinie der Zollern (→ S. 212), wird erst 1170 erstmals genannt. Bald vergrößerte und verlagerte sich die Macht-*

Blick vom Fuß des Oberhohenbergs über Deilingen zum Plettenberg. Rechts die Abrisskanten der Bergstürze im NSG Plettenkeller (→ W 1.23).

wurde die gesamte Herrschaft Hohenberg an Österreich verkauft, die Burg 1449 durch die Stadt Rottweil zerstört. Das Burgstädtchen bestand noch etwa 100 Jahre länger. Heute sind fast nur noch Gräben und Wälle zu erkennen. Nachdem man beim Aufstieg zwei Vorbefestigungen passiert hat, betritt man auf dem Plateau den Bereich der Kernburg an der Stelle eines ehemaligen Wohngebäudes. Links in der Ecke sind noch Buckelquader eines achteckigen Turmsockels zu erkennen. Die Anlage wurde 1913 durch den Schwäbischen Albverein unter Leitung des Burgenforschers K. A. Koch freigelegt. Beim Vergleich des heutigen Zustands mit dem Grabungsbericht (Blätter des Schwäbischen Albvereins 1914/8) ist leider festzustellen, dass viel von der damals noch vorhandenen Bausubstanz, die fast fünf Jahrhunderte überdauert hatte, im Verlauf des letzten knappen Jahrhunderts verloren gegangen ist.

Der Weiterweg führt an den westlichen Vorbefestigungen entlang, auf einen Sattel hinab und am linken Hang des Bergsporns zum Hochberg hinauf.

1 km   5

Der **Hochberg** besteht wie seine beiden Nachbarn, der Oberhohenberg und Lemberg aus Wohlgeschichteten Kalken (ox2, Weißjura Beta) und bildet eine flache Verebnungsfläche. An der jäh abstürzenden Westflanke ist das wohlgeschichtete „Mauerwerk" schön zu beobachten, das stellenweise durch verschwammte Massenkalke unterbrochen ist.

In den prächtigen Wäldern des Gebiets herrschen Fichten und Tannen vor, die hier vom Schwarzwald aus natürliche Wuchsorte erobert haben. In den Bann-

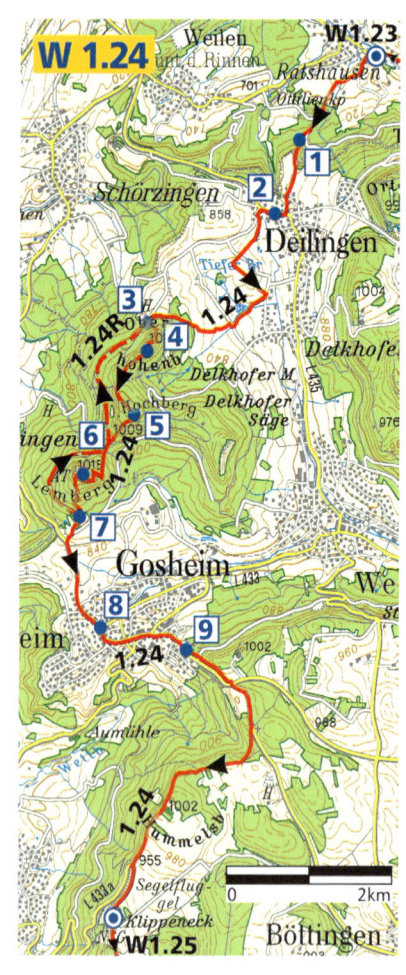

sphäre der Hohenberger Grafen. Sie reichte bis zum Schwarzwald, ja bis ins Elsass, wo ein Gebiet bei Schlettstadt zum Heiratsgut der Gertrud von Hohenberg gehörte. Gertrud heiratete 1250 Rudolf von Habsburg, der 1273 deutscher König wurde, sie wurde damit zur Stammmutter der Habsburger. Das Städtchen Hohenberg am Westhang des Berges wurde um 1270 gegründet. 1381

waldgebieten der Osthänge glaubt man sich in ferne Urwälder versetzt.

Auf der Gegenseite führt der Weg steil zum Lembergsattel hinab, von wo auf dem dritten Weg von rechts zum Lemberg aufgestiegen wird.   1,5 km 6

*Der **Lemberg**, mit 1015 m die höchste Erhebung der Schwäbischen Alb, trägt einen 33 m hohen Aussichtsturm in Stahlskelettbauweise, der 1899 vom Schwäbischen Albverein errichtet und 1971 generalüberholt wurde. Die großartige Aussicht, die den ganzen Schwarzwald, einen großen Teil der Alpenkette und der Westalb umfasst, ist auf einer Orientierungstafel beschrieben.*

Aus dem Turm tretend hält man sich rechts, steigt auf schmalem Pfad bergab und gelangt am Fuß des Berges auf ein Teersträßchen, wo nach wenigen Schritten der mit RW 1 bezeichnete Weg der Rundwanderung 1.24R rechts abzweigt.
0,5 km 7

Man geht auf dem Sträßchen noch kurz abwärts und biegt bei der vierstämmigen Buche rechts in den Pfad ein, der an dem Naturdenkmal einer prächtigen Waldkiefer vorbei zum Lemberg-Parkplatz hinab führt. Von hier wandert man auf der Wilflinger Straße nach Gosheim hinein.
1,5 km 8

__Gosheim__ (848 m NN, ca. 3 790 Ew.) wurde 1295 erstmals genannt, als „Gossheim" (von Personennamen „Gozzo"). Die Vogtei des Dorfes, die zur Burg Wehingen gehörte, kam mit dieser 1351 an Österreich. Im Ort waren u. a. die Grafen von Hohenberg und Herren von Falkenstein begütert. Bis zum Übergang an Württemberg im Jahr 1805 besaß Österreich alle obrigkeitlichen Rechte. Heute ist Gosheim eine Industriegemeinde mit vornehmlich Metall bearbeitenden Betrieben, die Präzisionsdrehteile, Maschinen und feinmechanische Erzeugnisse herstellen.

Von der Ortsmitte wandert man durch die Hauptstraße und Heubergstraße bis zum Wasserbehälter, wo sich ein schöner Blick zurück zum Talsystem der Ur-Bära bietet.   1 km 9

*Vom **Wasserbehälter** bieten sich wieder interessante Einblicke in die Erdgeschichte. Der **geologische Aufbau** des Gebiets ist stark durch die Talsysteme der Donau- und Neckarzuflüsse geprägt. Unten verläuft an Gosheim vorbei das*

Der 1899 vom Schwäbischen Albverein errichtete, 33 m hohe Aussichtsturm auf dem Lemberg.

W 1.24R Rundstrecke Gosheim – Oberhohenberg – Lemberg – Gosheim

breite Tal der Unteren Bära von rechts nach links ins Leere. Diese hat im Verein mit dem ihr von links zufließenden Mühlbach den Bergstock Lemberg–Hochberg–Oberhohenberg schon fast ganz vom Albkörper abgetrennt. Sie nutzt das Tal der einst vom Schwarzwald herkommenden **Ur-Bära**, das durch Neckar und Prim geköpft wurde (→ S. 21). Die Zuflüsse der Prim sind auch heute noch am Werk – einer davon entspringt nur 600 m von der Quelle der Unteren Bära entfernt – und rücken dem Bergmassiv an den westlichen Steilhängen zu Leibe, wie zahlreiche Rutschhalden und Bergstürze zeigen. Da die Juratafel hier besonders hoch angehoben wurde, sind die oberen Oberjura-Schichten abgetragen. Der Bergstock trägt über dem Mitteljura-Sockel nur noch Kappen aus Impressamergeln und Wohlgeschichteten Kalken (ox1 und ox2, Weißjura Alpha und Beta). Bei und nach den letzten Häusern der Heubergstraße stehen die oberen Schichten des Mitteljuras an mit einigen an Versteinerungen reichen Aufschlüssen. Am Waldrand wird die Impressamergel-Stufe betreten, kurz unterhalb der Hochfläche beginnen die Wohlgeschichteten Kalke.

Man steigt links der Straße bergan. Oben führt der Weg nach dem Queren der Bubsheimer Straße nahe dem Trauf über den Hummelsberg zum Klippeneck hinüber. 5 km

Das **Klippeneck** bietet einen großartigen Ausblick über die Baar und das Albvorland bis zum Schwarzwald und den Schweizer Alpen. Der weitbekannte Segelflugplatz ist mit 980 m NN der höchstgelegene der Bundesrepublik und bietet mit der kilometerlangen Hangkante beste Bedingungen.

Wanderstrecke: Länge 10 km
Auf- und Abstiege je 330 m
Gehzeit 4 Stunden
(Abkürzung, ab Lembergparkplatz:
8 km / je 300 m / 3 ½ Stunden)
Wanderkarten: F 526 Sigmaringen
Kartenausschnitt W 1.24
A, F, Fam., G, K, R, W
Ausgangs- und Endpunkt:
Gosheim (Buslinie SBG 1443
Spaichingen–Gosheim; Parkplatz am
Lemberg, ab Ortsmitte Gosheim 1 km)

Gosheim → S. 229.

Waldkiefer am Albtrauf.

Blick vom Klippeneck über Gosheim zum Lemberg.

In Gosheim wandern wir mit Zeichen rotes Dreieck des Alb-Nordrand-Wegs (HW 1) von der Ortsmitte durch die Hauptstraße und Lembergstraße in Richtung Wilflingen zum Wanderparkplatz am Lemberg. Beim Parkplatz wird die Straße gequert und weiter mit dem roten Dreieck auf dem Pfad durch Schwarzdornhecken und an dem Naturdenkmal einer prächtigen Schwarz-Kiefer vorbei zu einem Sträßchen hinaufgestiegen. Diesem folgt man wenige Schritte bergan und biegt dann in den links abzweigenden, mit „RW 1" bezeichneten Hangweg ein. 1,5 km ⑦

Der folgende **Hangweg** *am Westhang verläuft etwa an der Grenze zwischen Mittel- und Oberjura auf 900 m NN. In diesem Bereich liegen auch die meisten Quellaustritte – das auf den etwas höher liegenden undurchlässigen Schichten der Impressamergel nach außen geleitete Wasser fließt im Hangschutt verborgen noch ein Stück abwärts ehe es zutage tritt.*

Der Weg verläuft fast auf gleicher Höhe um den Westhang des Lembergs herum zur sechsfachen Wegspinne auf dem Lembergsattel. Man folgt hier kurz dem roten Dreieck nach links, bis von rechts der mit roter Gabel markierte Weg von Wehingen her einmündet und biegt links in den Forstweg ein, der unmarkiert wieder nahezu eben am Westhang des Hochbergs und Oberhohenbergs zur Wegkreuzung oberhalb des Wanderparkplatzes Oberhohenberg leitet. 3 km ③

Beschreibung der folgenden Wegstrecke auf dem mit rotem Dreieck markierten HW 1 nach Gosheim zurück → S. 227.

5,5 km

W 1.25 Teilstrecke Klippeneck – Dreifaltigkeitsberg – Rußberg – Tuttlingen

Wanderstrecke: Länge bis Stadtrand Tuttlingen (Stadtbus-Haltestelle): 19 km, bis zur Stadtmitte 20 km
Aufstiege 120 m, Abstiege 460 m
Gehzeit 5 ¾ bzw. 6 Stunden
Wanderkarten: Blatt 29 Tuttlingen
Kartenausschnitt W 1.25
A, F, G, K, R
Ausgangspunkt: Klippeneck (Buslinie SBG 43 von Spaichingen und Aldingen an der Bahnlinie DB 740 nach Denkingen, von dort 1 ½ St. Aufstieg)
Endpunkt: Tuttlingen, Auskunft Tel. 07461/990 (Bahnverbindungen nach Ulm–Donauwörth, Stuttgart, Singen, Freiburg)

Klippeneck → S. 230.

Die folgende Teilstrecke verläuft am westlichen Rand des Großen Heubergs, der hier von einem Netz flachmuldiger Trockentäler durch zogen wird.

Bohnerz. Mit der Verhüttung der bei Tuttlingen abgebauten Erze entwickelte sich die dortige feinmechanische und metallverarbeitende Industrie.

Man geht vom Klippeneck zunächst rechts am Zaun des Segelflugplatzes entlang, betritt den Wald und erreicht den von Denkingen heraufführenden Weg und den Aussichtspunkt beim Heuberger Wasen (Grill- und Spielplatz). 1 km ⟦1⟧

Nach 12 Min. eröffnet der nächste Aussichtspunkt eine weite Sicht auf den Schwarzwald, die Baar und ins Primtal. Bald stößt man am Fuß eines leichten Gefälles auf einen Forstweg, auf dem der HW 9 in den HW 1 mündet. Man biegt rechts ab und nach wenigen Schritten ist unterhalb der Kuppe Bruderholz Wegteilung, wo der HW 1 links abzweigt.
1 km ⟦2⟧

Hier lohnt sich ein Abstecher von hin und zurück 30 Min. geradeaus zum Dreifaltigkeitsberg. (2 x 1 km) ⟦3⟧

Der Dreifaltigkeitsberg, ein nach Süden gerichteter Bergsporn, der nur im Norden durch einen schmalen Sattel mit dem Albkörper verbunden ist, trägt wie ähnliche Berghalbinseln des Albnordrands noch sichtbare Spuren einer über mehrere Jahrtausende zurückgehenden Geschichte. Fünf große Wallanlagen, die allerdings zum Teil stark verschleift sind, ziehen sich quer über den Berg, der Osthang weist zusätzlich eine Randbefestigung auf. Der äußere Wall beginnt bei der Haarnadelkurve der Straße nach Spaichingen, der Hauptwall mit Vorwall nach dem Parkplatz, zwei weitere Anlagen liegen 260 m und 350 m südlich der Kirche. Teils stammen die Anlagen aus der Jungsteinzeit und Urnenfelderzeit, teils aus der Hallstatt- und Latènezeit (→ S. 78). Der äußere Wall und Hauptwall wurden im Mittelalter verstärkt. Eine exakte Datierung ist noch nicht möglich. Es gilt jedoch als wahrscheinlich, dass das ganze

W 1.25 Teilstrecke Klippeneck – Dreifaltigkeitsberg – Rußberg – Tuttlingen 233

Plateau in der Urnenfelder- und Frühlatènezeit und seine Südspitze schon in der Jungsteinzeit besiedelt waren. Eine durch Funde zu vermutende frühmittelalterliche Siedlung dürfte als Burgdorf von Burg Baldenberg zu sehen sein, die inmitten einer der vorgeschichtlichen Anlagen auf der Südspitze des Berges lag. Sie war vielleicht Sitz des Ortsadels von Balgheim, Angehörige dieses Geschlechts werden 1281 und 1322 genannt.

Die **Wallfahrtskirche Dreifaltigkeitsberg** geht auf eine Kapelle zurück, die um 1320 entstanden sein soll und zu der sich bald eine große Wallfahrt entwickelte, so dass eine Kapelle aus Stein erforderlich wurde. Diese wurde 1415 geweiht, 1592 vergrößert und 1666–1673 durch den heutigen Barockbau ersetzt, der 1762 nochmals erweitert wurde. 1923 überließ die Spaichinger Kirchengemeinde ihre Grundstücke und Gebäude den Claretinern, einer 1849 gegründeten Priesterkongregation, die hier ihre Novizen ausbildet und in der Umgebung seelsorgerisch tätig ist.

Bis zur Abzweigung 2 des HW 1 kehrt man auf demselben Weg zurück, nach der Abzweigung geht's weiter durch Wald, bei Waldaustritt an der Kuppe des Hirnbühls

234   W 1.25 *Teilstrecke Klippeneck – Dreifaltigkeitsberg – Rußberg – Tuttlingen*

Blick vom Alten Berg über den Großen Heuberg mit Böttingen und den Ausläufern des Lipbachtals.

vorbei zum Wanderparkplatz „Kreuz" (Schutzhütte), wo rechts abgebogen und am Waldrand entlang durch eine Senke, über zwei Straßen hinweg, und anschließend nahe dem Trauf dahin zu dem von Dürbheim heraufführenden Sträßchen gewandert wird. Auf diesem geht man 7 Min. geradeaus weiter, ehe man vor Waldeintritt links dem Waldrand folgt, an der Waldecke nach rechts schwenkt, schließlich ein Waldstück quert und an der Kapelle vorbei nach Risiberg absteigt.   6 km   4

Der **Hirnbühl** *ist eine der Verebnungsflächen der Wohlgeschichteten Kalke aufgesetzte Kappe aus Lacunosamergeln (ki1, Weißjura Gamma). Die Höhen südlich von Risiberg bedecken die Stufe der Unteren Felsenkalke (ki2, Weißjura Delta), die hier der Erosion trotzte, da das Gebiet tiefer und in einem tektonischen Graben liegt, dessen Rand sich in NO-SW-Richtung durch Risi-*

berg zieht. Die Europäische Wasserscheide, die ab Deilingen mit dem HW 1 nahezu identisch ist, fällt beim Wanderparkplatz „Kreuz" ins Albvorland ab und verläuft an Balgheim vorbei über den Sattel zwischen Prim- und Faulenbachtal.

Man durchquert Risiberg, biegt nach der Trafostation links ab, wandert bergan, im Wald an einem Grabhügel vorbei, beim Wanderparkplatz „Sondersteige" über die Straße, am Waldrand entlang und durch Wald am linken Hang der Kuppe Walterhart nach Rußberg hinab, das geradewegs gequert wird.   3 km   5

Nach 10 Min. erreicht man den Waldrand, wo sich ein kurzer Umweg über die Burgstelle Fürstenstein lohnt. Man folgt ohne Zeichen dem Waldrand nach rechts und stößt am Trauf auf den Felshügel, der die Burg trug.   1 km   6

W 1.25 Teilstrecke Klippeneck – Dreifaltigkeitsberg – Rußberg – Tuttlingen   235

*Über **Burg Fürstenstein** ist wenig bekannt. Sie wird 1211 urkundlich erwähnt als Sitz eines Bertoldus von Vuristinstein. Außer dem Burggraben sind kaum noch Spuren der Anlage erkennbar.*

Mit Zeichen roter Winkel, wird am Trauf entlang nach 3 Min. wieder der HW 1 erreicht, der weiter dem Bergrand folgt. Nach 10 Min liegt rechts des Wegs der „Bettelmannskeller", eine tunnelartige Höhle, an der die Vorgänge der Verkarstung und Erosion schön zu beobachten sind. Der Weg führt weiter am Trauf entlang, an der in einem Felsen der Hangkante liegenden Nonnenhöhle vorbei.   1,5 km   7

*Die **Nonnenhöhle** liegt im Bereich der Unteren Felsenkalke (ki2. Weißjura Delta). Der Name geht auf die vor dem Eingang der Höhle stehende Felssäule, einer „versteinerten Nonne" zurück. Die Höhle soll in Notzeiten als Unterschlupf gedient haben.*

Weiter an der Hangschulter entlang erreicht man den Wanderparkplatz Steigkreuz.   1 km   8

*Das **Steigkreuz** (Rastplatz mit Feuerstelle) liegt in einer ehemaligen Bohnerzgrube.*

Nach dem Wanderparkplatz wird rechts abgebogen und dem Waldrand gefolgt. Bei Waldeintritt zweigt man rechts in das Forststräßchen ab, das nahe dem rechten Steilabfall zum Stadtrand von Tuttlingen hinab leitet.   4,5 km   9

Von der Bushaltestelle am Berliner Ring fahren die Linien 2 und 3 zur Stadtmitte und weitere Linien zum Bahnhof.

Zu Fuß erreicht man die Stadtmitte Tuttlingen mit Marktplatz und Rathaus durch die Brückenstraße, über die Bahnlinie, nach rechts an der Donau entlang, über den gedeckten Steg und geradeaus durch die Rathausstraße.   1 km

***Tuttlingen** (645 m NN, ca. 28 000 Ew.). Das Gebiet um die Stadt war, wie Funde beweisen, von der Bronzezeit an durch die Jahrtausende besiedelt. Die durch die „ingen"-Endung bezeugte alamannische Gründung wird auch durch ein Gräberfeld aus dem 7. Jh. bestätigt, das am Südrand des Stadtkerns aufgedeckt wurde. Die erste Nennung als Tutilingas, nach dem Personennamen Tutilo, erfolgte 797. Neben der bäuerlichen Siedlung am Fuß des Honbergs wurde Ende des 13.Jh. die Stadt an der Donau gegründet. Diese kam vor 1377 an Württemberg und war als einer seiner wichtigsten strategischen Orte häufig in Kriege verwickelt. Vor allem der Dreißigjährige Krieg forderte schwere Opfer. 1803 vernichtete ein Brand nahezu die ganze Stadt, die danach planmäßig wiederaufgebaut wurde mit einer ostwestlichen Hauptachse und rechtwinkliger Straßenführung. Aus der Verhüttung der in der Umgebung anstehenden Bohnerze (→ S.19) entwickelte sich eine bedeutende feinmechanische und Metall verarbeitende Industrie. Besonders sehenswert sind die Stadtkirche, als klassizistischer Saalbau mit farbiger Jugendstilfassade einzigartig in Südwestdeutschland, sowie das Heimatmuseum im Fruchtkasten.*
*Südöstlich der Stadt liegt die Ruine der **Burg Honberg**. Um 1460 erbaut, stellt sie die einzige im 15. Jh. erbaute Burg Württembergs dar. Sie wurde 1645 im Handstreich von Konrad Wiederholt eingenommen und zerstört.*

W 1.25R Rundstrecke Spaichingen – Klippeneck – Dreifaltigkeitsberg – Spaichingen

> **Wanderstrecke:** Länge 13 km
> (ab und bis Parkplatz in der Heubergstraße 11 km)
> Auf- und Abstiege je 380 m
> Gehzeit 5 Stunden
> **Wanderkarten:** Blatt 29 Tuttlingen
> Kartenausschnitt W 1.25
> **A, F, G, H, K, R**
> **Ausgangs- und Endpunkt:**
> Spaichingen, (Bahnlinie DB 740 Stuttgart–Singen; Parkmöglichkeit in der Heubergstraße bei der Abzweigung von der Dreifaltigkeitsbergstraße)

Spaichingen (659 m NN, ca. 12 300 Ew.) ist nicht nur durch die „ingen"-Endung, sondern auch durch im Ort aufgedeckte Reihengräber als alamannische Siedlung bezeugt (→ S. 80) und wird bereits 791

Blick vom Heuberger Wasen auf die Baar mit dem im Dunst verhüllten Hohenkarpfen.

urkundlich genannt. Der Ort kam als Bestandteil der oberen Grafschaft Hohenberg mit dieser 1381 an Österreich und war in den folgenden Jahrhunderten ihr bedeutendster Ort, Tagungsort ihrer Gemeinden, Sitz des österreichischen Obervogteiamts. Im Dreißigjährigen Krieg verlor er mehr als die Hälfte seiner Bewohner. Spaichingen kam 1805 zu Württemberg und erhielt 1828 das Stadtrecht. Die Stadt ist heute Unterzentrum eines weiten Umlandes und Standort mehrerer Industriebetriebe.

In Spaichingen geht man vom Bahnhof mit Zeichen roter Strich durch die Bahnhofstraße, biegt auf der Hauptstraße nach rechts, dann nach links in die Dreifaltigkeitsbergstraße und nach 6 Min. wieder nach links in die Heubergstraße ein, wo beiderseits der Straße Parkmöglichkeit besteht.   1 km   1 R

Man folgt geradeaus dem Zeichen blaue Gabel stadtauswärts. Der Weg verläuft auf der Trasse der Heubergbahn, die 1912 bis 1928 erbaut und 1966 stillgelegt wurde, zum Ortsrand von Denkingen.
    4 km   2 R

Denkingen (687 m NN, ca. 2500 Ew.) neben der „ingen"-Endung bestätigt auch die Aufdeckung von Reihengräbern eine Besiedelung durch die Alamannen (→ S. 80) sowie die frühe urkundliche Nennung bereits im Jahr 818. Der Ort gehörte zur Oberen Grafschaft Hohenberg. Daneben hatten u. a. die Grafen von Lupfen, das Kloster Rottenmünster, die Johanniterkommende Rottweil und Rottweiler Patrizierfamilien Besitz. 1381 kam das Dorf mit der Oberen Grafschaft Hohenberg an Österreich, das bis zum Übergang an Württemberg im Jahr 1805 alle hoheitlichen Rechte innehatte. Seit 1972 bildet

W 1.25R Spaichingen – Klippeneck – Dreifaltigkeitsberg – Spaichingen

Denkingen mit der Stadt Spaichingen und den umliegenden Ortschaften eine Verwaltungsgemeinschaft.

In Denkingen geht's am ehemaligen Bahnhof vorbei, durch die Bahnhofstraße, rechts über die Straße zum Klippeneck, mit Zeichen blaues Dreieck neben dieser bergan und auf dem Stationenweg durch Wald aufwärts, vorbei am Katzenbrünnele. 1 km ⬚3⬚ R

*Neben dem **Katzenbrünnele** entspringen, wie die Karte zeigt, am Steilhang zwischen Gosheim und dem Dreifaltigkeitsberg unterhalb der 900-Meter-Linie unzählige weitere Bäche, die hier am Albkörper nagen. Sie entstammen dem durchgehenden Wasserhorizont zwischen den stauenden Schichten der Impressamergel (ox1, Weißjura Alpha) und den durchlässigen Schichten der Wohlgeschichteten Kalke (ox 2, Weißjura Beta). Allerdings treten sie zumeist nicht direkt an der Schichtgrenze zutage, sondern fließen zuerst im Juraschutt verborgen ein Stück hangabwärts. Als Nebenbäche der Prim gehören sie zum rheinischen System.*

Oberhalb des Brünnele ist Wegteilung. Wer um 1,5 km abkürzen will, zweigt rechts ab und steigt direkt zum Aussichtspunkt beim Heuberger Wasen empor. Geradeaus geht's zum Klippeneck hinauf.
1 km

Klippeneck → *S. 230.*

Beschreibung der folgenden Strecke auf dem HW 1 zum Dreifaltigkeitsberg → W 1.25, S. 232. 3 km ⬚3⬚

Vom Dreifaltigkeitsberg steigt man beim Kirchturm mit Zeichen roter Strich abwärts, quert die Straße (an der Böschung sind die Wohlgeschichteten Kalke schön zu beobachten) und erreicht auf dem Stationenweg und auf der Route des Hinwegs wieder den Parkplatz in der Heubergstraße oder den Bahnhof in Spaichingen. 3 km

Typische Wacholderheide am Rand eines Trockentals. Auf dem nährstoffarmen Kalkmagerrasen überdauern nur solche Pflanzen, die den dauernden Verbiss durch Schafe aushalten.

Alb-Südrand-Weg HW2

W 2.1 Teilstrecke Donauwörth – Oppertshofen – Bissingen

Wanderstrecke: Länge 15 km
Aufstiege 280 m, Abstiege 230 m
Gehzeit 5 Stunden
Wanderkarten: UK 50-21 Ries
Kartenausschnitt W 2.1
A, F, G, K
Ausgangspunkt: Bhf. Donauwörth (Bahnverbindungen von Ulm, Regensburg, Aalen, Nürnberg, Augsburg)
Übernachtung: In Bissingen, Auskunft Tel. 09084/96970 (Buslinien RBA 111 Donauwörth–Bissingen, RBA 126 Nördlingen–Schaffhausen)

Donauwörth → *S. 97.*

In Donauwörth wandert man vom Bahnhof durch die Bahnhofstraße zur Dillinger Straße, biegt links ab, geht beim Kreisverkehr durch die rechte Unterführung und dann rechts am Bahndamm entlang nach Riedlingen. Nach den ersten Häusern auf der rechten Seite wird rechts abgebogen, links durch den Kräuterweg und rechts auf der Herzog-Ludwig-Straße zur Dorfmitte gewandert. 2,5 km ⬜1

Riedlingen (420 m NN, ca. 4000 Ew.) wird 1127 erstmals genannt als Roudelinga, auf den alamannischen Namen Rodil zurückgehend (→ S. 80). Funde weisen auf eine frühere Besiedlung in der Kelten- und Römerzeit zurück. Ab dem 13. Jh. gehörte es zu Werd (Donauwörth) und damit zu Bayern, durch Verpfändung ehemals staufischer Güter. Im 17. Jh. kam es in den Besitz der Reichsabtei Kaisheim. Heute ist Riedlingen Stadtteil von Donauwörth, in dessen Nähe es sich zu einem Industrieort entwickelt und stark vergrößert hat.

Vor der Kirche biegt man rechts in den Martinsweg ab, danach rechts in die nach Wörnitzstein führende Steinbergstraße. Vor dem Wasserbehälter geht's links durch Felder, dann am Waldrand entlang, später durch Wald, bei der Kreuzung in den halbrechts abzweigenden Weg, der bald durch eine Mulde nach Reichertsweiler führt. 5 km ⬜2

Stadtwappen am Rathaus Donauwörth. Das "W" im Brustschild des Doppeladlers steht für „Werd", den ursprünglichen Namen der Siedlung.

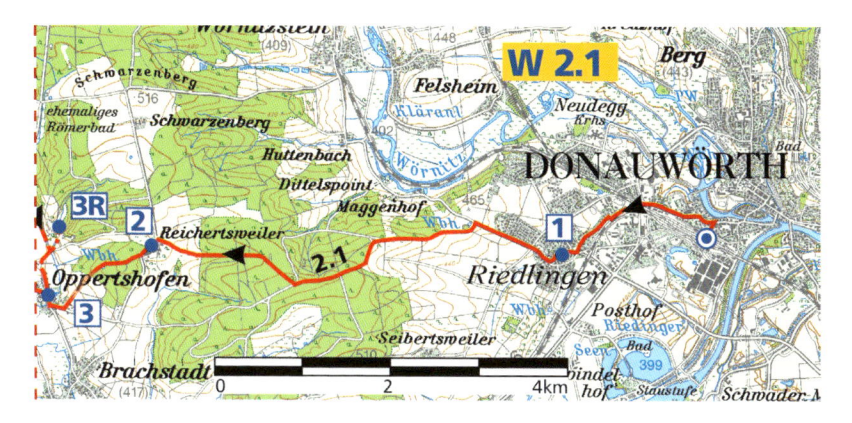

W 2.1 Teilstrecke Donauwörth – Oppertshofen – Bissingen

Man geht links durch den Weiler, in der Linkskurve geradeaus durch Wald, am Wasserbehälter vorbei, und nach Oppertshofen hinab. 2 km ③

Oppertshofen *(427 m NN, ca. 260 Ew.). Besitz hatten das Stift Berchtesgaden und ab dem 14. Jh. hauptsächlich die Grafen von Öttingen, die das Geschick des Dorfes weitgehend bestimmten. Es hatte in mehreren Kriegen schwer zu leiden: im Schmalkaldischen, 30-jährigen Krieg, Spanischen Erbfolgekrieg – mit der Schlacht bei Höchstädt. Heute ist Oppertshofen Ortsteil von Tapfheim.*

Die Kirche zum Hl. Blasius stammt aus dem 15. Jh., im Kern (Turmunterbau spätgotisch), im 17. Jh. umgestaltet.

Der Weg führt auf der Kesseltalstraße in Richtung Bissingen durch den Ort, beim Kriegerdenkmal links durch die Straße „Im Tal" und bei der Einmündung der Waldstraße geradeaus bergan. Oben wandert man am Waldrand entlang, nach dem Queren des Teerwegs durch Wald, über die Kuppe des Rannenbergs und erreicht am Waldrand eine Schutzhütte.

2,5 km ④

*Donauwörth.
Blick durch die
Reichsstraße auf
das Rathaus.*

Frühling im Kesseltal.

Der **Rannenberg** und die ihn umgebenden Höhen bestehen vorwiegend aus Trümmermassen, die bei der Ries-Meteoriteneinschlag hierher geschleudert wurden (→ S. 105). Von hier bietet sich ein schöner Ausblick über das Kesseltal und die sich nördlich zum Ries hin anschließenden Höhen, die ebenfalls weitgehend aus Ries-Trümmermassen aufgebaut sind.

Man geht ohne Markierung am Waldrand abwärts, an der Waldecke kurz nach links, dann durch Felder ins Kesseltal hinab und links zum Ortsrand von Unterbissingen. Hier quert man die Kessel und gelangt am Bach entlang nach Bissingen hinauf.   3 km

Bissingen *(440 m NN, ca. 1300 Ew.) wird um 1240 erstmals urkundlich genannt,* indirekt bei der Erwähnung des Ortsadeligen Rodbert von Bissingen. 1281 wird der Ort als Markt (forum) bezeichnet. Er war von vor 1251 bis 1455 im Besitz der Grafen von Öttingen, dann bis 1557 der Schenken von Schenkenstein, als er vom Landsknechtführer Schertlin von Burtenbach erworben wurde, der auch das Schloss erbaute. 1661 kam der Ort an die Grafen von Öttingen-Wallerstein und wurde Sitz eines ihrer Ämter, später eines fürstlichen Forstamts. Dieses wurde 1971 aufgehoben, 1974 ging das Schloss in Privatbesitz über. Bei der Gebietsreform 1971–78 wurden 11 umliegende Gemeinden nach Bissingen eingegliedert, so dass sich die Gesamteinwohnerzahl mit 3800 Personen nahezu verdreifachte.

W 2.1R Rundstrecke Bissingen – Buggenhofen – Oppertshofen – Bissingen

Wanderstrecke: Länge 12 km
Auf- und Abstiege je 180 m
Gehzeit 4 Stunden
Wanderkarten: UK 50-21 Ries
Kartenausschnitt W 2.1
A, E, F, G, K
Ausgangs- und Endpunkt:
Bissingen (ÖPNV → S. 238; Parkmöglichkeit im Ort)

Bissingen → *linke Spalte.*

In Bissingen wandert man von der Marktstraße durch die Premauer Straße, an der Kirche vorbei und mit Zeichen rote Gabel rechts durch den Erzbischof-Schreiber-Weg. Die folgende Strecke verläuft auf dem seit Jahrhunderten begangenen Wallfahrtsweg mit neu geschaffenen Skulpturen aus Jurastein nach Buggenhofen. 2 km 1 R

Buggenhofen *wird 1150 erstmals genannt. Die Wallfahrtskirche entstand an der Stelle, wo nach der Chronik 1471 beim Unkrautjäten ein Marienbild gefunden wurde. Nach mehreren Erweiterungen wurde sie zum 300jährigen Jubiläum der Wallfahrt ab 1768 barockisiert. Dabei schufen bedeutende Künstler, darunter der Maler Johann Baptist Enderle, einen farbenfrohen, prachtvollen Rokokoraum.*

Der Weg führt an der Kirche vorbei weiter, rechts über den Bach und links zur Zigeunereiche hinauf. 0,5 km 2 R

*Bei der **Zigeunereiche** handelt es sich um eine mächtige Stieleiche, deren Alter auf 600 Jahre geschätzt wird.*

Rechts an der Eiche vorbei geht's kurz steil bergan, dann über eine Anhöhe hinweg und geradeaus zur Straße im Zwergbachtal hinab. Über dieser setzt man den Weg durch Felder fort, biegt vor dem Bach rechts ab und wandert 10 Min. talabwärts zu einem Querweg. Auf diesem kann links abbiegend der Steinbruch Oppertshofen besucht werden.
3 km 3 R

*Der **Steinbruch Oppertshofen** liegt in einer allochthonen (an anderer Stelle entstandenen) Kalkscholle des mittleren Oberjuras von etwa einem Kilometer Länge. Sie befindet sich etwa sechs Kilometer vom Rand des Rieskraters entfernt. Anders als bei der normalen Schichtfolge lagern hier die Lacunosamergel (ki1, Weißjura Gamma) über den Unteren Felsenkalken (ki2, Weißjura Delta). Die Scholle ist also gekippt, das Unterste findet sich jetzt zuoberst. Weil das Gestein wenig zerrüttet ist und ein tiefer Einschlagkrater fehlt, ist es wahrscheinlich, dass der ganze Kalksteinkomplex bei der Riesexplosion nicht durch die Luft geschleudert, sondern durch eine Roll-Gleitbewegung hierher verfrachtet wurde.*

Man wandert zur Straße hinüber und auf dieser nach Oppertshofen. 1 km 3

Oppertshofen → S. 239.

Beschreibung des Rückwegs von Oppertshofen auf dem HW 2 bis Bissingen
→ S. 240. 5,5 km

Buggenhofen. Blick von der Zigeunereiche auf die Wallfahrtskirche.

W 2.2 Teilstrecke Bissingen – Oberliezheim – Unterliezheim – Unterfinningen

Wanderstrecke: Länge 15 km
Aufstiege 270 m, Abstiege 250m
Gehzeit 5 Stunden
Wanderkarten: L 7328 Höchstädt
(nur Ausgabe ohne Wanderwege)
Kartenausschnitt W 2.2
G, K, T
Ausgangspunkt: Bissingen
(ÖPNV → S. 238)
Übernachtung:
In Finningen-Unterfinningen,
Auskunft Tel. 09074/440

Bissingen → S. 240.

In Bissingen geht man auf der Marktstraße in Richtung Donauwörth, biegt vor der Kapelle rechts in die Straße „Im Tal" ab, quert unten die Straße und wandert am Sinnenbach talaufwärts bis zu dem neben dem Weg stehenden Mast. Hier wird rechts abgezweigt, an der Baumreihe entlang und über der Straße an der Linde vorbei bergan gestiegen, oben ein Wäldchen gequert und am Waldrand entlang zur Straße hinab gewandert. Dieser folgt man nach rechts, biegt in der Rechtskurve, bei der Sitzgarnitur, links in den Feldweg ein, der nach einer Ackerlänge auf einen Querweg stößt. Es ist wieder der HW 2, der rechts nach Oberliezheim führt. 5,5 km [1]

Oberliezheim (530 m NN, ca. 190 Ew.), die typische Rodungssiedlung, inmitten ausgedehnter Felder gelegen, wird 1296 erstmals urkundlich genannt. Mitten durch das Dorf und quer durch den Friedhof führte Jahrhunderte lang ein Grenzweg, der es zwischen der Grafschaft Öttingen im Norden und dem Herzogtum Pfalz-Neuburg teilte. Der frühere Rainweg (Rain = Grenze), heute Rennweg genannt, ist sowohl an der östlichen als auch an der westlichen Gemarkungsgrenze noch gut erhalten. Ab 1806 gehörte das Dorf ganz zu Bayern. Es wurde 1978 nach Bissingen eingemeindet.

Man folgt dem roten Dreieck geradeaus durch das Dorf, biegt bei der Bushaltestelle links ab und gelangt auf der wenig befahrenen Straße nach Unterliezheim.
2,5 km [2]

Unterliezheim, Wallfahrtskirche St. Leonhard. Auferstehung Christi, Fresco in der Vierung.

W 2.2 Teilstrecke Bissingen – Oberliezheim – Unterliezheim – Unterfinningen 243

Unterliezheim (444 m NN, ca. 330 Ew.) ist wie die „heim"-Endung zeigt eine Gründung der Frankenzeit (→ S. 80). Es wurde 1026 als Liedesheim im Zusammenhang mit einer Abtei erstmals urkundlich erwähnt. Diese wurde 1540 mit der Einführung der Reformation durch den Herzog Pfalz-Neuburg aufgelöst, erstand jedoch nach 1655 wieder als Propstei des Augsburger Ulrichsklosters um im Jahr 1802 endgültig der Säkularisation zu erliegen. Die Kirche St. Leonhard wurde 1732–39 erbaut. Sie birgt hervorragende Freskomalereien des Asamschülers Chr. Thomas Scheffler von 1733–37 sowie im südlichen Altar eine Pietà, um 1415.

Auf dem HW 2 bei Unterliezheim.

Man geht links durch die Dillinger Straße, rechts am Friedhof entlang, links durch die Weiherstraße und rechts durch Felder bergan, ehe vor dem Wald links ins Tal abgestiegen und der Wald betreten wird. Hier geht's zunächst nach links, dann scharf rechts bergan, nach einem ebenen Stück Wegs auf dem Querweg nach links, bald wieder nach rechts und schließlich links abwärts. 10 Min. nach-

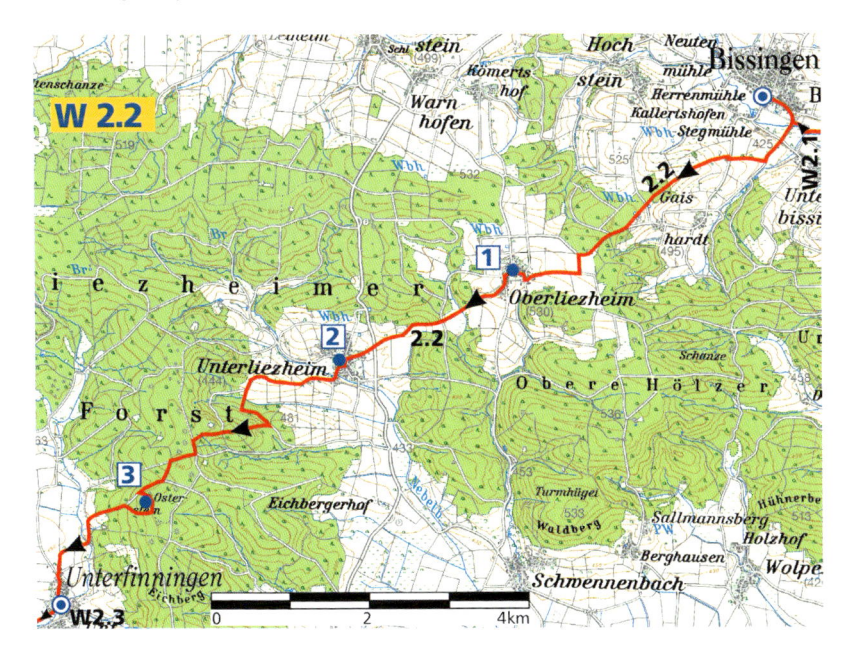

Der Osterstein bei Unterfinningen.

dem man auf dem von links oben kommenden Forststräßchen abwärts gewandert ist, kann links zum Osterstein hinauf gestiegen werden.　　　　4,5 km　　3

Der **Osterstein**, ein aus einer großsteinigen Blockhalde aufragender Felsturm aus dolomitischem Massenkalk, ist wohl der Überrest eines aus dem Ries herausgeschleuderten Felsblocks. Zahlreiche in der Gegend liegende Hügelgräber und massenhaft aufgefundene zertretene Scherben, die auf eine starke Frequentierung des Platzes schließen lassen, deuten darauf hin, dass es sich um eine Opferstätte handelt, und zwar der späten Hallstattzeit wie die Keramikfunde zeigen.

Man steigt wieder zum vorigen Weg hinab, verlässt den Wald und erreicht über freies Feld den Teilort Unterfinningen der Ortschaft Finningen.　　　　2,5 km

Finningen (450 m NN, ca. 1650 Ew.) ist wie ein Fund aus dem 6./7. Jh. und die „ingen"-Endung (→ S. 80) zeigen eine alamannische Gründung. Bis 1443, als der Ort an das Kloster St. Ulrich und Afra in Augsburg kam, war der Teilort Unterfinningen Sitz der Adelsgeschlechter von Finningen und von Erslingen. Das heutige Schloss wurde im 16. Jh. als Wasserschloss erbaut, dessen Graben heute zugeschüttet ist. Bezüglich ihrer Lage am Brunnenbach sind die Namen der beiden Ortsteile verkehrt, da Unterfinningen näher an seiner Quelle liegt.

W 2.3　Teilstrecke Unterfinningen – Demmingen – Schloss Taxis – Dischingen

Wanderstrecke: Länge 16 km
Auf- und Abstiege je 280 m
Gehzeit 5 ½ Stunden
Wanderkarten: L 7328 Höchstädt (nur Ausgabe ohne Wanderwege)
Kartenausschnitt W 2.3
F, G, K, W
Ausgangspunkt: Finningen-Unterfinningen
Übernachtung: In Dischingen, Auskunft Tel. 07327/810 (Buslinie RBS 7694 Heidenheim–Dischingen)

Finningen → *s. oben.*

Von Unterfinningen geht man neben der Landstraße nach Oberfinningen, biegt rechts ab in die Ziegeleistraße, dann wie-

W 2.3 Teilstrecke Unterfinningen – Demmingen – Schloss Taxis – Dischingen

der nach rechts und nach links in die Schützenstraße. Bei den beiden folgenden Abzweigungen hält man sich rechts, zweigt dann in der Rechtskurve links ab tritt in den Wald ein und biegt nach 15 Min., bei der Weginsel, links und auf dem folgenden Querweg rechts ab. Dieser führt zur bayerisch-württembergischen Grenze, der man oberhalb eines Grabens nach links folgt um nach dem Wald nach Demmingen hoch zu wandern.

6,5 km [1]

*Demmingen (526 m NN, ca. 440 Ew.) auf welligem Hügelland inmitten ausgeprägter Griesbuckellandschaft des Vorrieses gelegen. Diese Landschaft wurde 1995 als **Naturschutzgebiet Griesbuckellandschaft Demmingen** ausgewiesen. Neben der „ingen"-Endung zeigt ein aufgedeckter Reihengräberfriedhof die Zugehörigkeit zur ältesten Siedlungsschicht (→ S. 80). Im 13. Jh. hatten die Klöster Mödingen, Eschenbrunn, Ochsenhausen und Neres-heim im Ort Besitz. Vor 1374 war er Zubehör der nahen Burg Duttenstein. 1402 kam er an die von Hürnheim, 1551 an die Fugger, 1735 an die Thurn und Taxis. 1806 wurde Demmingen bayerisch, 1810 württembergisch. 1974 wurde Demmingen nach Dischingen eingemeindet.*

Man geht an der Kirche vorbei durch das Dorf und auf der Straße Richtung Eglingen bis man nach dem rechtsseitigen Wäldchen auf der Höhe in den Feldweg abzweigt, der durch eine flache Senke zum gegenüberliegenden Wald führt. Hier geht's am Zaun entlang zur Straße, im Wald bergan, bald links, dann halbrechts weiter, auf dem Kiesweg in der Lichtung kurz nach links, dann wieder in den Wald und an der Landesgrenze entlang zu einem Teersträßchen. Auf diesem wandert man nach links, biegt beim Flurkreuz rechts in den Feldweg ein, kommt geradeaus auf einem Teersträßchen durch Wald und stößt am Waldrand auf einen

Griesbuckel im NSG Griesbuckellandschaft Demmingen. Sie liegen 25 km vom Zentrum des Rieskraters entfernt.

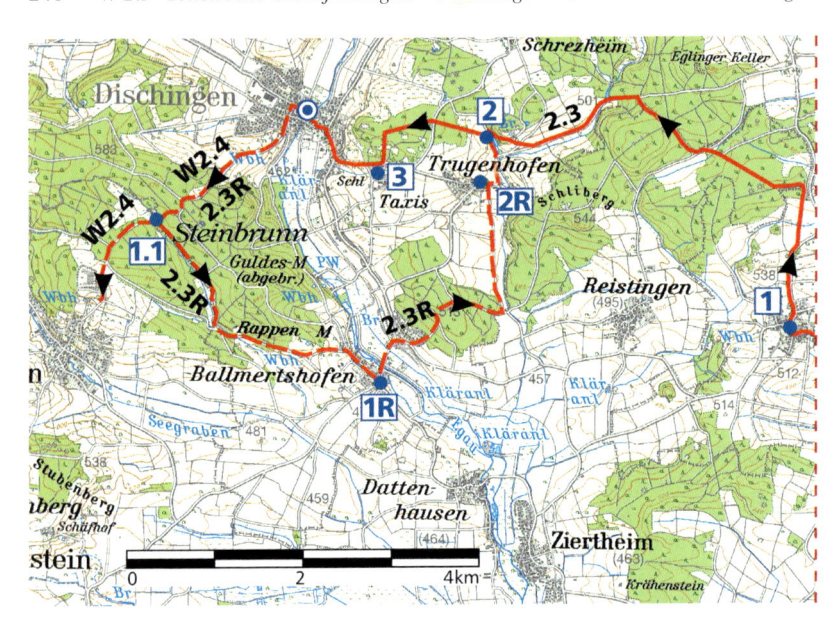

Teerweg, auf dem man kurz nach links zum Anfang der Allee junger Kastanienbäume geht. Hier mündet der Rundweg W 2.3R ein. 6,5 km ☐2

Die Allee führt zu einer Straße, über der man geradeaus durch den parkartigen Englischen Wald mit schönem Baumbestand wandert. Dieser gehört zum Schloss Taxis, zu dem nach 8 Min. links abgebogen wird. 1,5 km ☐3

Das vormalige Schloss Trugenhofen führt seit 1817 mit königlicher Erlaubnis den Namen **Schloss Taxis**. Die Burg Trugenhofen war von 1232 an Sitz staufischer Ministerialen und kam nach vielen wechselnden Besitzern 1734 über die Schenken von Castell an die Thurn und Taxis, die 1773 von Pfalz-Neuburg auch die Landeshoheit übernahmen. Danach wurde das Schloss zur Residenz für das nach und nach zusammen gekaufte Thurn und

Taxis'sche Territorium ausgebaut. Danach diente es als Sommersitz des Fürstenhauses. Beherrschendes Gebäude ist das so genannte Hohe Schloss, im Renaissancestil auf einem Griesfelsen erbaut, das noch Spuren der mittelalterlichen Burg aufweist. Es ist nicht zugänglich.

Auf einem Fußweg links der Straße gelangt man nach Dischingen hinab.
1,5 km

Dischingen *(465 m NN, ca. 1800 Ew.) ist durch die „ingen"-Endung und Reihengräberfriedhöfe als frühe alamannische Siedlung ausgewiesen (→ S. 80). 1046 erhielt das Kloster Heiligkreuz in Donauwörth Güter in Dischingen, auch die Klöster Lorch, Kaisheim und Neresheim hatten Besitz. Bis 1258 gehörte der Ort zu Dillingen, dann den Wittelsbachern, von 1505–1723 zu Pfalz-Neuburg – weswegen dieser Teil des Härtsfelds als „Junge*

W 2.3R Rundstrecke Dischingen – Ballmertshofen – Trugenhofen – Dischingen

Wanderstrecke: Länge 14 km
Auf- und Abstiege je 260 m
Gehzeit 5 Stunden
Wanderkarten: Blatt 15 Heidenheim
Kartenausschnitt W 2.3
A, E, F, Fam., G, K
Ausgangs- und Endpunkt:
Dischingen (ÖPNV → S. 244;
Parkmöglichkeit im Ort)

Dischingen → *S. 246.*

Beschreibung der Strecke auf dem HW 2 von Dischingen bis zur Abzweigung vor dem Bach im Wald Steinbrunn → S. 246.
2,5 km [1].[1]

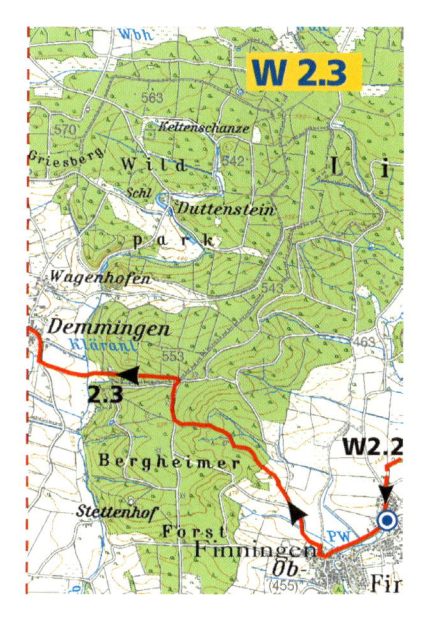

Pfalz" bezeichnet wird – und ab 1734 zu Thurn und Taxis. 1810 kam Dischingen dann unter württembergische Hoheit.
Die kath. Pfarrkirche wurde 1769–71 von Joseph Dossenberger errichtet. Der stattliche fünfachsige Saalbau enthält eine reiche Ausstattung. Das Deckenfresko im Langhaus zeigt den Kirchenheiligen Johannes den Täufer. Stuck, Altäre und Kanzel sind in frühklassizistischem Zopfstil ausgeführt.
Die am Ortsausgang nach Ballmertshofen liegende Kapelle „Zu den Vierzehn Nothelfern" wurde 1666 errichtet und mehrmals umgebaut. Die Ausstattung gilt der Verehrung Mariens und der Vierzehn Nothelfer. Das Fresko über der Empore zeigt die alte Ansicht von Dischingen und Schloss Trugenhofen – heute Schloss Taxis.
Besuchenswert ist auch das Heimatmuseum in der Hauptstraße 5 (geöffnet Mai bis Oktober an jedem ersten Sonntag im Monat, 10–12 und 14–16 Uhr).

Man biegt links ab auf den Waldweg, der ohne Markierung nahe der Landesgrenze und dem Bach verläuft, nach 12 Min. in ein Forststräßchen mündet, das nach weiteren 10 Min. den Bach quert, diesem kurz folgt, ihn dann wieder quert und nach Ballmertshofen führt.   3,5 km [1]R

Ballmertshofen *(469 m NN, ca. 470 Ew.), der auf einer Terrasse der Bachtal-Flächenalb liegende Ort ist eine Siedlung der älteren Ausbauzeit und wird 1139 als Battrameshoven erstmals urkundlich genannt. Nach häufigem Wechsel der Besitzer – Grafen von Dillingen, Kloster Neresheim, Herren von Westerstetten, Reichsstadt Ulm, Herren von Westernach – kam das Dorf 1749 an die Fürsten von Thurn und Taxis. Seit 1810 ist Ballmertshofen württembergisch, 1974 wurde es nach Dischingen eingemeindet.*
*Die **Pfarrkirche St. Anna** wurde 1741 an*

Ballmertshofen, Pfarrkirche St. Anna. Eine Besonderheit sind die schönen Schnitzarbeiten, u. a. an den Kirchenbänken und Chorschranken.

der Stelle einer im Dreißigjährigen Krieg zerstörten Vorgängerkirche erbaut. Sie birgt schöne Stuckaturen, drei Säulenaltäre von 1761 und vorzügliche Schnitzarbeiten an Beichtstühlen, Chorschranken, Kanzel, Kirchenbänken und der Brüstung der Orgelempore.

Man geht über die Egau, geradeaus durch die Bahnhofstraße, rechts durch die Reistinger Straße und im Eichenweg bergan. Hier wird in der Linkskurve nach Haus Nr. 12 rechts abgezweigt, der Wald betreten, bei dem von rechts einmündenden Weg, bei dem Findling, wieder recht abgezweigt und etwa in gleicher Richtung auf dem Grasweg weiter gewandert. Nach 4 Min. geht's auf dem zweiten nach rechts abzweigenden Weg bergab, kurz am Waldrand entlang und an der Waldecke links nach Trugenhofen.

4 km 2 R

Trugenhofen *(550 m NN, ca. 170 Ew.), an einem östlichen Hang der Riesalb, ist eine Siedlung der älteren Ausbauzeit (→ S. 80). Die Burg (heute Schloss Taxis, → S. 246) und das Dorf hatte nacheinander mehrere Besitzer, u. a. die Grafen von Helfenstein, Grafen von Öttingen,* die Karthause von Christgarten, sowie Bürger von Lauingen und Giengen, ab 1734 die Grafen von Thurn und Taxis. Im Ortswappen weist der silberne Turm auf diese Herrschaft hin, die dreilatzige rote Fahne auf die ehemalige Pfalz-Neuburgische Landeshoheit. 1810 kam das Dorf an Württemberg. 1972 wurde es nach Dischingen eingemeindet.

Die Pfarrkirche St. Georg und Leonhard wurde 1781 in reichem Rokoko nach Plänen von Joseph Dossenberger erbaut. Sie folgt vereinfacht und in kleinerem Maßstab der Dischinger Kirche. Die Deckengemälde zeigen im Langhaus das Abendmahl und die vier Kirchenväter, im Chor Hostienerhöhung und die vier Evangelisten. Interessant ist auch die kleine, in Form eines Schranks ausgeführte Orgel.

Am Orteingang wird nach rechts abgebogen und gleich darauf, vor dem Bach, nach links, so dass man geradeaus gehend am Anfang der Kastanienallee den HW 2 erreicht. 1 km 2

Beschreibung der folgenden Strecke auf dem HW 2 zurück nach Dischingen → S. 246. 3 km

W 2.4 Teilstrecke Dischingen – Zöschingen – Wahlberg – Oggenhausen – Giengen

Wanderstrecke: Länge 19 km
Auf- und Abstiege je 280 m
Gehzeit 6 ½ Stunden
Wanderkarten: F 522 Aalen
Kartenausschnitt W 2.4
E, F, G, K, R, W
Ausgangspunkt: Dischingen
(ÖPNV → S. 244)
Übernachtung: In Giengen,
Auskunft Tel. 07322/952-2920
(Bahnlinie DB 757 Ulm–Aalen,
Buslinie RAB 59 Ulm–Heidenheim)

Dischingen → S. 246.

In Dischingen wandert man vom Marktplatz an der Kirche vorbei in der Fleinheimer Straße über die Egau, links durch die Branntweinstraße, auf den Straßen »Am Michaelsberg« und »Zöschinger Weg« bergan. Auf der Höhe angekommen, sieht man rechts zwei Griesbuckel liegen (→ S. 105). Im Wald bei der Weginsel biegt man nach links und dann zwei Mal nach rechts ab. Danach senkt sich der Weg ins Tal, wo vor dem Bach im Wald Steinbrunn die Rundstrecke 2.3R links abzweigt. 2,5 km 1 . 1

Weiter geht's über den Bach und die Landesgrenze durch Wald, kurz abwärts auf Zöschingen zu, unterhalb der Zufahrt zum Kieswerk rechts bergan, oberhalb von Zöschingen am Hang entlang zur Kapelle Maria Steinbrunn. 1,5 km 2

*Die Kapelle **Maria Steinbrunn** wurde 1746 erbaut. Sie enthält eine Strahlenmadonna aus dem 15. Jh. und Fresken von Johann Anwander. Der Name geht auf eine Quelle und einen abgegangenen Weiler zurück. Die schöne Lindengruppe ist als Naturdenkmal ausgewiesen.*

In der folgenden Kurve geht man nach links durch Wald zum Dorfrand hinab,

Das Naturschutzgebiet Kirnberg. Im Hintergrund Giengen.

hier in der Eichstraße nach rechts und auf der Straße Richtung Heidenheim bis zum Wald. Von hier führt der Weg links im Wald durch das Hürbental und geradeaus auf die Höhe, durch eine Lichtung und den Weiler Wahlberg, dann im Wald halblinks auf dem Bierweg weiter, vor dem Waldende über den Querweg zum Waldrand und an diesem entlang zur Straße hinüber. Neben ihr geht man kurz nach rechts, überquert sie und erreicht am Wasserturm vorbei die Dorfmitte von Oggenhausen. 8,5 km ③

Oggenhausen *(599 m NN, ca. 1500 Ew.), aussichtsreich auf einer Kuppe über den umliegenden Wäldern gelegen, war seit dem 14. Jh. im Besitz der adligen Familie Vetzer. Im 16. Jh. bestanden zwei Schlösser, ein Unteres (jetzt Bauernhaus) und Oberes (jetzt Gasthaus), die im 17. Jh. von Württemberg und 1829 von der Gemeinde gekauft wurden. Das Dorf wurde 1971 nach Heidenheim eingemeindet.*

Man geht von der Hauptstraße links durch die Weiherstraße, rechts an der Kirche vorbei und am Ortsrand in der Straße Unteres Paradies und Rötenberg abwärts. Der Weg führt zunächst durch Felder, dann am Wald Rötenberg entlang und in den Wald Kirnberg, wo nach 2 Min. von links die Rundstrecke W 2.4R einmündet. 2,5 km ④

Nach dem Wald beginnt linker Hand das Naturschutzgebiet Kirnberg. 1 km ⑤

*Das rund 12 Hektar große **Naturschutzgebiet Kirnberg** wurde 1996 ausgewiesen. Die Massenkalke des Oberen Juras sind hier teilweise mit Ablagerungen des Molassemeeres überdeckt. Deswegen ist der Boden an der Oberfläche an manchen Stellen entkalkt, der Grund für das Vorkommen Kalk fliehender Zeigerpflanzen wie Heidekraut, Hasenklee und Katzenpfötchen. Von besonderem Interesse ist der Herbst-Schraubenstendel, eine kleine, erst im Herbst blühende Orchidee, die in Baden-Württemberg vom Aussterben bedroht ist. Da die meisten der hier wachsenden seltenen Pflanzen auf Beweidung angewiesen sind, müssen in der Wacholderheide zur Unterstützung der Schäferei in regelmäßigen Abständen Pflegemaßnahmen durchgeführt werden.*

Der Weg verläuft nahe am unteren Rand des Naturschutzgebiets und in gleicher Richtung weiter nach Giengen. 3 km

Giengen *(464 m NN, ca. 20 000 Ew.) liegt auf alamannischem Siedlungsboden, wie ein bedeutendes Gräberfeld des 6. Jh. bezeugt. Funde aus der Irpfelhöhle am nordwestlichen Stadtrand weisen in die Altsteinzeit zurück. Erstmals erwähnt wurde der Ort 1078 durch den Kriegstod Markgraf Diepolds von Giengen. Er wurde 1147 staufisch, erhielt 1187 Stadt- und Marktrechte und wurde 1287 Freie Reichsstadt. Nachdem die Stadt 1351 an die Helfensteiner verpfändet worden war, konnte sie sich 1400 endgültig freikaufen und ihre Selbständigkeit wahren, bis sie 1802 an Württemberg fiel.*
Das Stadtbild dominiert die ev. Stadtkirche, die mehrfach umgebaut und erweitert wurde. Von der romanischen

Giengen an der Brenz. Die Türme der Stadtkirche.

Pfeilerbasilika stammen noch sechs Pfeiler des südlichen Mittelschiffs. Sie birgt eine reiche frühbarocke Ausstattung. Bemerkenswert sind die Reste des im 19. Jh. abgetragenen Mauerrings, die in ihrer Art ein einmaliges Denkmal darstellen, sowie das Rathaus, das ehemalige Kornhaus und die ehemalige Schrannenhalle.

W 2.4R Rundstrecke Giengen – Hölle – Kirnberg – Giengen

Wanderstrecke: Länge 11 km
Auf- und Abstiege je 180 m
Gehzeit 4 Stunden
Wanderkarten: F 522 Aalen
Kartenausschnitt W 2.4
E, F, Fam., K
Ausgangs- und Endpunkt:
Giengen a. d. Brenz
(ÖPNV → S. 249;
Parkmöglichkeit beim Bahnhof)

Giengen → S. 251.

In Giengen wandert man aus dem Bahnhof tretend rechts durch die Bahnhofstraße, links durch die M.-Steiff-Straße, rechts durch die Schießbergstraße bergan, die Treppe hoch, über die Heidenheimer Straße hinweg und mit Zeichen rote Gabel in der Weinbergstraße weiter aufwärts. Bei der Gabelung wird links abgezweigt zum Schießberg hinauf. Dort geht's links am Aussichtsturm vorbei und auf dem Sträßchen zwischen den Sportplätzen hindurch. Dieses verlässt man 4 Min. nach der Sportgaststätte, beim Beginn des Landschaftsschutzgebiets, nach links und folgt dem Grasweg, der in die „Hölle" hinab und rechts des Bachs talaufwärts führt, beim Vereinsheim ein Sträßchen quert und danach auf ein weiteres Sträßchen stößt.   4 km   1 R

Man folgt dem Sträßchen kurz nach links, biegt beim Gittermast nach rechts und bei der prächtigen Stiel-Eiche nach links ab und gelangt am Pumpwerk vorbei zu einer Waldecke. Hier geht's links am Waldrand entlang, auf dem von den Feldern herführenden Weg (bei der Tafel „I Rötenberg 12 Schweikertsbrunnen") in weitem Linksbogen durch den Wald und nach einer Lichtung am Waldrand entlang zu einem mit roter Raute markierten Forstweg. Auf diesem geht man ein paar Schritte nach rechts, biegt links in den Wald Kirnberg ab, wandert geradeaus an einer Hütte vorbei und stößt unten auf den HW 2, dem nach links gefolgt wird.
   3 km   4

Beschreibung des Rückwegs nach Giengen auf dem HW 2 → S. 251.   4 km

Durch das Tal „Hölle", heute fast trocken gefallen, strömte einst ein Fluss der Ur-Brenz zu.

Stieleiche am Weg zum Kirnberg.

W 2.5 Teilstrecke Giengen – Charlottenhöhle – Stetten o. L. – Öllingen – Langenau

Wanderstrecke: Länge 22 km
Aufstiege 220 m, Abstiege 230 m
Gehzeit 7 Stunden
Wanderkarten: F 525 Ulm
Kartenausschnitt W 2.5
E, F, G, K, R, U
Ausgangspunkt: Giengen a. d. Brenz
(ÖPNV → S. 249)
Übernachtung: In Langenau,
Auskunft Tel. 07345/9622143
(Bahnlinie DB 757 Ulm–Aalen,
Buslinie RAB 59 Ulm–Heidenheim)

Giengen a. d. Brenz → *S. 251.*

In Giengen geht man aus dem Bahnhof tretend nach rechts, durch die Bahnunterführung, an der Bahnlinie entlang durch die Ulmer Straße, an ihrem Ende die Treppe hoch und kurz auf der Ulmer Straße bergan. Man biegt rechts in die Stuttgarter Straße ab, steigt auf dieser bergan, rechts am Wasserturm vorbei, wandert vor dem Sportgelände links durch die Heilbronner Straße und schließlich wenige Schritte auf der Ulmer Straße nach rechts. Dann wird links abgezeigt und über die B 492 hinweg geradeaus durch Felder ins Tal der Ur-Brenz hinab gewandert.

3,5 km ☐1

Die Ur-Brenz umfloss einst von Osten kommend entgegen dem Uhrzeigersinn den Kagberg und Stettberg, weil nördlich von Hermaringen der Schlossberg und Benzenberg durch einen Felsriegel verbunden waren, so dass es für den Fluss südwärts kein Durchkommen gab. Heute durchfließt die Hürbe teilweise das Tal der Ur-Brenz. Sie entspringt in Hürben, nimmt unterhalb der Ruine Kaltenburg die Lone auf und mündet bei Hermaringen in die Brenz.

Man quert die Straße, geht links am Zaun und dann rechts am Waldrand und Fuß des Kagbergs entlang, vorbei am Dorf Hürben, bis an die Abzweigung zur Charlottenhöhle. Die Rundwanderung W 2.5R führt hier geradeaus weiter. 1,5 km ☐2

Man quert das Tal und steigt am Gegenhang nahe dem Rast- und Infogebäude zur Charlottenhöhle hinauf. 0,5 km ☐3

Die Charlottenhöhle (Naturdenkmal) ist mit 532 Metern eine der längsten Höhlen Süddeutschlands und die längste Schauhöhle der Schwäbischen Alb. Sie ist nach der Königin von Württemberg benannt, die sie im Jahr der Entdeckung, 1893, besuchte. Nachdem die Höhle von einem Erdfall, dem Hundsloch, aus entdeckt worden war, wurde vom Inneren aus der ehemalige Ausgang des Höhlenflusses freige-

254 W 2.5 Giengen – Charlottenhöhle – Stetten o. L. – Öllingen – Langenau

W 2.5 Giengen – Charlottenhöhle – Stetten o. L. – Öllingen – Langenau

legt, um die mehr als zehn geräumigen, wunderschönen Tropfsteinhallen zugänglich zu machen. Sie sind ein bedeutender Überwinterungsplatz für Fledermäuse. Eine oberirdisch sichtbare Kette von Dolinen deutet die Fortsetzung der an ihrem Ende verstürzten Höhle in der Richtung zum Eselsburger Tal an (geöffnet April bis Okt. 9–11.30 Uhr und 13.30–16.30 Uhr, sonntags durchgehend).

Von der Höhle steigt der Weg weiter an und führt durch Wald nahe der oberen Hangkante zur Ruine Kaltenburg.
0,5 km 4

Die einstige **Kaltenburg**, *wahrscheinlich die Stammburg des Reichsgrafen Heinrich von Kalden, wurde 1150 bis 1180 erbaut und 1240 erstmals urkundlich erwähnt, war im 14. Jh. Lehen und Besitz der Helfensteiner und wurde 1435 von den Nürnbergern zerstört, nur weil dem geächteten Kaufmann Roßhaupter Unterschlupf gewährt worden war. Die nächsten Stationen waren Wiederaufbau, Sitz von Raubrittern, 1632/34 erneute Zerstörung, 1677 teilweise Wiederherstellung und Bau der beiden Vierecktürme, 1821 schließlich Übergang an den belgischen Grafen Maldeghem, dessen Familie sie heute noch besitzt. Die stark verfallenen Reste der mittelalterlichen Anlage liegen in etwa der Mitte der heutigen Kaltenburg.*

Bei der Wegtafel am Südausgang der Ruine geht's kurz bergauf, dann am Berghang entlang, zu der nach Reuendorf führenden Straße hinab und auf dieser ins Lonetal hinunter.
2 km 5

Das Gewässernetz des **Lonetals** *reichte einst bis in den mittleren Schwarzwald. Durch das Zurückweichen des Albtraufs wurde es zu einem geköpften Tal (→ S. 21). Heute entspringt die Lone in Ursprung. Der einst viel mächtigere Bach trieb einmal acht Mahlmühlen und eine Sägmühle an. Heute entzieht ihm die zur Fils entwässernde Rohrach immer weitere Bereiche, so dass die mittlere Schüttung noch 250 l/s beträgt. Durch die zunehmende Verkarstung verliert die Lone auf ihrem Weg talabwärts wieder einen Großteil ihres ohnehin spärlichen Wassers.*

Von größtem Interesse sind die am Rand des Tals liegenden Höhlen, vor allem die **Bocksteinhöhle**, *der* **Hohlenstein** *und die* **Vogelherdhöhle**, *die den Sammlern und Jägern der Altsteinzeit als Zufluchtsorte*

Burgruine Kaltenburg. Die beiden Vierecktürme in der Außenmauer wurden nach der Zerstörung der Burg im 30-jährigen Krieg wieder aufgebaut.

Bannwald im Grubenhau bei Setzingen, Alb-Donau-Kreis. Unter dem ersten Grün der Buchen breiten Buschwindröschen einen weißen Teppich aus.

dienten und einmalige Funde lieferten – und immer wieder aufs Neue liefern.

Man überquert auf der Straße das Tal, bis man in der Rechtskurve den Wald betritt und auf dem „Diebsteig" zum Waldrand empor steigt. 1 km ⟦6⟧

Wer einen Kilometer zusätzlichen Weg nicht scheut, kann hier einen sehr lohnenden Schlenker zu einer der berühmtesten Höhlen des Menschen aus der Altsteinzeit einlegen. Er folgt ohne Markierung dem nach rechts führenden Weg entlang dem Waldrand, verlässt ihn in der Rechtskurve vor dem Gefälle und gelangt geradeaus über den Bergrücken zur Vogelherdhöhle. (1 km) ⟦7⟧

Die Vogelherdhöhle, mit drei untereinander verbundenen Eingängen dicht unter der Kuppe eines Hügels gelegen, ist der Rest eines unterirdischen Flusssystems. Sie ist durch reiche Fundschichten bekannt, die von der Mittleren Altsteinzeit bis zum Ende der Eiszeit reichen. Aus dem Aurignacien stammen die berühmten Elfenbeinfigürchen, Jagdtiere des steinzeitlichen Jägers darstellend: Mammut, Ren, Wildpferd, Wisent, Bär, Panther, Höhlenlöwe.

Aus der Höhle tretend geht man links den Abhang hinab, kurz auf dem Teerweg nach links, biegt rechts ab, wandert nahe dem Waldrand unterhalb der Straße zu einer Waldecke hinauf und geradeaus in eine Senke hinab, wo man wieder auf den HW 2 trifft. (1 km) ⟦8⟧

Wer den direktem Weg wählt, geht mit der Markierung am Waldrand geradeaus über Felder, zweigt bei der Hochspannungsleitung kurz links und dann rechts ab in den Wald, wandert nahe dem Waldrand abwärts und gelangt nach Waldaustritt an der Kläranlage vorbei zu einer Kreuzung, wo von rechts der Abstecher über die Vogelherdhöhle einmündet. 1 km ⟦8⟧

Man zweigt links ab und steigt zur Ortsmitte von Stetten ob Lontal hinauf.
0,5 km ⟦9⟧

Stetten ob Lontal *(495 m NN, ca. 370 Ew.) war ab 1367 im Besitz der Herren von Kaltenburg. Nach dem Verkauf 1646 wechselte es mehrfach den Besitzer und kam 1723 an die Rietheim, 1806 an Bayern und 1810 an Württemberg. 1462 wurde das Dorf zerstört, 1634 niedergebrannt, samt dem von 1583 stammenden*

Schloss, das nach dem 30jährigen Krieg wieder aufgebaut wurde. Seit der Gemeindereform ist Stetten Stadtteil von Niederstotzingen.

Beim Brunnen biegt man links ab, steigt in der Oberdorfstraße bergan, geht oben auf der Kastanienallee am ehemaligen Bierkeller vorbei, überquert die Landstraße und erreicht geradeaus durch Felder den Waldrand, dem man nach links folgt, ehe man nach 6 Min. den Wald durchquert, am Ende kurz bis zur Waldspitze seinem Saum folgt, hier zuerst nach links, dann nach ein paar Minuten rechts abbiegt und nach Lindenau wandert (Gaststätte, Mo. Ruhetag). 3,5 km 10

In Lindenau wird schon 1286 eine Pfarrkirche erwähnt, deren Patronat im gleichen Jahr an das Kloster Kaisheim gelangte. Wohl seit dem 15. Jh. fand eine Wallfahrt statt. Die Kirche wurde nach 1805 abgebrochen, Teile der Grundmauern sind im Wirtschaftshof noch erkennbar.

Der Weg wird über der Straße fortgesetzt, er führt zuerst durch Felder, dann durch den Grubenhau mit dem interessanten Bannwaldgebiet. An seinem Ende wird nach links der Ölliner Straße gefolgt, bis ein Feldweg links abzweigt und am Wasserturm vorbei nach Öllingen leitet.
3 km 10

Öllingen (532 m NN, ca. 480 Ew.), wie die „ingen"-Endung zeigt, eine alamannische Gründung (→ S. 80), deren Name auf einen Ello zurückgeht. Die erste urkundliche Nennung erfolgte 1143, als die Pfalzgrafen von Dillingen dortigen Besitz dem Kloster Anhausen übergaben. Im 13. Jh. gehörte der Ort zur Herrschaft Albeck und wurde mit dieser 1383 an Ulm verkauft. 1803 fiel er an Bayern, 1810 an Württemberg. Das Dorf ist noch stark von der Landwirtschaft geprägt, dank der fruchtbaren Böden an einem flachen Südhang der Flächenalb. Es gehört zu den 30 kleinsten selbständig gebliebenen Gemeinden des Landes.
Die ev. Pfarrkirche im hoch ummauerten Friedhof, die seit romanischer Zeit mehrmals umgebaut wurde, ist ein gutes Beispiel einer Wehranlage.

Das Dorf wird auf der Hauptstraße durchquert. Nach dem Ortsende zweigt man in der Linkskurve rechts ab und wandert in Richtung Wettingen durch Felder. Kurz vor dem Weiler, bei der Linde mit Bank

Langenau, Freihäuslein am Pfleghof. Hier genossen Straffällige Asylrecht und Schutz vor dem Zugriff der weltlichen Gerichtsbarkeit, bis ein gerechtes Verfahren gewährleistet war.

geht's auf einem Grasweg scharf nach links, dann auf dem Teerweg kurz nach rechts, bei der Pappel über den Graben und auf dem Grasweg geradeaus nach Langenau. 5 km

Langenau (461 m NN, ca. 10 800 Ew.). Eine erste Niederlassung nahe dem Flüsschen Nau, wurde bereits von den Römern gegründet an ihrer von Mainz nach Augsburg führenden Straße. Auf diese folgte schon in früher nachrömischer Zeit eine Alamannensiedlung – das spätere Untere Dorf. Eine rund einen Kilometer westlich davon gelegene Siedlung – das spätere Obere Dorf – entstand wohl erst im 5. Jahrhundert. Die erste urkundliche Nennung von „Navua" erfolgte 1003. Neben den Pfalzgrafen von Dillingen waren vor allem die Herren von Albeck hier begütert, deren Besitz nach ihrem Aussterben an die Grafen von Werdenberg fiel. Diese verkauften den 1301 zur Stadt erhobenen Ort im Jahr 1377 an die Reichsstadt Ulm, die das Stadtrecht wieder ruhen ließ. Im 16. Jh. wuchsen Oberdorf, Markt und Unterdorf zu einer Siedlung zusammen. Mit Ulm kam Langenau 1802 an Bayern und 1810 an Württemberg. 1848 erhielt die Gemeinde zum zweiten Mal das Stadtrecht. Sie zählte damals 3600 Einwohner (und 40 Wirtshäuser!). Durch die Jahrhunderte spielte die Hausweberei eine wichtige Rolle. Schon 1389 wird Langenau als bedeutender Weberort bezeichnet. 1831 waren von 271 Handwerksmeistern nicht weniger als 121 Leineweber! An imposanten Gebäuden sind zu nennen:

- *Ev. Pfarrkirche St. Martin und Unserer Lieben Frau, an der Stelle eines römischen Tempels und einer fränkischen Missionskirche wohl ab Anfang des 14. Jh. erbaut, der 63 m hohe Turm ein Wahrzeichen der Stadt.*
- *Ev. Pfarrkirche St. Leonhard, im Kern wohl 15. Jh., mehrmals umgestaltet.*
- *Friedhofskirche St. Peter, romanischer Kern, 1463 nach Osten verlängert, seit 1850 Friedhofskirche.*
- *Pfleghof des Klosters Anhausen (Kirchgasse 9), einst Amtssitz zur Verwaltung der klösterlichen Güter, heute der kulturelle Mittelpunkt der Stadt. Die ältesten Gebäudeteile, Wohn- und Torbau, bei einer Erneuerung im Jahr 1591 entstanden.*
- *Rathaus (Marktplatz), ehem. Kauf-, Korn- und Gerichtshaus, im 15. Jh. erbaut, 1870/71 umgestaltet.*
- *Oberes Helferhaus (Kirchgasse 4), 1544 erbaut, heute Heimatmuseum.*
- *Ulmisches Amtshaus, 1527 errichtet, 1663 um ein Zierfachwerkgeschoss erhöht. Einst Sitz des Ulmer Oberamtsmanns.*

W 2.5R Rundstrecke Giengen – Charlottenhöhle – Hermaringen – Güssenburg – Giengen

Wanderstrecke: Länge 13 km
Auf- und Abstiege je 180 m
Gehzeit 4 ½ Stunden
Wanderkarten: F 525 Ulm
Kartenausschnitt W 2.5
A, E, F, Fam., G, K, R, U
Ausgangs- und Endpunkt:
Giengen a. d. Brenz
(ÖPNV → S. 249;
Parkmöglichkeit beim Bahnhof)

Giengen → *S. 251.*

Beschreibung der Strecke von Giengen bis zur Abzweigung bei der Charlottenhöhle → S. 253. 5 km ⟨2⟩

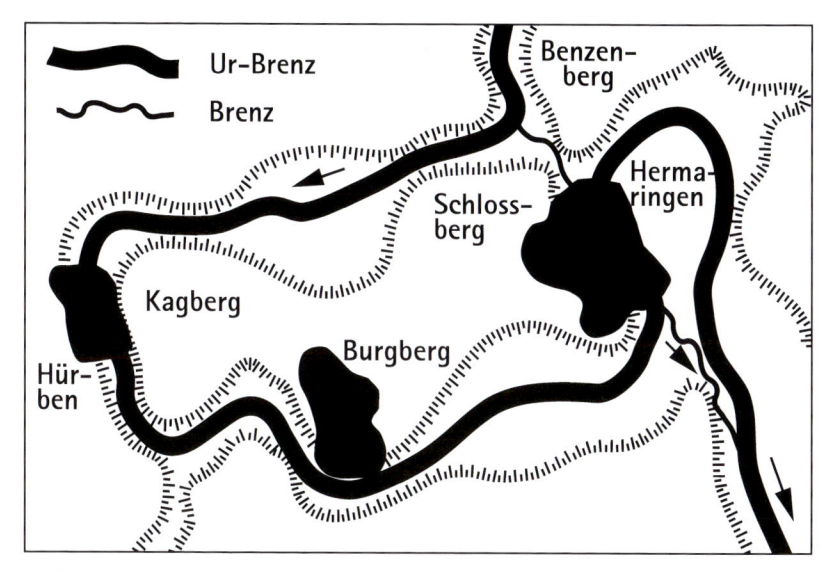

W 2.5R Giengen – Charlottenhöhle – Hermaringen – Güssenburg – Giengen

Verlauf der Ur-Brenz im Pliozän.

Für den Abstecher zur Charlottenhöhle quert man das Tal und steigt am Rast- und Infogebäude schräg am Hang bergan. Hin und zurück: 1 km ③

Charlottenhöhle → S. 253.

Zur Abzweigung zurückgekehrt, wandert man weiter am Waldrand und Fuß des Kagbergs entlang, steigt auf dem Teersträßchen bergan, biegt oben rechts ab und gelangt links des Stettbergs und geradeaus über Felder zum Ortsrand von Hermaringen. Hier wird bei dem urwüchsigen Wegzeiger links abgebogen und zur Ruine Güssenburg auf dem Schlossberg hinüber gewechselt. 4 km ③R

Die Güssenburg wurde vor 1216 erbaut und von den Ulmern im Städtekrieg 1449 zerstört. Mauerreste und Gräben sind noch erhalten. Erbauer der Burg waren die von 1171–1644 vorkommenden Güssen, Dienstmannen der Grafen von Dillingen, der Helfensteiner und Württemberger. Ihre Grablege befindet sich in der Basilika in Brenz, wo sie auch eine Burg besaßen, ebenso wie auf dem benachbarten Strohnberg.

Der Schlossberg war einst mit dem jenseits der heutigen Brenz liegenden Benzenberg durch einen Felsriegel verbunden, so dass es für die Ur-Brenz kein Durchkommen gab. Sie wich nach Westen aus, umfloss den Kagberg und Stettberg, kehrte ins heutige Flussbett zurück, floss aber zuerst in einer weiten Kehrschleife nordwärts zum Benzenberg und räumte dabei die Zetaschüssel aus, in der Hermaringen liegt, ehe sie im heutigen Tal Sontheim zuströmte.

Der folgende Weg beginnt – auf diese blickend – am linken Ende der Schildmauer und führt mit Zeichen rote Gabel durch Wald abwärts, dann nach links am Wald-

W 2.6 Teilstrecke Langenau – Oberelchingen – Thalfingen – Ulm

> **Wanderstrecke:** Länge 16 km
> Aufstiege 160 m, Abstiege 130 m
> Gehzeit 6 Stunden
> **Wanderkarten:** F 525 Ulm
> Kartenausschnitt W 2.6
> **A, E, F, G, K, T, U**
> **Ausgangspunkt:**
> Langenau (ÖPNV → S. 253)
> **Übernachtung:** In Ulm,
> Auskunft Tel. 0731/1612830 (Bahn- und Busverkehr in alle Richtungen)

Langenau → S. 258.

In Langenau geht man aus dem Bahnhof tretend links durch die Lenaustraße und Olgastraße, überquert bei der Kreuzung die Angertorstraße und den Flözbach und wandert neben diesem stadtauswärts. Nach der Autobahn wird links abgebogen, dann rechts und bald wieder links. Man überquert die Kreisstraße, nach den Schammenhöfen den Weiherbach, steigt dann leicht bergan, biegt vor der Autobahn nach rechts und überquert diese auf der Kreisstraße, die nach Oberelchingen führt. 7,5 km ⟦1⟧

Ruine Güssenburg. Die Burg war einst Stammsitz der Herren von Güssenberg. Neben dem Bergfried (im Bild) ist noch ein Teil der Schildmauer erhalten.

rand entlang, unten nach rechts, am Ende der Obstwiese links neben der Landstraße her, überquert geradeaus den Bach und die Zubringerstraße sowie die B 492 und führt kurz nach links an dieser entlang, am Rückhaltebecken vorbei. Am Ende des Zauns wird scharf rechts abgebogen, zur Höhe hinauf gestiegen, am Rand des Brenztals entlang gewandert, bis der Weg ins Tal hinab und unter Bahnlinie hindurch nach Giengen zurück führt. 3 km

Oberelchingen *(530 m NN, ca. 3050 Ew.). Entstehung und Name gehen auf das Benediktinerkloster zurück, das selbst nach dem Dorf Unterelchingen – früher Elchingen – benannt war. Das Kloster, nach 1100 gegründet, lag ursprünglich an der Donau und wurde um 1140 auf den Berg verlegt, angeblich an die Stelle einer staufischen Burg. Es wurde 1802 aufgehoben, die Gebäude wurden 1807 verkauft und bis auf das Martinstor und das Amtshaus abgebrochen. Die prächtige **Klosterkirche** ent-*

W 2.6 Teilstrecke Langenau – Oberelchingen – Thalfingen – Ulm 261

stand in der Übergangszeit vom Barock zum Klassizismus unter Mitwirkung bedeutender Baumeister, Stuckateure und Maler der Epoche. 1805 besiegte Napoleon in der Schlacht von Elchingen die österreichische Armee. Er nannte die Klosterkirche „Le salon du bon Dieu".

Auf der der Klostersteige und Forstraße geht man bergan zur Waldecke, folgt hier links dem Waldrand und zweigt nach 20 Min. an der Gablung links ab. Von hier und dem folgenden Weg über den Kugelberg bietet sich eine schöne Sicht auf das Donautal, die Iller-Lech-Schotterplatten und die Alpen. 2 km 2

Das Donautal zwischen Ulm und Günzburg wurde durch Kiesabbau in den Nachkriegsjahrzehnten nachhaltig verändert und teilweise in eine Krater- und Seenlandschaft umgewandelt. Die unter

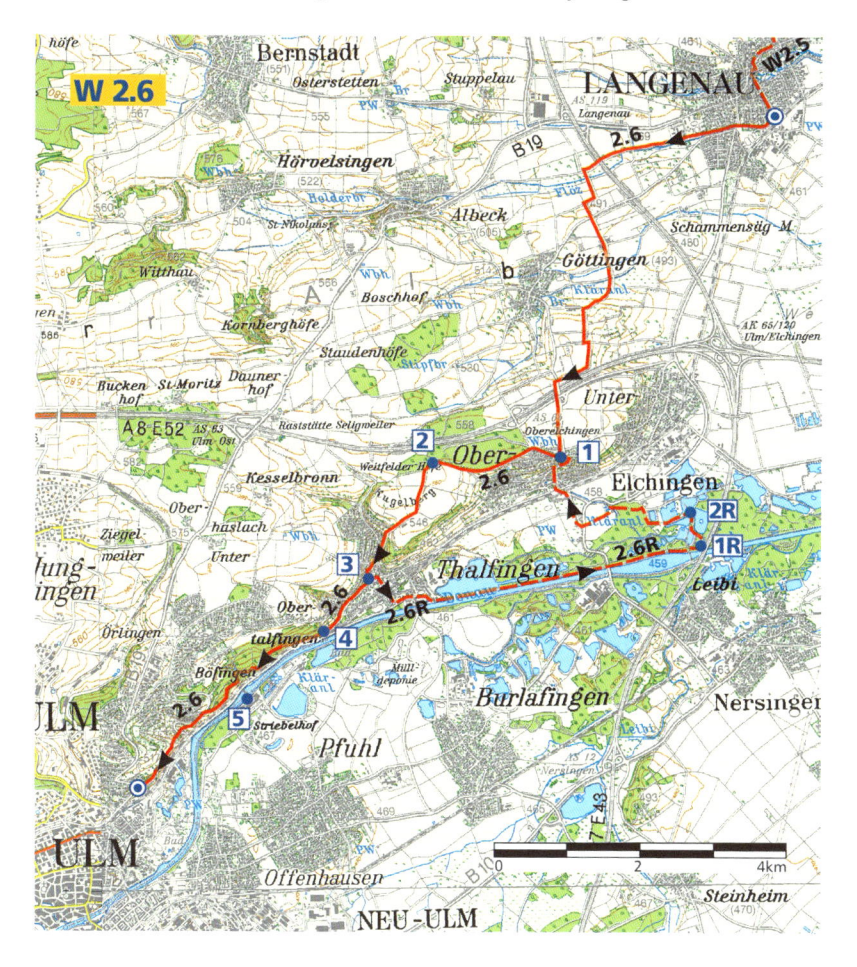

Sühnekreuz bei Thalfingen.

einer nur geringen Verwitterungsdecke nahe an der Oberfläche liegenden nacheiszeitlichen Schotter führten in der Zeit des Baubooms zu einem ungehemmten, schonungslosen Abbau, der auf die Belange eines sparsamen Landschaftsverbrauchs und geordneten Naturhaltshaus keine Rücksicht nahm und zum Teil irreparable Schäden verursachte.

Man gelangt durch Felder, vorbei am Reiterhof, auf der Kugelbergstraße ins Ortszentrum von Thalfingen hinab.

2 km   3

Thalfingen *(472 m NN, ca. 4200 Ew.) wurde 1225 erstmals urkundlich erwähnt und gehörte ursprünglich zum Kloster Reichenau, bis sich später das Kloster Elchingen und die Ulmer Patrizierfamilie Ehinger als Grundherren den Besitz teilten. Seit dem Ende des 15. Jh. war Elchingen alleiniger Grundherr, 1802 kam der Ort zu Bayern. Die Struktur Thal-*fingens *hat sich vollkommen verändert. Aus dem Dorf mit 850 Einwohnern im Jahr 1939 wurde eine Wohngemeinde mit vervierfachter Einwohnerzahl. Der Ort bildet seit der Gebietsreform 1978 mit Oberelchingen und Unterelchingen die Gemeinde Elchingen. Die Pfarrkirche St. Laurentius enthält Fresken des aus Tomerdingen stammenden Barockmalers Josef Wannenmacher.*

Man wandert rechts durch die Ulmer Straße, die am Beginn der ansteigenden Badbergstraße links abzweigt und am Ortsausgang nahe der Bahn in den Wald mündet. Hier steht rechts am Weg ein Sühnekreuz.   1 km   4

Bei dem im Volksmund **Franzosenkreuz** *genannten Steinkreuz handelt es sich um eines der rund 1000 in Baden-Württemberg noch erhaltenen* **Sühnekreuze**. *Im Mittelalter wurde nach altem deutschen Recht bei Tötungsdelikten zwischen dem Täter und der Familie des Opfers ein Sühnevertrag geschlossen, der dem Täter verschiedene Akte der Sühne und Wiedergutmachung auferlegte, darunter auch die Aufstellung eines Steinkreuzes am Tatort.*

Die weitere Strecke verläuft oberhalb der Bahn entlang. Der letzte Teil des Wegs folgt einem Waldlehrpfad, der interessante Informationen zu Botanik und Geologie liefert. Links fällt der Blick auf das Kraftwerk Böfinger Halde und das Klärwerk Steinhäule.   5

Der Bau des **Klärwerks Steinhäule** *wurde mit dem Entstehen des daneben liegenden Kraftwerks erzwungen, da dessen Wasserspiegel über dem der vormaligen Kläranlage zu liegen kam. Es kann als ein Musterbeispiel überregionaler*

Zusammenarbeit gelten, sind doch rund 190 000 Menschen aus dem baden-württembergischen und bayerischen Raum angeschlossen. Dazu kommen noch Industrie-Abwässer, die einem Belastungswert von zusätzlich rund 140 000 Menschen entsprechen. Seine gereinigten Abwässer können mit natürlichem Gefälle ins Unterwasser des Stauwehrs eingeleitet werden.

Am Ende des Walds geht's am Wanderparkplatz und am Ulmer Stadtteil Böfingen vorbei, über die Böfinger Steige hinüber und, weiterhin nahe der Bahnlinie, am Safranberg zur Heidenheimer Straße. Von hier gelangt man mit den Stadtbuslinien 4 und 14 in die Stadtmitte von Ulm. 3,5 km

Anmerkung: Ab dem Jahr 2009 fährt ab der Böfinger Steige eine Straßenbahn-Linie in die Stadt.

Ulm *(478 m NN, ca. 116 000 Ew., ohne das bei der Gemeindereform hinzu gekommene Umland ca. 98 000 Einwohner). Die „offizielle" Geschichte der Stadt beginnt im Jahr 854 mit der Nennung der Pfalz Hulma in einer von König Ludwig dem Deutschen besiegelten Urkunde. Jedoch markiert die von den Königen bei ihren Reisen durch das Reich aufgesuchte Pfalz nicht den Anfang der Ulmer Geschichte. Bereits um 5 000 v. Chr. existierte bei Eggingen ein jungsteinzeitliches Dorf, und in der Bronzezeit, um 1500 v. Chr., vereinigten sich auf dem Ulmer Gebiet zwei wichtige Fernhandelsstraßen.
Die Staufer bauten die Stadt bis ins 12. Jh. zu einem ihrer Hauptorte aus, doch wurde sie 1134 vom Welfenherzog Heinrich dem Stolzen von Bayern vollkommen zerstört. Es folgte ein rascher Wiederaufbau von Pfalz und Siedlung. Im Jahr 1181 wird Ulm Stadt. Unter Kaiser Friedrich I. Barbarossa erfreute sie sich großer Beliebtheit, er hielt hier mindestens sieben große Hoftage ab. Nach dem Untergang der Staufer im 13. Jh. wurde Ulm „Freie Reichsstadt". Neben den Patriziern hatten die Zünfte großen Einfluss auf das politische Geschehen, im Kleinen Schwörbrief von 1346 wird den Zunftmeistern sogar die Mehrheit festgeschrieben.
Nachdem 1376 eine – erfolglose – Belagerung der Stadt durch kaiserliche Truppen die ungünstige Lage der außerhalb der Stadt – »ennet felds« – stehenden Pfarrkirche gezeigt hatte, wurde 1377 der Grundstein für das Münster gelegt. Die aufstrebende Stadt mit ihren etwa 10 000 Einwohnern baute eine gigantische Kathedrale mit Platz für 20 000 Gläubige –*

Ulm. Partie an der Stadtmauer mit dem Metzgerturm.

Ulm, das Stadthaus. Es steht seit 1993 im Zentrum der Stadt als architektonischer Gegenpol zum spätgotischen Münster. Das vielfältig nutzbare Gebäude ist als Forum für die Bürger gedacht.

wahrlich ein stolzer Beweis für großes Selbstvertrauen! 1397 bringt der Große Schwörbrief eine weitere Stärkung der Zünfte, die im Großen Rat drei Viertel aller Sitze haben. Das 15. Jh. bringt der Stadt den Höhepunkt ihres Wohlstands, der sich auch an der Größe ihres Territoriums zeigt: Ihr gehörten 3 Städte und 55 Dörfer. Im Jahr 1530 beschließt die Bevölkerung mit großer Mehrheit den Übertritt zum Protestantismus.

Die Kriege der folgenden Jahrhunderte bürdeten der Stadt schwere Lasten auf. Am Ende des Schmalkaldischen Kriegs waren 35 der 55 Ulmer Dörfer geplündert oder verbrannt. Der 30jährige Krieg forderte 5000 Menschenleben und belastete die Stadtkasse mit 3,5 Millionen Gulden. Um die Wende zum 18. Jh. war die Stadt abwechselnd von französischen und bayerischen Armeen besetzt, sie verschlangen weitere Unsummen an Ulmer Gulden. Diesen immensen Ausgaben standen zu allem Unglück verringerte Einnahmen gegenüber, weil die Entdeckung Amerikas und des Seewegs nach Indien den Handel schwer beeinträchtigten. Nach dem Siebenjährigen Krieg und einer Missernte stand Ulm vor dem Bankrott, 1773 musste die Herrschaft Wain verkauft werden. Anfangs des 19. Jh. war die einst mächtige Reichsstadt zu einer nur noch 12 000 Einwohner zählenden Provinzstadt herabgesunken.

Das Ulmer Münster. Als der Bau 1543 eingestellt wurde, reichte der Turm nur wenige Meter über den Viereckskranz. Die Vollendung auf 161,5 Meter Höhe erfolgte 1890 nach zehnjähriger Bauzeit.

Um die Mitte des 19. Jh. kehrte Ulm wieder ins Rampenlicht der Geschichte zurück. 1842–59 erbauten bis zu 8000 Arbeiter die gewaltige Bundesfestung mit 41 Festungswerken und einem neun Kilometer langen Mauergürtel. Weithin sichtbares Zeichen des Aufschwungs war auch die Vollendung des Ulmer Münsters mit dem Ausbau des Hauptturms zum höchsten Kirchturm der Welt. Im Jahr 1913 zählte Ulm bereits 60 000 Einwohner. Im Zweiten Weltkrieg erlitt die wieder aufgeblühte Stadt schwere Schäden. Beim schlimmsten Bombenangriff am dritten Adventssonntag 1944 kamen 707 Bürger ums Leben, 25 000 wurden obdachlos. Am Ende des Kriegs war die Innenstadt zu 85 Prozent zerstört.

Danach ging es rasch wieder aufwärts. Ab 1951 wurde das Industriegebiet Donautal erschlossen, 1955 öffnete die Hochschule für Gestaltung (1968 wieder geschlossen), 1960 die heutige Fachholschule, 1967 wurde die Universität gegründet. Im Jahr 1980 überschritt die Stadt die 100 000-Einwohner-Grenze und wurde Großstadt. Die positive Entwicklung spiegelt sich im Bild der Stadt wider. Am Valkenburgufer entstand ein neues Kongresszentrum, auf dem Münsterplatz steht seit 1993 das vom New Yorker Architekten Richard Meier entworfene Stadthaus und auf der Verkehrsschneise der Neuen Straße erhebt sich die nach Plänen namhafter Architekten gestaltete Neue Mitte.

Auskünfte und Unterlagen für die Besichtigung der Stadt bietet die Tourist-Information im Stadthaus, geöffnet Mo.–Fr. 9–18 Uhr, Sa. 9–16 Uhr, So. 11–15 Uhr, E-Mail: info@tourismus.ulm-de.
Stadtführungen finden statt April–Oktober Mo.–Sa. 10 Uhr und 14.30 Uhr, So. 11.30 und 14.30 Uhr, November–März Sa. 10 und 14.30 Uhr, So. 11.30 und 14.30 Uhr.

Ulm, das Rathaus. Eines der Prunkfenster an der Südostecke, 1420 von Hans Multscher geschaffen. In der Mitte Kaiser Karl der Große, rechts und links die Könige von Böhmen und Ungarn.

W 2.6R Rundstrecke Thalfingen – Donautal – Oberelchingen – Thalfingen

> **Wanderstrecke:** Länge 13 km
> Auf- und Abstiege je 120 m
> Gehzeit 4 Stunden
> **Wanderkarten:** F 526 Ulm
> Kartenausschnitt W 2.6
> **A, E, F, Fam., G, K**
> **Ausgangs- und Endpunkt:**
> Elchingen-Thalfingen
> (Bahnlinie 757 DB Ulm–Aalen,
> Buslinie 59 RAB Ulm–Heidenheim;
> Parkmöglichkeit im Ort)

Thalfingen → S. 262.

In Thalfingen wandert man vom Ortszentrum mit Zeichen blaues Dreieck durch die Elchinger Straße, rechts durch die Donaustraße, nach der Bahn links auf der Donau-Ufer-Straße, Richtung Burlafingen geradeaus über den Kreisel und vor der Brücke ohne Markierung links an der Donau entlang. Der Weg verläuft nun fortwährend auf dem Damm, auch nach dem Überqueren der Landstraße, bis zur Autobahn, wo man unter der Brücke wieder auf einen mit blauem Dreieck markierten Albvereinsweg trifft.   5,5 km   1 R

Oberelchingen, Klosterkirche. Bei den späteren Umbauten wurde das romanische Schema der dreischiffigen Basilika mit Querschiff beibehalten.

Nach dem Überqueren des Kanals folgt man der Markierung blaues Dreieck nach links, bald biegt man rechts ab und er-

Baggersee bei Thalfingen. Im Hintergrund Oberelchingen.

reicht bei einem Gittermast eine Linkskurve. Das Gebiet ringsum ist mit zahlreichen Baggerseen bedeckt. 0,5 km ⟦2⟧R

*Die **Baggerseen** im Donautal zwischen Ulm und Günzburg sind durch Kiesabbau während des Baubooms in der Nachkriegszeit entstanden. Näheres → S. 261.*

Nach dem dritten Baggersee rechter Hand wird innerhalb des Waldrands nach rechts und vor dem Umspannwerk nach links abgebogen, in einen Waldweg, der zur Kläranlage hinausführt. An ihrer Rückseite entlang verläuft ein Feldweg zur Straße, über dieser geht's rechts durch die Glockeraustraße nach Oberelchingen.

Oberelchingen → S. 260.

Man steigt die Klostersteige bergan, nach der Linkskurve trifft man bei der Einmündung des Göttinger Wegs auf den HW 2. 3 km ⟦1⟧

Beschreibung der folgenden Strecke auf dem HW 2 zurück nach Thalfingen → S. 261. 4 km

Elchingen-Oberelchingen, Gedenktafel am Martinstor. Zur Erinnerung an die Schlacht von Elchingen und den Aufenthalt Napoleons daselbst.

W 2.7 Teilstrecke Ulm – Allewind – Beiningen – Blaubeuren

Wanderstrecke: Länge 16 km
Aufstiege 200 m, Abstiege 230 m
Gehzeit 5 ½ Stunden
Wanderkarten: F 525 Ulm
Kartenausschnitt W 2.7
A, E, F, G, K
Ausgangspunkt: Ulm,
Haltestelle Kuhberg-Schulzentrum der Stadtbuslinie 4
Übernachtung: In Blaubeuren, Auskunft Tel. 07344/96690 und /921025 (Bahnlinie 755 DB Ulm–Sigmaringen)

Ulm → S. 263.

In Ulm geht man von der Haltestelle Schulzentrum auf dem Kuhberg an der Straße „Egginger Weg" aufwärts, biegt links in die Straße „Am Hochsträß" ein, welche die Umgehungsstraße überbrückt, links am Fort Oberer Kuhberg vorbei und anschließend durch das Areal der ehemaligen Hochschule für Gestaltung führt.
0,5 km ⟦1⟧

*Das **Fort Oberer Kuhberg** ist eine der zahlreichen Anlagen der **Bundesfestung Ulm**. Der Beschluss, Ulm zu einer „Festung ersten Ranges und zu einem großen Waffenplatz" auszubauen, wurde 1815 vom Deutschen Bund gefasst. Für die Planung war eine Besatzung von 5000 Mann im Frieden und 20 000 im Krieg zu Grunde gelegt. Gebaut wurde sie 1849 bis 1859 mit einem riesigen Aufwand von 16,5 Millionen Gulden und bis zu 8000 Arbeitern. Die Festung überstand die Zeitläufte friedlich, es wurde nie ein Schuss auf sie und von ihr abgegeben.*

Im Fort befand sich von 1933 bis 1935 eines der ersten Konzentrationslager, an das ein Dokumentationszentrum erinnert (geöffnet Sa. und So. von 14 bis 17 Uhr).

*Die **Hochschule für Gestaltung** wurde anfangs der 1950er Jahre gegründet mit dem Ziel, in Erwartung eines neuen Bauhauses moderne, dem industriellen Zeitalter entsprechende Produktformen zu entwickeln und zu lehren. Sie erlangte bald weltweiten Ruf, musste jedoch wegen innerer und finanzieller Schwierigkeiten 1968 schließen. Die Gebäude wurden von dem Schweizer Architekten Max Bill gebaut.*

Sechs Minuten nach den letzten Gebäuden knickt der Weg rechts ab und führt zu der Linde am östlichen Ende des Hochsträß hinauf. 1 km ☐2

*Das **Hochsträß** ist durch das Tal der Ur-Donau, das heutige Blautal, von der Alb abgetrennt, gehört geologisch aber zu ihr,*

Ulm, das Schiefe Haus. Es geriet in Schieflage, weil seine Südseite auf dem weichen Grund der Blau steht.

auch wenn das Juramassiv hier noch von kalk-, mergel- und feinsandhaltigen Molasseschichten des Tertiärs überdeckt ist, die der Abtragung entgingen. Fruchtbare Böden und ein günstiges Klima – dank der windgeschützten SO-Hanglage und verhältnismäßig niedriger Meereshöhe – ergeben gute Bedingungen für Wald-, Acker- und Obstbau. Darauf ist auch die frühe Besiedlung des Gebiets zurückzuführen, die an den zahlreichen Orten mit der „ingen"-Endung abzulesen ist.

Die Anhöhe gewährt eine schöne Sicht über das Donautal und Oberschwaben hinweg bis zu den Alpen. Auf der anderen Seite reicht sie über das Blautal hinweg auf den Eselsberg mit dem Universitäts- und Forschungsgelände, auf die Stadt mit dem Münster und donauabwärts bis Elchingen.

Der Weg verläuft fast eben nach links, zuerst am Waldrand entlang, dann zur Straße und auf dieser zum Ortseingang

W 2.7 Teilstrecke Ulm – Allewind – Beiningen – Blaubeuren

von Allewind hinauf. Hier zweigt bei der Linde die Rundstrecke W 2.7R rechts ab.
3,5 km   3

Allewind. *Der buchstäblich allen Winden ausgesetzte Weiler entstand ab 1804 mit der Anlage einer Wirtschaft mit Bauernhof von Ermingen aus.*

Auf dem HW 2 geht man geradeaus weiter, biegt nach der Rechtskurve der Landstraße links ab, wandert links am Sportgelände entlang und folgt immer etwa die gleiche Richtung haltend dem linken Rand der Hochfläche, zunächst nahe dem Waldrand, dann durch Wald und schließlich oberhalb von Erstetten wieder am Waldrand. Auf dem von Erstetten heraufkommenden Sträßchen geht's zur Straße hinauf, auf dieser kurz nach links, dann durch Wald, kurz rechts am Waldrand aufwärts, im Wald nach links und am Speßberg entlang geradewegs nach Beiningen.
7,5 km   4

Beiningen *(676 m NN, ca. 550 Ew.) dürfte aus der ältesten Siedlungsschicht stammen, worauf auch die „ingen"-Endung hinweist (→ S. 80). Die herrschaftliche Entwicklung war ähnlich wie in den Nachbarorten. In der 2. Hälfte des 13. Jh. kam der Ort von den Grafen von Tübingen an die Helfensteiner, stand dann unter habsburgischer Lehenshoheit und wurde 1447 an Württemberg verkauft. Landwirtschaft und Obstbau waren dank mildem Klima und guten Böden des Hochsträß (→S. 268) die wichtigsten Erwerbsquellen der Bevölkerung. Beiningen ist seit 1975 Stadtteil von Blaubeuren.*

Man biegt von der Unteren Straße rechts in die Hochstraße ab, wandert am Sportplatz und Reservoir vorbei, unten geradeaus an der Heckenzeile entlang und kurz auf der Straße abwärts bis zur Haarnadelkurve. Hier wird links abgebogen und durch Wald nach Gerhausen abgestiegen, von wo man durch die Bühlstraße, Buchhaldenstraße,

Blaubeuren mit dem Umlaufberg Rucken der Ur-Donau. Vorn das im „Hutzelmännlein" von Eduard Mörike besungene „Klötzle Blei".

den Turnhallenweg und die Hauptstraße den Bahnhof Blaubeuren erreicht. 3,5 km

Blaubeuren *(513 m NN, ca. 5600 Ew.) ist im Anschluss an das 1085 gegründete Kloster entstanden. Ab 1159 bildete sich ein Markt, um die Mitte des 13. Jh. erhielt Blaubeuren das Stadtrecht, 1267 wurde es helfensteinisch, 1447 württembergisch. Als Grenzort zwischen Alb und Blautal wurde die Stadt von den württembergischen Herzögen gefördert. Das Kloster erreichte in der zweiten Hälfte des 15. Jh. eine kulturelle Blüte, es entstand die neue Anlage mit dem Chorgestühl und dem Hochaltar. Die Stadt bietet ein malerisches Bild mit imposanten Zeugnissen der Geschichte, erwähnt seien:*

- *Das Kloster mit Hochaltar, Chorgestühl, Kreuzgang*
- *das Badhaus der Mönche (Heimatmuseum, geöffnet Ende März bis Ende Oktober Di.–Fr. 10–16 Uhr, Sa. und So. 10–17 Uhr),*
- *die Amtsgebäude des ehemaligen Oberamts,*
- *die Stadtkirche, ab dem frühen 15. Jh. erbaut, mit reicher Ausstattung,*
- *das Heilig-Geist-Spital, um 1420 gestiftet, mehrfach umgebaut und vergrößert,*
- *das Rathaus,1425, mit Marktbrunnen, spätes 16. Jh.,*
- *das Dekanatshaus, 1602 als Wohnhaus errichtet, seit 1710 Sitz des Dekanats,*
- *das Urgeschichtliche Museum in der Karlstraße (geöffnet Anfang April bis Anfang November Di.–So. 10–17 Uhr, sonst Di. und Sa. 14–17 Uhr, So. 10–17 Uhr),*
- *die Fachwerkhäuser Hoher Wil, Kleines Großes Haus, Großes Haus.*

Ein besonderer Anziehungspunkt ist der berühmte **Blautopf**. *Mit seiner Tiefe von 21 m und der Schüttung von 310 l/s bis zu 32 000 l/s bei einem Mittelwert von 2 300 l/s ist er eine der größten Quellen Deutschlands – des Tiefen Karsts (→ S. 22). Sein Einzugsgebiet über die Mittlere Alb beträgt rund 160 km². Das Höhlensystem ist von der Quelle aus bis zu einer Länge von 1400 m erforscht. In den letzten Jahren wurden 600 m vom Blautopf entfernt weitere Höhlensysteme entdeckt, die größten der Schwä-*

bischen Alb. Als die tief eingeschnittene Ur-Donau in der Risseiszeit durch das Tal floss, 30–35 m unter der heutigen Talsohle, lag der Quellhorizont des Blautals etwa auf ihrem Niveau. Dank ihrer starken Schüttung konnte die Blauquelle eine Verstopfung durch die sich ablagernden Schotter und Schuttmassen verhindern und ihren Topf laufend frei spülen. Um den idyllischen Ort ranken sich viele Geschichten, u. a. Eduard Mörikes „Historie von der schönen Lau".

Neben dem Wehr zeigt eine historische Hammerschmiede die einstige Nutzung der Wasserkraft (geöffnet Palmsonntag bis 31. Oktober täglich 9–18 Uhr, sonst Sa. und So. 11–16 Uhr).

Blaubeuren, der sagenumwobene Blautopf.

W 2.7R Rundstrecke Ulm – Kuhberg – Ermingen – Klingensteiner Wald – Ulm

Wanderstrecke: Länge 16 km
Auf- und Abstiege je 180 m
Gehzeit 5 ½ Stunden
Bis zur Straßenbahn in Söflingen:
Länge 14 km, Aufstiege 110 m,
Abstiege 180 m, 4 ¾ Stunden
Wanderkarten: F 525 Ulm
Kartenausschnitt W 2.7
A, E, F, G, K
Ausgangs- und Endpunkt: Ulm, Haltestelle Kuhberg-Schulzentrum der Stadtbuslinie 4
(Parkmöglichkeit beim Schulzentrum)

Ulm → *S. 263.*

Beschreibung der Strecke auf dem HW 2 bis zur Abzweigung in Allewind → S. 267. 5 km 3

Bei der Linde biegt man rechts ab und wandert in der Ortsstraße abwärts nach Ermingen. 0,5 km 1 R

Ermingen (598 m NN, ca. 1 200 Ew.) wird 1299 erstmals genannt als Orningen, auf den Personennamen Orno zurückgehend und auf alamannische Gründung hinweisend (→ S. 80). Das Dorf war bis 1377 im Besitz der Ulmer Patrizier Seveler und gehörte zur Herrschaft Arnegg, die 1470 von den Herren von Stadion und 1700 von der Deutschordenskommende Altshausen gekauft wurde. 1806 kam Ermingen an Württemberg. 1974 erfolgte die Eingemeindung nach Ulm.

In der Rechtskurve geht's geradeaus in der Waldstraße bergan. Hier wird in der Rechtskurve geradeaus weiter aufwärts gestiegen und bei der Gabelung rechts am Waldrand entlang die Turritellenplatte erreicht.   0,5 km   2 R

*Bei der **Turritellenplatte** oberhalb von Ermingen liegen Ablagerungen des Meeres der Oberen Meeresmolasse (→ S. 15) aus einer Phase seines Rückzugs im Miozän. Die Sedimente enthalten hauptsächlich Gehäuse von Turmschnecken (Turritella turris) neben Muschelschalen und Haifischzähnen. Neben den ausführlichen Infotafeln ist ein Aufschluss zu sehen.*

Man geht kurz auf der Straße nach links, am Bildstock vorbei, vor dem Wald nach rechts am Waldrand entlang und stößt nach dem Fernsehturm auf ein Sträßchen wo links abgebogen und der Markierung rote Raute gefolgt wird. Diese leitet zunächst am Waldrand entlang, dann über Felder, wieder kurz am Waldrand dahin und schließlich in den Klingensteiner Wald. Nach 10 Min. sind rechts des Wegs zwei Mammutbäume zu sehen.
   2,5 km   3 R

*Der **Mammutbaum** (Sequoia giganthea), der in seiner Heimat Kalifornien eine Höhe von bis zu 100 m und ein Alter von bis zu 4000 Jahren erreicht, wurde dort im Jahr 1850 von Engländern entdeckt. Sie gaben ihm nach ihrem berühmten Zeitgenossen Wellington den Namen Wellingtonia giganthea, was wütende Proteste der Amerikaner hervorrief. 1866 ließ Württembergs König Wilhelm I. für 90 Dollar ein Pfund Samen importieren, aus dem die unerwartet hohe Zahl von über 6000 Sämlingen hervorging, von denen die Hälfte an die Forstdienststellen des Landes verteilt wurde. Davon dürften heute noch 200 bis 300 Bäume vorhanden sein, welche die sie umgebenden Wälder inzwischen überragen und deshalb stark sturm- und blitzgefährdet sind.*

Bei der folgenden Hütte wird rechts abgebogen und der roten Gabel gefolgt. Diese beschreibt nach 12 Min. einen kurzen Umweg nach links, 10 Min. später wird im Wald Dreierberg eine Wegspinne erreicht. Hier kann scharf nach rechts abgezweigt werden zu einer nach 3 Min. links des Wegs liegenden Viereckschanze (→ S. 78). Wenn man von der Wegspinne 4 Min nach links geht, befindet man sich

Fort Oberer Kuhberg in Ulm. Hier befand sich ab 1933 eines der ersten Konzentrationslager des Dritten Reichs, das 1935 nach Dachau verlegt wurde. Aufn.. F. Schray

Turmschnecken (Turritella turris). Ablagerungen der Oberen Meeresmolasse an der Turritellenplatte bei Ermingen.

in einer Gruppe von 23 Grabhügeln, die mangels Funden zeitlich noch nicht eingeordnet werden können. 2 km 4 R

*Die **Viereckschanze** im Wald Dreierberg zeigt noch den gut erhaltenen Wall und Graben der 118 m langen Westseite, in deren Mitte das Tor lag. Die drei anderen Seiten sind nur noch teilweise vorhanden oder ganz verschwunden (Näheres zu Viereckschanzen → S. 78).*

Von der Wegspinne geht's in der vorigen Richtung weiter, nach dem Wald links durch die Straße „Am Roten Berg", unten am Blaukanal entlang, auf der querenden Clarissenstraße nach rechts, dann links durch die Straße „Hinter der Mauer". Links durch die Harthauser Straße gelangt man zur Leonhard-Kapelle in Söflingen und zur Haltestelle der in die Stadt fahrenden Straßenbahnlinie 1.

3,5 km 5 R

Zum Ausgangspunkt biegt man in der Harthauser Straße rechts in die Jörg-Syrlin-Straße ein und wandert auf dem am Friedhof und anschließend an den Kleingärten entlang führenden Fußweg zum Schulzentrum auf dem Kuhberg hinauf.

2 km

W 2.8 Teilstrecke Blaubeuren – Günzelburg – Tiefental – Schelklingen

Wanderstrecke: Länge 10 km
(ab Stadtmitte 11 km)
Aufstiege 350 m, Abstiege 320 m
Gehzeit 4 Stunden
Wanderkarten: Blatt 20 Geislingen
Kartenausschnitt W 2.8
A, F, G, H, K, W
Ausgangspunkt: Blaubeuren
(Bahnlinie 755 DB Ulm–Sigmaringen)
Endpunkt: Schelklingen
(Bahnlinie 755 DB Ulm–Sigmaringen)

Blaubeuren → S. 270.

In Blaubeuren wandert man vom Bahnhof neben der B 492 in Richtung Schelklingen, steigt vor der Ampel die Treppe hoch, quert den Steg und geht an der Weilerhalde bergan, wobei vor der Felsgruppe „Küssende Sau" die bergwärts liegende Brillenhöhle besucht werden kann.

1,5 km 1

*In der **Brillenhöhle**, einer Kuppelhöhle mit kleinem Eingang und zwei Deckenlöchern (daher der Name) hielten sich zeitweise Jäger der Jüngeren Altsteinzeit (→ S. 74) auf, die in der Halle zwei Steineinbauten errichteten. Keramikfunden nach zu schließen, wurde die Höhle auch*

Blaubeuren. Südseite der Klosteranlage.

in der Jungsteinzeit und Urnenfelderzeit genutzt (→ S. 76 und 78).

Durch das Felsenlabyrinth mit der „Küssenden Sau" gelangt man auf die Höhe, wo links im Wald, an der Hangkante, die aussichtsreiche Ruine Günzelburg liegt.
1 km 2

*Die **Günzelburg** wurde vermutlich im 12. oder 13. Jh. erbaut und im 16. Jh. zerstört oder dem Verfall preisgegeben. Es sind nur noch spärliche Gräben und Mauerreste vorhanden. Der Besuch lohnt sich auch wegen der schönen Sicht ins Achtal.*

Der Weg verläuft nun geradeaus über Felder, durch einen Waldzipfel und links am Waldrand entlang zur Bettelbuche. Hier steigt man durch die Schlucht abwärts, am Naturschutzgebiet Rabensteig vorbei.
2,5 km 3

*Das **Naturschutzgebiet Rabensteig** verdankt seine besondere Bedeutung dem Bannwald, durch den es jahrzehntelang völlig unberührt blieb. Hier finden sich auf engem Raum viele Pflanzengesellschaften der Schwäbischen Alb, vor allem im Blaugras-Buchenwald und Seggen-Buchenwald, teilweise mit der praealpinen Weiß-Segge (Abb. → S. 40). Es kommen aber auch Schluchtwald vor mit dem Wilden Silberblatt (→ S. 43) und schöne Bestände des Märzenbechers.*

Man gelangt ins Tiefental hinab, geht hier 4 Min. nach links bis zur Wegteilung, wo die Rundstrecke W 2.8R geradeaus weiter durch das Tal führt und der HW 2 rechts abzweigt.
0,5 km 4

Hier steigt man steil durch Wald bergan folgt oben dem linken Waldrand, wandert an der Waldecke geradeaus zum gegenüberliegenden Waldrand und folgt diesem kurz nach rechts, bis links abgezweigt und durch das Längental nach Schelklingen abgestiegen wird.   4,5 km

Schelklingen *(540 m NN, ca. 4 000 Ew.), auf eine alamannische Siedlung zurückgehend, wie die „ingen"-Endung und Reihengräberfunde beweisen (→ S. 80), wird 1127 erstmals urkundlich genannt. Die Herrschaft ging von den Herren von Schelklingen an die Grafen von Berg und kam 1343 an Österreich, welches sie über Jahrhunderte an wechselnde Geschlechter verpfändete und als wichtigen Eckpfeiler gegen die benachbarten württembergischen Besitzungen betrachtete. Maria Theresia bezeichnete Schelklingen als Verbindungsglied zwischen Österreich und dem europäischen Welttheater. 1805*

W 2.8 Teilstrecke Blaubeuren – Günzelburg – Tiefental – Schelklingen

kam die Stadt an Württemberg. Die Kalksteine und Mergel des Oberjuras in der Umgebung bildeten die Rohstoffgrundlage für die Zementindustrie und wirtschaftliche Entwicklung der Stadt ab dem Beginn des 20. Jahrhunderts.

Im Zentrum stehen ehrwürdige Gebäude des 16. Jahrhunderts, das Hl.-Geist-Spital, Rathaus, Pfarrhaus, Gasthaus zum Rössle. Die Afrakapelle im Friedhof birgt einen Wandmalereizyklus aus ihrer Erbauungszeit, dem 14. Jahrhundert, mit Szenen der Anbetung der Hl. Drei Könige, Passion Christi, Märtyrerszenen, Rückkehr von Adam und Eva aus dem Paradies u. a.

Besonders lohnend ist der Aufstieg zur Ruine Hohenschelklingen, schon wegen der schönen Sicht auf das Achtal mit dem Umlaufberg Lützelberg der Ur-Donau.

Burg **Hohenschelklingen** wird 1127 erstmals urkundlich genannt, wie Schelklingen, mit dessen Geschichte sie eng verbunden ist. 1530 war die Burg schon nicht mehr bewohnbar, 1650–53 wurde sie teilweise abgebrochen, das Baumaterial für das Franziskanerkloster in Ehingen verwendet. Am besten ist der hochgelegene Bergfried mit erhöhtem Eingang und schönen Buckelquadern erhalten, weiter unten Mauerreste von Kernburg und Vorburg der einst umfangreichen Anlage. Der Bergfried ist im Sommer sonntagnachmittags geöffnet.

Der Verlauf der **Ur-Donau** kann von hier aus schön betrachtet werden mit ihren Umlaufbergen, dem Lützelberg und Schelklinger Berg. Sie umfloss bis ins Pleistozän von Allmendingen kommend den Meisenberg im Uhrzeigersinn, den Schelklinger Berg entgegen ihm und den Lützelberg wieder im Uhrzeigersinn. Erst seit der Risseiszeit fließt sie südlich entlang des Hochsträß direkt von Ehingen nach Ulm.

Schelklingen. Die Stadtmitte, überragt vom Bergfried der Burg Hohenschelklingen

W 2.8R Rundstrecke Blaubeuren–Ruine Günzelburg – Tiefental – Weiler – Blaubeuren

Wanderstrecke: 11 km
Auf- und Abstiege je 280 m
Gehzeit 4 Stunden
Ab und bis Stadtmitte:
13 km, je 280 m, 4 ½ Stunden
Wanderkarten: Blatt 20 Geislingen
Kartenausschnitt W 2.8
A, F, F, G, K
Ausgangs- und Endpunkt:
Blaubeuren, Bahnhof
(Bahnlinie 755 DB Ulm–Sigmaringen;
Parkmöglichkeit beim Bahnhof)

Blaubeuren → *S. 270.*

Beschreibung der Strecke auf dem HW 2 von Blaubeuren über die Ruine Günzelburg bis zur Abzweigung im Tiefental → S. 273. 5,5 km ⁴

Man geht mit Zeichen rote Gabel geradeaus weiter durch das Tal, hält sich bei seiner Einmündung ins Blautal an den linken Waldrand und wandert mit Zeichen rote Raute am oberen Ortsrand von Weiler entlang. 3,5 km ⁵ R

Weiler (532 m NN, ca. 620 Ew.) wird 1267 erstmals genannt als Wilaer. Sowohl von der mittelalterlichen Burg der Herren von Weiler – Ministerialen der Grafen von Berg –, als auch von einem Beginenkloster, das von den Nonnen nach der Reformation verlassen wurde, sind keine Reste mehr vorhanden. 1447 kam das Dorf mit Blaubeuren an Württemberg. Um 1830 war die Hausweberei (→ S. 92) mit 18 Webmeistern und 23 Knappen die Haupteinnahmequelle. Seit 1975 ist Weiler Stadtteil von Blaubeuren.

Oberhalb des Wasserbehälters, wo die rote Raute bergwärts abzweigt folgt man weiter dem Waldrand zur Ortsdurchfahrt hinab und kehrt neben der B 492 nach Blaubeuren zurück. 2 km

Die Küssende Sau bei Blaubeuren. Ein bizarres Massenkalk-Felsgebilde am Rand des Achtals.

W 2.9 Teilstrecke Schelklingen – Urspring – Muschenwang – Teuringshofen – Hütten

> **Wanderstrecke:** Länge 12 km
> Aufstiege 210 m, Abstiege 140 m
> Gehzeit 4 Stunden
> **Wanderkarten:** Blatt 26 Ehingen
> Kartenausschnitt W 2.9
> **E, F, Fam., G, K**
> **Ausgangspunkt:** Schelklingen
> (Bahnlinie DB 755 Ulm–Sigmaringen)
> **Endpunkt:** Schelklingen-Hütten, Auskunft Tel. 07394/24822 (Buslinie RAB 333 Schelklingen–Münsingen)

Schelklingen → *S. 274.*

Man wandert vom Bahnhof über die B 432, geradeaus durch die Bahnhofstraße, vor der Ach links durch den Birkenweg, bei der Pauluskirche über die Ach, links durch die Achstrasse und in Höhe der Färbergasse wieder über die Ach, der man links des HW 2 durch das Tal der Ur-Donau folgt bis zum Quelltopf der Ach.

1,5 km [1]

Die ursprünglich an der Felssohle des Ur-Donautals gelegenen Karstquellen der Ach und Urspring wurden durch Aufschotterung zu Quelltöpfen des Tiefen Karsts (→ S. 22) mit einer mittleren Schüttung von 400 l/s bzw. 500 l/s. Das Einzugsgebiet des Urspringtopfs reicht bis zum Grimmelberg, also 13 km nach Nordwesten (→ vorderer Buchumschlag: Entwicklung der Tallandschaft zwischen Allmendingen und Schelklingen).

Weiter nahe dem Wald am linken Talrand entlang gelangt man zum Urspringtopf

Der Urspringtopf. Eine der klaren Quellen des Tiefen Karsts.

(→ oben) und zum Kloster Urspring.

1 km [2]

Kloster Urspring *(s. Abb. S.10) wurde vermutlich 1127 als Männer- und Frauenkloster gegründet, seit dem 14. Jh. war es ein zum Kloster St. Georgen gehörendes adliges Benediktinerinnenpriorat. 1806 wurde es aufgehoben. Ab 1833 trieb die Urspringquelle hier die Webstühle einer Textilfabrik. Heute dient die Anlage als reformpädagogisches Gymnasium mit Internat.*
Die ehemalige Klosterkirche wurde 1622–27 nach einem Brand neu erbaut. Die Nonnenempore des Schiffs trägt einen vorkragenden Erker für die „Meisterin" – ab 1664 Äbtissin. Davor liegt eine Vorhalle mit spätgotischen Gewölben. Von

den Klostergebäuden sind der Ostflügel der Klausur und der obere „Gastbau" aus der zweiten Hälfte des 15. Jh. sowie das Priorat, datiert 1520, erhalten.

Am Ende des Parkplatzes beim Kloster steigt man an der Klosterhalde bergan, quert zweimal eine Steige, geht geradewegs über eine vielfache Wegspinne und über ein Tälchen hinweg, dessen rechtem Rand man zum Waldrand beim Hof Muschenwang folgt. Diesen begleitet man nach rechts und stößt bald auf ein Kalksträßchen. Hier mündet von der Gegenseite die Rundstrecke 2.9R ein. 2 km ③

Pumpwerk Teuringshofen der Albwasserversorgung. Von hier wurde im Februar 1871 erstmals Wasser auf die Albhochfläche gepumpt.

Man biegt nach links in das Kalksträßchen ein, das in 8 Min. zur Ruine **Muschenwang** führt. 0,5 km ④

Burg **Muschenwang** *ist vermutlich erst in der zweiten Hälfte des 13. Jh. entstanden. 1271 wird ein Gottfried von Muschenwang erstmals genannt. Bis 1363, dem Jahr des Verkaufs der Burg an das Kloster Urspring, werden mehrere Angehörige des Geschlechts erwähnt.*

Der Weiterweg verläuft nur noch kurz auf der Steige abwärts, zweigt dann rechts ab und folgt dem Rand der Hochfläche bis er an der Hangkante im Zickzack steil ins Schmiechtal hinab führt. Dieses überquert man und wandert über der Bahnlinie talaufwärts. Nach 10 Min. kann rechts drüben über der Schmiech das ehemalige **Pumpwerk Teuringshofen** der Albwasserversorgungsgruppe VIII/IX besucht werden. Der Abstecher erfordert nur wenige Minuten mehr. Man bleibt nach rechts vom HW 2 abzweigend neben der Bahnlinie, überquert zuerst die Schmiech, dann die Bahnlinie und biegt nach dieser rechts ab. Auf dem Rückweg wird sie wieder überquert, gleich danach wird rechts abgebogen und bei Talsteußlingen wieder der HW 2 erreicht. 3 km ⑤

Mit dem **Pumpwerk Teuringshofen** begann der Betrieb der Albwasserversorgung. Von hier wurde am 18. Februar 1871 das erste Wasser nach Justingen auf die Alb gepumpt (→ S. 88, auf Anmeldung geöffnet, Tel. 0177/3735010).

Der HW 2 führt geradeaus links der Bahnlinie weiter nach Talsteußlingen, hier über die Schmiech und die Bahn zur Straße, wo man hinter dem Wartehäuschen links in den Waldweg einbiegt, der nahe dem Waldrand nach Hütten führt.   4 km

Hütten (616 m NN, ca. 430 Ew.), das bis ins 16. Jh. Studach hieß, dürfte als Burgdorf der Herrschaft Justingen entstanden sein, mit der es 1751 zu Württemberg kam und deren Markung ihm später zugeschlagen wurde. Der Ort wurde 1972 nach Schelklingen eingemeindet.

W 2.9R   Rundstrecke Hütten – Bärental – Justingen – Muschenwang – Hütten

Wanderstrecke: Länge 16 km
Auf- und Abstiege je 220 m
Gehzeit 5 ½ Stunden
Wanderkarten: Blatt 26 Ehingen
Kartenausschnitt W 2.9
A, E, F, G, K
Ausgangs- und Endpunkt:
Schelklingen-Hütten (Buslinie RAB 333 Schelklingen–Münsingen; Parkmöglichkeit im Ort)

Hütten → *oben.*

In Hütten wandert man von der Ortsmitte auf der Bärentalstraße in Richtung Justin-gen bergan und biegt in die Haarnadelkurve ins Bärental ein.   0,5 km   [1]R

*Das **Bärental** ist wie andere Täler des Talsystems der Schmiech kurz und steil, eine Folge der Verkarstung und kurzen Zeitspanne – im geologischen Zeitmaß gesehen – seit dem Pliozän, in welcher die Eintiefung auf die Vorflut der heutigen Donau erfolgen konnte. Der Weg windet sich zum Teil über Treppen durch eine wildromantische Felsklamm aus Schwammstotzen der Unteren Felsenkalke (ki2, Weißjura Delta). Gleich wenige Schritte nach der Straße liegt rechts die 28 m lange Bärentalhöhle, auch Eulenloch genannt. Das Bärental ist Teil des **NSG Oberes Schmiechtal**.*

Vor der Bärenhütte wird scharf rechts abgebogen und schräg aufwärts gewandert bis man nach 5 Min. rechts in den eben am Hang entlang führenden Weg abzweigt. Bevor dieser den Wald verlässt, geht man auf dem Pfad geradeaus, der bald links abbiegt, eine Schlucht umgeht und zum Plateau der ehemaligen Burg- und Schlossanlage Justingen hinauf leitet.   1,5 km   [2]R

Burg Justingen, auf einem felsgesäumten Bergsporn über dem Dorf gelegen, war Sitz der Herren von Justingen und wechselte nach deren Aussterben im Mannesstamm mehrmals den Besitzer. Mitte des 16. Jh. wurde an ihrer Stelle ein vierflügeliges Schloss erbaut, das 1834/35 abgebrochen wurde. Es sind noch Mauerreste und ein Kellergewölbe erhalten. Der rechter Hand an der Hangkante liegende Aussichtspunkt ist leider stark zugewachsen.

Man geht an der Umfassungsmauer des äußeren Schlosses mit der Infotafel entlang und stößt auf den Weiterweg, der

W 2.9R Rundstrecke Hütten – Bärental – Justingen – Muschenwang – Hütten

Die Schlosskapelle Justingen. Ein Blickfang auf der weiten Ebene der Flächenalb.

zunächst einen Halbkreis nach links beschreibt, dann rechts abknickt und geradeaus, vorbei an einer prächtigen Linde, zur Schlosskapelle führt, wo links abgebogen wird zu einem Querweg. Links drüben liegt das erste Reservoir der Albwasserversorgung, von dem aus sich eine besonders schöne Aussicht bietet.

1,5 km   3 R

Rechts abbiegend gelangt man zum Ortsrand von Justingen, wo man links in den Espachweg abbiegt und über die Magolsheimer Straße und Kirchstraße die Dorfmitte erreicht.   1 km   4 R

Justingen *(747 m NN, ca. 500 Ew.), Ort der ältesten Siedlungsschicht, wie auch die „ingen"-Endung zeigt (→ S. 80), wird 1090 erstmals urkundlich genannt. Das Dorf war Namen gebender Sitz von Edelfreien, deren Spross Anselm von Justingen als Reichshofmarschall und Vertrauter Kaiser Friedrichs II. große Bedeutung erlangte. Die Herrschaft konnte über sechs Jahrhunderte lang ihre Selbstständigkeit bewahren. Nachdem die Herren von Justingen ausgestorben waren (1345 oder später) wechselten mehrmals die Besitzer, bis sie Herzog Karl Eugen von Württemberg 1751 kaufte. Justingen war das erste Albdorf, das von der Albwasserversorgung beliefert wurde, ab Februar 1871 (→ S. 88). Bis in die jüngste Vergangenheit waren Land- und Forstwirtschaft die wichtigsten Erwerbszweige. Seit 1895 ist die Zahl eigenständiger landwirtschaftlicher Betriebe von 111 auf drei Haupterwerbsbetriebe zurückgegangen.*

Man biegt links in die Weite Straße ab, geht in der Linkskurve geradeaus, biegt gleich rechts ab und gelangt durch Felder zu einer Waldecke. Von hier leitet die rote Raute nach rechts zur Straße, über dieser durch den Wald Greut, zuerst geradeaus auf einem breiten Forststräßchen, dann auf einem Waldweg nach links, der beim Hof Muschenwang auf den HW 2 trifft. Auf diesem wird rechts abgebogen.

4 km   4

Beschreibung des Rückwegs nach Hütten auf dem HW 2 → S. 279).   7,5 km

W 2.10 Teilstrecke Hütten – Heutal – Granheim – Erbstetten

> **Wanderstrecke:** Länge 16 km
> Auf- und Abstiege je 280 m
> Gehzeit 5 ½ stunden
> **Wanderkarten:** F 524 Bad Urach
> Kartenausschnitt W 2.10
> **A, F, G, K**
> **Ausgangspunkt:** Schelklingen–Hütten (ÖPNV → S. 277)
> **Übernachtung:** In Ehingen–Erbstetten, Auskunft Tel. 07391/503216

Hütten → S. 279.

In Hütten geht man durch die Mühlstraße, quert die Schmiech, kurz danach die Bahnlinie und wandert neben dieser im Heutal aufwärts, vorbei an Sondernach, bis man ins fünfte von links einmündende Seitental, das Hoftäle, abzweigt. Auf der Höhe geht's geradeaus; kurz vor der B 465 zweigt nach links die Rundstrecke W 2.10R ab. 7 km 1

Man wandert immer etwa die gleiche Richtung haltend weiter über die B 465 und durch den Wald Eschenhau, durchquert danach das Eschental und gelangt am Waldrand entlang nach Granheim.
3,5 km 2

Granheim (661 m NN, ca. 280 Ew.) wird 1208 erstmals urkundlich genannt. Nach dem Ort nannte sich ein Niederadelsgeschlecht, Dienstleute der Herren von Steußlingen. Die Oberhoheit der Herren von Gundelfingen kam über die Grafen von Helfenstein und die Wöllwarth 1415 an die Speth, die später das ganze Dorf erwarben. Sie erbauten 1776 das an der Straße nach Frankenhofen stehende Schloss an der Stelle einer ehemaligen Burg. 1805 kam das Dorf an Württemberg. Seit 1974 ist es Stadtteil von Ehingen.

An der Kirche vorbei geht man in Richtung Indelhausen durch das Dorf, biegt danach vor der Kurve links ab, wandert durch Felder und anschließend durch Wald über den Hochberg. Nach einem starken Gefälle geht's bei der linksseitigen Wiese rechts ab durch Wald, dann über die Straße und nach rechts ins obere Wolfstal hinab. 3 km 3

Das Wolfstal, eine der großartigsten Schluchten der Schwäbischen Alb, ist heute ein Trockental, in dem sich der Weg durch enge Massenkalk-Felstore zwängen

Im Naturschutzgebiet Oberes Schmiechtal.

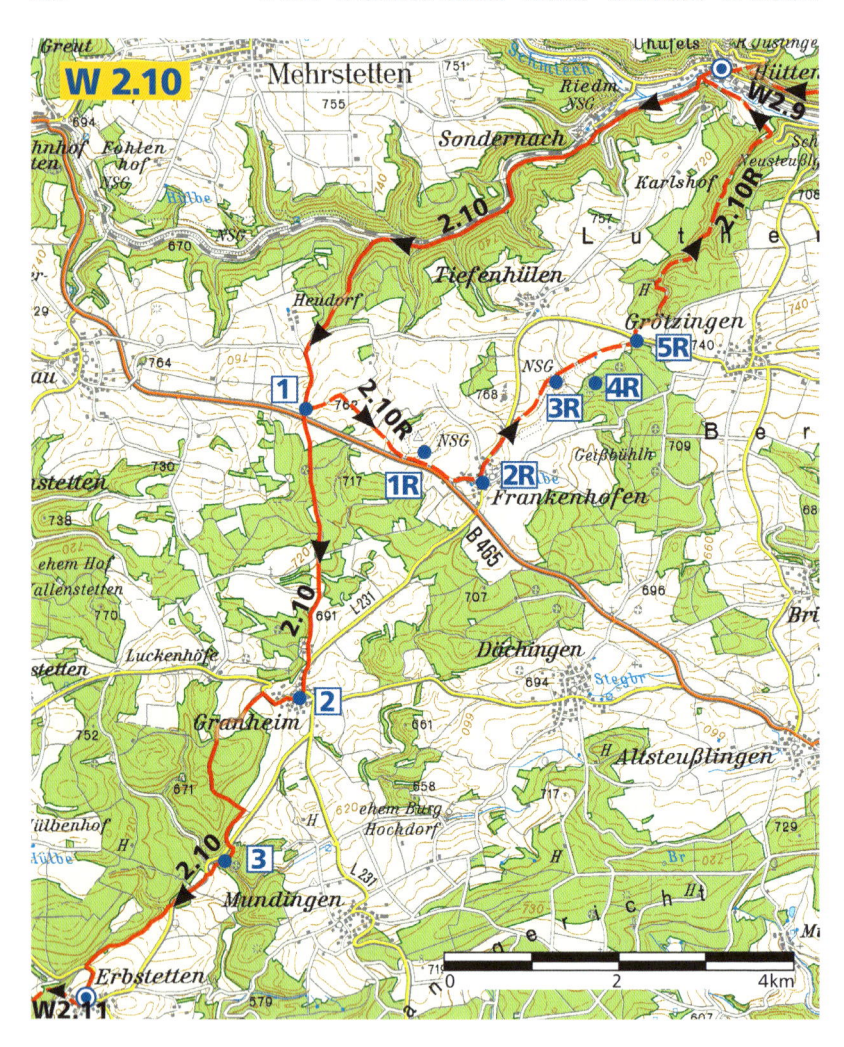

W 2.10 Teilstrecke Hütten – Heutal – Granheim – Erbstetten

muss. Die Erosionsarbeit seines einstigen Flusses wurde durch die rasche Eintiefung seines Vorfluters, der Donau, verstärkt. Die Ausläufer des Tals ziehen sich weit in die Albhochfläche hinein und reichen fast bis zur Hangkante des Schmiechtals. Im zeitigen Frühjahr ist das Tal landesweit bekanntes Ziel tausender von Ausflüglern, welche die Blütenteppiche des Märzenbechers bewundern. Aufmerksame Beobachter entdecken dazwischen auf modrigem Laubholz den selten vorkommenden Zinnoberroten Kelchbecher. Später bietet das Tal weitere botanische Kostbarkeiten wie z. B. Streifenfarn, Milzkraut, Aronstab, Schuppenwurz.

Der Weg führt zur Straße empor, auf dieser 8 Min. nach links, dann am Waldrand am Hang entlang zur Kreisstraße und auf dieser nach Erbstetten hinab. 2,5 km

Erbstetten *(608 m NN, ca. 200 Ew.) gehörte zur Herrschaft der Grafen von Wartstein und kam Ende des 13. Jh. an Österreich, 1392 an Bayern und im Lauf der Jahrhunderte an wechselnde Besitzer, bis es 1805 württembergisch wurde. Die Einwohnerzahl war im letzten Jahrhundert rückläufig. 1871 betrug sie 240 Personen, 1980 noch 219! Erbstetten wurde 1973 nach Ehingen eingemeindet.*
Die Pfarrkirche St. Stephan, ein Spätrenaissancebau mit gotisierendem Maßwerk in den Fenstern, wurde Ende des 16. Jh. erbaut. Wandmalereien des Jüngsten Gerichts und der Taufstein stammen aus derselben Zeit, ein Vesperbild von etwa 1420.

Ehingen-Erbstetten. Dorfmitte mit der Pfarrkirche St. Stephan und dem Backhaus.

W 2.10R Rundstrecke Hütten – Hoftäle – Frankenhofen – Schmiechtal – Hütten

> **Wanderstrecke:** Länge 17 km
> Auf- und Abstiege je 230 m
> Gehzeit 6 Stunden
> **Wanderkarten:** Blatt 26 Ehingen
> Kartenausschnitt W 2.10
> **A, E, F, G, R**
> **Ausgangs- und Endpunkt:**
> Schelklingen–Hütten (ÖPNV
> → S. 277; Parkmöglichkeit im Ort)

Hütten → *S. 279.*

Beschreibung der Strecke auf dem HW 2 von Hütten bis zur Abzweigung vor der B 465 → S. 281. 7 km [1]

Man biegt links ab und wandert ohne Zeichen 7 Min. leicht bergan auf die Höhe bis man auf dem Feldweg rechts zur Bundesstraße hinab und an dieser entlang geht, wobei das Naturschutzgebiet Heuhofer Weg berührt wird. 1,5 km [1]R

Das Gebiet des **Heuhofer Wegs** *wurde 1938 unter Landschaftsschutz und 1993 unter Naturschutz gestellt. Es ist ein Beispiel dafür, wie die unterschiedlichen landwirtschaftlichen Nutzungsformen die Lebensbedingungen eines Standorts beeinflussen. Die mageren Flächen taugten über Jahrhunderte nur als Schafweiden. Die Mechanisierung der Landwirtschaft ermöglichte dann ihre Umwandlung in Ackerland, das jedoch bald nicht mehr genug Ertrag abwarf. Daraufhin wurden sie als Grünland bewirtschaftet, das sich auf Grenzertragsböden inzwischen zu Kalkmagerrasen zurück entwickelt hat. Der zentrale Teil wird heute als Mähder genutzt (→ S. 60).*

Der Weg führt weiter an der Straße entlang nach Frankenhofen. 1 km 2 R

Frankenhofen *(736 m NN, ca. 310 Ew.) wird 1152 erstmals urkundlich genannt. 1270 ging die Vogtei der Steußlinger, zu der Frankenhofen gehörte an Württemberg über. Später kam das Dorf in den Besitz des Klosters Salem und blieb dort bis zum Übergang an Württemberg im Jahr 1806, so dass es katholisch blieb im Gegensatz zu den Gemeinden der Lutherischen Berge (→ unten). Im 30-jährigen Krieg verlor Frankenhofen den größten Teil seiner Bevölkerung. Danach besiedelten Einwanderer aus der Schweiz und Österreich die leer stehenden Höfe. 1973 erfolgte die Eingemeindung nach Ehingen.*

In Frankenhofen geht man durch den Weselweg und 10 Min. auf der Tiefenhüler Straße nach links bis man beim Flurkreuz rechts in den Feldweg einbiegt, der zum Naturschutzgebiet Hungerberg führt.
 1,5 km 3 R

*Am **Hungerberg** bildet eine Verwerfung des Lautergrabens eine markante Geländestufe aus, entlang welcher sich ein etwa 1000 Meter langer Heidestreifen hinzieht. Durch den durchlässigen Untergrund aus Massenkalk und Liegenden Bankkalken (ki4, Weißjura Zeta 1) entstanden hier Magerrasenflächen, die früher als Schafweiden genutzt wurden. Angesichts der kleinen Fläche ist der Artenreichtum an Pflanzen und Tieren erstaunlich.*

Vom unteren Ende des Naturschutzgebiets aus ist ein 10minütiger Abstecher zum Grabhügelfeld im Heidenhau rechts im Wald möglich. (2 x 0,3 km) 4 R

*Die mindestens 34 **Grabhügel im Heidenhau** waren im 19. Jh. mehrfach das Ziel von Ausgrabungen durch „Amateur-Altertumsforscher". Dabei wurden außer Keramik der Hallstattzeit Bronzeringe und Eisenreste geborgen.*

Man geht zur Straße, wo man auf die Wegmarkierung rote Gabel trifft und die Gemarkung Grötzingen betritt, eines der Dörfer der Lutherischen Berge.
 1 km 5 R

*Die **Lutherischen Berge** verdanken den Namen ihrer Lage als evangelische En-*

Grabhügel im Heidenhau.

W 2.11 Teilstrecke Erbstetten – Ruine Wartstein – Maisenburg – Hayingen – Glastal – Zwiefalten

> **Wanderstrecke:** Länge 19 km
> Aufstiege 250 m, Abstiege 320 m
> Gehzeit 6 ½ Stunden
> **Wanderkarten:** Blatt 26 Ehingen
> Kartenausschnitt W 2.11
> **A, F, G, K, R**
> **Ausgangspunkt:** Ehingen-Erbstetten
> **Übernachtung:** In Zwiefalten, Auskunft Tel. 07373/20520 (Buslinie RAB 7607 Zwiefalten–Reutlingen)

Deutscher Enzian. Eine typische Pflanze der Kalkmagerweiden.

Erbstetten → S. 283.

In Erbstetten wandert man mit Zeichen blaues Dreieck von der Ortsmitte durch die Straße „Zum Wartberg", an ihrem Ende mit Zeichen rotes Dreieck geradeaus den Wald hinauf und oben nach links zum Heumacherfels. 1,5 km [1]

*Die Aussicht vom Schwammstotzen des **Heumacherfelsens** gewährt interessante Einblicke in die Erdgeschichte: Das Land zu seinen Füßen ist durch eine Verwerfung, die „Lauteralstörung", um 100 m abgesunken. Bei Unterwilzingen hat die Lauter in den Zementmergeln (ki5, Weißjura Zeta) ein breites Becken ausgeräumt, während sie sich weiter unten im Massenkalk durch ein enges Tal zwängen muss. Beim Emerberg (zur Rechten), dem Bussen (jenseits der Donau), dem Hochberg (links hinter Unterwilzingen) und dem Landgericht (zur Linken) handelt es sich um tertiäre Ablagerungen.*

klave inmitten katholischen Gebiets. Die Dörfer Grötzingen, Weilersteußlingen, Ermelau, Weiler, Ennahofen, , Teuringshofen, Talsteußlingen und Sondernach waren Bestandteil der Herrschaft Steußlingen, deren Burg am benachbarten rechten Rand des Schmiechtals lag, an der Stelle des heutigen Schlosses Neusteußlingen. Sie kamen 1581 unter württembergische Herrschaft und wurde damit evangelisch.

Nun folgt man der roten Gabel, die rechts am Waldrand entlang führt und in der Senke auf den roten Strich des Schwäbische-Alb-Oberschwaben-Wegs trifft. Dieser leitet durchs Tiefental ins Schmiechtal hinab und links nach Hütten zurück. 5 km

Geradeaus weiter wird bald die Ruine Wartstein erreicht. 0,5 km [2]

*Die **Burg Wartstein** wurde vermutlich in der ersten Hälfte des 12. Jh. errichtet. Der 1134 in einer Urkunde genannte Spross Rapoto aus dem Grafengeschlecht von Berg ist wahrscheinlich identisch mit Graf Rapoto von Wartstein, der als Begründer der wartsteinischen Linie und Erbauer seiner Stammburg in Frage kommt. 1392 verkauften die von Wartstein die Burg samt Zubehör an die Herzöge von Bayern, 1495 wurde sie zerstört. Der heutige, besteigbare Turm ist der Rest der Schildmauer. Hinter ihr lag auf engstem Raum der Palas. Hangabwärts sind Mauerreste der Vorburg und der Umfassungsmauer erhalten.*

Von der Ruine kommend biegt man links ab und wandert oberhalb des Gemsfelsens an mehreren Aussichtspunkten vorbei, die reizvolle Ausblicke ins Lautertal und zurück zum Wartstein bieten. Nach wenigen Minuten führt ein steiler Pfad in Serpentinen ins Tal hinab. Dort geht's am rechtsseitigen Waldrand talaufwärts, vorbei am Hohen Gießel. 1 km 3

*Beim **Hohen Gießel** stürzt die Lauter über eine 5 Meter hohe Barriere aus Sinterkalk (→ S. 22). Der Name geht auf das mittelhochdeutsche gieze, Wasserfall, zurück. Daneben liegt die Karstquelle des Blaubrunnens, deren Wasser gleich in die Lauter mündet. Es geht nach der Schneeschmelze rasch zurück.*

Nach 25 Min., bei der Rechtsbiegung des Tals, wird die Lauter überquert und beim Rast- und Spielplatz auf der gegenüberliegenden Talseite durch die Schlucht zur Maisenburg empor gestiegen. 2 km 4

*Die **Maisenburg** erstreckt sich auf einem Bergsporn zwischen dem Lautertal und zwei Seitentälern. Sie wurde von einem gleichnamigen Freiadelsgeschlecht um 1100 erbaut. 1125 wird ein Witigou der Ältere von Maisenburg genannt. Spätestens ab 1306 waren Burg und Herrschaft im Besitz der Gundelfinger, ab 1379 der Familie von Baustetten, ab 1538 der von Meldegg, ab 1764 der Familie von Speth. 1820 wurde die Hauptburg aufgegeben und dem Zerfall überlassen. Die Vorburg wird bis heute als landwirtschaftliches Anwesen genutzt.*

Auf dem folgenden Weg wird bei der Hubertuskapelle links abgezweigt und über die Höhe hinweg, am Feriendorf vorbei, das Städtchen Hayingen erreicht.
 2,5 km 5

Hayingen (661 m NN, ca. 1250 Ew.) wurde im 13. Jh. von den Herren von Gundelfingen neben dem 854 erstmals erwähnten Dorf angelegt, das vermutlich auf der Flur Althayingen 2 km nordöstlich lag. Nach dem Aussterben der Gundelfinger ging die Herrschaft an die Grafen von Helfenstein und 1627 an die Grafen von Fürstenberg über. 1806 kam Hayingen zu Württemberg. Von der seit 1303 erwähnten Stadtbefestigung stehen noch ein runder Eckturm und Reste der Mauer. Interessant ist die Trennung in den von Bauern und Handwerkern bewohnten südlichen Stadtteil und den bürgerlichen, kirchlich-herrschaftlichen Bereich nördlich der Marktstraße mit Kirche und Rathaus.
Die Pfarrkirche St. Vitus wurde 1724 aus einer gotischen Basilika in eine barocke Saalanlage umgebaut. Sie birgt eine reiche Innenausstattung. Erwähnenswert sind noch das Spital von 1536 und der Fruchtkasten aus dem 17. Jh.

In Hayingen biegt man von der Marktstraße nach dem Rathaus rechts ab, geht

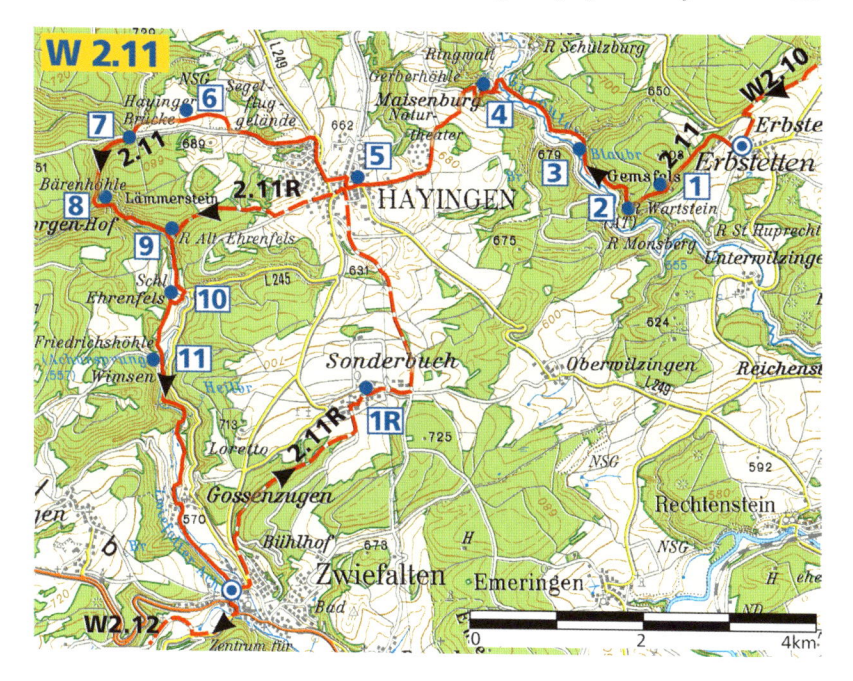

W 2.11 Erbstetten – Ruine Wartstein – Maisenburg – Hayingen – Zwiefalten 287

an der Kirche vorbei durch die Kirchstraße, links durch die Josefstraße, rechts durch die Ehestetter Straße, von der bald links in die Straße „Auf der Bleiche" und in den Wendelinusweg eingebogen wird. Oben geht's bei der prächtigen Linde abwärts, nach dem rechtsseitigen Wald ohne Zeichen nach rechts zum Wanderparkplatz und am Rand des Naturschutzgebiet Digelfeld entlang.   2,5 km   6

*Das **Naturschutzgebiet Digelfeld** zählt mit seinen artenreichen Halbtrockenrasen-Gesellschaften zu den schönsten Heideflächen des Gebiets mit einer ungewöhnlichen Fülle von Enzian- und Orchideenarten. Auf den eingestreuten Getreidefeldern und Grünlandstreifen gedeihen noch selten gewordene Wildkräuter. Das breite floristische Artenspektrum sichert insbesondere der Insektenfauna ausreichende Nahrungsquellen. Wegen der fehlenden Beweidung durch Schafe muss der drohenden Verbuschung des Gebiets durch Pflegemaßnahmen Einhalt geboten werden.*

Unten treffen bei der Hayinger Brücke drei Täler aufeinander, von links im Uhrzeigersinn das hier beginnende Glastal, das Tiefental und das Guckental.

1 km   7

*Nach dem Zusammentreffen des Tiefentals und Guckentals wird das Tal als **Glastal** bezeichnet. Sein trockener oberer Abschnitt setzt sich mit dem Tal der Zwiefalter Ach fort. Der Name geht auf eine Glashütte zurück, die gegenüber dem Lämmerstein gestanden haben soll. Das **Tiefental** verzweigt sich in mehrere Seitentäler, deren Ausläufer sich bis in*

Blick von der Ruine Wartstein ins Tal der Großen Lauter.

die Gegend von Meidelstetten, Bernloch und Ödenwaldstetten erstrecken. Das **Guckental**, ein verhältnismäßig kurzes Trockental mit nur 2 km Länge, fällt von den 700 m NN der Hochfläche steil zur Hayinger Brücke mit 605 m NN ab.

Man biegt links ab und wandert im Glastal abwärts. Nach 15 Min. trifft man nacheinander auf vier interessante Naturerscheinungen: den Lämmerstein, die Bärenhöhle und Glashöhle sowie die Hasenbachquelle. 1 km 8

*Die fast 100 Meter steil aus dem Tal aufragende Felswand des **Lämmersteins** besteht aus Oberjura-Massenkalk. Die 19 m lange **Bärenhöhle** liegt in den Unteren Felsenkalken (ki2, Weißjura Delta), ebenso wie die 11 m lange **Glashöhle**. Die **Hasenbachquelle** schüttet bis zu 500 l/s. Sie wird von der Wasserversorgung Hayingens genutzt.*

Zehn Minuten unterhalb der Hasenbachquelle liegt links oben vor der Einmündung des Schweiftals die Burgstelle Alt-Ehrenfels. 1 km 9

Burg Ehrenfels wurde wohl Mitte des 13. Jh. erbaut und war im Besitz der Herren von Gundelfingen. Sie kam 1474 an das Kloster Zwiefalten und wurde 1516 abgebrochen. Der Rest eines Bergfrieds ist erhalten.

Weiter talabwärts mündet von links das Werfental ein, durch das die Hayinger Straße führt. Hier überquert man den Hasenbach und wandert am Schloss Ehrenfels vorbei. 1 km 10

Schloss Ehrenfels wurde 1735–1740 als vierflügelige Anlage durch den Zwiefaltener Abt Augustin erbaut und war seitdem Sommersitz der Äbte. Seit 1803 im Besitz der Familie Normann.

W 2.11 Erbstetten – Ruine Wartstein – Maisenburg – Hayingen – Zwiefalten 289

Man folgt dem Tal an seinem rechten Rand weiter abwärts zur **Wimsener Höhle**. 1 km ⑪

Die **Wimsener Höhle**, *auch Friedrichshöhle genannt, nach einem Besuch des Kurfürsten Friedrich von Württemberg im Jahr 1803, ist bis jetzt auf eine Länge von 723 m bekannt. Sie gehört zu den am frühesten urkundlich genannten Höhlen der Schwäbischen Alb, schon 1447 wird der Fluss „der aus dem Hölnstein gat" erwähnt. Sie zeigt sehr anschaulich den Werdegang der Albhöhlen (→ S. 21). Durch chemische Auflösung des Kalks und mechanische Ausstrudelung entstanden, und einst ganz mit Wasser gefüllt, liegt sie infolge des gesunkenen Karstwasserspiegels heute über dem Vorfluter, der Zwiefalter Ach, und entleert ihr Wasser teilweise, so dass sie auf eine Länge von 70 m mit dem Kahn befahrbar ist – ein eindrucksvolles Erlebnis! Sie befindet sich also im Stadium zwischen den trockenen Höhlen, wie den bekannten Schauhöhlen und den unter dem Karstwasserspiegel liegenden wassergefüllten. Eines Tages, wenn die Ach weiter eingetieft und der Karstwasserspiegel weiter gesunken ist, wird sie ganz trocken fallen. Der Fährmann ist im Gasthof zu rufen.*

Auf dem folgenden Weg hält man sich nahe an das Bächlein, das man mehrmals quert und gelangt über Gossenzugen nach **Zwiefalten**. 4 km

Zwiefalten *(538 m NN, ca. 1200 Ew.) wird 904 erstmals genannt unter dem Namen Zvivaltun, der auf die beiden hier zusammenfließenden Achflüsschen zurückgeht. 1089 wurde das Kloster gestiftet und mit Hirsauer Mönchen besiedelt. Durch reichen Besitz, der sich über weite Gebiete der Alb und angrenzende Gebiete erstreckte und durch zahlreiche Privilegien erlebte das Kloster eine frühe Blüte. Die zweite Blütezeit brachte der Barock mit einem religiösen und wirtschaftlichen Aufschwung. Die Klosteranlage wurde von 1668 bis 1700 neu erbaut. Ab 1750 war das Kloster durch finanzielle Ablösung der Vogteirechte reichsfrei. Im Jahr 1803 wurde es säkularisiert, das Territorium ging an Württemberg über. Es beherbergt heute ein psychiatrisches Landeskrankenhaus*

Im Jahr 1744 erfolgte die Grundsteinlegung zu der großartigen Abteikirche. Bis 1765 entstand nach den Plänen von Johann Michael Fischer eine der schönsten Kirchen dieser Zeit, erfüllt vom blü-

Die Maisenburg. Rechts neben den Ökonomiegebäuden der Vorburg liegen die Mauerreste der Hauptburg. Ganz rechts die Schülzburg, jenseits des Lautertals.

henden Farben- und Formenzauber des Rokokos. Architektur, Malerei, Skulptur, Stuck, das wundervolle Chorgestühl und das schmiedeeiserne Gitter vereinigen sich zu einem großartigen Gesamtkunstwerk und bilden ein Juwel des oberschwäbischen Barocks.

W 2.11 R Rundstrecke Zwiefalten – Sonderbuch – Hayingen – Wimsener Höhle – Zwiefalten

Wanderstrecke: Länge 15 km
Auf- und Abstiege je 210 m
Gehzeit 5 Stunden
Wanderkarten: Blatt 26 Ehingen
Kartenausschnitt W 2.11
A, E, F, Fam., G, K
Ausgangs- und Endpunkt:
Zwiefalten (Buslinien RAB 7607 Reutlingen–Zwiefalten und 7647 Riedlingen–Pfronstetten; Parkmöglichkeit im Ort)

Zwiefalten → S. 289.

Vom Klosterhof wandert man durch das Tor neben dem Rathaus, mit Markierung rote Gabel rechts durch die Sägmühlstraße, dann auf der Sonderbucher Steige bergan und bei den letzten Häusern rechts am Waldrand entlang durch das Renchtal aufwärts. Am Ende des Tals geht's links nach Sonderbuch hinauf.   3 km   1 R

Sonderbuch (684 m NN, ca. 190 Ew.) wird 1089 erstmals als Sondirinbuch (südlicher Buchenwald) erwähnt. Der Schlossberg am südöstlichen Ortsrand, der im Mittelalter eine Burg trug, ist wahrscheinlich ein vorgeschichtlicher Grabhügel. Die Kapelle St. Leonhard, ein schlichter kleiner Bau, birgt eine hervorragende Ausstattung, u. a. eine große spätgotische Christusfigur, eine thronende Himmelskönigin, die hll. Sebastian und Katharina und eine Kreuzigungsgruppe.

Wir gehen rechts durch die Hauptstraße, beim Kruzifix nach dem Dorf links durch Felder, wo die Markierung bald auf rote Raute wechselt, und geradewegs nach Hayingen führt.   3,5 km   5

Hayingen → S. 286.

In Hayingen wandert man mit Markierung rote Gabel durch die Marktstraße und Ehrenfelser Straße, biegt nach 12 Min. rechts ab und schreitet durch das wildromantische Schweiftal ins Glastal hinunter, an der rechts oben liegenden Ruine Alt-Ehrenfels vorbei. 2,5 km   9

Ruine Alt-Ehrenfels → S. 288.

Beschreibung der folgenden Strecke auf dem HW 2 bis Zwiefalten → S. 288. 6 km

Pfarr- und Wallfahrtskirche Unserer Lieben Frau in Zwiefalten. Deckenfresko im Langhaus „Verbreitung der Marienverehrung durch den Benediktinerorden".

W 2.12 Teilstrecke Zwiefalten – Upflamör – Große Heuneburg – Friedingen – Warmtal

> **Wanderstrecke:** Länge 16 km
> Aufstiege 320 m, Abstiege 220 m
> Gehzeit 5 ½ Stunden
> **Wanderkarten:** F 527 Bad Saulgau
> Kartenausschnitt W 2.11
> **A, F, G, K**
> **Ausgangspunkt:** Zwiefalten
> (Buslinie RAB 7607 Reutlingen–Zwiefalten)
> **Endpunkt:** Langenenslingen-Warmtal
> **Übernachtung:** Zimmernachweis bei Gemeindeverwaltung Langenenslingen (Tel. 07376/9690),
> außerdem ist der Gasthof Schwanen in Langenenslingen-Andelfingen zu Abholung und Rücktransport bereit (Tel. 07371/8634, E-Mail: schwanen-andelfingen@t-online.de)

Zwiefalten → S. 289.

In Zwiefalten geht man beim Kloster auf der Tobeltalstraße in Richtung Upflamör und biegt um den Autoverkehr zu meiden nach den Sportplätzen rechts ab. Der mit roter Gabel markierte Weg führt auf der rechten Talseite nahe am Waldrand dahin, später durch Wald und mündet schließlich wieder in die Straße. Auf dieser geht's mit dem Wegzeichen rotes Dreieck weiter, bis an der Waldecke rechts abgebogen und zur Höhe empor gestiegen wird. Kurz vor Upflamör, bei der Linksbiegung des Wegs zur Straße hinüber, mündet von rechts die Rundstrecke 2.12R ein. 5,5 km ⬜1

Auf der Straße wird in wenigen Minuten Upflamör erreicht. 0,5 km ⬜2

Upflamör (760 m NN, ca. 90 Ew.) wurde wahrscheinlich von Pflummern aus gegründet, worauf der Name hinweist. Der Ort wird 1089 Uplumare genannt, was „oberhalb von Pflummern" bedeutet. Er gehörte bis 1311 zu der am rechten Rand des Geisinger Tals gelegenen Burg Sigeberg. Mit dieser kam er zum Kloster Zwiefalten. Die Flurnamen Ellhausen und Katzensteige gehen auf Wüstungen zurück, die 1089 als Ellinhusin und Kazzunsteige genannt werden (→ S. 83). Sowohl die Dorfkirche als auch die Friedhofskapelle sind dem Hl. Blasius geweiht. Letztere bereits 1100 erwähnt, 1756 neu

Friedhofskapelle St. Blasius in Upflamör. Die ehem. Wallfahrtsstätte wird schon um 1100 erwähnt.

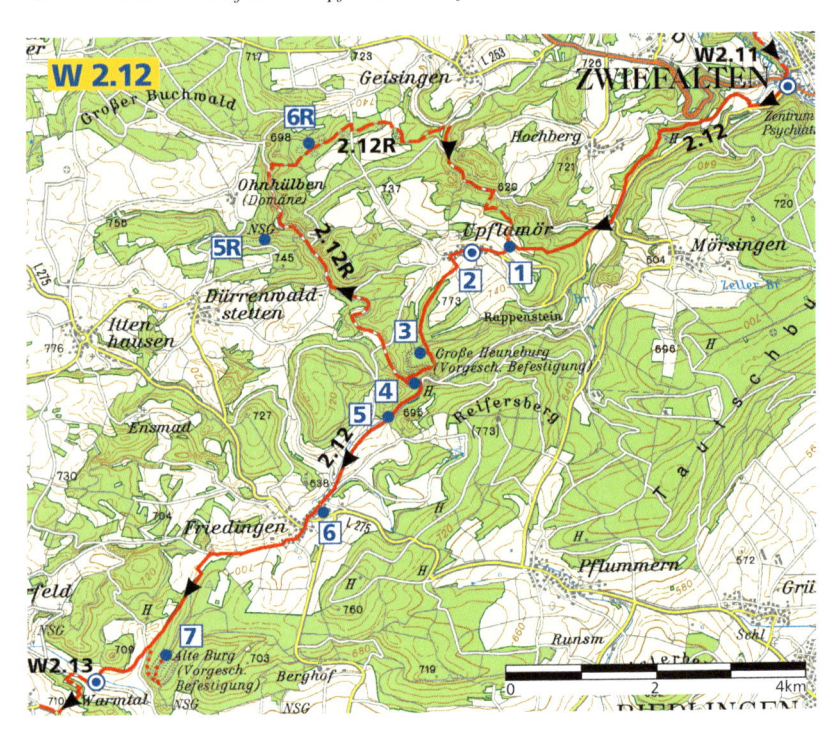

W 2.12 Zwiefalten – Upflamör – Große Heuneburg – Friedingen – Warmtal

erbaut, mit Altar in Naturformen aus Tuffstein. Am Rathaus sind die vergitterten Fenster des ehemaligen Ortsarrests zu sehen.

In Upflamör geht man von der Kirche durch die Hauptstraße leicht bergab, wendet sich bei Haus Nr. 50 nach links, dann an der nächsten Abzweigung nach rechts und wandert am Hang des Walds Häderswang zur Großen Heuneburg.

1,5 km [3]

Die **Große Heuneburg** besteht aus der von Wällen umgebenen Hauptburg mit Seitenlängen von 170/210/210/310 m und der im NW vorgelagerten Vorburg, von der nur noch der östliche und nördliche Wall mit 120 und 100 m Länge erhalten sind. Im SO schließt sich eine Flankenburg an. Die bisherigen Grabungen lassen keine endgültigen Aussagen über die Geschichte der Anlage zu. Als sicher gilt die Errichtung einiger ihrer Teile und eine Besiedlung während der Hallstattzeit (→ S. 78). Einige Wälle und Mauern wurden erst im frühen Mittelalter erbaut oder instand gesetzt. Das Gelände wurde erst ab 1839 aufgeforstet, vorher diente es als Ackerland.

Der Weg führt geradeaus links am Wall entlang und auf das Forststräßchen im Waldstetter Tal hinab, wo die Rundstrecke W 2.12R rechts abzweigt. 1 km [4]

Man wandert wenige Schritt nach links dann rechts durch das Friedinger Tal zum

W 2.12 Zwiefalten – Upflamör – Große Heuneburg – Friedingen – Warmtal

Waldrand am Fuß des Mettenbergs.
0,5 km [5]

*Ab dem **Mettenberg** wird aus dem engen Tal mit steil aufragenden Felsen ein breites Trockental der Flächenalb. Der abrupte Wechsel erklärt sich durch dem Übergang vom Oberjura-Massenkalk in die Zementmergel.*

Man wandert weiter im Tal aufwärts nach Friedingen. 2,5 km [6]

***Friedingen** (657 m NN, ca. 220 Ew.) wird bereits 904 erstmals urkundlich genannt. Es gehört zur ältesten Siedlungsschicht, wie die „ingen"-Endung bezeugt. Das Dorf kam im 13. und 14. Jahrhundert, hauptsächlich von den Grafen von Veringen, an das Kloster Heiligkreuztal und 1805 mit diesem an Württemberg. Seit 1975 gehört Friedingen zu Langenenslingen.*

In der Dorfmitte geht man bei der Bushaltestelle durch die Bitzestraße aufwärts, an der Obstbaumreihe entlang durch Felder, biegt in dem Gefälle vor dem rechtsseitigen Wäldchen links ab, durchquert kurz einen Wald und folgt dem linken Waldrand. Vor der Wegkreuzung ist auf dem halblinks durch den Wald empor führenden Weg ein halbstündiger Abstecher zur Alten Burg möglich. 3,5 km [7]

*Die **Alte Burg** ist eines der großartigsten Befestigungswerke des Landes. An der schmalen NO-Seite sichern drei Wälle und ein Graben die Anlage auf einem nach SW verlaufenden Bergsporn von ca. 350 m Länge und 80 m Breite. Gegen die Hänge ist sie durch Versteilungen, Terrassen und Gräben gesichert. Den Abschluss bildet ein U–förmiger Wall, der sich um den ganzen Bergsporn herumzieht. Funde von menschlichen Skelettresten und Keramikscherben sprechen für eine vorgeschichtliche, wahrscheinlich hallstattzeitliche Siedlung (→ S. 78). Die Befestigung in ihrer heutigen Form stammt aber aus dem frühen Mittelalter.*

Man quert jetzt das Tal und gelangt am Waldrand des gegenüber liegenden Schlossbergs zu den Höfen Warmtal.
1 km

***Warmtal** war vermutlich Zubehör der abgegangenen Habichsburg, die auf dem Schlossberg stand. Über mehrere Besitzer kam einer der beiden Höfe an Württemberg, der andere an die Zollern, so dass Warmtal bis 1945 ein württembergisch-preußisches Kondominat war.*

Im Warmtal. Oben die Kirche von Emerfeld.

W 2.12R Rundstrecke Upflamör – Waldstetter Tal – Muttenbühl – Geisinger Tal – Upflamör

Wanderstrecke: Länge 13 km
Auf- und Abstiege je 280 m
Gehzeit 5 Stunden
Wanderkarten: F 527 Bad Saulgau
Kartenausschnitt W 2.12
A, F, G, K, W
Ausgangs- und Endpunkt:
Zwiefalten-Upflamör
(Buslinie RAB 7647 Riedlingen–
Zwiefalten–Pfronstetten;
Parkmöglichkeit im Ort)

Upflamör → *S. 291.*

Beschreibung der Strecke auf dem HW 2 von Upflamör bis zum Forststräßchen im Waldstetter Tal → S. 292.   2,5 km   4

Man biegt auf dem Sträßchen mit Zeichen rote Raute scharf rechts ab und erreicht nach 50 Min. beim links abzweigenden Ohnhülber Tal das Naturschutzgebiet Tannenhalde.   3 km   5 R

Das Naturschutzgebiet Tannenhalde umfasst die Hänge beiderseits des Kohltals und Ohnhülber Tals. Es ist hauptsächlich mit an Baumarten reichen, naturnahen Waldgesellschaften bestockt – Seggen-, Waldmeister-, Waldgersten-Buchenwald, Linden-Ulmen-Ahorn-Wald (→ S. 35–39). Die offenen Stellen tragen Trocken- und Halbtrockenrasengesellschaften. Die urwüchsige Vielfalt ist den extremen Landschaftsformen – Felspartien, Geröllhalden, enge Taleinschnitte – zu verdanken, die keine intensive Forstwirtschaft zuließen. In den als Bann-wald ausgewiesenen Talabschnitten ruht auch heute noch jede forstliche Nutzung.

Nach weiteren 25 Min. durch das Kohltal beginnt zur Rechten eine Wiese, die kurz darauf mit Zeichen rote Gabel überquert wird. Man wendet sich kurz nach rechts, steigt durch eine Mulde bergan und wandert eben über den Waldrücken Muttenbühl.   2 km   6 R

Die Große Heuneburg. Links der Nordwall und Graben der Hauptburg, rechts schließt sich die Vorburg an.

W 2.12R Upflamör – Waldstetter Tal – Muttenbühl – Geisinger Tal – Upflamör

Blick von Upflamör über das Geisinger Tal und Tobeltal zum Tal der Zwiefalter Ach mit Zwiefalten.

*Der **Muttenbühl** trägt einen Waldgerstenbuchenwald, der einen prächtigen „Hallenwald" aus hochstämmigen Buchen bildet. Er präsentierte sich bei der Erkundungswanderung als Beispiel für den Artenreichtum unserer Kalkbuchenwälder. Außer der Namen gebenden Charakterart wurden u.a. häufig angetroffen: Haselwurz, Sauerklee, Bingelkraut, Waldmeister, Rainkohl, Mauerlattich, Rupprechtskraut, Kleinblütiges Springkraut, Quirlblättrige Weißwurz, Nesselblättrige Glockenblume, Wolliger Hahnenfuß.*
Die in der top. Karte gezeigten Grabhügel links und rechts des Wanderwegs dürften im Zusammenhang mit der Heuneburg stehen.

Man überquert ein Teersträßchen, biegt rechts und links ab und gelangt zuerst über eine Lichtung, dann wieder durch Wald ins Geisinger Tal hinab. Dieses wird auf einem Teerweg gequert, dann führt ein schmaler Pfad zu einem Forstweg hinauf, auf dem man mit Zeichen rote Raute 20 Min. rechts talabwärts wandert bis zu einem rechts abzweigenden breiten Forstweg mit dem Wegzeiger „Upflamör 1 km", sonst ist er ohne Markierung. Auf diesem geht's bergan, auf dem Querweg nach links und schließlich durch Felder auf die Höhe zur Einmündung in den HW 2. 5 km ⬚1

Hier wandert man zur Straße hinüber und nach Upflamör zurück. 0,5 km

W 2.13 Teilstrecke Warmtal – Billafingen – Ruine Schatzberg – Bingen – Sigmaringen

Wanderstrecke: Länge 17 km
Aufstiege 270 m, Abstiege 310 m
Gehzeit 5 ½ Stunden
Wanderkarten: F 527 Bad Saulgau
Kartenausschnitt W 2.13
F, G, K, W
Ausgangspunkt:
Langenenslingen-Warmtal
Übernachtung: In Sigmaringen, Auskunft Tel. 07571/106-224
(Bahnlinien DB 755 Ulm–Neustadt, HzL 766 Tübingen–Aulendorf, HzL 768 Hechingen–Sigmaringen)

Von den Höfen Warmtal geht man auf der Straße 5 Min. aufwärts, biegt links ab, steigt zur Höhe hinauf und gelangt rechts nach Billafingen. 2 km ⟦1⟧

Billafingen (720 m NN, ca. 110 Ew.) ist außer durch die „ingen"-Endung auch durch Reihengräberfunde als alamannische Gründung ausgewiesen (→ S. 80). Der Ort kam Ende des 13. Jh. mit der Grafschaft Veringen an die Habsburger und wurde von diesen an die Grafen von Württemberg verpfändet. Diese übergaben Billafingen 1409 an die Grafen von Werdenberg, nach deren Aussterben es als Teil der „Unteren Grafschaft" an Hohenzollern-Sigmaringen kam und 1850 preußisch wurde. Das Dorf ist Ortsteil von Langenenslingen.

Man wandert durch die Fürst-Friedrich-Straße weiter, nach dem Dorf links der Straße zu den drei Feldkreuzen hinab und die gleiche Richtung haltend in den Wald.

Bei der Gabelung zweigt man rechts ab, kommt abwechselnd am Waldrand entlang und durch Wald und stößt schließlich auf einen Querweg, wo rechts abgebogen wird zum Fuß der Ruine Schatzberg, die in fünfminütigem Aufstieg besucht werden kann. 2,5 km ⟦2⟧

Die Burg Schatzberg muss den Keramikfunden nach zu schließen bereits um die Mitte des 12. Jh. bestanden haben. 1267 wird ein Konrad von Schatzberg urkundlich erwähnt, der im Dienst der Grafen von Grüningen stand. Die Burg kam an die Grafen von Montfort und Ende des 13. Jh. an Habsburg. 1442 wird sie von den Helfensteinern im Auftrag der Grafen von Württemberg niedergebrannt. Nach mehreren Besitzerwechseln gehörte sie seit 1538 den Schenken von Stauffenberg zu Wilflingen. Hinter dem breiten, in den Fels gehauenen Halsgraben sind noch Mauerreste erhalten, vor allem von der bis zu 7 m hohen Nord- und Westwand.

Dem Weg wird noch 4 Min. gefolgt, bis links abgebogen und über eine Anhöhe in den Schenkenteich hinab gewandert wird. Hier führt ein schmaler Pfad durch Fichtenwald, dann geht's auf Erdwegen zu einem Sträßchen hinauf, auf diesem kurz rechts, danach auf dem Kiesweg nach links. Man stößt auf einen Querweg, biegt links ab und durchquert immer etwa die gleiche Richtung haltend den Wald, eine Freifläche, den Wald des Busenbergs und erreicht ein Gehöft, wo rechts abgebogen wird nach Bingen. 5 km ⟦3⟧

Bingen (614 m NN, ca. 2 900 Ew.) wird 1138 erstmals genannt als Buningen, was durch die „ingen"-Endung auf alamannische Gründung schließen lässt. Zunächst gab es keine Ortsherren, die verschiedenen Grundherren – von Bingen,

W 2.13 Warmtal – Billafingen – Ruine Schatzberg – Bingen – Sigmaringen

von Hornstein, Kloster Zwiefalten, Grafschaft Sigmaringen – übten die Hoheit über ihre Untertanen aus. 1789 erwarben die Fürsten von Hohenzollern-Sigmaringen den vollen Besitz von Bingen.

Die Pfarrkirche Mariä Himmelfahrt wurde Ende des 15. Jh. anstelle eines romanischen Vorgängerbaus errichtet, 1522 um den mächtigen Turm und 1790 um querschiffartige Anbauten erweitert. Sie birgt eine reiche Innenausstattung, v. a. Reste eines spätgotischen Flügelaltars mit fünf lebensgroßen Standfiguren und Gemälden von Bartholomäus Zeitblom (Geburt Christi und Anbetung der Könige).

Man geht geradeaus durch die Egelfinger Straße, unten links durch die Inneringer und Lauchertstraße, über die Bahnlinie und rechts durch die Bittelschießer Straße. Der Weg führt weiter am Talrand entlang, ins Bittelschießer Täle und nach dem Überqueren der Lauchert links zur Bittelschießer Höhle unter der ehemaligen Burg Bittelschieß.   1,5 km   [4]

Die Bittelschießer Höhle. In der idyllischen Felsklamm des Bittelschießer Täles.

Das **Bittelschießer Täle** entstand in der Risseiszeit. Als ein Querwall aus Moränenschotter die daneben liegende Schmelzwasser-Rinne, durch die heute die Bahnlinie verläuft, abriegelte, bildete sich ein Stausee, dessen Schmelzwässer sich einen Ausweg durch den Massenkalkstotzen gruben. Die idyllische Felsklamm fiel 1910 fast dem Bahnbau zum Opfer. Ihre Rettung ist dem Fürsten von Sigmaringen zu verdanken, der die Mehrkosten für die Strecke um den Berg herum auf sich nahm.

Die **Bittelschießer Höhle** liegt in den liegenden Bankkalken (ki4, Weißjura Zeta 1). Sie ist 64 m lang und 14 m hoch.

Die darüber liegende **Burg Bittelschieß** wurde vermutlich von den Herren von Bittelschieß um 1150 errichtet, die ihren Sitz vom gleichnamigen Ort südlich von Sigmaringen hierher verlegten. Sie wurde vor 1300 an die Habsburger verkauft, die sie an die von Hornstein verpfändeten. Nach 1479 wurde sie zerstört. Die Burgkapelle ist noch erhalten.

Weiter talaufwärts überquert man auf der Straße die Lauchert und wandert an ihr entlang, vorbei am Naturschutzgebiet Wasenried, links in der Ausbuchtung des Tals. 1,5 km ⑤

Das 11 Hektar große **Naturschutzgebiet Wasenried** wurde 1984 ausgewiesen. Es handelt sich um das größte und am besten erhaltene Moor der Schwäbischen Alb mit einer Torfmächtigkeit von bis zu 12 Metern, das hauptsächlich mit Sträuchern, Großseggenrieden und Pfeifengraswiesen bedeckt ist. Der Wechsel trockener Standorte mit feuchten des Moors bietet einer Vielfalt von Pflanzen- und Tierarten Lebensraum. In der Risseizeit war die Talaue von den Eismassen des Rheingletschers bedeckt. Die vorrisseiszeitliche Donau floss von Süden her durch die Senke hinter dem Bahnhof Hanfertal und strömte von hier ostwärts über Bingen, Wilflingen, Langenenslingen in ihr heutiges Tal bei Riedlingen.

Nach Waldeintritt unterquert man die Bahn und steigt zum Nägelesfelsen hinauf. Hier wird links abgebogen, zum Waldrand gewandert, kurz der Straße gefolgt bis links an dem Wäldchen entlang und anschließend durch Felder zur Hohenzollernstraße hinab gewandert wird. Vor der Unterführung liegt rechts oben die Haltestelle Krankenhaus, von wo Busverbindung zur Stadtmitte besteht.

2,5 km ⑥

Wer weiterwandert, geht nach der Unterführung links am Krankenhaus vorbei und umrundet es im Uhrzeigersinn. Entlang der Hohenzollernstraße und, nach den Sportplätzen, links über den Mühlberg gelangt man zur Stadtmitte Sigmaringen. 2 km

Sigmaringen *(570 m NN, ca. 10800 Ew.) ist durch Reihengräberfunde und die „ingen"-Endung als alamannische Siedlung ausgewiesen (→ S. 80). Die Entwicklung zur Stadt begann erst, als ein Hochadelsgeschlecht von Sigmaringendorf um das 10. Jh. auf dem steilen Felsen eine Burg erbaute. Um die Burg herum bildete sich ein Burgweiler, der um die Mitte des 13. Jh. die Stadtrechte verliehen bekam. Das Stadtwappen mit dem goldenen Hirsch weist auf einen bayerischen Grafen hin; ob die Herren von Hirschberg oder die von Peutengau Stadtgründer waren, ist ungeklärt. 1362 wurde der Stadt durch Kaiser Karl IV. das Recht zur Abhaltung eines Wochenmarkts verliehen. Bis ins 15. Jh. erstreckte sich die Stadt kaum über die Schwabstraße, die heutige Fußgängerzone, hinaus. Der Ausbau bis zur Antonstraße erfolgte erst 1460 mit der Erhebung der Herrschaft zur Grafschaft. Die Stadt wurde befestigt, der Runde Turm und Reste der Stadtmauer an der Antonstraße stammen aus dieser Zeit.*

Mit der Übernahme durch die Grafen von Hohenzollern wurde die Stadt weiter gefördert, sie machten Sigmaringen im Jahr 1575 zu ihrer Residenzstadt. Im Dreißigjährigen Krieg wurden Stadt und Schloss stark zerstört, der Wiederaufbau dauerte Jahrzehnte. Eine Blütezeit begann mit der Gebietsneuordnung 1806 und der Verleihung der vollen Staatshoheit für das Fürstentum Hohenzollern. Mit der Einverleibung des Fürstentums Hohenzollern ins Königreich Preußen 1850 wird Sigmaringen Sitz des Regierungsbezirks Hohenzollerische Lande.

Mit dem Ausbau des Bahnnetzes zwischen 1873 und 1910 wurde Sigmaringen ein wichtiger Eisenbahnknotenpunkt. Durch die geographischen Verhältnisse bedingt, zog die Verkehrserschließung aber keine industrielle Ansiedlung nach sich. Sigmaringen blieb auch nach den beiden Weltkriegen eine Behörden- und Beamtenstadt. Von den bedeutenden Gebäuden seien genannt:

- *Rathaus mit Marktbrunnen (das erste Rathaus 1454 erbaut, das heutige 1925–1927),*

Schloss Sigmaringen, das Wahrzeichen der Stadt, seit 1535 Sitz der Grafen und späteren Fürsten von Hohenzollern-Sigmaringen

W 2.13R Rundstrecke Bingen – Mosteltal – Ruine Schatzberg – Bingen

Weißer Mauerpfeffer. Er behauptet sich trotz der Nährstoffarmut auf Felsköpfen, wo er schutzlos Hitze, Kälte und Trockenheit ausgesetzt ist.

Wanderstrecke: Länge 12 km
Auf- und Abstiege je 180 m
Gehzeit 4 Stunden
Wanderkarten: F 527 Bad Saulgau
Kartenausschnitt W 2.13
E, F, Fam., K, W
Ausgangs- und Endpunkt: Bingen (Buslinien HzL 2 Sigmaringen–Gammertingen, HzL 390 Sigmaringen–Riedlingen, außer sonntags; Parkmöglichkeit im Ort)

Bingen → *S. 296.*

- *Schloss (seit 1535 Sitz der Grafen und späteren Fürsten von Hohenzollern–Sigmaringen, nach einem Brand 1895–1899 im Stil des Eklektizismus neu gestaltet, sehenswert die fürstlichen Sammlungen, geöffnet Mai bis Oktober 9–16.45 Uhr, sonst 9.30–16.30 Uhr, im Dezember und Januar geschlossen),*
- *Stadtpfarrkirche St. Johannes Ev. (geht mit ihren Ursprüngen auf die 1247 erstmals bezeugte Burgkapelle zurück, 1756–1763 erbaut, mit Beibehaltung von Nordwand und Turm der Vorgängerkirche von 1583, gilt als eine der bemerkenswertesten Barockkirchen der Gegend),*
- *Fidelishaus (nach der Überlieferung Geburtsort des Kapuzinermönchs Fidelis, erster Märtyrer des Kapuzinerordens, 1746 heilig gesprochen, Patron des Landes Hohenzollern und der Stadt Sigmaringen),*
- *Runder Turm (als Wehrturm der alten Stadtbefestigung entstanden, Dokumentation zur Stadtgeschichte, geöffnet Mi., Sa., So. 10–12 Uhr und 14–17 Uhr).*

In Bingen geht man in Richtung Hitzkofen durch die Hauptstraße und Bahnhofstraße, biegt am Ortsende links in die Oberseestraße ab und folgt dem Zeichen blaues Dreieck, das durch Felder bergan und bei der Hochspannungsleitung gera-

Ruine Schatzberg. Die Ostmauer der Vorburg.

deaus ins Mosteltal hinab leitet. Hier wird zunächst am linken Waldrand entlang gewandert, dann nach rechts auf einen Forstweg gewechselt und 40 Min. im Tal aufwärts gegangen, bis zu einem breiten Querweg, auf dem links abgebogen wird. Nach 25 Min. erreicht man eine kleine Wiese am Fuß der Bergkuppe mit der Ruine Schatzberg. 7 km ⟨2⟩

Ruine Schatzberg → *S. 296.*

Beschreibung der folgenden Strecke auf dem HW 2 zurück nach Bingen → S. 296.
5 km

W 2.14 Teilstrecke Sigmaringen – Inzigkofen – Teufelslochfelsen – Rabenfelsen – Thiergarten

Wanderstrecke: Länge 17 km
Aufsteige 420 m, Abstiege 400 m
Gehzeit 6 Stunden
Wanderkarten: F 526 Sigmaringen
Kartenausschnitt W 2.14
A, F, G, H, K, R, W
Ausgangspunkt: Sigmaringen (ÖPNV → S. 296)
Übernachtung: In Beuron-Thiergarten, Auskunft Tel. 07579/92100 (Buslinie SBG 7450 Sigmaringen–Tuttlingen)

Sigmaringen → *S. 299.*

Ab Sigmaringen verläuft der HW 2 bis zum Endziel in Tuttlingen durch das Obere Donautal.

Das Obere Donautal. *Wer von einem der Aussichtsfelsen dieses Talabschnitts auf die tief in den Albkörper eingegrabene Donau blickt, kann nicht glauben, dass dieses so gemächlich dahin mäandernde Flüsschen eine so gewaltige Zerstörungsarbeit geleistet hat. Die Zweifel sind berechtigt. Hier war vor mehreren Millionen Jahren die* **Ur-Donau**, *ein mächtiger Strom, am Werk. Nur ein solcher konnte diese gewaltige Erosionsarbeit leisten. Die Entwicklung vom mächtigen Strom zu dem heute doch recht bescheidenen Flüsschen dokumentiert wichtige Epochen der Erdgeschichte Südwestdeutschlands und typische Erscheinungsformen des Juras.*

Ihre große Zeit hatte die Donau im **Altpliozän**, *das vor etwa 7 Millionen Jahren begann und mehrere Millionen Jahre dauerte. Damals reichte ihr Einzugsgebiet bis zum Schwarzwald und in die Westalpen, der Alpenrhein und die Aare flossen ihr zu. Die Hinterlassenschaften dieser Ur-Donau sind in den hochgelegenen verlassenen, heute völlig trockenen* **Talschlingen**, *z. B. westlich Thiergarten in Form pliozäner Donauschotter – auffallend gut gerundete Quarzitgerölle – auf Äckern verstreut zu finden. Diese können sogar bis in die Gegend von Ulm auf den Höhen rechts und links über ihrem Urstromtal beobachtet werden.*

Bereits im **Jungpliozän** *setzte der stetige Verfall des Flusssystems der Donau ein. Sie war gegenüber ihren Konkurrenten Rhone und Rhein durch ihren langen Lauf zum Schwarzen Meer im Nachteil, weil dieser ein sehr geringes Gefälle und damit viel weniger Erosionsenergie zur Folge hatte. So hat ihr das viel tiefer liegende rheinische System durch rückwärts schreitende Erosion nach und nach das Wasser abgegraben. Im heutigen Durchbruchstal tritt die Donau bei Immendingen auf den Impressamergeln (ox1, Weißjura Alpha) in den Albkörper ein und verlässt ihn bei Sigmaringen auf* den liegenden Bankkalken (ki4, Weißjura Zeta 1). Geologisch gesehen läuft sie also bergauf, weil ihr Gefälle geringer ist als das Einfallen der Schichten.

Im Bereich Dietfurt–Sigmaringen brachte die **Risseiszeit** starke Veränderungen ihres Laufs. Der Gletscher schob sich bei Vilsingen über das Donautal und versperrte dem Fluss den Weg. Es bildete sich bis weit ins Schmeietal und die Donau aufwärts ein See, der bei Tuttlingen über das Faulenbachtal und Primtal zum Neckar entwässerte. Als der Gletscher abgeschmolzen und der Weg wieder frei war, fand der Fluss sein früheres Bett nicht mehr und suchte einen neuen Weg. Ein weiteres Problem ist die **Verkarstung** (→ S. 21) ihres Untergrunds. An den **Versinkungsstellen** bei Immendingen und Fridingen verliert das heutige Flüsschen einen Großteil seines Wassers auf Nimmerwiedersehen über die Aachquelle im Hegau an den Rhein. Mit geologischen Maßstäben gemessen vollzieht sich dieser Prozess in geradezu atemberaubendem Tempo: Bei Immendingen wuchs die Zahl der Tage, an denen totale Versickerung eintritt von durchschnittlich 60 vor 100 Jahren auf heute über 200. Bis zu 300 Tage pro Jahr sind keine Seltenheit!

Das Obere Donautal ist das Kernstück des **Naturparks Obere Donau**, der 1980 gegründet und 2005 erweitert wurde auf die Fläche von 135019 Hektar. Die grandiose Landschaft mit ihren schroff aufragenden Massenkalkriffen und bizarren Einzelfelsen, von denen die Ruinen trutziger Burgen grüßen, ist durch gut markierte Wege im Tal und auf den Höhen zu beiden Seiten bestens erschlossen.

In Sigmaringen geht man vom Bahnhof oder vom Zentrum kommend auf der Fürst-Wilhelm-Straße stadtauswärts, biegt vor der Bahnlinie links ab, geht an ihr entlang und überquert die Donau. Danach wird am Festplatz und an der Freizeitanlage vorbei flussaufwärts gewandert nach Laiz. 3 km [1]

Laiz (578 m NN, ca. 3000 Ew.) war in der Römerzeit Kreuzungspunkt von vier wichtigen Straßen. Der noch ungedeutete Name Laizen wird 1231 erstmals genannt als Sitz eines Niederadelsgeschlechts. Ab 1290 gehörte das Dorf zur Herrschaft Sigmaringen. Begütert waren hier die Herren von Reischach, Truchsessen von Waldburg und Kloster Habstal. Laiz ist seit 1975 Stadtteil von Sigmaringen.

Die Pfarrkirche St. Peter und Paul gehörte zu einem im 14. Jh. gegründeten und 1782 aufgehobenen Franziskanerinnenkloster. 1765/68 wurde sie in eine Basilika umgebaut. Sie enthält u. a. im Chor einen Freskenzyklus, um 1430, und eine Pietà, um 1440.

W 2.14 Sigmaringen – Teufelslochfelsen – Rabenfelsen – Thiergarten

In Laiz quert man wieder die Donau, biegt rechts in die Inzigkofer Straße und nochmals rechts in den Wendelinusweg ab und gelangt nahe dem Fluss durch Felder zu einer Waldkuppe, die nach links im Uhrzeigersinn umgangen wird, so dass man, vorbei an einem Bienenstand, den Fürstlichen Park Inzigkofen erreicht. Über die im Wald liegende Steinwiese gelangt man zur Donau hinab nahe dem Amalienfelsen und der gegenüber liegenden Eremitage. 2 km ☐2

*Der 30 m hohe **Amalienfelsen**, früher Blaufelsen genannt, erinnert an Fürstin Amalie Zephyrine, durch deren gute Beziehungen zur Gemahlin Napoleons die Fürstentümer Hohenzollern-Sigmaringen und -Hechingen 1805 ihre Souveränität behielten. Der Sage nach soll sie sich aus Liebeskummer auf einem Schimmel vom Felsen in die Donau gestürzt haben. Ihre Ehe war zwar problematisch, sie starb jedoch eines natürlichen Todes, 1841 in Sigmaringen, im für damalige Zeit gesegneten Alter von 81 Jahren.*

*Der Umlaufberg **Eremitage** verdankt den Namen einem von der Fürstin 1817 errichteten Teehaus, das später zur Kapelle umgebaut, 1947 durch Brand zerstört*

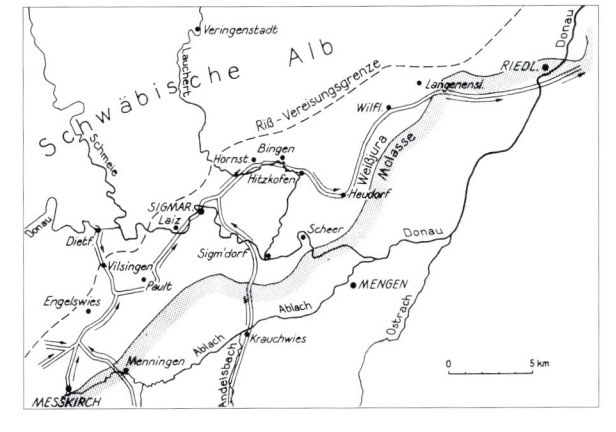

Das heutige und das vorrisszeitliche Flussnetz (Doppellinien). Aus: Der Landkreis Sigmaringen, Sigmaringen 1981

Verlassene pliozäne Donauschlingen bei Thiergarten. Solche Talschlingen (Mäander) fallen trocken, wenn der Fluss an der engsten Stelle des stehengebliebenen Riedels durchbricht. Aus: Erläuterungen zur Geol. Karte 1:25 000, Bl. 7920 Leibertingen, Stuttgart 1968

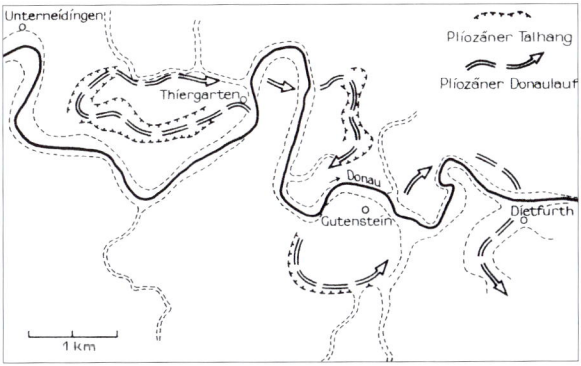

Der Amalienfelsen bei Inzigkofen. Früher Blaufelsen geheißen, wurde zu Ehren der Fürsten Amalie Zephyrine von Hohenzollern-Sigmaringen umbenannt.

und 1948 als schlichter Holzbau neu errichtet wurde. Auf beiden Kuppen kamen bedeutende archäologische Funde zutage. So erbrachten im Jahr 2004 Grabungen auf der Eremitage einen Depotfund von Sicheln aus der Urnenfelderzeit (→ S. 78).

Von der Steinwiese steigt man durch Wald bergan, bei der Abzweigung ist ein mit blauem Dreieck markierter Abstecher nach Inzigkofen hinauf lohnend.

0,5 km   3

Inzigkofen (620 m NN, ca. 1420 Ew.), auf einem risseiszeitlichen Moränenrücken gelegen, wurde um 1300 erstmals urkundlich genannt. Grundherren waren die Herren von Reischach bis 1421, die Werdenberger bis 1534, die Hohenzollern ab 1540. Ab 1850 gehörte es zum königlich preußischen Oberamt Sigmaringen, heute zum Landkreis Sigmaringen.

Kloster Inzigkofen wurde 1354 gegründet, war bis 1394 Franziskanerinnenkloster, dann Augustinerchorfrauenstift und wurde 1803 aufgehoben. Der erste Kirchenbau erfolgte 1388, der Glockenturm wurde 1484 errichtet. Die heutige Kirche wurde 1780 von Christian Großbayer erbaut unter Einbeziehung von Teilen der 1665 geweihten Vorgängerkirche von Michael Beer. Sehenswert sind das von Nonnen aus Haselstöcken und Pappmaché gefertigte Abschlussgitter des Nonnenchors und eine reiche Ausstattung des 16.–18. Jahrhunderts.

In den Klostergebäuden befinden sich heute das Volkshochschulheim Inzigkofen und ein Bauernmuseum

Für den Weiterweg geht man bis zur Abzweigung am Hang zurück und wandert unterhalb der Klostermauer durch den Fürstlichen Park Inzigkofen.

0,5 km   4

Der **Fürstliche Park Inzigkofen** wurde 1811–46 auf Wunsch der Fürstin Amalie Zephyrine von Hohenzollern angelegt (→ oben). In dem 26 ha großen Areal wurden ausländische Baumarten gepflanzt und an schwierigen Steilhängen ein Wegenetz angelegt, das seine Naturschönheiten erschließt. Hervorzuheben sind die 1843 als Holzbrücke und 1895 als Betonbrücke erbaute Teufelsbrücke, die über eine 20 m tiefe Schlucht führt sowie das Felstor. Auf der gegenüberliegenden Donauseite liegt der Umlaufberg Eremitage (→ oben).

W 2.14 Sigmaringen – Teufelslochfelsen – Rabenfelsen – Thiergarten

Nach dem Park geht man kurz auf der Straße abwärts und biegt beim Kruzifix links ab zum Känzele, einem Felsvorsprung über der Donau mit hübschem Ausblick. Der Steig führt vorbei an den „Grotten", durch Auswaschung entstandene kleine Felshöhlen, in den Talgrund hinab, wo man rechts abbiegend zum Nickhof und über der Bahnlinie zum Bahnhof Inzigkofen gelangt.
1,5 km [5]

Vom Bahnhof steigt man von der Donautalstraße bergan und trifft oben links abzweigend auf die Ruine Gebrochen Gutenstein. 1 km [6]

Gebrochen Gutenstein *ist die Ruine einer von Burkhart von Reischach erbauten Vorburg von Dietfurt auf einem angenagten Felsriff. Sie wird 1354 erstmals als „New Guotenstain" genannt und scheint anstelle der abgegangenen Feste Gutenstein errichtet worden zu sein. Sie wird später auch als Nieder- bzw. Untergutenstein bezeichnet, gehörte zu Dietfurt und wechselte als österreichisches Lehen häufig den Besitzer. 1546 bereits Ruine, gelangt sie zeitweise an Sigmaringer Bürger, dann wieder an die Herren von Waldburg-Scheer und ab 1783 an die Hohenzollern. Mauerreste mit gotischem Fenster sind noch erkennbar.*

Über einen Felssporn, der eine großartige Aussicht bietet, gelangt man ins Schmeietal hinab, geht nach links an der Bahn entlang, unter der Landstraße hindurch, zu dieser empor und nach links über die Brücke. Danach wandert man rechts oberhalb der Straße am Hang des Schmeier Bergs entlang. Bevor man rechts in eine Schlucht abbiegt, zweigt die mit roter Raute bezeichnete Rundstrecke W 2.14 R ab. 2,5 km [7]

Man steigt am rechten Rand der Schlucht weiter bergan, folgt oben nach links dem Waldrand, geht geradeaus in den Wald und dann nach links zu einer Schutzhütte. Von hier führt ein 5 Min. langer Abstecher halblinks zum Teufelslochfelsen hinab. 1,5 km [8]

Vom **Teufelslochfelsen** *blickt man auf Gutenstein, Dietfurt und Vilsingen und den Verlauf der Donau vor der Risseiszeit, die von Dietfurt südwärts nach Vilsingen und von dort im Bogen ins heutige Tal bei Laiz floss (→ Abb. S. 303).*

Von der Hütte geht's bergan zum Stettener Weg, auf diesem über eine Lichtung zu einer Waldecke und am rechten Hang einer Schlucht zum Rabenfelsen hinab.
2 km [9]

Der **Rabenfelsen**, *ein 60 m hohes frei stehendes Schwammriff, bietet Sicht auf den*

Kleindenkmal in Thiergarten. Der Erzbrocken (Luppe) mit der Darstellung des Hl. Georg erinnert an das Hüttenwerk, in dem das Bohnerz der Umgebung aufbereitet wurde.

Mittelberg, Umlaufberg eines früheren Donaulaufs, auf den Falkenstein und zum Tiergartenhof hinab, mit der St.-Georgs-Kapelle, der kleinsten Basilika nördlich der Alpen.

Der Weg verläuft am Hang entlang weiter, biegt bald scharf rechts ab und steigt an, umgeht dann eine Schlucht und mündet in ein Forststräßchen. Diesem folgt man 10 Min., ehe man links abzweigt und nach Thiergarten absteigt. 2,5 km

Thiergarten (590 m NN, ca. 180 Ew.) wird erstmals 1275 urkundlich genannt, als eigene Pfarrei unter dem Namen Weiler. Der heutige Name geht auf den 1575 von Graf Wilhelm von Zimmern angelegten Tierpark zurück. 1670 errichteten die Fürstenberger ein Schmelz- und Hammerwerk. Es wurden Bohnerze der Umgebung verhüttet, ausreichend Holz stand in der Nähe zur Verfügung. 1863 wurde der Betrieb wegen mangelnder Rentabilität eingestellt. Das Gasthaus Hammer erinnert noch an den früheren Erwerbszweig. Thiergarten ist Ortsteil von Beuron.

Nickende Distel. Unter mehreren Artgenossen eine aparte Erscheinung.

W 2.14R Rundstrecke Inzigkofen – Ruine Gebrochen Gutenstein– Dietfurt– Inzigkofen

Wanderstrecke: Länge 10,5 km
Auf- und Abstiege je 280 m
Gehzeit 4 Stunden
Wanderkarten: F 526 Sigmaringen
Kartenausschnitt W 2.14
A, F, G, K, R
Ausgangs- und Endpunkt: Inzigkofen (Buslinien
SBG 7450 Sigmaringen–Tuttlingen,
KVB 102 Sigmaringen–Pfullendorf;
Parkmöglichkeit beim Kloster)

Inzigkofen → S. 304.

Beschreibung der Strecke auf dem HW 2 von Inzigkofen bis zur Abzweigung am Schmeier Berg → S. 305. 5,5 km ⑦

Von der Abzweigung vor der Schlucht am Schmeier Berg folgt man der Markierung rote Raute, die zur Straße hinableitet, kurz nach rechts weist und dann über die Bahn und Donau nach Dietfurt führt, wo zur Rechten die Ruine und Burghöhle Dietfurt liegen. 1 km ①R

*Die **Ruine Dietfurt** steht auf einem Felsklotz im Tal. Die Herren von Dietfurt wurden 1095 erstmals genannt als Zeugen bei der Gründung des Klosters Alpirsbach. 1132 starben die Edlen von Dietfurt aus. Als Reichslehen wechselte die Burg häufig den Besitzer. So waren die Truchsessen von Waldburg, die Herren von Nellenburg, von Reischach, von Werdenberg (bis 1534) und von Fürstenberg (bis 1806) Besitzer des Dietfurter Amtes mit Inzigkofen und Pault. 1806*

Abschlussgitter an der Nonnenempore der Klosterkirche Inzigkofen

ging der Ort an die Hohenzollern. Die Ruine ist seit 1928 Privatbesitz.
*Die **Burghöhle Dietfurt** liegt unterhalb der Burg und entstand vermutlich zu einer Zeit, wo der Burgfelsen noch nicht isoliert war. Die Höhle ist 110 m lang und weist vier größere Räume auf. Man fand in ihr Sedimente, die nur vom See der Risseiszeit stammen können, als der Gletscher das Tal bei Vilsingen verschüttet und zu einem gewaltigen Aufstau der Donau geführt hatte (→ S. 302). Ausgrabungen erbrachten reiche Funde, besonders bemerkenswert menschliche Schädelknochen mit Schnittspuren aus dem Spätpaläolithikum, ein Estrich mit fünf konzentrischen Kreisen – vermutlich die älteste Anwendung eines Zirkels –, Würfelspiel, Keramikscherben aus der Urnenfelderzeit, Frühlatène- und Hallstattzeit (→ S. 78), einen silbernen Fingerring aus der Römerzeit.*

Man geht durch die Burgstraße und biegt nach Haus Nr. 2 in den mit der roten Gabel markierten Weg ein, der am Waldrand entlang und schließlich durch den Wald bergan führt. Nach Waldaustritt lohnt sich ein Abstecher nach rechts zur Kuppe Butzach, die eine schöne Sicht über Oberschwaben und auf die Alpenkette bietet. Am Waldrand entlang gelangt man zum Ortsrand von Inzigkofen. Hier verlässt man beim Wasserbehälter die Markierung und geht durch die Ziegel- und Schulstraße und links durch die Kirchstraße zum ehemaligen Kloster Inzigkofen zurück. 4 km

W 2.15 Teilstrecke Thiergarten – Schaufelsen – Hausen (Werenwag – Rauher Stein)

> **Wanderstrecke:** Länge 9 km
> Auf- und Abstiege je 320 m
> Gehzeit 4 Stunden
> **Wanderkarten:** F 526 Sigmaringen
> Kartenausschnitt W 2.15
> **A, F, G, K, R, W**
> **Ausgangspunkt:** Beuron-Thiergarten (ÖPNV → S. 301)
> **Übernachtung:** In Beuron-Hausen, Auskunft Tel. 07579/92100 (Buslinie SBG 7450 Sigmaringen–Tuttlingen)
> **Weitere Übernachtung** (wenn die Strecke 2.16 einbezogen wird): Wanderheim Rauher Stein, Auskunft Tel. 07466/276
> Wegbeschreibung → W 2.15a, S. 310

Thiergarten → S. 306.

In Thiergarten wandert man von der Donautalstraße den Hohlweg aufwärts, rechts am Steinbruch vorbei und am Waldrand weiter, bis man das Hochtal Buttenloch quert. 0.5 km [1]

Das Hochtal Buttenloch zwischen dem Mittelberg und Falkenstein ist eine ehemalige Talschlinge der Ur-Donau, die bei Thiergarten nach Westen abbog und den Mittelberg im Uhrzeigersinn umfloss (→ s. Abb. S. 303).

Man betritt auf einem schmalen Pfad den Wald und stößt bald auf einen Weg der rechts zur Ruine Falkenstein hinaufführt. 1 km [2]

Die Ruine Falkenstein besteht aus zwei Anlagen, Ober- und Unterfalkenstein. Letztere, die ältere und namengebende, entstand wohl in der ersten Hälfte des 12.Jahrhunderts. Burg Oberfalkenstein dürfte um das Jahr 1200 erbaut worden sein. Die heute noch vorhandenen stattlichen Reste stammen jedoch von einem Neubau aus der 1. Hälfte des 16. Jahrhunderts. Herren von Falkenstein werden 1213 erstmals genannt. Ab dem 14. Jh. gab es mehrere Besitzerwechsel. Unterfalkenstein wird schon 1407 als Burgstall bezeichnet, Oberfalkenstein 1631/32 als unbewohnbar. Die Ruine wurde 1977–89 renoviert und baulich gesichert.

Weiter geht's abwärts, über eine Senke hinweg, kurz am Waldrand entlang und zu den Schaufelsen hinauf (Schutzhütte, Rastplatz). 1,5 km [3]

Die Schaufelsen. Blick von der Höhe des Felsmassivs über die Schwammstotzen ins Donautal.

W 2.15 Thiergarten – Schaufelsen – Hausen (Werenwag – Rauher Stein)

Blick talaufwärts auf Hausen im Donautal und zum Schloss Werenwag.

*Die **Schaufelsen**, die höchsten und mächtigsten Oberjurastotzen des Donautals, steigen mit einer 170 m hohen senkrechten Felswand aus dem Tal empor. Hier stand früher die **Schauburg**, von der kaum mehr Überreste vorhanden sind. 1270 wird ein Ritter Gotwinus de Schowenberc genannt, vermutlich ein Dienstmann des Grafen von Hohenberg. Die Burg wurde 1430 von den Grafen von Sigmaringen zerstört.*
Am Schaufelsen stehen schöne Bestände des Scheidenkronwicken-Föhrenwalds mit Heideröschen (→ S. 33).

Der Weg folgt weiter dem Trauf, zunächst 15 Min. durch Wald, dann am Waldrand, wo ein kurzer Abstecher zum Aussichtspunkt Mühlfels möglich ist, zu den Steighöfen mit dem **Naturfreundehaus Donautal**.
1,5 km 4

*Im **Naturfreundehaus Donautal** besteht Übernachtungsmöglichkeit. Auskunft Tel. 07573/2591.*

Man geht noch kurz am Waldrand entlang, dann durch Wald, quert den Mühlweg (danach führt ein Stichweg zum Heidenschlösschen), kommt ins Reiftal hinab. Hier zweigt die Rundstrecke 2.15R ins Tal ab.
1,5 km 5

Man durchquert das Reiftal, folgt seinem rechten Hang und steigt zur Höhe Lindensteig empor. In der leichten Gefällstrecke ist Wegteilung. Der HW 2 führt geradeaus weiter, links zweigt der mit roter Raute markierte Weg nach Hausen ab.
1,5 km 6

Die Raute leitet auf einem Erdweg leicht abwärts durch Mischwald, quer über den

Ausläufer einer Schlucht und an ihrem linken Hang nach Hausen hinab. 1,5 km

Hausen im Tal (599 m NN, ca. 320 Ew.) wird 1020 erstmals genannt, als Rittersitz. Die gleichnamige Burg war zwischen 1094 und 1137 Sitz der Edelfreien von Husen. 1256 bis 1648 wird der Ort als österreichisches Lehen von den Herren von Hausen beherrscht. Nach deren Aussterben geht das Lehen 1648 an die von Stein zu Klingenstein, 1682 an die Fugger zu Kirchberg und Weißenhorn, später an die Schenken von Castell und an das Kloster Salem. 1810 wird Hausen badisch, es ist heute Ortsteil von Beuron.

W 2.15a Teilstrecke Thiergarten – Schaufelsen – Schloss Hausen – Werenwag – Rauher Stein

(Wanderung W2.15 und W 2.16 ohne Zwischenübernachtung in Hausen)

Wanderstrecke: Länge 19 km
Aufstiege 540 m, Abstiege 340 m
Gehzeit 7 Stunden

Beschreibung der Strecke von Thiergarten bis zur Abzweigung vor Hausen → oben. 7,5 km [6]

Man setzt den Weg geradeaus auf dem HW 2 fort, biegt nach 10 Min. links ab und erreicht über die Lichtung Schloss Hausen. 1,5 km [1]a

Beschreibung der Strecke von Schloss Hausen bis zum Rauhen Stein → S. 311. 10 km

W 2.15R Rundstrecke Thiergarten – R. Falkenstein – Schaufelsen – Neidingen – Thiergarten

Wanderstrecke: Länge 13 km
Auf- und Abstiege je 260 m
Gehzeit 5 Stunden
<u>Bis Neidingen:</u>
7,5 km, je 260 m, 3 ½ Stunden
Wanderkarten: F 526 Sigmaringen
Kartenausschnitt W 2.15
A, F, Fam., G, R
Ausgangs- und Endpunkt:
(Beuron-Thiergarten (ÖPNV
→ S. 301; Parkmöglichkeit im Ort)
Ab Endpunkt Neidingen: Rückfahrmöglichkeit mit Buslinie SBG 7450

Thiergarten → *S. 306.*

Beschreibung der Strecke auf dem HW 2 von Thiergarten bis zur Abzweigung im Reiftal → S. 308. 6 km [5]

Im Reiftal steigt man mit Zeichen rote Raute abwärts und erreicht durch den romantischen Tobel Neidinger Fall den Weiler Neidingen. 1,5 km [1]R

Neidingen (597 m NN) war bereits 1424 geteilt, in Unter- und Oberneidingen. Die letztgenannte Hälfte kam an die Herren von Zimmern und 1627 an Fürstenberg. Der andere Teil gehörte bis 1805 zur österreichischen Grafschaft Hohenberg. Ab 1810 war der ganze Ort badisch. Er ist heute Ortsteil von Beuron.

Man überquert die Donau, biegt links ab und wandert mit Zeichen rote Gabel am Waldrand und Fluss entlang nach Thiergarten zurück. 5,5 km

W 2.16 Teilstrecke Hausen – Schloss Hausen – Werenwag – Eichfelsen – Rauher Stein

Wanderstrecke: Länge 12 km
Aufstiege 460 m, Abstiege 230 m
Gehzeit 5 Stunden
Wanderkarten: Blatt 29 Tuttlingen
Kartenausschnitt W 2.16
A, F, Fam.,G, H, K
Ausgangspunkt: Beuron–Hausen
(ÖPNV → S. 308)
Übernachtung: Wanderheim Rauher Stein, Auskunft Tel. 07466/276
Weitere Übernachtungsmöglichkeit:
In Beuron, Auskunft Tel. 07579/92100
(3 km, Wegbeschreibung und ÖPNV → S. 314)

Hausen → S. 310.

In Hausen steigt man mit Zeichen rote Raute von der Donautalstraße (Kirchstraße) aus auf der Tobelstraße und rechts auf der Schlosssteige bergan, biegt oben scharf links ab und wandert am Bergrand entlang zum Försterhaus und links abwärts über einen Holzsteg zur Ruine Hausen. 2 km ⬚6⬚a

Die Geschichte der **Burg Hausen** *ist identisch mit der des Dorfs (→ S. 310). Sowohl von der Burg als auch von dem 1812 abgebrochenen Schloss sind noch Mauerreste erhalten.*

Beim Rückweg biegt man nach der Ruine links ab und wandert auf dem HW 2 zum Parkplatz, hier links zur Straße hinab und über dieser schräg aufwärts weiter durch Wald. Auf der Höhe wird nach rechts auf das Forststräßchen gewechselt, das bald am Waldrand entlang führt und nach einer Linkskurve auf Schloss Werenwag zuläuft. 4 km ⬚2⬚

Burg Werenwag *war von Anfang des 13. Jh. drei Jahrhunderte lang Sitz einer Ministerialenfamilie, die sich nach der Burg benannte (de Werbinwac) und im Dienst der Grafen von Zollern und Grafen von Hohenberg stand. Aus dem Geschlecht stammt der bedeutende Minnesänger Hugo von Werenwag (1220 bis um 1284). 1626 ging die Herrschaft an die Fürstenberger, 1721 an die Freiherren von Ulm-Erbach, dann 1830 wieder an die Fürsten von*

Blick vom Eichfelsen durch das Donautal abwärts. Links oben Schloss Werenwag.

Blick vom Rauhen Stein talabwärts, oben die Burg Wildenstein.

Fürstenberg, die noch heute Besitzer von Werenwag sind. Die Burg lag auf einem schmalen Sporn über dem Tal, die Gebäude des Schlossareals wurden größtenteils vom 17. bis 19. Jh. erbaut. Das Problem der Wasserversorgung auf der verkarsteten Albhochfläche wurde hier bereits ab dem 16. Jh. auf damals einzigartige Weise durch ein Pumpwerk gelöst, mit dem Wasser aus dem Weiher von Langenbrunn aus dem Tal herauf gefördert wurde. Die Schossanlage kann nicht betreten werden.

Bei den Ökonomiegebäuden biegt der Weg rechts ab, taucht in den Wald ein und zweigt links ab, wo bald ein Abstecher zum Korbfelsen hinaus führt. Man geht weiter an der Hangkante entlang und steigt dann durch eine Schlucht ins Finstertal hinab, an dessen Südhang die Rundstrecke W 2.16R scharf links abzweigt. 1,5 km ③

Man überquert das Finstertal und erreicht am Hang und oben am Trauf entlang den Eichfelsen. 2,5 km ④

Der Eichfelsen ist mit dem Blick auf den gegenüber liegenden Wildenstein und talabwärts auf Werenwag sowie die Schaufelsen einer der schönsten Aussichtspunkte des Oberen Donautals. Er weist eine reiche Flora auf.

Auf dem weiteren Weg am Waldrand und Hang entlang wird der HW 2, der ins Tal hinab abzweigt, verlassen und mit Zeichen rote Raute geradeaus zum Wanderheim Rauher Stein gewandert. 2 km

Das Wanderheim Rauher Stein, wenige Meter neben dem Aussichtsfelsen Rauher Stein, wurde vom Schwäbischen Albverein 1962 erbaut. Es ist ganzjährig geöffnet.

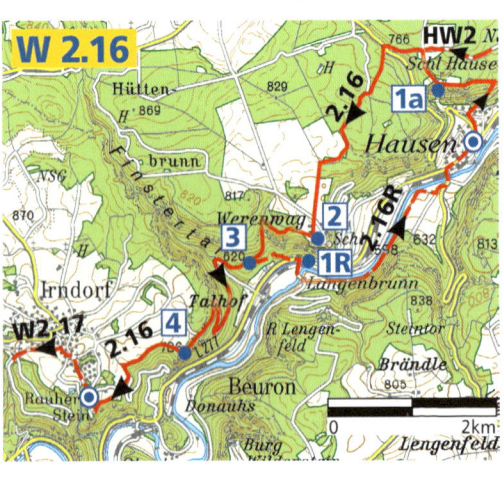

W 2.16R Rundstrecke Hausen – Schloss Hausen – Werenwag – Langenbrunn – Hausen

Wanderstrecke: Länge 12 km
Auf- und Abstiege je 260 m
Gehzeit 5 Stunden
Bis Langenbrunn:
7,5 km, je 260 m, 3 ½ Stunden
Wanderkarten: Blatt 29 Tuttlingen
Kartenausschnitt W 2.16
A, F, Fam., G, H, K
Ausgangs- und Endpunkt:
Beuron–Hausen (ÖPNV → S. 314; Parkmöglichkeit im Ort oder über der Donau beim Sportplatz)
Ab Endpunkt Langenbrunn: Rückfahrmöglichkeit mit Buslinie SBG 7450

Hausen → S. 310.

Beschreibung der Strecke von Hausen bis zur Abzweigung im Finstertal → S. 311.
7,5 km 3

Am Südhang des Finstertals biegt man scharf links ab, wandert mit Zeichen rote Raute schräg am Hang entlang und quert beim Weiher von Langenbrunn die Straße und die Bahnlinie. 1 km 1R

*Der Weiher von **Langenbrunn** versorgte ab dem 16. Jh. Burg Werenwag über ein Pumpwerk mit Wasser. Er wird von dem 2 km talaufwärts am linken Hangfuß liegenden stark schüttenden Schmittenbrunnen gespeist, dessen Wasser noch heute vom Kloster Beuron und Hof St. Maurus genutzt wird.*

Über der Donau wechselt die Markierung auf die rote Gabel und leitet nach links am Fluss entlang zur Brücke, über die wieder Hausen erreicht wird. 3,5 km

Blick vom Echofelsen bei Schloss Werenwag. Gegenüber die Hausener Felsen, ganz links die Schaufelsen auf der anderen Talseite.

W 2.17 Teilstrecke Rauher Stein – Beuron – Ziegelhütte – Fridingen

> **Wanderstrecke:**
> Auf dem Talweg durchs Donautal
> Länge 14 km, Aufstiege 80 m,
> Abstiege 230 m, Gehzeit 4 ½ Std.
> **E, F, G, K, R,**
> Über den Höhenweg am Donautal
> Länge 18 km, Aufstiege 370 m,
> Abstiege 520 m, Gehzeit 7 Std.
> (Für den Ausgangspunkt Beuron ergeben sich folgende Verringerungen:
> Länge um 3 km, Abstiege um 180 m,
> Gehzeit um 1 Stunde)
> **A, F, G, H, K, W**
> **Wanderkarten:** Blatt 29 Tuttlingen
> Kartenausschnitt W 2.17
> **Ausgangspunkt:**
> Wanderheim Rauher Stein oder
> Beuron (Bahnlinie DB 755
> Ulm–Neustadt, Buslinie SBG 7450
> Sigmaringen–Tuttlingen;
> Parkmöglichkeit beim Kloster)
> **Übernachtung:** In Fridingen,
> Auskunft Tel. 07463/8370
> (Bahnlinien DB und HzL Sigmaringen–Tuttlingen, Buslinie SBG 7450
> Sigmaringen–Tuttlingen)

Vom Wanderheim wandert man mit Zeichen rote Raute am Sportgelände vorbei nach Irndorf.   1 km   [1]

Irndorf (820 m NN, ca. 800 Ew.), der „dorf"-Endung nach zu schließen in der älteren Ausbauzeit entstanden (→ S. 80); daran erinnern die zwei gekreuzten Beile im Ortswappen. Das Geschlecht des Ortsadels „von Ürendorf" wird 1094 erstmals erwähnt und lässt sich bis 1396 nachweisen. Im 13. Jh. hatten die Herren von Wildenstein die Ortsherrschaft inne. Sie verkauften 1278 die Vogtei über das Dorf an das Kloster Beuron, das zuvor schon umfangreiche Besitzungen erworben hatte. Von Beuron kam der Ort an die Freiherren von Enzberg und die Herrschaft Mühlheim. 1796 wurde er von den Franzosen weitgehend eingeäschert. 1805 fiel er an Württemberg. Das Dorf hieß bis 1972 Irrendorf. Die beiden Kirchen sind dem Hl. Petrus geweiht. Die untere dient heute als Friedhofskapelle, die obere, 1848/49 erbaut, als Pfarrkirche. Sie wurden 1892 und 1893 von Beuroner Mönchen im Stil Beuroner Kunst ausgemalt.

Man hält sich an den linken Ortsrand und gelangt durch die Kirchstraße, Unterdorfstraße und Buchgasse zu einer Kapelle, wo man links abzweigt und am Waldrand abwärts geht. Im Wald wird dem rechts in eine Schlucht abzweigenden, mit gelbem Dreieck markierten Weg gefolgt, der ins Tal hinab und über der Straße und Donau nach Beuron führt.
2 km   [2]

*Beuron (627 m NN, ca. 170 Ew.) wird als „Purron" erstmals 861 genannt. Bereits 777 soll beim Soldatenfriedhof ein später von den Ungarn zerstörtes Kloster bestanden haben. Das heutige wurde um 1077 gegründet, 1146 der Augustinerregel unterworfen, 1687 zur Abtei erhoben und 1802 säkularisiert. Die neuen Besitzer, die Fürsten von Hohenzollern-Sigmaringen, überließen es 1862 dem Benediktinerorden zur Neubesiedlung. Die Klostergebäude wurden 1694–1705 erbaut.
Die Klosterkirche entstand 1732–1738. Sie kann außer während der Gottesdienstzeiten ganztägig besichtigt werden. Über eine von der Beuroner Kunstschule ausgemalte Vorhalle gelangt man in das Langhaus. Die Deckengemälde, von Joseph*

W 2.17 Teilstrecke Rauher Stein – Beuron – Ziegelhütte – Fridingen

Ignaz Wegscheider, zeigen im Chor Emmausmahl, Pfingstwunder und Schlüsselübergabe an Petrus, im Langhaus u. a. Szenen aus dem Leben des Hl. Martin und Augustinus. Die 1898 bis 1901 erbaute Gnadenkapelle, ein Beispiel der Beuroner Kunstschule, birgt das Wallfahrtsbild, eine Pietà des frühen 15. Jahrhunderts.

<u>Vorbemerkung zu den Varianten „Talweg" und „Höhenweg" ab Beuron</u>
Die durch das Donautal aufwärts führende traditionelle HW-2-Strecke ist neuerdings stark vom Fahrradverkehr belastet, so dass mit dem Höhenweg eine zusätzliche Strecke angeboten wird, die auch mit dem roten Dreieck bezeichnet ist. Für die längere Gehzeit wird man reich belohnt durch prächtige Ausblicke in das hier von Straßen- und Bahnverkehr unberührte Durchbruchstal.

Der **Talweg** führt unterhalb des Klosters an der WC-Anlage vorbei über den Parkplatz, unter der Bahnbrücke hindurch und

*Kloster Beuron.
Im Hintergrund die
Burg Wildenstein.*

Die Bronner Mühle, 1959 fotografiert, ein Jahr vor dem Bergrutsch, dessen spätere Abrisskante unterhalb des Hochwalds zu erkennen ist.

folgt dem linken Tal- und Waldrand am Probstfelsen vorbei mit seiner 8 m über der Donau liegenden Höhle. 2,5 km ☐3

*Die Höhle im **Probstfelsen** enthielt Werkzeuge aus dem Magdalénien. Außerdem Tierreste, darunter solche, die auf eine Kaltzeit hinweisen (Ren, Steinbock, Eisfuchs, Schneehase, Schneehuhn) und solche gemäßigten Klimas (Hirsch, Reh) – der Hinweis auf eine spätere Besiedlung der Höhle.*

Weiter aufwärts tritt rechts der Stollen aus, welcher der Donau vom E-Werk bei Fridingen unter Umgehung der 14 km langen Schleife Wasser zuführt. Dann wird der Schwarzwagfelsen passiert, der das Tal versperrte bis es der Schwäbische Albverein 1901 durch den Bau eines schmalen Felsenpfads erschloss, und schließlich wird das Jägerhaus erreicht. Hier mündet der über die Donau kommend Rundweg 2.17R ein. 1 km ☐4

*Beim **Jägerhaus** wurde im 17. Jh. eine Eisenschmelze errichtet, in der Ofenplatten, Ambosse und Stabeisen hergestellt wurden. Der Betrieb wurde bereits 1729 eingestellt, nachdem Hochwasser das Wehr abgerissen hatte. Neben dem Weg ist noch der Kanal zu erkennen. Einkehrmöglichkeit.*

Nach weiteren 10 Minuten gelangt man beim Donauwehr an die Stelle der ehemaligen Bronner Mühle. 1 km ☐5

*Die **Bronner Mühle** wurde 1960 verschüttet, als vom daneben liegenden Hang in einer Breite von 250 m und einer Höhe von 100 m etwa 350 000 m³ Gehängeschutt abrutschten. Dabei wurde die Müllerfamilie im Schlaf überrascht und getötet außer einem Kleinkind, das durch einen umgestürzten Kasten geschützt wurde.*

Der Weg folgt weiter dem Waldrand bis er beim Umlaufberg des Schänzle kurz durch Wald führt. Hier mündet in der scharfen Rechtskurve der vom Wolfental herabkommende Höhenweg des HW 2 ein. 2,5 km ☐6

Nach dem Ziegelhof wird der HW 2 verlassen, der geradeaus weiter durch das Tal und zum Bergsteig hinauf führt.

Für den Weiterweg nach Fridingen wird die Donau überquert, gleich danach links abgebogen und der gelben Raute gefolgt. Etwas oberhalb der Stelle an welcher der Weg den Fluss berührt, liegen Versinkungsstellen (→ S. 302). Weiter durch den Talgrund wandernd gelangt man nach Fridingen. 4 km

Fridingen (626 m NN, ca. 3300 Ew.) ist, wie Reihengräber aus dem 6. Jh. und die „ingen"-Endung beweisen, eine alamannische Gründung (→ S. 80) und wird 850 anlässlich einer Schenkung an das Kloster St. Gallen erstmals genannt. Um 1330 lässt Heinrich von Hohenberg eine Wohnturmburg erbauen, Neuhohenberg, den Vorgängerbau der späteren Schlossanlage. Fridingen wird 1372 erstmals als Stadt erwähnt, 1381 an Österreich verkauft, 1806/07 württembergisch. Die Stadt hatte im Dreißigjährigen Krieg schwer zu leiden und wurde 1885 und 1920 von Bränden sowie 1945 von Fliegerangriffen heimgesucht. Trotzdem bewahrt sie ein malerisches Bild, schmucke Fachwerkhäuser mit Fassadenmalereien, deren ältestes das „Scharfe Eck" ist, die mit Häusern überbaute Stadtmauer am Litschenberg und in der Kirchstraße, die Zehntscheuer, das Ifflinger Schloss mit dem Heimatmuseum und die St.-Anna-Kapelle. Die Pfarrkirche St. Martinus ist ein Neubau von 1851/53 an der Stelle des 850 genannten Vorgängerbaus. Sie enthält schöne gotische Holzbildwerke.

Zum **Höhenweg** geht man am Kloster vorbei bergan und zweigt 4 Min. nach dem Überqueren der Bahnlinie rechts in den Waldweg ab, der zunächst leicht abfällt, dann durch die Felsschlucht des Liebfrauentals bergan steigt und oben durch Wiesen zu einem Querweg führt. Hier mündet von unter die Rundstrecke 2.17R ein. 2,5 km ⑦

Auf dem Querweg wandert man links aufwärts durch den Gallushof. In der zweiten Haarnadelkurve des Sträßchens geht's geradeaus am Waldrand entlang zum Schloss Bronnen. 3 km ⑧

Schloss Bronnen *geht auf eine Burg zurück, die um 1150 entstanden sein dürfte. Sie kam wahrscheinlich mit der Herrschaft Mühlheim an die Grafen von Zollern und wurde 1409 von den Herren von Enzberg*

*Scheibenfibeln aus einer Adelsgrablege des alamannischen Friedhofes bei Fridingen.
Aufn.: RP Tübingen, Archäologische Denkmalpflege*

Das Donautal zwischen der Ruine Kaltenburg und Schloss Bronnen. Hier bleibt nur für den Wanderweg Platz.

gekauft. 1731–55 wurde sie zu einem barocken Jagdschloss umgebaut. 1879 umfasste das zum Schloss gehörende Rittergut 719 Morgen (227 Hektar) Fläche, darunter die 1960 verschüttete Bronner Mühle (→ S. 316). Das Schloss wird seit 1950 privat genutzt und ist nicht zugänglich.

Auf dem ebenen Hangweg erreicht man nach 5 Min. in einer Linkskurve die Fuchsklamm. 0,5 km ⑨

*Der Fels an der **Fuchsklamm** bietet eine schöne Sicht auf Schloss Bronnen und aufs Jägerhaus hinab.*

Nach zwei Haarnadelkurven stößt man auf einen Querweg, geht rechts abwärts, durchquert einen Taleinschnitt und gelangt nach einer Linkskurve zum Waldrand nahe Buchheim hinauf. 2 km ⑩

Man wandert nach rechts am Waldrand entlang, steigt auf dem zweiten rechts abzweigenden Weg durch den Kahlschlag ins Eselstal hinab, geht wenige Schritte bergan, zweigt rechts in den schmalen Pfad ab und folgt oben nach rechts einem Waldweg. Nach einer Rechtskurve wird nach rechts in einen Grasweg und wenige Schritte weiter in einen schmalen Pfad abgezweigt, der ins Bachtal hinab leitet. Hier führt über dem Forststräßchen ein Weg schräg rechts am Hang aufwärts, es folgt ein enger Pfad und schließlich ein Zickzackweg bergan. Oben lohnt sich ein kurzer Abstecher nach rechts zum Aussichtspunkt Donaublick. 2,5 km ⑪

Der anschließende Weg geht links leicht bergan, zweigt rechts ab, läuft später am Hang entlang und mündet vor dem Waldende rechts in einen Pfad ein, der das Buttental durchquert. Auf der Gegenseite verläuft er über die Hochfläche, biegt rechts in ein Forststräßchen ab, das man vor der Linkskurve verlässt, um zum Sattel des ehemaligen Kallenberger Hofs abzusteigen. 1,7 km ⑫

*Der **Kallenberger Hof** wurde früher Oberhof genannt zur Unterscheidung vom Unterhof, dem heutigen Scheuerlehof, der ebenfalls zur Burg gehörte. Seine Eigentümer auf Burg Kallenberg, verpachteten den Hof an verschiedene Bauern. Nachdem er 1905 abgebrannt war, wurden die dazu gehörenden Flächen größtenteils aufgeforstet.*

Der Weg wird in der vorigen Richtung fortgesetzt zur Ruine Kallenberg. 0,3 km ⑬

Kallenberg ist der klassische Typ einer hochmittelalterlichen um 1200 errichteten Höhenburg(→ S. 83) und neben dem Falkenstein die mächtigste Ruine des Oberen Donautals. Der wuchtige, mit 14 m Giebelhöhe alles überragende Bergfried mit hoch liegendem Eingang weist Buckelquader der ersten Hälfte des 13. Jh. auf. Ab dieser Zeit ist auch das Namen gebende Geschlecht nachweisbar. Nach seinem Aussterben kam die Burg in den Besitz der Grafen von Hohenberg, mit diesen 1381 an Österreich und war dann für fast drei Jahrhunderte lang im Pfandbesitz der Truchsessen von Waldburg. Ab dem 19. Jh. verfiel sie zur Ruine.

Auf dem Rückweg biegt man am Anfang der linksseitigen Wiese ins Wolfental ab, durch das man ins Donautal hinunter steigt und auf den Talweg stößt.

1 km 6

Hier biegt man links ab. Nach dem Ziegelhof wird der HW 2 verlassen, der geradeaus weiter durch das Tal und zum Bergsteig hinauf führt.

Für den Weiterweg nach Fridingen wird die Donau überquert, gleich danach links abgebogen und der gelben Raute gefolgt. Etwas oberhalb der Stelle an welcher der Weg den Fluss berührt, liegt die Stelle einer der Versinkungen der Donau. Weiter durch den Talgrund wandernd gelangt man nach Fridingen. 4 km

*Die **Versinkungen** der Donau bei Immendingen, Möhringen und Fridingen sind ein interessantes geologisches Phänomen. Seit 1877 ist bekannt, dass das Donauwasser in der 14 km entfernten Aachquelle wieder zutage tritt (→ auch S. 302).*

Fridingen → *S. 317.*

W 2.17R Rundstrecke Fridingen – Stiegelesfels – Jägerhaus – Schloss Bronnen – Fridingen

Wanderstrecke: Länge 18 km
Auf- und Abstiege je 560 m
Gehzeit 7 Stunden
Wanderkarten: Blatt 29 Tuttlingen
Kartenausschnitt W 2.17
A, F, G, H, K, R, W
Ausgangs- und Endpunkt: Fridingen (ÖPNV → S. 314; Parkmöglichkeit im Ort)
Achtung: Diese Wanderung ist bei Hochwasser nicht möglich, da der Donauübergang beim Jägerhaus dann nicht begehbar ist. Im Zweifelsfall rufe man dort an (Tel. 07466/254).

Fridingen → *S. 317.*

In Fridingen geht man nahe der Stadtkirche am Kirchberg mit Markierung gelbes Dreieck bergan, beim Wald wird halbrechts abgebogen und zum Laibfels empor gestiegen, mit Markierung rote Gabel, die dort nach links nahe dem Hang zum Mattheiser Käppelle hinauf führt.

1,5 km 1 R

*Das **Mattheiser Käppele** – Dreifaltigkeitskapelle – ist nach Matthäus Epple aus Fridingen benannt, der diese Eremitage 1920 erbaute und bis zu seinem Tod als Einsiedler lebte. Die frühere Holzkapelle wurde 1970/71 von Fridinger Bürgern durch einen Steinbau ersetzt.*

Von der Kapelle führt ein Stichweg zum Burgstall auf dem Schlossfelsen, wo noch eine mächtige Schildmauer zu erkennen ist. Am Waldrand entlang geht's weiter zum Naturschutzgebiet Stiegelesfels hinüber. 0,5 km [2]R

*Beim **Stiegelesfels** genießt man einen schönen Blick ins unberührte, verkehrsfreie Donautal und zur Ruine Kallenberg hinüber.*
*Das 28 ha große **Naturschutzgebiet** wurde 1938 ausgewiesen, nachdem es bereits im Ersten Weltkrieg zum Banngebiet erklärt worden war. In einer 1922 erschienenen Würdigung heißt es u.a.: „Die Vorkommen nordischer, mitteleuropäischer, pontischer, alpiner und südlicher Florenelemente auf kleinem Raum stempeln das Schutzgebiet zu einem botanischen Schatzkästlein. Stellen mit unberührter Natur, wo noch die ungehemmt waltende Schöpfungskraft zum Ausdruck kommt, eignen dem Gebiet in größerer Zahl." Gott sei Dank gilt dieses Urteil auch heute noch!*

Man wandert zunächst weiter am Waldrand entlang und geht in der Feldecke auf dem Waldweg geradeaus, der nahe dem rechten Hang entlang und schließlich über einen Bergsporn zur Donau hinab führt. Über dem Fluss wird das Jägerhaus erreicht. 2 km [4]

Jägerhaus → S. 316.

Hier geht man kurz talaufwärts, biegt scharf links ab und steigt mit Zeichen rote Gabel schräg am Hang bergan. In der Schlucht unterhalb des Schlosses Bronnen liegt links die Jägerhaushöhle.
1 km [3]R

*In der **Jägerhaushöhle** wurde in den 1960er Jahren die bis jetzt umfassendste mittelsteinzeitliche Schichtenfolge Mitteleuropas ausgegraben. In zehn Schichten fanden sich Kulturreste aus der frühen Nacheiszeit (zwischen etwa 8000 und 5000 v. Chr.). Darüber lagen Kulturschichten aus der Latènezeit, der Römerzeit und des Mittelalters, mit Hinweisen auf Eisenerzverhüttung um das Jahr 1000 n. Chr.*

Nach dem Wald trifft man unterhalb des Gallushofs auf den von links kommenden Höhenweg des HW 2. 0,5 km [7]

Beschreibung der folgenden Strecke auf HW-2-Höhenweg nach Fridingen → S. 317. 12,5 km

Das Mattheiser Käppele beim Stiegelesfels.

W 2.18 Fridingen – Bergsteig – Wirtenbühl – Rottweiler Tal – Tuttlingen 321

Das Obere Donautal mit Beuron. Blick vom Knopfmacherfels.

W 2.18 Teilstrecke Fridingen – Bergsteig – Wirtenbühl – Rottweiler Tal – Tuttlingen

Wanderstrecke: Länge 12 km
Aufstiege 280 m, Abstiege 260 m
Gehzeit 4 ½ Stunden
Wanderkarten: Blatt 29 Tuttlingen
Kartenausschnitt W 2.18
A, E, G, K
Ausgangspunkt: Fridingen
(ÖPNV → S. 314)
Endpunkt: Tuttlingen
(Auskunft und ÖPNV → S. 232)

Fridingen → *S. 317.*

In Fridingen geht man von der Ortsmitte auf der Donaustraße über die Donau, biegt vor der Kapelle links in den Spitalweg ein, wandert geradeaus talabwärts und steigt am Hang durch Wald zum Bergsteig hinauf. 2,5 km ⟨1⟩

*Der **Bergsteig** wird auch Heiland genannt, nach der Heilandkapelle. Es besteht Busverbindung in Richtung Tuttlingen und Sigmaringen (Linie SBG 7450).*

Der HW 2 verläuft über der Straße links abwärts, quert die Straße nach Mühlheim, steigt durch Wald bergan, zweigt auf der Höhe links ab, stößt auf ein Forststräßchen und folgt diesem nach links. Vor seiner Linkskurve zweigt man rechts in den schmalen Pfad ab und stößt bald auf die Kreuzung mit dem Heuberg-Allgäu-Weg (HW 9). Hier zweigt die Rundstrecke W 2.18R rechts ab. 2 km ⟨2⟩

Auf dem HW 2 geht's kurz nach links weiter, dann rechts am Rand einer Lichtung dahin, geradeaus durch ein Tal, unten über dem Rottweiler Tal kurz rechts am Waldrand entlang, an dem man vor der Scheuer nach links weiter wandert. An der Waldecke führt ein Sträßchen links zur Höhe Donaublick empor. 4 km ⟨3⟩

Von der Höhe Donaublick schaut man auf das hier breit ausgeräumte Tal der Ur-Donau. Rechts unten liegt Nendingen.

Der Weg führt geradeaus durch Felder und Wald abwärts. Dann am Hang nach Tuttlingen, wo an der Donau entlang gewandert wird bis zum gedeckten Steg. Hier wird links abgebogen und durch die Rathausstraße der Marktplatz und das Rathaus erreicht. 3,5 km

Tuttlingen → *S. 235.*

322 W 2.18 Fridingen – Bergsteig – Wirtenbühl – Rottweiler Tal – Tuttlingen

Das Donautal mit dem Stiegelesfels unterhalb von Fridingen. Das Tal ist hier nur dem Wanderer und Radler zugänglich.

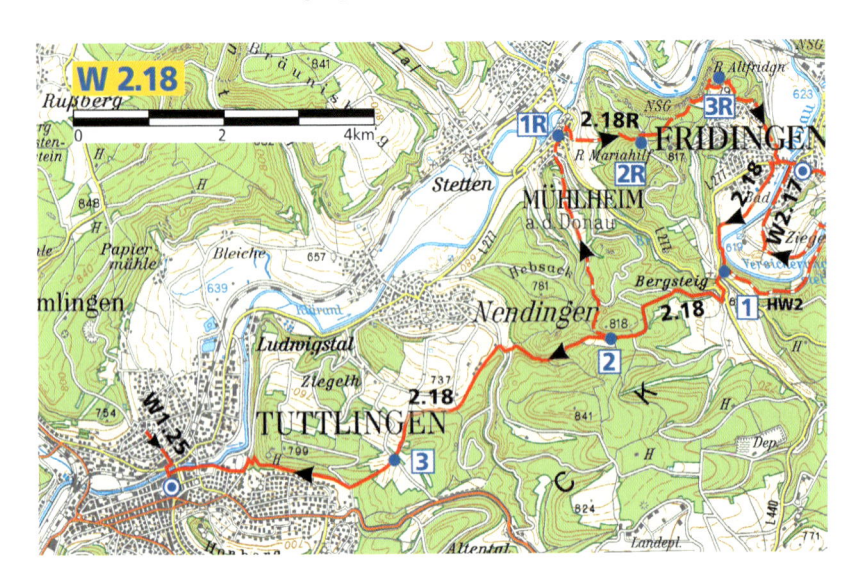

W 2.18R Rundstrecke Fridingen – Bergsteig – Wirtenbühl – Mühlheim – Fridingen

> **Wanderstrecke:** Länge 13 km
> Auf- und Abstiege je 380 m
> Gehzeit 5 Stunden
> **Wanderkarten:** Blatt 29 Tuttlingen
> Kartenausschnitt W 2.18
> **A, F, Fam., G, K, W**
> **Ausgangs- und Endpunkt:**
> Fridingen (ÖPNV → S. 314;
> Parkmöglichkeiten im Ort)

Fridingen → S. 317.

Beschreibung der Strecke zum Bergsteig und weiter auf dem HW 2 zur Abzweigung bei der Kreuzung mit dem HW 9 am Wirtenbühl → S. 321.   4,5 km   2

Man folgt dem mit rotem Strich markierten HW 9 nach rechts, zweigt nach 4 Min. am Fuß des Wirtenbühls rechts auf den mit gelbem Dreieck markierten Weg ab, der bald in ein Forsträßchen mündet. Auf diesem wandert man abwärts, kommt am Sportgelände vorbei und biegt vor dem Sportheim in den Waldweg ab, der nach Mühlheim hinunter führt.

3,5 km   1 R

Mühlheim (667 m NN, ca. 2700 Ew.), ein reizvolles Städtchen mit größtenteils erhaltenem Mauerring und hübschen Fachwerkhäusern, entstand erst ab dem 13. Jh. neben der bereits 790 erwähnten Siedlung, heute „Altstadt" genannt, auf der linken Donauseite. Das Rathaus wurde Anfang des 15. Jh. erbaut. An der Stelle der früheren Burg erhebt sich heute das stattliche Schloss der Freiherren von Enzberg, die hier seit 1409 ihren Wohnsitz haben. Die Stadt verdankt ihren Namen fünf Mühlen, von denen noch eine Sägmühle an der Straße nach Kolbingen übrig geblieben ist. Sie wurden nicht etwa von der Donau, sondern vom Wulfbach auf seinem nur wenige Kilometer langen Lauf durch die Altstadt angetrieben. Wie neue Forschungen zeigten, ist seine Quellhöhle mit über 7000 vermessenen Metern die bisher längste bekannte Höhle der Schwäbischen Alb.

Mühlheim a. d. Donau. Fachwerkhäuser in der Hauptstraße.

Beim Rathaus biegt man von der Hauptstraße ab und geht an seiner unteren Langseite durch das „Gängle", quert die Hintere Straße und gelangt über Treppen und rechts am Hang entlang ins Ostertal hinab., wo am Gegenhang durch eine Schlucht zur Kirchenruine Maria Hilf empor gestiegen wird. 1,5 km 2 R

Maria Hilf kann als Symbol irdischer Vergänglichkeit gelten. Nachdem 1652 an der Stelle einer Eiche mit Marienbild eine Kapelle errichtet worden war, wurde 1724 bis 1756 eine prächtige Barockkirche erbaut, in der die Eiche den Mittelpunkt des Altars bildete. Die Wallfahrt hierher, die jährlich bis zu 20 000 Pilger angezogen hatte, wurde 1811 aufgehoben. Danach verfiel der stolze Bau.

Der folgende Weg ist mit gelber Gabel markiert. Er führt oben geradeaus über den Querweg, dann nach links zum Franzosenkreuz und nahe dem Waldrand zum Aussichtspunkt Geistfelsen. Von hier führt ein Abstecher zur Ruine Altfridingen hinauf. 1,5 km 3 R

Altfridingen, ursprünglich eine Höhenburg mit größerer stadtähnlicher Burgsiedlung, wird ins 13. Jh. bis etwa 15. Jh. datiert. Sie war wohl eine Gegenmaßnahme der Grafen von Hohenberg gegen die im 13. Jh. errichtete Burg und Stadt Mühlheim der Grafen von Zollern. An der SO-Seite finden sich ein mächtiger Randwall und Reste von drei Türmen, im Innern Grundmauern verschiedener Gebäude, auf dem Wachtfels Reste eines viereckigen Turms.

Man steigt wieder zum Geistfelsen hinab und folgt links schwenkend weiter der gelben Gabel die am Waldrand und Neubaugebiet entlang nach Fridingen hinunter führt. 2 km

Die imposante Ruine der ehemaligen Wallfahrtskirche Maria Hilf.

Weitere Hauptwanderwege der Schwäbischen Alb

Der Schwäbische Albverein hat in Ergänzung zu der seit dem letzten Jahrhundert bestehenden Nord- und Südrandlinie weitere Hauptwanderwege (HW) geschaffen, von denen drei die Schwäbische Alb in Nord-Südrichtung queren. Auf diesem Wegnetz können Strecken von mehreren Tagen bis zu mehreren Wochen Dauer erwandert werden. Es lässt sich auch zu reizvollen Rundwanderungen durch die unterschiedlichsten Teile der Schwäbischen Alb verbinden. Als Beispiel und Anregung sei genannt: Auf dem HW 1 von Tuttlingen nach Engstingen, von hier auf dem HW 5 nach Anhausen und von dort auf dem HW2 nach Tuttlingen, zurück – eine wunderschöne zwölftägige Tour mit 237 km Länge! Ähnlich interessante Rundstrecken lassen sich auch auf der Mittleren Alb und Ostalb kombinieren.

Praktische Hinweise
Der Übersichtlichkeit halber sind die Tagesetappen nummeriert, wobei die Nummer des Hauptwanderwegs in lateinischer Ziffer vorangestellt ist. Die bei jeder Tagesetappe am Schluss genannten Orte bieten Übernachtungsmöglichkeiten. Auskünfte können jeweils bei den Gemeinde- und Stadtverwaltungen eingeholt werden. Dazu ist für alle Übernachtungsorte die Postleitzahl angegeben, mit der Informationen erhältlich sind (z.B. im Internet unter www.webadress.de). Bei Teilorten steht der Hauptort mit dem Verwaltungssitz in Klammern. Telefonnummern von Wanderheimen, Naturfreundehäusern und Jugendherbergen → S. 327. Übernachtungsorte, die nicht direkt am Hauptwanderweg liegen, sind mit dem Hinweis „Abstecher nach" versehen.

HW 4
Main-Donau-Bodensee-Weg

Gesamtstrecke: 94 km, 5 Tagesetappen
Wanderkarten: F 522, F 525
Anfahrt nach Ellwangen
Mit der Bahn
Linien 789 Ulm–Crailsheim oder 786 Stuttgart–Crailsheim;
mit dem Auto über die A 7, AS Ellwangen, die B 29 und B 290
Rückkehr von Ulm nach Ellwangen mit der Bahn Linie 789 Ulm–Crailsheim und 750 Ulm–Stuttgart
Anschlüsse an HW 1 in Unterkochen, an HW 2 in Langenau

Von der 400 km langen Strecke dieses Wegs zwischen Main und Bodensee entfallen knapp 100 km auf die Schwäbische Alb. Er erreicht auf dem Flexner östlich des Braunenbergs mit 718 m NN seinen höchsten Punkt, senkt sich dann zum Kocher hinab, folgt den Tälern der Brenz und Lone und wechselt schließlich in Ulm über die Donau nach Oberschwaben.

Streckenverlauf und Tagesetappen:
IV/1 (24 km): Ellwangen–Schleifhäusle–Goldshöfe–Oberalfingen–Flexner–Unterkochen (73432 Aalen)
IV/2 (12 km): Unterkochen–Kahlenbühl–89551 Königsbronn
IV/3 (16 km): Königsbronn–Heidenheim–Mergelstetten–Bolheim (89542 Herbrechtingen)
IV/4 (24 km): Bolheim–Anhausen–Falkenstein–Lonetal–Setzingen–Wettingen–89129 Langenau
IV/5 (18 km): Langenau–Oberelchingen–Thalfingen–Ulm/Donau (Verkehrsamt, 89073 Ulm)

HW 5
Schwarzwald-Schwäbische Alb–Allgäu-Weg

Gesamtstrecke: 58 km, 4 Tagesetappen
Wanderkarte: F 524
Anfahrt nach Pfullingen:
Mit der Bahn Linie 760 Stuttgart–Reutlingen, von dort mit Bus;
mit Bus Linie Stuttgart–Riedlingen und Reutlingen-Münsingen;
mit dem Auto über die B 312
Rückfahrt von Obermarchtal:
Mit dem Bus Linien Munderkingen–Obermarchtal-Riedlingen und. Riedlingen–Pfullingen–Reutlingen
Anschlüsse an HW 1 in Engstingen, an HW 2 in Anhausen

Von Pfullingen im Tal der Echaz erklimmt die Albstrecke dieses Wegs den nördlichen Stufenrand, begleitet den oberen Rand des Echaztals, quert die Kuppen der Reutlinger Alb und folgt dann dem Tal der Großen Lauter nach Obermarchtal, wo er die Schwäbische Alb verlässt und über die Donau nach Oberschwaben wechselt.

Streckenverlauf und Tagesetappen
V/1 (16 km): Pfullingen–Wanne–Wackerstein–Gießstein–Schloss Lichtenstein–Tobelkapf–72829 Engstingen
V/2 (13 km): Engstingen–Sternberg–Marbach–Dapfen (73532 Gomadingen)
V/3 (15 km): Dapfen–Wasserstetten–Hundersingen–Bichishausen–Hohengundelfingen–Wittsteig–Burg Derneck–Indelhausen–Anhausen (72534 Hayingen)
V/4 (14 km): Anhausen–Ruine Wartstein–Laufenmühle–Lauterach–89611 Obermarchtal

HW 7
Schwäbische Alb-Oberschwaben-Weg

Gesamtstrecke:
101 km, 6 Tagesetappen
Wanderkarten: F 521, F 524, F 527
Anfahrt nach Lorch:
Mit der Bahn Linie Stuttgart–Aalen–Crailsheim;
mit dem Bus Linie Schorndorf–Aalen;
mit dem Auto über die B 29, Stuttgart–Aalen
Rückfahrt von Zwiefaltendorf:
Mit Bus Linie Munderkingen–Riedlingen und Riedlingen–Stuttgart, von hier Bahn- und Buslinie Stuttgart–Aalen
Anschlüsse an HW 1 in Wiesensteig, an HW 2 in Hütten

Diese landschaftlich vielgestaltige Route beginnt an der Rems, berührt zunächst den Rand des Schurwalds, ersteigt den Zeugenberg Hohenstaufen, quert die Fils und erreicht am Nordrand der Alb, beim Boßler, ihren höchsten Punkt. Dann führt sie über das Obere Filstal, die Kuppenalb und Flächenalb ins Schmiechtal, schließlich über die Lutherischen Berge ins Große Lautertal und zur Donau nach Zwiefaltendorf.

Streckenverlauf und Tagesetappen
VII/1 (15 km): Lorch–Oberkirneck–Wäscherhof–Maitis–Hohenstaufen–73033 Göppingen
VII/2 (22 km): Göppingen–Jebenhausen–Bezgenried–Bad Boll–Eckwälden–Boßler—Eckhöfe–73349 Wiesensteig
VII/3 (16 km): Wiesensteig–Filsursprung–Schertelshöhle–Westerheim–89150 Laichingen
VII/4 (18 km): Laichingen–Albhof–

Wanderheime mit Übernachtungsmöglichkeit und Aussichtstürme 327

Sontheimer Höhle–Lindenhütte–Justingen–Hütten (89601 Schelklingen)
VII/5 (15 km): Hütten–Grötzingen–Briel–Altsteußlingen–Mundingen (89584 Ehingen)
VII/6 (15 km): Mundingen–Wolfstal–Hochberg–Talheim–Rechtenstein–Emeringen–Zwiefaltendorf (88499 Riedlingen)

Wanderheime mit Übernachtungsmöglichkeit und Aussichtstürme

Wanderheime des Schwäbischen Albvereins

Burg Derneck im Großen Lautertal
Tel. 0121/1688398
Burg Teck bei Owen Teck,
Tel. 07021/55208
Eninger Weide bei Eningen
Tel. 07121/83250
Franz-Keller-Haus bei Schwäbisch-Gmünd, Tel. 07171/82013
Nägelehaus bei Albstadt-Onstmettingen
Tel. 07432/21715
Nusplinger Hütte bei Nusplingen
Tel. 07429/676
Pfannentalhaus bei Lauingen-Haunsheim, Tel. 09073/7313
Rauher Stein bei Irndorf
Tel. 07466/276
Roßberghaus bei Reutlingen-Gönningen, Tel. 07072/7007
Sternberg bei Gomadingen,
Tel. 07385/1790
Wasserberghaus bei Schlat
Tel. 07161/811562
Weidacher Hütte bei Blaustein-Weidach, Tel. 07304/6294

Aussichtstürme des Schwäbischen Albvereins

Augstbergturm bei Trochtelfingen
Gansnestturm bei Fridingen
Hohe Warte bei Bad Urach
Lembergturm bei Gosheim
Lupfenturm bei Trossingen
Raichbergturm bei Onstmettingen
Römersteinturm bei Donnstetten
Rossbergturm bei Gönningen
Schönbergturm bei Pfullingen
Sternbergturm bei Gomadingen
Teckturm bei Owen/Teck
Türme im ehemaligen Truppenübungsplatz: **Heroldstatt, Hursch, Sternenberg, Waldgreut**
Volkmarsbergturm bei Oberkochen

Naturfreundehäuser

Am Hahnenschnabel bei Heidenheim,
Tel. 07321/44660
Am Hartenbuch bei Schelklingen,
Tel. 07394/2654
Am Lindenplatz bei Eningen,
Tel. 07121/88733
Am Nau-Ursprung bei Langenau,
Tel. 07345/7181
Boßlerhaus bei Gruibingen,
Tel. 07164/148098
Braunenberg bei Aalen,
Tel. 07361/971836
Donautal bei Stetten a. k. M.,
Tel. 07461/71151
Falkenberg bei Metzingen,
Tel. 07123/970709
Hasenloch bei Giengen a.d. Brenz,
Tel. 07322/5435
Himmelreich bei Heubach,
Tel. 07173/7145188
Immenreute bei Oberweckerstell
Tel. 07331/219130
Im Ried bei Blaubeuren,
Tel. 07344/21880

Richarci-Joner-Heim bei Albstadt-Ebingen, Tel. 07431/51582
Rohrauer Hütte bei St. Johann-Bleichstetten, Tel. 07125/7129
Römerstein bei Römerstein-Donnstetten, Tel. 0711/690870
Seltbachhaus bei Bad Urach, Tel. 07125/7194
Spatzennest bei Blaustein-Weidach, Tel. 0731/44469
Waldheim Dettingen bei Dettingen a. d. Erms, Tel. 07123/7420

Jugendherbergen

Aalen, Tel. 07361/49203
Bad Urach, Tel. 07125/8025
Balingen, Tel. 07433/20805
Blaubeuren, Tel. 07344/6444
Erpfingen, Tel. 07128/1652
Heidenheim, Tel. 07321/42045
Hohenstaufen, Tel. 07165/438
Königsbronn-Ochsenberg, Tel. 07328/6600
Lochen bei Balingen, Tel. 07433/37383
Sigmaringen, Tel. 07571/13277
Ulm, Tel. 0731/384455
Wildenstein bei Beuron, Tel. 07466/411

Weiterführende Literatur

Bauer, Schönnamsgruber: Das Große Buch der Schwäbischen Alb. Konrad Theiss Verlag, Stuttgart 1988.
Bernhard, Helmut u. a.: Der Runde Berg bei Urach. Führer zu archäologischen Denkmälern in Baden-Württemberg, Band 14. Konrad Theiss Verlag, Stuttgart 1991.
Binder, H. und H. Jantschke: Höhlenführer Schwäbische Alb. Höhlen, Quellen, Wasserfälle. 7., völlig neu bearbeitete Auflage. DRW-Verlag, Leinfelden-Echterdingen 2003.
Christlein, Rainer: Die Alamannen. Konrad Theiss Verlag, Stuttgart 1991.
Das Land Baden-Württemberg: Amtliche Beschreibung nach Kreisen und Gemeinden. Band I: Allgemeiner Teil, 2. Auflage 1997; Band III: Regierungsbezirk Stuttgart, Regionalverband Mittlerer Neckar, 1978; Band IV: Regierungsbezirk Stuttgart, Regionalverband Franken und Ostwürttemberg, 1980; Band VI: Regierungsbezirk Freiburg, 1982; Band VII: Regierungsbezirk Tübingen, 1978. Verlag W. Kohlhammer, Stuttgart.
Dehio, Georg: Handbuch der Deutschen Kunstdenkmäler. Bayern III: Schwaben (1989). Baden-Württemberg I: Regierungsbezirke Stuttgart und Karlsruhe (1993), II: Regierungsbezirke Freiburg und Tübingen (1997). Deutscher Kunstverlag, München.
Der Kreis Esslingen (1992). Der Kreis Göppingen (1985). Der Ostalbkreis (1992). Der Kreis Reutlingen (1975). Der Kreis Tübingen (1988). Der Zollernalbkreis (1989). Heimat und Arbeit. Konrad Theiss Verlag, Stuttgart.
Die Naturschutzgebiete im Regierungsbezirk Stuttgart. 2. Aufl. Thorbecke Verlag, Stuttgart 2007.
Die Naturschutzgebiete im Regierungsbezirk Freiburg. 2. Aufl. Thorbecke Verlag, Stuttgart 2004.
Die Naturschutzgebiete im Regierungsbezirk Tübingen. 2. Aufl. Thorbecke Verlag, Stuttgart 2006.
Dieter, Armin: Sturz in den Anfang. Mössinger Bergrutsch. Eigenverlag, Mössingen 1992.
Dongus, Hansjörg: Die Oberflächenformen der Schwäbischen Alb und ihres Vorlandes. Marburger Geographische Schriften 1977.
Filtzinger, Philipp u.a.: Die Römer in Ba-

Weiterführende Literatur

den-Württemberg. 3. Aufl. Konrad Theiss Verlag, Stuttgart 1986.
Fischer, Franz: Der Heidengraben bei Grabenstetten. Führer zu archäologischen Denkmälern in Baden-Württemberg, Band 2. Konrad Theiss Verlag, Stuttgart 1982.
Geologische Karte des Rieses 1:50000. Bayerisches Geologisches Landesamt.
Geologische Karte von Baden-Württemberg 1:25000: Blatt 7126 Aalen, 7224 Schwäbisch Gmünd-Süd, 7322 Kirchheim u. T., 7326 Heidenheim, 7421 Metzingen, 7422 Lenningen, 7423 Wiesensteig, 7425 Lonsee, 7520 Mössingen, 7521 Reutlingen, 7522 Bad Urach, 7524 Blaubeuren, 7619 Hechingen, 7620 Jungingen, 7621 Trochtelfingen, 7622 Hohenstein, 7623 Mehrstetten, 7719 Balingen, 7721 Gammertingen, 7723 Munderkingen, 7818 Wehingen, 7819 Meßstetten, 7821 Veringenstadt, 7822 Riedlingen, 7917 Villingen-Schwenningen Ost, 7918 Spaichingen, 7919 Mühlheim a. d. D., 7920 Leibertingen, 7921 Sigmaringen, 8017 Geisingen, 8018 Tuttlingen, 8019 Neuhausen ob Eck. Landesvermessungsamt Baden-Württemberg.
Geologische Karte von Tübingen und Umgebung 1:50000. Landesvermessungsamt Baden-Württemberg.
Geologische Karte von Baden-Württemberg 1:100000: Blatt C 7918 Albstadt. Landesvermessungsamt Baden-Württemberg.
Geyer, O. F. und Gwinner, M. P.: Die Schwäbische Alb und ihr Vorland. Sammlung geologischer Führer, Band 67. Verlag Gebr. Borntraeger, Berlin 1984.
Geyer, O. F. und Gwinner, M. P.: Geologie von Baden-Württemberg. Schweizerbartsche Verlagshandlung, Stuttgart 1991.
Gradmann, Robert: Das Pflanzenleben der Schwäbischen Alb. 4. Aufl. Verlag des Schwäbischen Albvereins, Stuttgart 1950.
Hahn, J., H. Müller-Beck und W. Taute: Eiszeithöhlen im Lonetal. 2., neu bearbeitete und ergänzte Auflage. Führer zu archäologischen Denkmälern in Baden-Württemberg Band 3. Konrad Theiss Verlag, Stuttgart 1985.
Hüttner, R. und H. Schmidt-Kaler: Meteoritenkrater Nördlinger Ries. Wanderungen in die Erdgeschichte Band 10. Verlag Dr. Friedrich Pfeil, München 2003.
Kimmig, W.: Die Heuneburg an der oberen Donau. 2., völlig neu bearbeitete Auflage. Führer zu archäologischen Denkmälern in Baden-Württemberg. Konrad Theiss Verlag, Stuttgart 1983.
Historische Stätten Deutschlands. Band 6, Baden-Württemberg. Alfred Kröner Verlag, Stuttgart 1980.
Krause, Rüdiger: Vom Ipf zum Goldberg. Führer zu archäologischen Denkmälern in Baden-Württemberg, Band 16. Konrad Theiss Verlag, Stuttgart 1992.
Kunstführer Deutschland. Band 2, Baden-Württemberg, Pfalz, Saarland. Reclam Verlag, Stuttgart 1985.
Kunst-Reiseführer Bayerisch Schwaben. DuMont Buchverlag, Köln 1990.
Landesamt für Umweltschutz (Hrsg.): Der Rutschen. Ein Führer durch das Naturschutzgebiet um den Uracher Wasserfall. Karlsruhe 1991.
Landesanstalt für Umweltschutz (Hrsg.): Naturschutzgebiet Jusi-Auf dem Berg. Verlag regionalkultur, Ubstadt-Weiher 1999.
Landesanstalt für Umweltschutz (Hrsg.): Naturschutzgebiet Teck. Verlag regionalkultur, Ubstadt-Weiher 2000.
Mäussnest, O.: Karte der vulkanischen Vorkommen der Mittleren Schwäbischen Alb und ihres Vorlandes (Schwäbischer Vulkan) 1:100000. Herausgegeben vom

Landesvermessungsamt Baden-Württemberg, Stuttgart 1978.
Müller, Th. und K.-H. Lessig: Blumenwiesen. Eine Handreichung für Naturfreunde und Wanderer. Natur–Heimat–Wandern. Herausgegeben vom Schwäbischen Albverein, Stuttgart 2003.
Museen in Baden-Württemberg. 5. Aufl. Konrad Theiss Verlag, Stuttgart 2004.
Natur–Heimat–Wandern. Herausgegeben vom Schwäbischen Albverein. Bände In Ulm und um Ulm herum (1985), Albuch–Härtsfeld–Ries (1988), Heidenheim–Dillingen–Donauwörth (1983), Kaiserberge und Geislinger Alb (1984), Reutlinger und Uracher Alb (1995), Teck–Neuffen–Römerstein (1987), Zollernalb (1987), Oberer Neckar, Baar und Baaralb (1999), Hegau und Linzgau (2002), Das Ermstal zwischen Neckartenzlingen und Bad Urach. Eine Studie zur Erd- und Landschaftsgeschichte eines schwäbischen Flusstals (2005), Das Große Wanderbuch der Schwäbischen Alb (2006), Naturpark Obere Donau (2007). Verlag des Schwäb. Albvereins, Kommissionsverlag Konrad Theiss Verlag, Stuttgart.
Oberdorfer, E., unter Mitarbeit von A. Schwabe, Th. Müller u. a.: Pflanzensoziologische Exkursionsflora für Deutschland und angrenzende Gebiete. 8. Aufl. Verlag Eugen Ulmer, Stuttgart 2001.
Oeftiger, Wagner: Der Rosenstein bei Heubach. Führer zu archäologischen Denkmälern in Baden-Württemberg, Band 10. Konrad Theiss Verlag, Stuttgart 1985.
Pfündel, Th., E. Walter und Th. Müller: Die Pflanzenwelt der Schwäbischen Alb. Lizenzausgabe, Konrad Theiss Verlag, Stuttgart 2005.
Planck, D. (Hrsg.): Die Römer in Baden-Württemberg. Konrad Theiss Verlag, Stuttgart 2005.
Schmitt, Günter: Burgenführer Schwäbische Alb. Band 1 Nordostalb (1988); Band 2 Alb Mitte-Süd (1989); Band 3 Donautal (1990); Band 4 Alb Mitte-Nord (1991); Band 5 Westalb (1993); Band 6 Ostalb (1995). Biberacher Verlagsdruckerei, Biberach.
Schwäbischer Albverein – Nordostalb-Gau (Hrsg.):Wanderbare Heimat. 63 Erlebnistouren vom Remstal bis zum Ries und vom Albuch bis zu den Ellwanger Bergen. Verlag des Schwäbischen Albvereins Nordostalb-Gau, Waldstetten 2005.
Südwestdeutsche Waldböden im Farbbild. Schriftenreihe der Landesforstverwaltung Baden-Württemberg Band 23. Stuttgart 1963.
Timmermann, Müller: Wildrosen und Weißdorne Mitteleuropas. 2. Auflage. Verlag des Schwäbischen Albvereins, Stuttgart 1999.
Vegetationskundliche Karte 1:25 000: Blatt 7521 Reutlingen, 7624 Schelklingen, 7918 Wehingen und 7919 Mühlheim a. d. Donau. Landesvermessungsamt Baden-Württemberg, Stuttgart.
Vegetationskundliche Übersichtskarte des Landkreises Tübingen 1:50000. Landesvermessungsamt Baden-Württemberg, Stuttgart.
Wagner, Georg: Einführung in die Erd- und Landschaftsgeschichte. Verlag Ferdinand Rau, Öhringen 1960.
Wagner, Koch: Raumbilder zur Erd- und Landschaftsgeschichte Südwestdeutschlands. Spectrum Verlag, Stuttgart 1963.
Wais, Julius: Albführer. Neu bearbeitet von Dr. rer. nat. Ruth Wais. Band 1, östlicher Teil, 1962. Band 2, mittlerer Teil, 1972. Verlag des Schwäbischen Albvereins, Stuttgart.
Wagner, E.: Eiszeitjäger im Blaubeurener Tal. Führer zu archäologischen Denkmälern in Baden-Württemberg Band 6. Konrad Theiss Verlag, Stuttgart 1979.

Register

A
Aalen 126
Ach, Quelltopf 277
Alamannen 79
Albäumle 128
Albuch 128
Allbuck 109
Allewind 269
Alte Burg 293
Alt-Ehrenfels, Ruine 288
Altenbürg, Steinbruch 115
Alter Lichtenstein, Ruine 194
Ältere Ausbauzeit 80
Älteste Siedlungsschicht 80
Altfridingen, Ruine 324
Altsteinzeit 74
Amalienfelsen 303
Anerbenrecht 82
Anfangsbodenbildungen 24
Auchtert 162
Auchtert bei Öschingen 203
Auendorfer Pass 154
Aufhausen 118
Aurignacien 75

B
Bach-Hochstaudenfluren 66
Bachkratzdistel-Wiesen 64
Bad Urach 179
Baggerseen 267
Bahnhöfle 161
Ballmertshofen 247
Bandkeramik 76
Bärenhöhle im Glastal 288
Bärental 279
Bargauer Horn, NSG 139
Basalttuffschlote 175
Bassgeige 171
Bauerloch 177
Beiningen 269
Belsener Kapelle 207
Bergbau 127
Berg-Glatthaferwiesen 63
Berg-Kalkmagerweiden 60
Bergkies 22
Berg-Öhmdwiesen 63
Bergrutsch am Hirschkopf, NSG 204
Bergsteig 321
Beuren 175
Beurener Fels 175
Beuron 314
Bilche 70
Billafingen 296
Bingen 296
Biosphärengebiet Schwäbische Alb 28
Bissingen im Kesseltal 240

Bittelschieß, Ruine 298
Bittelschießer Höhle 298
Bittelschießer Täle 298
Blasenfarn-Felsspaltengesellschaft 52
Blaubeuren 270
Blaugras-Buchenwald 39
Blaugras-Halde 56
Blaugras-Trockenrasen 56
Blautopf 270
Bockberg 102
Bodenbildungen 24
Bohnerze 19
Bohnerz-Gruben 131
Bolberg 200
Boll 211
Böllat 216
Bölle 171
Bopfingen 113
Borstgras-Rasengesellschaft 64
Borstgras-Torfbinsenrasen 67
Boßler 157
Breitenstein 163
Brillenhöhle 273
Bröller 201
Bronnen, Schloss 317
Bronner Mühle 316
Bronzezeit 76
Brucker Fels 172
Buggenhofen 241
Bundesfestung 267
Bunte Breccie 105
Bunte Trümmermassen 105
Buntreitgras-Föhrenwald 48
Buntreitgras-Halde 48
Burgfelden 216
Bürgle, NSG 206
Burgsiedlung 85
Burgstall 85
Burgstall, am Plettenberg 224
Burren 147
Burrenhof 178
Buttenloch, Hochtal 308

C
Charlottenhöhle 253
Christgarten 107

D
Deilingen 226
Demmingen 245
Denkingen 236
Dettinger Hörnle 181
Dietfurt, Höhle 307
Dietfurt, Ruine 306
Digelfeld, NSG 287
Dischingen 246
Dolinen 21
Dolomit 14
Donautal 260
Donauwörth 97

Donzdorf 144
Dreifaltigkeitsberg 232
Dreifelderwirtschaft 89
Dreifürstenstein 206

E
Ebermergen 101
Echsen 71
Eckfelsen 190
Ederheim 109
Egerquelle 119
Ehrenfels, Ruine 288
Ehrenfels, Schloss 288
Eichen-Trockenwald 46
Eichfelsen 312
Eisenbahnnetz 93
Eisenverhüttung 127
Eisenzeit 78
Eninger Weide, Wanderheim 186
Erbsitten 82
Erbstetten 283
Eremitage 303
Erkenberg 158
Erkenbergwasen, NSG 158
Erkenbrechtsweiler 173
Ermingen 271
Erosion 21
Essingen 136

F
Falkenstei, Ruine 308
Farrenberg 207
Felsenbirnen-Gebüsch 52
Felsenkirschen-Gebüsch 52
Feuersteinlehm 19, 27
Filsenberg, NSG 204
Finningen 244
Flaumeichen-Traubeneichen-Trockenwald 47
Fledermäuse 70
Fleinsboden 26
Flochberg, Ruine 113
Flubereinigung 91
Forellenbach 142
Fort Oberer Kuhberg 267
Frankenhofen 284
Fridingen 317
Friedingen 293
Frühlingsenzian-Halbtrockenrasen 60
Frundsberg, Burgstelle 206
Fuchseck 152
Fürstenstein, Burgstelle 235

G
Gairenpass 152
Gebrochen Gutenstein, Ruine 305
Geifitze, NSG 214
Geißklee-Stieleichen-Trockenwald 47

Geköpfte Täler 21
Genkingen 197
Geologischer Lehrpfad Aalen 135
Geologischer Pfad 178
Gespaltener Fels 223
Gesteinsrohböden 24
Gestütshof Güterstein 188
Giengen a. d. Brenz 251
Gießstein 195
Gingen 147
Glashöhle 288
Glastal 287
Glockenbecherkeramik 76
Goldloch 196
Gönningen 198
Gosheim 229
Grabenbrüche 15
Granheim 281
Graupensandrinne 19
Gravettien 75
Greifenstein, Ruine 191
Griesbuckel 105
Griesbuckellandschaft Demmingen, NSG 245
Gromberg, Ruine 120
Gromberger Heide, NSG 121
Große Heuneburg 292
Großseggen-Ried 67
Gruibingen 154
Guckental 288
Günzelburg, Ruine 274
Güssenburg, Ruine 259
Gütersteiner Wasserfall 188

H
Haarberg-Wasserberg, NSG 149
Habichtskraut-Felsspaltenflur 48
Hagburg 108
Hainsimsen-Buchenwald 32
Hallstattzeit 78
Hangender Stein 210
Hang-Quellmoor 67
Harburg, Schloss 99
Harburg, Stadt 100
Härtlinge 15
Härtsfeldbahn 123
Hasel-Gebüschstadien 41
Hasel-Rosengebüsch 60
Hasenbachquelle 288
Hausen a. d. Fils 150
Hausen am Tann 225
Hausen im Tal 310
Hausen, Ruine 311
Hausener Wand 150
Hayingen 286
Heidenburg 201
Heidengraben 172
Heidenhau, Grabhügel 284
Heimenstein 161
Hepsisau 168

Heubach 134
Heuhofer Weg, NSG 283
Heumacherfels 285
Hirnbühl 234
Hirschhaarstrang-Saum 59
Hochberg 228
Hochhaus, Ruine 110
Hochschule für Gestaltung 268
Hochsträß 268
Hochwiesen/Pfullinger Berg, NSG 200
Hof 82
Hohe Warte 186
Hohenäcker-Imenberg, NSG 192
Hohenberg, Ruine 227
Hohenbol 170
Hohenjungingen, Ruine 209
Hohenneuffen 174
Hohenschelklingen, Ruine 275
Hohenstein 146
Hohenurach, Ruine 183
Hohenzollern 212
Hohenzollerngraben 210
Hoher Fels 139
Hoher Gießel 286
Höhlen 21
Hohlensteinhöhle 111
Holzelfingen 191
Homo sapiens sapiens 74
Honberg, Ruine 235
Hügelgräberzeit 78
Hülben 179
Hülen bei Lauchheim 120
Hülen 87
Hülenbuchwiesen, NSG 221
Humuskarbonatboden 24
Hungerberg, NSG 284
Hürnheim 110
Hütten 279

I
Ingen-Endung 80
Insekten 71
Inzigkofen, Dorf, Kloster 304
Inzigkofen, Park 304
Ipf 116
Irndorf 314
Irrenberg/Hundsrücken, NSG 215

J
Jägerhaus 316
Jägerhaushöhle 320
Jüngere Ausbauzeit 80
Jungingen 206
Jungsteinzeit 76
Jura 13
Justingen 280
Justingen, Ruine 279

K
Kalk 93
Kalk Magerweiden 60
Kalkverwitterungslehm 27
Kallenberg, Ruine 319
Kallenberger Hof 318
Kaltenburg, Ruine 255
Kapf, NSG 115
Kapfenburg 122
Karlslinde 181
Katzenbrünnele 236
Kelten 78
Kirnberg, NSG 251
Klappersteigle 193
Kleine Scheuer 134
Klifflinie 15
Klippeneck 230
Kocherburg 124
Kohldistel-Wiesen 64
Kornbergsattel 154
Kreidezeit 15
Kriechtiere 71
Kuchalb 143

L
Laiz 302
Lämmerstein 288
Landschaftsschutzgebiete 28
Langenau 258
Langenbrunn 313
Latènezeit 78
Lauchheim 119
Laufen 218
Lauterburg 133
Lemberg 229
Lengenloch, NSG 215
Lichtenstein, Schloss 194
Linden-Ahornwald 39
Lindenau 257
Linden-Ulmen-Ahornwald 46
Lixer 27
Lochenhörnle 220
Lochenstein 221
Locherstein 194
Lokalklima 23
Lonetal 255
Lurche 71
Lutherische Berge 284
Lützelalb 141

M
Mädlesfels 189
Magdalénien 75
Mäder 60
Maisenburg, Ruine 286
Mammutbäume 272
Maria Hilf, Kirchenruine 324
Maria Steinbrunn 249
Mariahilf, Kapelle 212
Märker, Steinbruch 99
Massenkalk 14

Register 333

Mattheiser Käppele 319
Mauerpfeffer-Flur 54
Mäuse 70
Meierhalde 145
Messelstein 143
Meteoriten 20, 105
Micoquien 74
Mikrolithen 76
Miozän 15
Mitteljura 14
Mittelsteinzeit 76
Molach 178
Mönchsdeggingen 103
Moustérien 74
Mühlheim 323
Muschenwang, Ruine 278
Muttenbühl 295

N
Nägelehaus 211
Nagetiere 70
Natura 2000 29
Naturdenkmäler 28
Naturpark Obere Donau 28, 302
Naturschutzgebiete 28
   Bargauer Horn 139
   Bergrutsch am Hirschkopf 204
   Bürgle 206
   Digelfeld 287
   Erkenbergwasen 158
   Filsenberg 204
   Geifitze 214
   Griesbuckellandschaft Demmingen 245
   Gromberger Heide 121
   Haarberg-Wasserberg 149
   Hausener Wand 150
   Heuhofer Weg 283
   Hochwiesen/Pfullinger Berg 200
   Hohenäcker-Imenberg 192
   Hülenbuchwiesen 221
   Hungerberg 284
   Ipf 115
   Irrenberg/Hundsrücken 215
   Kapf 115
   Kirnberg 251
   Lengenloch 215
   Neuffener Heide 176
   Neuffener Hörnle/Jusenberg 181
   Oberes Schmiechtal 279
   Öschenbachtal 203
   Plettenberg 223
   Rabensteig 274
   Randecker Maar 162
   Riegelberg 114
   Roschbach 216
   Rutschen 187
   Schafberg-Lochenstein 221
   Scheuelberg 138
   Schopflocher Moor 166
   Stiegelesfels 320
   Tannenhalde 294
   Teck 165
   Tiefer Weg 224
   Tierstein 119
   Untereck 220
   Urselhochberg 193
   Volkmarsberg 130
   Wasenried 298
   Weiherwiesen 132
   Zellerhornwiese 211
Naturschutzzentrum 166
Neandertaler 74
Nebelhöhle 196
Neidingen 310
Neidlingen 168
Neidlinger Wasserfall 169
Neuffen 174
Neuffener Heide, NSG 176
Neuffener Hörnle/Jusenberg NSG 181
Niederhaus, Ruine 110
Niederschläge 24
Nonnenhöhle 235

O
Obere Donau, Naturpark 302
Obere Meeresmolasse 15
Obere Süßwassermolasse 19
Oberelchingen 260
Oberer Kuhberg, Fort 267
Oberes Donautal 301
Oberes Schmiechtal, NSG 279
Oberhohenberg, Ruine 227
Oberjura 14
Oberliezheim 242
Obstbau 90
Ochsenwang 163
Ofnethöhlen 114
Oggenhausen 250
Öllingen 257
Onstmettingen 218
Oppertshofen 239
Oppertshofen, Steinbruch 241
Ortsnamen 80
Öschenbachtal, NSG 203
Öschingen 203
Osterstein 244
Ostfels 137
Owen 170

P
Parabraunerde 27
Pferch 163
Pfingstnelken-Flur 54
Pfullinger Berg 199
Plettenberg 223
Plettenkeller, NSG 223
Podsole 27
Probstfelsen 316

Pumpspeicherwerk Glems 186
Pumpwerk Teuringshofen 279

R
Rabenfelsen 305
Rabensteig, NSG 274
Raichberg 211
Randecker Maar 162
Rannenberg 240
Ratshausen 224
Rauber, Ruine 164
Raubtiere 69
Rauhaus, Ruine 107
Rauher Stein 312
Realteilung 82
Reliefumkehr 15
Rendzina 26
Reußenstein, Ruine 160
Riedlingen 238
Riegelberg, NSG 114
Ries 105
Rinnen 226
Rohrglanzgras-Röhricht 66
Römerzeit 79
Roschbach, NSG 216
Rosenstein 133
Rosenstein, Ruine 133
Rossberg 198
Rossfeld, Schanze 197
Rottelstein 153
Röttingen 121
Röttinger Tunnel 121
Ruinen, Burgen, Burgstellen
   Alt-Ehrenfels 288
   Alter Lichtenstein 194
   Altfridingen 324
   Bittelschieß 298
   Dietfurt 306
   Falkenstein 308
   Flochberg 113
   Frundsberg 206
   Fürstenstein 235
   Gebrochen Gutenstein 305
   Greifenstein 191
   Gromberg 120
   Günzelburg 274
   Güssenburg 259
   Hausen 311
   Hochhaus 110
   Hohenberg 227
   Hohenjungingen 209
   Hohenneuffen 174
   Hohenschelklingen 275
   Hohenzollern 212
   Hohenurach 183
   Justingen 279
   Kallenberg 319
   Kaltenburg 255
   Maisenburg 286
   Muschenwang 278
   Niederhaus 110
   Oberhohenberg 227

Register

Rauber 164
Rauhaus 107
Reußenstein 160
Rosenstein 133
Schalksburg 218
Scharfenberg 146
Schatzberg 296
Schauburg 309
Schenkenstein 118
Spitzenberg 151
Stahleck 190
Stöffelberg 199
Wartstein 286
Wenzelstein 222
Werenwag 311
Runder Berg 188
Ruprechtsfarn-Flur 41
Rutschen, NSG 187
Rutschenbrunnen 185
Rutschenfelsen 185

S

Säugetiere 69
Schafberg-Lochenstein, NSG 221
Schäfer 90
Schalksburg, Ruine 218
Schanze im Kohlhau 177
Schanze, am Bolberg 201
Schanze, auf dem Rossfeld 197
Scharfenberg, Ruine 146
Schatzberg, Ruine 296
Schauburg, Ruine 309
Schaufelsen 309
Scheidenkronwicken-Föhrenwald 48
Schelklingen 274
Schenkenstein, Ruine 118
Scheuelberg 137
Schichtlehm 27
Schild-Ampfer-Flur 41
Schillingskreuz 181
Schlat 155
Schlehen-Ligustergebüsch 59
Schlichem 224
Schloßberg 113
Schlossberg bei Hermaringen 259
Schmetterlinge 72
Schmeietal 214
Schmiechatal 214
Schnurkeramik 76
Schopfloch 166
Schopflocher Moor 166
Schörzinger Hütte 227
Schwammstotzen 14
Schweindorf 108
Seggen-Buchenwald 38
Seichter Karst 22
Selde 82
Sigmaringen 299
Sinterkalk 22

Sonderbuch 290
Spaichingen 236
Spitzahorn-Sommerlindenwald 41
Spitzenberg, Ruine 151
Spitzer Fels 163
Stahleck, Ruine 190
Stallfütterung 90
Steigkreuz 235
Steinhäule, Klärwerk 262
Stetten ob Lontal 256
Stiegelesfels, NSG 320
Stöffelberg, Ruine 199
Suevit 105
Sühnekreuz 262
Syrosem 24

T

Talbach-Sattel 148
Talheim 201
Tannenhalde, NSG 294
Tauchenweiler, Feldhülbe 131
Taxis, Schloss 246
Teck 164
Temperaturverhältnisse 23
Terra fusca 27
Tertiär 15
Teufelslochfelsen 305
Teuringshofen, Pumpwerk 279
Textilgewerbe 92
Thalfingen 262
Thiergarten 306
Tiefental bei Hayingen 287
Tiefer Karst 22
Tiefer Stollen 127
Tiefer Weg, NSG 224
Tieringen 224
Tierstein, NSG 119
Trugenhofen 248
Turritellenplatte 272
Tuttlingen 235

U

Ulm 263
Untere Süßwassermolasse 15
Untereck, NSG 220
Untergetauchter Merk 66
Unterhausen 192
Unterjura 13
Unterkochen 125
Unterliezheim 243
Upflamör 291
Uracher Wasserfall 185
Ur-Bära 230
Ur-Brenz 253
Ur-Donau bei Schelklingen 275
Ur-Lauter 186
Ur-Lauter, Pfullinger 197
Ur-Lone 148
Urnenfelderzeit 78
Urselhochberg, NSG 193

Ursprung, Kloster 277
Urspringtopf 277
Utzmemmingen 114

V

Verkarstung 21
Versinkungsstellen 302
Verwerfungen 15
Viereckschanze am Dreierberg 273
Viereckschanzen 78
Villa rustica 79
Vögel 71
Vogelherdhöhle 256
Vogelschutzrichtlinie 29
Volkmarsberg 130
Vulkane 19
Vulkanembryo 179

W

Wacholderheiden 60
Waldenbühl 143
Waldgersten-Buchenwald 37
Waldmeister-Buchenwald 35
Warmtal 293
Wartstein, Ruine 286
Wasenried, NSG 298
Wasserberg 149
Weiherberg 107
Weiherwiesen 132
Weiler b. Blaubeuren 276
Weißenstein 141
Weißer Kocher 124
Wenzelstein, Ruine 222
Werenwag, Schloss 311
Wiesensteig 159
Wildsträucher-Sammlung 189
Wimsener Höhle 289
Wohlgeschichtete Kalke 14
Wolfertstal 130
Wolfstal 280
Wollkopfdistel-Flur 68
Wörnitz 97
Wörnitzstein 98
Wörnitztal 97
Wühlmäuse 70
Wüstungen 83

Z

Zeller Horn 211
Zellerhornwiese, NSG 211
Zementindustrie 93
Zementmergel 16, 93
Zeugenberge 21
Zigeunereiche 241
Zwiefalten 289

Ihre zuverlässigen Freizeit-Partner

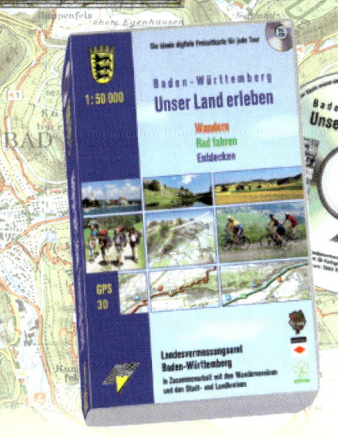

Landesbetrieb Vermessung
www.lv-bw.de

Baden-Württemberg
LANDESVERMESSUNGSAMT

Landesamt für Vermessung und Geoinformation

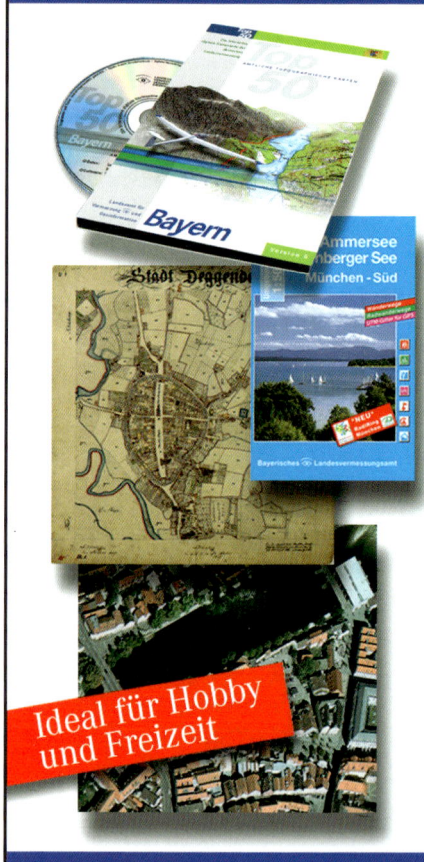

amtlich präzise aktuell

DVD Top*50* Bayern
Maßstab 1:50000 mit Flugsimulation und 3D-Ansichten

Wanderkarten
mit Rad- und Wanderwegen

Historische Karten
Uraufnahmeblätter, Karten und Ansichten

Luftbilder
Über 800 000 Luftbilder von 1941 bis heute

Ideal für Hobby und Freizeit

Alexandrastraße 4 • 80538 München • Tel.: 089/2129-1111
Fax: 089/2129-1113 • E-Mail: Service@bvv.bayern.de
Internet: www.lvg.bayern.de

Der kompetente Partner fürs Wandern

In der Hauptgeschäftsstelle in Stuttgart finden Sie die richtigen „Ansprechpartner" für Wanderberatung und die Vorbereitung von Wandertouren.
Alles Interessante für Wanderer und Heimatfreunde kann dort eingekauft werden:

Wanderkarten, -literatur, Wanderzubehör
Bücher/CDs zur Heimat- und Landeskunde,
Mundart und Volksmusik
Bildbände
Geschenkartikel

Ca. 840 Artikel stehen zu Ihrer Auswahl

Setzen Sie sich doch mit uns in Verbindung:
Schwäbischen Albverein e.V.

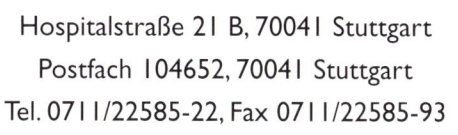

Hospitalstraße 21 B, 70041 Stuttgart
Postfach 104652, 70041 Stuttgart
Tel. 0711/22585-22, Fax 0711/22585-93
Verkauf:
Mo-Fr 8^{30}-12^{30} u. 13^{30}-16^{30} Uhr

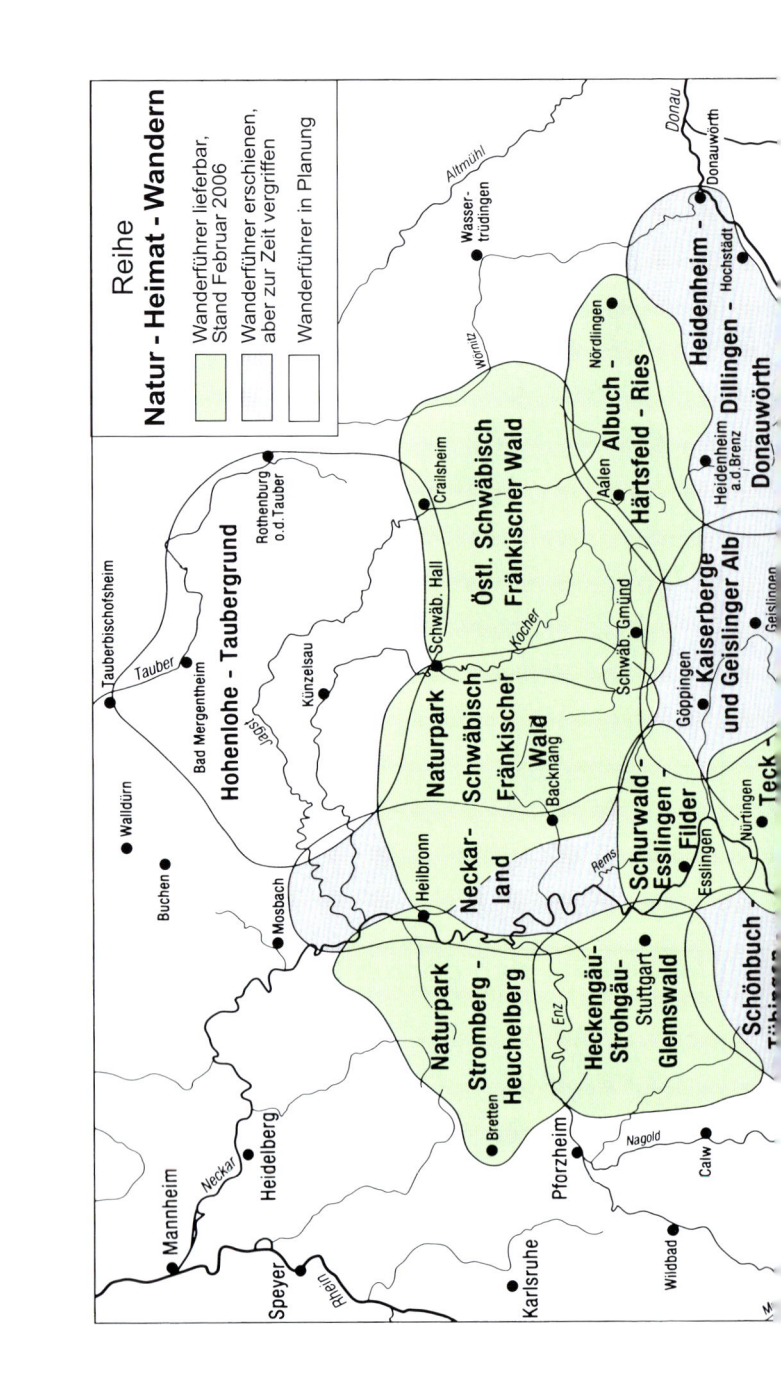

Reihe
Natur - Heimat - Wandern

- Wanderführer lieferbar, Stand Februar 2006
- Wanderführer erschienen, aber zur Zeit vergriffen
- Wanderführer in Planung

Hohenlohe - Taubergrund

Östl. Schwäbisch Fränkischer Wald

Naturpark Schwäbisch Fränkischer Wald

Neckarland

Albuch - Härtsfeld - Ries

Kaiserberge und Geislinger Alb

Heidenheim - Dillingen - Donauwörth

Naturpark Stromberg - Heuchelberg

Heckengäu - Strohgäu - Glemswald

Schurwald - Esslingen - Filder

Schönbuch -

Teck -

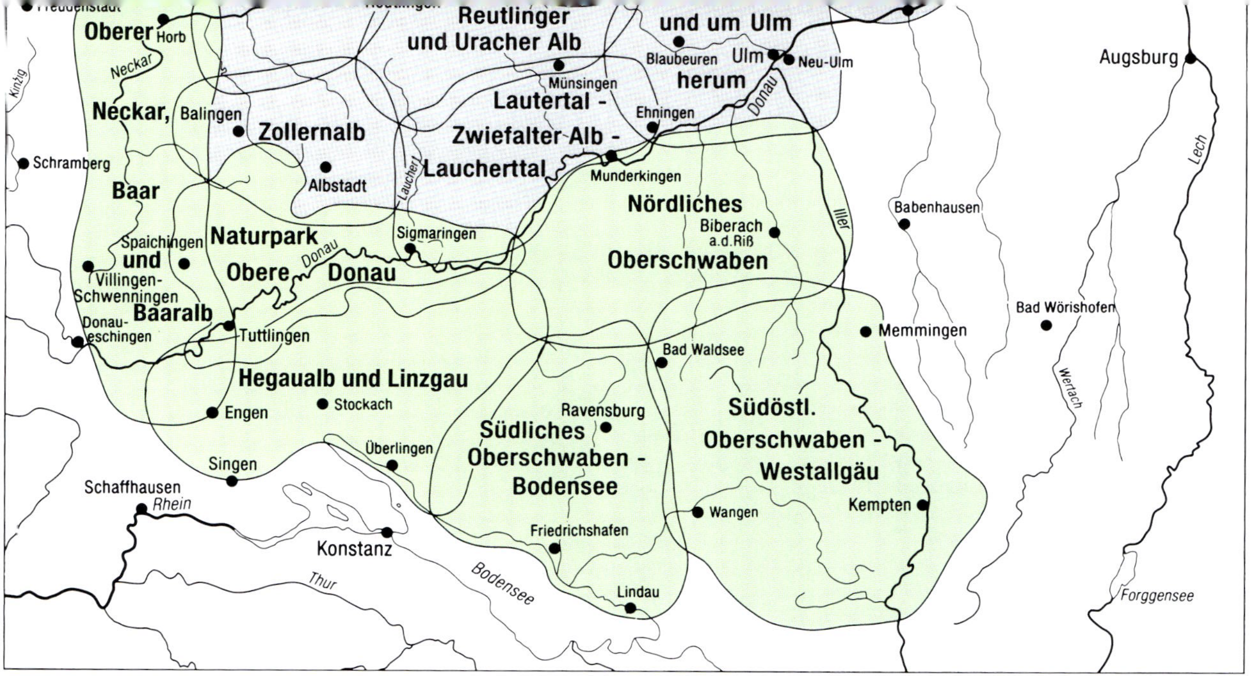
Oberer
Horb
Neckar
Neckar,
Baar
Reutlinger
und Uracher Alb
und um Ulm
herum
Blaubeuren
Ulm
Neu-Ulm
Augsburg
Kinzig
Schramberg
Balingen
Zollernalb
Albstadt
Münsingen
Lautertal -
Zwiefalter Alb -
Laucherttal
Lauchert
Ehningen
Donau
Munderkingen
Nördliches
Oberschwaben
Biberach
a.d.Riß
Iller
Babenhausen
Lech
Spaichingen
und
Baaralb
Villingen-
Schwenningen
Donau-
eschingen
Naturpark
Obere
Donau
Sigmaringen
Tuttlingen
Bad Wörishofen
Memmingen
Bad Waldsee
Wertach
Hegaualb und Linzgau
Engen
Stockach
Ravensburg
Südliches
Oberschwaben -
Bodensee
Südöstl.
Oberschwaben -
Westallgäu
Überlingen
Singen
Schaffhausen
Rhein
Konstanz
Friedrichshafen
Wangen
Kempten
Thur
Bodensee
Lindau
Forggensee

Reihe
Natur – Heimat – Wandern

Natur – Heimat – Wandern
Das große Wanderbuch der Schwäbischen Alb
120 Wanderungen zwischen Küssaburg und Ries

Mit Ergänzung Biosphärengebiet Schwäbische Alb

Schwäbischer Albverein e.V.

Auf 441 Seiten mit 261 Farbfotos, 123 Wanderkärtchen und 1 Übersichtskarte werden 120 Wanderungen zwischen Küssaburg und Ries beschrieben sowie neu in der 2. Auflage 3 Wanderungen im ehem. Truppenübungsplatz Münsingen angeboten und durch eine Übersichtskarte des Biosphärengebiets Schwäbische Alb ergänzt.

Schwäbischer Albverein e.V.
Hospitalstraße 21 B, 70174 Stuttgart
Tel. 0711/22585-22, Fax 0711/22585-93
E-Mail: verkauf@schwaebischer-albverein.de

Reihe
Natur – Heimat – Wandern

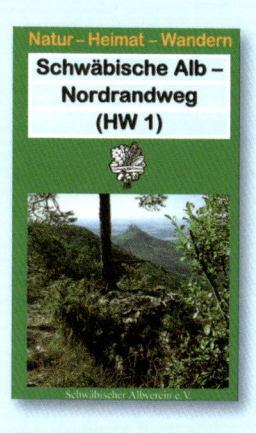

Natur – Heimat – Wandern
Schwäbische Alb –
Nordrandweg
(HW 1)

Natur – Heimat – Wandern
Bahnausflüge
zwischen Neckar
und Tauber

Natur – Heimat – Wandern
Blumenwiesen
Eine Handreichung für
Naturfreunde und Wanderer

Wildrosen und Weißdorne
Mitteleuropas
Landschaftsgerechte
Sträucher und Bäume

Schwäbischer Albverein e.V.
Hospitalstraße 21 B, 70174 Stuttgart
Tel. 0711/22585-22, Fax 0711/22585-93
E-Mail: *verkauf@schwaebischer-albverein.de*

Die Pflanzenwelt der Schwäbischen Alb

Liebhaber der Schwäbischen Alb, ihrer Natur und vor allem ihrer überaus vielfältigen Pflanzenwelt kommen in diesem Bildband ganz auf ihre Kosten. Mit meisterhaften Fotos und anschaulichen Texten.

Von Thomas Pfündel, Eva Walter und Theo Müller. 240 Seiten mit 322 farbigen Abb.

THEISS

Notizen

Hauptwanderwege HW1 und HW2

Schwäbische Alb-Nordrand-Weg HW1
Teilstrecke ———
Rundstrecke ·········

Schwäbische Alb-Südrand-Weg HW2
Teilstrecke ———
Rundstrecke ·········